I0876752

Gottesdienst im Wandel

Hanns Kerner

Gottesdienst im Wandel

Herausgegeben von Konrad Müller und Thomas Melzl

EVANGELISCHE VERLAGSANSTALT
Leipzig

Hanns Kerner, Prof. Dr. theol., Jahrgang 1950, war bis März 2014 der Leiter des Gottesdienst-Instituts der Evangelisch-Lutherischen Kirche in Bayern und außerplanmäßiger Professor für Praktische Theologie an der Friedrich-Alexander Universität Erlangen-Nürnberg.

Bibliographische Information der Deutschen Nationalbibliothek
Die Deutsche Nationalbibliothek verzeichnet diese Publikation in der Deutschen Nationalbibliographie; detaillierte bibliographische Daten sind im Internet über http://dnb.dnb.de abrufbar.

© 2015 by Evangelische Verlagsanstalt GmbH · Leipzig
Printed in Germany · H 7878

Das Werk einschließlich aller seiner Teile ist urheberrechtlich geschützt. Jede Verwertung außerhalb der Grenzen des Urheberrechtsgesetzes ist ohne Zustimmung des Verlags unzulässig und strafbar. Das gilt insbesondere für Vervielfältigungen, Übersetzungen, Mikroverfilmungen und die Einspeicherung und Verarbeitung in elektronischen Systemen.

Das Buch wurde auf alterungsbeständigem Papier gedruckt.

Cover: Zacharias Bähring, Leipzig
Coverbild: WandbilderXXL.de / Barke und Rose GbR
Satz: Martina Weingärtner, Nürnberg
Druck und Binden: Hubert & Co., Göttingen

ISBN 978-3-374-04080-3
www.eva-leipzig.de

Vorwort

Das gottesdienstliche Leben einer Kirche kann aus den unterschiedlichsten Perspektiven betrachtet werden. Je nachdem, ob wir den Gottesdienst vom Standpunkt des Pfarrers her beurteilen, der Gottesdienste leitet, oder den Standpunkt eines Gemeindegliedes beziehen, das sein Gottesdiensterleben an seinen Bedürfnissen misst, oder theologische oder sozialwissenschaftliche Maßstäbe anlegen, um gottesdienstliche Feierformen zu analysieren, werden wir hinsichtlich unserer Einschätzung des gottesdienstlichen Lebens zu je eigenen Folgerungen gelangen.

Das berufliche Lebenswerk von Prof. Dr. Hanns Kerner ist, bezogen auf das weite Feld des Gottesdienstes, durch eine außergewöhnliche Perspektivenvielfalt gekennzeichnet. Hanns Kerner hat als Pfarrer im Gemeindedienst ehrenamtlich die Materialstelle für Gottesdienst gegründet, die als gottesdienstliche „Ideenbörse" das gottesdienstliche Leben in der bayerischen Landeskirche bereichern sollte. Er hat als Historiker eine Quellenedition zu den bayerischen Gottesdienst-Ordnungen und Agenden des 19. Jahrhunderts mit herausgegeben. Als Ökumenereferent im Landeskirchenamt der evangelisch-lutherischen Kirche in Bayern war er immer wieder mit Fragen der Gestalt und Theologie des Gottesdienstes befasst. Seit 2000 hat er das Gottesdienst-Institut aufgebaut und geleitet, zu dessen Aufgabenbereichen die Aus-, Fort- und Weiterbildung, die Beratung von Gemeinden und die Unterstützung des gottesdienstlichen Lebens durch die Veröffentlichung von Gottesdiensthilfen gehören. In dieser Zeit hat er ein sozialwissenschaftliches Forschungsprojekt initiiert, mit dessen Hilfe die handlungsleitenden Vorstellungen, die unsere Diskurse zum Gottesdienst prägen, grundlegend überprüft, bestätigt, mehr aber noch korrigiert worden sind. Durch seine Lehr- und Forschungstätigkeit als Professor für Praktische Theologie an der Friedrich-Alexander-Universität Erlangen ist gewährleistet gewesen, dass praktische Arbeit und wissenschaftliche Theologie aufeinander bezogen geblieben sind.

Die in dieser Berufsbiographie liegende Perspektivenvielfalt, bei der unterschiedlichste gottesdienstliche Erfahrungsfelder ineinanderfließen, prägt auch die Veröffentlichungen von Hanns Kerner und verleiht ihnen ihre spezifische Bedeutung.

Aus Anlass seines 65. Geburtstages geben wir deswegen eine Aufsatzsammlung heraus, in der die wichtigsten Beiträge aus Hanns Kerners reichem wis-

senschaftlichem Schaffen zur Theologie und Gestaltung des Gottesdienstes gesammelt sind.
Sie unterteilt sich in drei Hauptgruppen: Die erste befasst sich mit Fragen der Theologie und Geschichte des Gottesdienstes, mit Gestaltungs- und Formfragen sowie mit den Möglichkeiten, das gottesdienstliche Leben in unseren Gemeinden zu bewahren und zu erneuern. Darauf folgen vier Aufsätze zur Wahrnehmung von Gottesdienst, Predigt, Kirchenmusik und Kirchenraum bei Laiinnen und Laien, Kirchenmusikerinnen und Kirchenmusikern sowie Pfarrerinnen und Pfarrern. Beiträge zu den Themenfeldern Gottesdienst und Ökumene sowie gottesdienstliche Spiritualität, beispielsweise zur Kindertaufe, zur Beichte oder zu ökumenischen Segensfeiern, runden diese Aufsatzsammlung ab.
Unser Dank gilt Frau Diplom-Theologin Martina Weingärtner, die die Hauptlast der Satz-, Formatierungs- und Korrekturarbeiten getragen hat, sowie Frau Monika Schuh und Frau cand. theol. Lisa Keck, die den gesamten Band abschließend noch einmal auf Rechtschreibfehler hin Korrektur gelesen haben.
Mit dieser Aufsatzsammlung grüßen wir Hanns Kerner zu seinem 65. Geburtstag in herzlicher Verbundenheit. Wir danken ihm für allen Rat, für alle Unterstützung und für das große Engagement, mit dem er sich auf allen Gebieten für das gottesdienstliche Leben unserer Kirche und unserer Gemeinden eingesetzt hat, und wünschen ihm für seinen weiteren Lebensweg Gottes Segen und Geleit.

Nürnberg, im Januar 2015 Die Herausgeber

Inhalt

Wahrnehmung des Gottesdienstes

Ökumene und Spiritualität

Geschichte und Gestalt des Gottesdienstes

Die Erneuerung des Gottesdienstes[1]

Gottesdienst als Gestaltungsaufgabe

Christlicher Gottesdienst hat viele Gestalten und jede Konfession die ihr entsprechenden Gottesdienstformen. Eine orthodoxe Liturgie, eine römisch-katholische Messe, ein reformierter Predigtgottesdienst, sie alle spiegeln jeweils eine bestimmte Theologie wider und prägen eine je eigene Gemeindefrömmigkeit. Eine Erneuerung des Gottesdienstes findet – sofern sie vom Gottesdienstverständnis her überhaupt möglich ist – in einem festumgrenzten regionalen und konfessionellen Raum statt. Man kann sie zwar theoretisch und konfessionsübergreifend konzipieren, doch müssen die Erwägungen stets an die bestehende Tradition, an das vorhandene, geprägte Gottesdienstleben zurückgebunden werden. Die Form der Gottesdienste korrespondiert mit dem Glauben der Kirche. Überlegungen zur Erneuerung des Gottesdienstes werden sich daher sinnvollerweise auf eine Kirche konzentrieren und in der Analyse Bezüge zwischen dem historisch Gewachsenen und den allgemeingültigen Grundsätzen herauszuarbeiten suchen. Eine Reform des Gottesdienstes berücksichtigt Bestehendes, traditionell Gewachsenes sowie Entwicklungen im gottesdienstlichen Leben der Gemeinden. Der »Gottesdienst der Zukunft (wird also) nicht in den Schubladen einer kirchlichen Entwicklungsabteilung bereitgehalten werden ..., um zum gegebenen Zeitpunkt morgen als marktkonformer Artikel in die Serienproduktion zu gehen«[2] und trägt kaum die Züge eines Kunstproduktes, wie es der Vorentwurf der Erneuerten Agende ist. Der Gottesdienst der Zukunft wird aber in den evangelischen Kirchen auch nicht in der bloßen Festschreibung des Bestehenden oder in immer wiederholtem Rückgriff auf Ordnungen vergangener Jahrhunderte seine Gestalt finden. Um die angemessenen Gestalten evangelischen Gottesdienstes muss immer neu gerungen werden.

---

1 Anmerkung der Herausgeber: Für die Aufnahme in diesen Sammelband sind die Anmerkungen, die sich ursprünglich im Text befunden haben, in Fußnoten umgewandelt worden.

2 Heinrich Rennings, Zum Gottesdienst morgen, in: Heinz G. Schmidt (Hrsg.), Zum Gottesdienst morgen. Ein Werkbuch, Wuppertal 1969, 6-14, hier: 8.

1. Typen evangelischer Gottesdiensterneuerung

Seit der Aufklärung schwanken die Erneuerungsprogramme im deutschen Protestantismus zwischen dem Willen zur radikalen Neugestaltung beziehungsweise zur Überwindung traditioneller, geprägter Formen und dem Versuch, unter Rückgriff auf altkirchliche, mittelalterliche und reformatorische Gottesdiensttraditionen zu *dem* christlichen Gottesdienst zu gelangen. Bei der Weltkirchenkonferenz in Uppsala 1968 wurde dieser unterschiedliche Ansatz treffend formuliert: »Die Christen verstehen die Erneuerung des Gottesdienstes nach ihrer Herkunft und Erfahrung verschieden. Einige erwarten neues Leben aus einem tiefen Verständnis reicher und alter Liturgien. Für andere erfordert die Erneuerung neue Formen des Gottesdienstes, für die viele Versuche nötig sind. Die meisten Christen suchen neue Wege, um das Zeitgenössische mit dem Traditionellen zu verbinden.«[3]

Die großen Liturgiereformen in Deutschland nach dem Zweiten Weltkrieg folgen weitgehend dem ersten hier beschriebenen Typus. Ansatzpunkt ist die Kirche (VELKD, EKU), ihre Theologie und ihre geprägte Liturgie. Das Heilshandeln Gottes wird auf verschiedenste Weise in den unterschiedlichsten Facetten vergegenwärtigt und – mit der menschlichen Antwort und Anrufung verbunden – in die entsprechenden rituellen Ausdrucksformen gegossen. Zur Erneuerung wird auf alle reformatorischen und vorreformatorischen Ordnungen zurückgegriffen, liturgische Traditionen anderer Kirchen werden adaptiert, sofern sie der eigenen Theologie entsprechen und ein wesentliches Element im Kommunikationsgeschehen zwischen Gott und Mensch besser vermitteln beziehungsweise auszudrücken scheinen, als dies Stücke der eigenen Tradition leisten können. Bezeichnend für diese weit verbreitete Form liturgischer Erneuerung ist auch das Streben nach einer Einheitsordnung für den sonntäglichen Hauptgottesdienst, der die Abendmahlsfeier einschließen soll. Variationen werden nur sehr begrenzt eröffnet. Für die Kasualien und die Werktagsgottesdienste gibt es ebenfalls neue, feststehende liturgische Ordnungen. Betonung erfährt der Gottesdienst als Feier der versammelten Gemeinde. Die Beteiligung der Gemeinde wird erweitert und begünstigt. Dabei liegt allerdings, obwohl das Lektorenamt und die Kirchenmusik besonders gefordert werden, der Schwerpunkt bei dem Mitvollzug der vorgegebenen Liturgie. Sonntäglich beziehungsweise kirchenjahreszeitlich wiederkehrende liturgische Stücke, zum Teil in Form von Responsorien, werden verstärkt von der Gemeinde gesungen beziehungsweise gesprochen. Dieses Reformprogramm rechnet mit einem regelmäßigen Gottesdienstbesuch als genuinem Gestaltungselement christlichen Glaubens. Die Einübung in den Ritus wird als ein Schwerpunkt der gemeindekatechetischen Arbeit postuliert. Dabei wird

---

[3] Angenommener Bericht der Sektion V Gottesdienst, in: Norman Goodall (Hrsg.), Bericht aus Uppsala 1968. Offizieller Bericht über die vierte Vollversammlung des ökumenischen Rates der Kirchen Uppsala 4.-20. Juli 1968, Genf 1968, 82-89, hier: 88.

auch die Bedeutung der einzelnen liturgischen Stücke vermittelt. Das liturgische Programm hat seine Entsprechung in den hymnologischen Entscheidungen, die Lieder und die Gesangbücher sind Teil des gottesdienstlichen Erneuerungskonzepts. Auch hier wird auf hohe Qualität sowohl bei den Texten als auch bei den Melodien Wert gelegt. Bei Erneuerungen dieses Typs meint man stets, die angemessenste Gestalt des der Kirche entsprechenden Gottesdienstes oder zumindest die bestmöglichste Annäherung gefunden zu haben.

Dagegen gehen diejenigen, die einen anderen als den traditionsgebundenen Gottesdienst wollen, davon aus, dass mit jeder Veränderung der Lebenssituation, in die das Heilsgeschehen Gottes hineinwirkt, neue gottesdienstliche Ausdrucksformen entstehen müssen. Die Lebendigkeit und Vielschichtigkeit des gottesdienstlichen Lebens, die seit den 1960er Jahren vor allem in den evangelischen Kirchen entstanden ist, gibt davon Zeugnis. Neben dem sonntäglichen »Hauptgottesdienst« haben sich viele vor allem gruppen- und situationsspezifische Gottesdiensttypen etabliert. Die traditionellen Gottesdienste am Sonntagvormittag und die Kasualien sind vielerorts einer Überprüfung unterzogen worden. Ein von Vertretern dieser Richtung als erstarrt und in der hergebrachten Form als nichtssagend und stumpf empfundener Gottesdienst soll lebendig und menschengerecht gemacht werden. Programmatische Innovationsleitbilder von »Gottesdienst menschlich« bis zu »Lebendige Liturgie« richten sich dabei an den Bedürfnissen und Gegebenheiten des jeweiligen »modernen« Menschen aus. In unterschiedlicher Weise werden dabei oft, der Zeitströmung entsprechend, gottesdienstpädagogische Programme, ethische Richtungsweisung und Erfahrungen der Gottesdienstteilnehmer angesprochen beziehungsweise entfaltet. Die einzelnen Teilnehmer sollen möglichst aktiv in das Gottesdienstgeschehen eingebunden sein und für den praktischen Gottesdienst im Alltag zugerüstet werden. Oft zielt er auf sozialdiakonisches oder politisches Handeln. Dieser Gottesdiensttypus rechnet überwiegend mit einem Gottesdienstbesucher, der den Gottesdienst als Dienstleistungsangebot der Kirche versteht und deshalb immer auch die eigenen Bedürfnisse und Vorstellungen berücksichtigt sehen möchte.

Auch bei den Gottesdiensten in freier oder freierer Gestalt korrespondieren den Erneuerungsprogrammen musikalische, gestalterische und sprachliche Formen. Neues, meist von der Kirchenjahreszeit unabhängiges Liedgut findet Aufnahme, die musikalische Bandbreite wird bis zur Einbeziehung von E-Musik in den Gottesdienst erweitert. Möglichst viele Gemeindeglieder sollen ihre musikalischen und gestalterischen Charismen einbringen. Die ganze Bandbreite menschlicher Ausdrucks- und Kommunikationsformen findet Eingang in den Gottesdienst. Sprachlich widerstreiten mehrere Konzepte miteinander, von der vereinfachten und »verständlicher« gemachten liturgischen Sprache bis zur Alltags- oder der poetischen Sprache. Sehr wichtig werden Symbole und symbolische Handlungen.

Hinsichtlich dieser Erneuerungsprogramme muss allerdings ganz streng zwischen der so gearteten Erneuerung des sonntäglichen Hauptgottesdienstes und den vielen Sondergottesdiensten (die auch manchmal am Sonntagvormittag gefeiert werden) sowie den nach wieder anderen Gesichtspunkten gestalteten Kasualgottesdiensten unterschieden werden. Sie stellen je unterschiedliche liturgische Situationen und somit Anforderungen dar. Ein besonderer Gottesdienst stellt andere und zumeist höhere Anforderungen an die Gestaltenden wie die Mitfeiernden als eine ritualisierte, ständig wiederkehrende Form, die den regelmäßigen Mitvollzug erleichtert.

Innerhalb der und neben den genannten Gottesdiensterneuerungstypen vollziehen sich aber auch noch Erneuerungen des Gottesdienstes durch Sonderentwicklungen, die innerhalb der Kirchen entstehen, die für sich bewusst ein eigenes theologisches Profil beanspruchen. Hier sind besonders die charismatischen Gottesdienste, die Gemeinschaftsgottesdienste und die Frauenliturgien zu nennen. Gewinnt in einer Gemeinde ein ganz bestimmter Frömmigkeitstypus Dominanz, so kann auch der sonntägliche Gemeindegottesdienst davon bestimmt werden. In der Regel steht dahinter auch ein Reformprogramm für die Kirche, die nach Meinung der jeweiligen Gemeinschaft essentielle christliche Glaubensäußerungen vernachlässigt. Das von diesen Kerngruppen geprägter Glaubender Vermisste, wie zum Beispiel der Lobpreis Gottes, die Gebetsgemeinschaft oder gemeinsame Befreiungserfahrungen rücken dann in das Zentrum des Gottesdienstes; dagegen treten andere Stücke des Gottesdienstes zurück, werden umgedeutet oder fallen weg. Hier wird die auch sonst zu beobachtende Homiletisierung der Liturgie besonders augenfällig. Auch diesen Erneuerungsprogrammen entsprechen eigene Gesänge und Liederbücher, oft auch ganz bestimmte Musikstile und eine je eigengeprägte Sprache. Sobald diese Gottesdienste allerdings den Raum der Sondergottesdienste verlassen und in Gemeinden zur Regel werden, stelle sie für eine zwar an Schrift und Bekenntnis gebundene, aber innerhalb dieses Rahmens für verschiedene Frömmigkeitsformen offene Kirche ein Problem dar. Erneuerung des Gottesdienstes kann nicht Richtungsgottesdienste für Richtungsgemeinden zum Ziel haben.

Bereits diese groben Unterscheidungen der in der Praxis oft ineinander verschwimmenden Erneuerungstypen zeigen, wie differenziert diese Frage angegangen werden muss. Exakte Vorklärungen sind bei jeglicher Gottesdiensterneuerung zu treffen. Ein ganzes Bündel von theologischen, ritual- und kommunikationstheoretischen und hymnologischen Vorfragen ist zu klären. Zwingend nötig ist eine grundsätzliche Trennung der Überlegungen für eine Erneuerung der Gottesdienste in wiederkehrender, fester ritueller Gestaltung und solchen mit freierer Gestaltung, da diese ganz unterschiedlichen Gesetzmäßigkeiten des Rituals und der Kommunikation unterliegen. Ein auf Wiederholung aufbauender Gottesdienst eröffnet andere Interaktionsformen und andere Kommunikationsstrukturen als beispielsweise ein Jugend- oder Familiengottesdienst. Für ein regelmäßiges gottesdienstliches Leben einer Gemeinde sind feste Regelformen unabdingbar, innerhalb einer Kirche sind wenige festgelegte Regelformen anzustreben. Gleichzeitig muss aber im Gestaltungsbereich der Regelformen und bei den vielen Sonderformen Raum für eine Vielfalt bleiben. Sämtliche Gottesdienstgestalten sind allerdings nicht ins freie Belieben gestellt.

2. Die Grundlagen einer evangelischen Gottesdiensterneuerung

Ohne geistliche Erneuerung gibt es auch keine Erneuerung des Gottesdienstes. Eine Gottesdienstreform und ein Programm zur Reform der Kirche – übrigens auch in struktureller Hinsicht – sind nicht voneinander zu trennen. Ebenso ist neben dem gemeinsamen Gottesdienst derjenige des einzelnen in seinem Alltag unabdingbar mit einer Erneuerung verknüpft. Reformprogramme setzen dabei der Frömmigkeitsart entsprechend sehr unterschiedlich an. Zielpunkte wie mehr Gebetsgemeinschaft, Lobpreis oder solidarische Gemeinschaft, der Rückgriff auf Schrift und Bekenntnis oder auf die Gottesdiensttradition der Kirche oder auch die Besinnung auf einen ethischen Konsens, hinter all solchen anliegen steht nicht nur der Wunsch nach einem anderen Gottesdienst, sondern auch der Wunsch nach einer anderen Kirche. Für eine Erneuerung müssen die verschiedenen vorhandenen Reformbestrebungen innerhalb der Kirche geprüft werden und berechtigte Anliegen Berücksichtigung finden. Sonderformen bzw. besondere Bestrebungen können jedoch nicht den sonntäglichen Regelgottesdienst bestimmen. Er sollte nach wie vor als Mitte des Gemeindelebens für alle Gemeindeglieder offen sein. Deshalb darf er nicht auf eine ganz bestimmte Haltung in Bezug auf die Frömmigkeit oder den ethischen Konsens fixiert werden, die zu einer bestimmten Zeit in einer Gemeinde dominant ist. Ein bloßes pluralistisches Erneuerungskonzept, das diese Zufälligkeiten von Gemeinde zu Gemeinde unterschiedlich festschreiben würde und den in den agendarischen Ordnungen geregelten Konsensbereich der Kirche verließe, würde die Form des Gottesdienstes letztlich der Beliebigkeit, den Verirrungen und den Machtverhältnissen in der Gemeinde aussetzen. Korrespondiert aber die Form des Gottesdienstes dem Glauben der Kirche, so stellt sich für eine Gottesdiensterneuerung ganz grundsätzlich die Frage, ob man eine an Schrift und Bekenntnis gebundene oder eine den empirischen Befunden nachgehende pluralistische Kirche anstrebt. Damit verbunden ist auch die Frage, ob man feste Regelformen für die gesamte Kirche beibehalten möchte beziehungsweise anstrebt, oder ob man sich mit weitesten Strukturgleichheiten begnügt.

In den letzten drei Jahrzehnten ging der Anstoß für die Grundlegung einer Gottesdiensterneuerung in der Regel von der Anthropologie beziehungsweise von den Human- und Sozialwissenschaften aus. Dabei wurden viele interessante und heute unverzichtbare Erkenntnisse, besonders im kommunikationstheoretischen und verhaltenswissenschaftlichen Bereich, gewonnen. Die auf diesen Wegen erzielten Ergebnisse reichen von der heftigen Bekämpfung der agendarischen Form als systemstabilisierend, starr und lieblos bis hin zur

»liturgische(n) Orthodoxie«, die »aus Einsichten von Ethologie und Ethnologie, von Sozialpsychologie und Religionsphänomenologie«[4] erwächst. Weitgehend war eine Scheu vor theologisch-ekklesiologischer Grundlegung der Gottesdiensterneuerung zu konstatieren. Ohne diese fehlt aber einer Erneuerung das tragende Fundament.

Der Gottesdienst der christlichen Gemeinde ist wesentlich Versammlung der an Christus Glaubenden. Diese ist ausgerichtet auf den Dreieinigen Gott, an den sie sich mit Lob, Bitte und Klage wendet. Sie vergewissert sich des Glaubens und aktualisiert das zeit- und lebensübergreifende Heilshandeln Gottes. Sie erfährt Gottes vergebenden Zuspruch und seine heilmachende Gegenwart in Wort und Sakrament. Sie wird zugerüstet für ihre Lebensgestaltung und Lebensäußerungen. Grundlage sämtlicher menschlicher Äußerungen im Gottesdienst ist der aus Wort und Sakrament geweckte und genährte Glaube.

Ausgangspunkt einer Erneuerung des Gottesdienstes ist die im Namen des Dreieinigen Gottes sich aktuell konstituierende Kirche, der Gott in Wort und Sakrament seinen Dienst des Heils schenkt. Eine Reform hat also primär nicht von einer missionarischen Situation oder einer ganz bestimmt geprägten Gesinnungs- oder Interessengemeinschaft auszugehen, sondern von der vorhandenen Gottesdienstgemeinde in der gesamten Breite einer Kirche, die sich von der ganzen Fülle der Schrift und vom eigenen Bekenntnis her reflektiert. Von daher ist es unabdingbar, dass eine Gottesdiensterneuerung an das Bestehende anknüpft und nach theologischen Kriterien ihre Ziele formuliert. Ergebnisse und Überlegungen aus den Humanwissenschaften helfen, die gewonnen Einsichten möglichst effizient umzusetzen. Die Gefahren, die dabei von verschiedenen »Gottesdienstideologien« drohen, sind zu reflektieren und das Ziel nicht aus dem Auge zu verlieren, Richtungsweisung für eine kirchen- und sachbezogene Feier des Gottesdienstes zu geben, in der geprägtes gottesdienstliches Leben lebendig bleiben und Neues sich weiter entfalten kann.

3. Schritte evangelischer Gottesdiensterneuerung

3.1 Die ökumenische Dimension

An vielen Orten werden ökumenische Gottesdienste gefeiert. Es gibt zahlreiche gemeinsame Gottesdienstordnungen und Gesaltungsvorschläge der verschiedenen Konfessionen untereinander. Gottesdiensterneuerung kann heute nicht mehr von der gewachsenen Gemeinschaft der Gläubigen verschiedener Konfessionen und von sowohl gemeinsamen als auch grundverschiedenen gottesdienstlichen Entwicklungen absehen. Dabei ist die unterschiedlich große Annäherung unter den Konfessionen grundlegend für den gemeinsamen

[4] Manfred Josuttis, Der Weg in das Leben. Eine Einführung in den Gottesdienst auf verhaltenswissenschaftlicher Grundlage, München 1991, 9.

Gestaltungsrahmen wie auch für die gegenseitige Zurkenntnisnahme und Beeinflussung der Liturgie.

Ein Blick auf die verschiedenen christlichen Gottesdienstgestalten in den jeweiligen Konfessionen und Regionen zeigt eine lebendige und regende Vielfalt, zum Teil auch gemeinsame Entwicklungen. Die enge Verbindung von konfessioneller Theologie und je eigener Ausdrucksformen der Gottesdienste weist dabei auf die Grenzen einer sinnvollen Angleichung oder gar des Strebens nach einer christlichen Einheitsliturgie. Dennoch eröffnet die Betrachtung der Gottesdienste der anderen Konfessionen neue Fragestellungen, zum Teil auch Infragestellungen der eigenen konfessionellen Traditionen.

Beispielsweise zeigen die Gottesdienste der orthodoxen Kirchen die Kraft des immer wiederholten, von alten Traditionen bestimmten Ritus. Er weist über sich hinaus; eingebunden in den himmlischen Gottesdienst öffnet er Raum und Zeit für die Begegnung mit dem dreieinigen Gott. An neuere evangelische Entwicklungen im Gottesdienstbereich, die demgegenüber besonders kurzatmig wirken können, wird hier vor allem die Frage nach der eschatologischen Dimension gestellt. Die römisch-katholische Kirche hat in ihrer Messfeier trotz der mit der Liturgiekonstitution des Zweiten Vatikanums (1963) einsetzenden jüngsten Liturgiereform einen auf die Eucharistie als Gipfelpunkt hinzielenden Ritus. Sie stellt die Frage nach dem Abendmahl als konstitutivem Element jedes sonntäglichen Hauptgottesdienstes. Die reformierten Kirchen haben in hohem Maße eine Konzentration auf die *viva vox evangelii*, auf die Verkündigung des Wortes Gottes, welche in der Regel die liturgischen Anreicherungen interpretiert und dominiert. Zwischen diesen Gottesdiensttypen gibt es verschiedenste Mischformen. Ökumenische Gottesdienste stellen sehr oft Kompositionen aus verschiedenen Elementen der unterschiedlichen Traditionen dar. So wurde beispielsweise mit der Lima-Liturgie ein additives Modell für ökumenische Gottesdienste geschaffen; jedoch können solche Modelle für eine Reform innerhalb einer reformatorischen Kirche nur sehr partiell fruchtbar gemacht werden.

Die genannten verschiedenen Gottesdiensttypen folgen eigenen kommunikativen rituellen Gesetzmäßigkeiten. Wenn sie über einen punktuellen Anlass hinaus kombiniert werden, birgt das erhebliche Schwierigkeiten in sich. In der Tradition der lutherischen und unierten Kirchen, in denen Kombinationen von Messtypus und Predigtgottesdienst häufig sind, stellt dies ein dauerndes Problem dar. Wenn die Dramaturgie des Gottesdienstes vom Prinzip her auf zwei Gipfelpunkte ausgerichtet ist, nämlich die Wortverkündigung und das Abendmahl, widerstreiten ein von der Homiletik, und ein von der rituellen Begegnung mit dem Transzendenten bestimmtes liturgisches Konzept. Bei einem von der Predigt bestimmten Gottesdienst wird die Liturgie oft auf die Predigt ausgerichtet und durch sie funktionalisiert. Die in der Liturgie grundsätzlich verankerte Weite und die hinter ihr liegende Wirklichkeit gehen dann oft verloren. Bei einer auf das Abendmahl zulaufenden Liturgie entwickelt sich diese leicht in einer Weise, dass das Geschehen der freien

Verkündigung marginalisiert wird. Die vielen Versuche, diesem Dilemma zu entkommen, ein rechtes Verhältnis von Wort- und Abendmahlsgottesdienst und daneben ein schlichter Predigtgottesdienst jeweils in ihrer prägnanten Gestalt.

Viele liturgische Stücke und Traditionen aus anderen Konfessionen und aus der gemeinsamen Geschichte üben bei näherem Hinsehen eine große Faszination aus. Eine *ecclesia semper reformanda* wird für die Aufnahme solcher Traditionsstücke offen sein. Es ist jedoch genau zu prüfen, ob diese längerfristig zum Sprechen gebracht werden können und ob der Rückgriff auf die Tradition zur Erschließung des ursprünglichen tiefen Sinns zurückführt. Ein bloßes Traditionsargument ist nicht hinreichend, da sich jeder rituelle Akt zur leeren, nichtssagenden Zeremonie hin entwickeln kann. Liturgie wird nicht zeitlos gestaltet. So muss man auch die Freiheit zum Abstoßen überlebter Ausdrucksgestalten haben und Raum geben, über die Konfessionsgrenzen hinweg durch Gottes Geist Neugewirktes aufzunehmen.

Durch die Übernahme von Gesängen, liturgischen Stücken und Gebeten aus anderen Konfessionen hat in den letzten beiden Jahrhunderten eine große, zumeist gegenseitige Bereicherung stattgefunden. Auf diesem Weg sollte weitergegangen werden und der Fundus gemeinsamer Texte und Lieder erweitert werden. Ökumenisches Lernen wird manchmal auch keine einfache Übernahme bedeuten, sondern Umformung für die eigene gottesdienstliche Praxis. Darüber hinaus sollte bei Gottesdienstreformen die Chance ergriffen werden, zusammen mit den anderen Konfessionen gemeinsame geprägte Texte zu vereinheitlichen (zum Beispiel das Apostolische Glaubensbekenntnis oder das Gloria patri), Perikopenordnungen neu zu überdenken, das Kirchenjahr abzustimmen und besonders das Problem der unterschiedlichen Festtermine anzugehen. Im Bereich gemeinsamer Ordnungen – die wohl weiterhin in der Regel bilateral erarbeitet werden – sollten nicht nur einzelne Teile zusammengefügt, sondern auch gemeinsame Neuformulierungen und Neuansätze gewagt werden. Ökumenische liturgische Neuaufbrüche (zum Beispiel Taizé) können hier hilfreich zur Seite stehen.

Bei einer Gottesdiensterneuerung wird grundsätzlich zu entscheiden sein, in welchem Maße die Reform selbst bereits ökumenische Ziele hin zur sichtbaren und erfahrbaren Einheit verfolgt. Fällt die Entscheidung dahingehend aus, dass eine auf Gemeinsamkeiten hin zielende Gottesdienstreform erst nach der festgestellten Kircheneinheit zusammen angegangen werden soll (zum Beispiel Südindien), wird das Erneuerungsprogramm sehr viel weniger die Nachbarkirchen berücksichtigen, als wenn über die Gottesdienstreform und deren Impulse für das gottesdienstliche Leben die Kirchengemeinschaft entstehen soll (zum Beispiel Wales). In jedem Fall sollten auch über die oben angesprochenen praktischen ökumenischen Aufgaben hinaus Gesprächspartner und Berater aus anderen Konfessionen für das Gesamtkonzept herangezogen werden. Keinesfalls sollte vergessen werden, dass der Gottesdienst nicht nur Ausdruck der Einheit ist, sondern auch Mittel auf dem Weg zur Einheit sein kann.

3.2 Der Umgang mit dem Erbe und mit der neueren Gottesdienstentwicklung

Eine der Hauptregeln für jegliche Gottesdiensterneuerung ist es, »behutsam anzuknüpfen bei den in unseren Gemeinden praktizierten Formen und sorgsam auf die geistige wie gesellschaftliche Situation des heutigen Menschen zu achten«[5]. In der heutigen gottesdienstlichen Landschaft ist eine sehr große Ungleichzeitigkeit festzustellen. Während an einigen Orten sehr alte Ordnungen nach wie vor ihr Monopol behaupten, weil sie immer noch einen lebendigen Mitvollzug ermöglichen, ist an anderen Orten das Gottesdienstangebot sehr vielschichtig und von neueren Formen dominiert. Während im Bereich der »besonderen« Gottesdienste viele neue Formen wie beispielsweise die Familiengottesdienste gewachsen sind, sind im Bereich des Regelgottesdienstes keine allgemein tragfähigen neuen Formen entstanden.[6] So spielt sich die Erneuerung des Gottesdienstes weitgehend im Bereich der »Sondergottesdienste« ab und strahlt nur punktuell in den Hauptgottesdienst hinein. Es liegt von daher nahe, die beiden Bereiche trotz mancher Überschneidungen getrennt zu behandeln.

Bei sämtlichen Erneuerungen ist streng darauf zu achten, dass die Menschen ihre gottesdienstliche Heimat nicht verlieren. Dies geschieht besonders leicht bei der Veränderung oder Ersetzung geprägter liturgischer Formen. Ferner ist zu vermeiden, dass der Gottesdienst in die Nähe einer Veranstaltung rückt und nicht mehr als Versammlung der Glaubenden erkennbar wird. Diese Gefahr besteht besonders bei Sondergottesdiensten, wenn eine Gruppe einen solchen *für* andere vorbereitet, sehr oft auch bei Gottesdiensten in den Medien. Zum dritten findet Gottesdiensterneuerung ihren Maßstab nicht in den von der Gesellschaft produzierten Bedürfnissen, sondern im durchaus auch gesellschaftskritischen Willen Gottes der sich in Jesus Christus offenbart. Den Spielarten anthropologischer Engführung – seien sie nun aufklärerisch-informativ, appellierend-aktivistisch, romantisierend-selbstdarstellend, meditativ-selbstgenügsam, immanent-gruppenfixiert oder ekstatisch-schwebend – wird hier ein Korrektiv, oft auch ein Gegenpol gesetzt. Stets müssen hier die Maßstäbe der liturgischen Tragfähigkeit und der inhaltlichen Überprüfung an der Heiligen Schrift, Alten und Neuen Testaments und der Bekenntnisse angelegt werden.

---

[5] Albrecht Peters, Zum Gottesdienst in der gegenwärtigen Situation: Zur Theologie des Gottesdienstes (FuH 23), Hamburg 1976, 149-164, hier: 153.

[6] Vgl. Hans-Christoph Schmidt-Lauber, Die Zukunft des Gottesdienstes. Von der Notwendigkeit lebendiger Liturgie, Stuttgart 1990, 143 (ctb 19).

3.2.1 *Die Regelformen*

Das meistdiskutierte Erneuerungsmodell in den evangelischen Kirchen geht auf das »Strukturpapier« der Lutherischen Liturgischen Konferenz Deutschlands (1974) zurück. Seit 1990 liegt der darauf aufbauende Vorentwurf der Erneuerten Agende vor. In einem Strukturschema werden unterschiedlichen evangelischen Hauptgottesdienstformen in ein gemeinsames Grundraster eingezeichnet. Den beiden Grundtypen, dem sogenannten »Meßtyp« (abendländisch-lutherische Messtradition) und dem »oberdeutschen Typ« (Predigtgottesdienst) liegt dabei dieselbe Struktur zugrunde: Eröffnung und Anrufung, Verkündigung und Bekenntnis, Abendmahl (kann beim oberdeutschen Typ eingefügt werden) sowie Sendung und Segen. Innerhalb dieses Grundrasters, in dem traditionell gewachsene Formen als Varianten ihr Recht behalten, können gleichzeitig neue, offene Gottesdienstformen als Gestaltungsspielarten eingebunden werden. Im Kern geht es dabei allerdings mehr um den Regelgottesdienst als um die Gottesdienste in neuer Gestalt. Dieses Strukturschema hat das Verdienst, das reformatorische Erbe in Form der verschiedenen traditionsorientierten liturgischen Ordnungen und neuere Entwicklungen miteinander ins Gespräch zu bringen und Frontstellungen aufzuweichen sowie die Flexibilität, Variationsbreite und Formbarkeit traditioneller liturgischer Formen innerhalb des Kirchenjahres aufzuweisen. So verlockend dieses Integrationsmodell aber vom Prinzip her wirken kann, so wenig löst es die tatsächlichen Schwierigkeiten.

Zum ersten gibt ein Strukturschema keine ausreichenden Hinweise für die Dramaturgie des Gottesdienstes. Vielmehr kann leicht der Eindruck entstehen, als ob die angebotenen Varianten grundsätzlich alle miteinander sinnvoll kombinierbar seien. Ein entfaltetes Kyrie im Eingangsteil beispielsweise bestimmt aber den Grundcharakter des Gottesdienstes. Für die Dramaturgie ist es von erheblicher Bedeutung, ob Abendmahl gefeiert wird oder nicht. Die Festlegung auf bestimmte traditionell geprägte Stücke im Eingangsteil hat Konsequenzen für die Text- und Melodiegestaltung im Folgenden, wenn keine unbeabsichtigten Brüche auftreten sollen. Ein Strukturmodell stellt erhebliche Ansprüche an die liturgische Kompetenz der den Gottesdienst Leitenden und setzt die Gemeinde in hohem Maße deren Können oder Nicht-können aus. Zudem geht es von der irrigen Ansicht aus, als seien die Wiedererkennbarkeit und der leichte Mitvollzug bereits durch das Erkennen einer Grundstruktur gegeben. Rituelle Kommunikation setzt aber neben variablen auch feste, stets wiederkehrende vorformulierte Stücke voraus,[7] ansonsten ist den Feiernden ein Eintauchen in die Liturgie nicht möglich.

Auch die theologisch notwendige, unvermeidbare Auseinandersetzung um eine evangeliumsgemäße Praxis der gottesdienstlichen Kernelemente kann

---

[7] Vgl. Hanns Kerner, Reform des Gottesdienstes. Von der Neubildung der Gottesdienstordnung und Agende in der ev.-luth. Kirche in Bayern im 19. Jh. bis zur Erneuerten Agende, Stuttgart 1994, 216ff.

ein Strukturmodell nur verdeckt angehen. Vielmehr öffnet es gegenüber den bisherigen Ordnungen den Raum in die Beliebigkeit. Wenn beispielsweise das Sündenbekenntnis aus der Regelform herausfällt, weil es dem heutigen Menschen vermeintlich nicht entspricht, so wird ein den rituellen Charakter wesentlich prägendes Element über Bord geworfen. Christlicher Gottesdienst vergegenwärtigt aber auch den »fröhlichen Wechsel und Tausch« (Martin Luther) unserer Sünde mit Gottes vergebender Gnade. Ohne allgemein überzeugende theologische und liturgische Gründe darf aber in einer Kirche innerhalb des Regelgottesdienstes keine eigenwillige Änderung mit Begründungen möglich sein, in denen das theologische Nachdenken durch das Argumentieren mit formalen Strukturen ersetzt wird. Hier würde dann auf einer sachfremden Ebene argumentiert. Über das Strukturmodell hinaus müssten also wie bisher Ordnungen gegeben werden, welche die wesentlichen Stücke des Gottesdienstes für die Regelformen vorgeben. Dazu gehören grundsätzlich Elemente des Hörens auf den Zuspruch und die Weisung der Schrift, der Anbetung und der Fürbitte, des Glaubenszeugnisses, der Vergegenwärtigung des Versöhnungsgeschehens, des Abendmahls, des Teilens und der Sendung. Normalerweise bilden dabei die Predigt und/oder das Abendmahl die Gipfelpunkte; aus besonderem Anlass kann aber auch jedes andere gottesdienstliche Element in das Zentrum treten.[8]

Das Abendmahl hat in den evangelischen Kirchen in den letzten beiden Jahrhunderten an vielen Orten eine Umdeutung erfahren. Lange wurde es – an die mittelalterliche Tradition anknüpfend – nur an wenigen Tagen vor allem unter dem Aspekt von Buße und Versöhnung gefeiert. Heute werden vor allem der Communio-Charakter und die österliche Freude betont. Die Liturgiereformen nach dem Zweiten Weltkrieg, zum Teil auch schon die in der zweiten Hälfte des vorigen Jahrhunderts, zielten bereits in diese Richtung einer allsonntäglichen Abendmahlsfeier. Jedoch konnte sich dies trotz durchaus häufigeren Abendmahlsganges in der Breite nicht durchsetzen. Es wird auch weiter damit zu rechnen sein, und es ist angesichts der zentralen Stellung des Wortes Gottes in den reformatorischen Kirchen verständlich, dass es neben den Abendmahlsgottesdiensten auch weiterhin überwiegend Predigtgottesdienste als Regelgottesdienste geben wird. Während die Predigtgottesdienste in ihrem liturgischen Grundbestand weiter der Tradition folgen sollten, ist es nötig, für die Abendmahlsgottesdienste eine »fließende Messform« zu finden. Dazu wäre eine erhebliche Straffung sowohl des Eingangs- wie auch des Verkündigungsteils nötig. Für beide Formen ist eine sprachliche und musikalische Überarbeitung wünschenswert.

In vielen Gemeinden, vor allem in den Städten, finden am Sonntagvormittag sowohl Abendmahls- wie auch Predigtgottesdienste statt, dazu zumeist auch noch weitere Gottesdienstangebote. In kleineren Gemeinden wird über das Verhältnis und die Häufigkeit von Abendmahls- und Predigtgottesdiensten

---

[8] Vgl. KERNER, Reform (s. Anm. 6), 217.

als Kerngestalten evangelischen Gottesdienstes zu entscheiden sein. In den wenigsten Gemeinden wird die Entscheidung für nur einen Typus fruchtbar sein. Bei solchen Festlegungen für die Regelgottesdienste (zum Beispiel im vierzehntägigen Wechsel) sollten aber auch andere, in größeren Zeitabschnitten zur Hauptgottesdienstzeit wünschenswerte Gottesdienste bedacht werden (Familien- oder Taufgottesdienste, Gottesdienst zum Gemeindefest und Ähnliches). Die Durchbrechung der Normalformen sollte allerdings nur so häufig sein, dass Regelgottesdienstformen als solche wiedererkennbar und leicht mitzuvollziehen sind.

Bei regelmäßig stattfindenden Kindergottesdiensten ist ein fester, kindgerechter, innerhalb einer Kirche einheitlicher liturgischer Rahmen unverzichtbar, der allerdings im Blick auf die Regelformen des Hauptgottesdienstes sozialisierend und nicht entfremdend sein sollte. Dieser liturgische Rahmen müsste zugleich viele freie Gestaltungsräume öffnen.

3.2.2 Die anderen Gottesdienste

Sehr vielschichtig ist der Bereich der besonderen Gottesdienste. Hier gibt es traditionelle Formen wie beispielsweise die Beichtgottesdienste, die Passionsandachten oder die Kasualien sowie verschiedenste gruppenspezifische (von Polizisten bis Motorradrocker), themenzentrierte (zum Beispiel Kommentargottesdienste) oder meditative Gottesdienste meist in neuer Gestalt. In ihrer Vielfalt sind sie kaum noch überschaubar.

Die agendarisch festgeschriebenen Formen in diesem Bereich sind zumeist wortzentriert. Da sehr viele der Gottesdienstbesucher nicht mehr gottesdienstlich sozialisiert sind und nur bei ganz bestimmten Gelegenheiten am gottesdienstlichen Leben teilhaben, ist es nötig, sehr elementare, leicht mitvollziehbare Ordnungen zu haben. Gegenüber der bisherigen Praxis sollten besonders die Kasualien »einfacher und lapidarer werden und auf eine Häufung unausgelegter Schriftzitate verzichten«[9]. Auch für Bibeltexte sollte eine gut verständliche Übersetzung verwendet werden, sofern nicht ganz geprägte Texte (zum Bespiel Psalm 23) verlesen werden. Zu schwierigen theologischen Sachverhalten und Handlungen sollte hingeführt werden.[10]

Die neuen, nicht gebundenen Formen stellen in vieler Hinsicht eine große Chance für grundlegende gottesdienstliche Erneuerungen dar. Sie zeigen die Gestaltungskraft des Evangeliums und bieten Raum für das Einbringen der verschiedenen Charismen der vorbereitend, gestaltend oder feiernd Mitwirkenden in das gottesdienstliche Geschehen. In ihnen können Akzente gesetzt werden und Lob oder Klage, Bekenntnis oder anderes im Mittelpunkt stehen.

---

[9] MANFRED SEITZ, Unsere Kasualpraxis – eine gottesdienstliche Gelegenheit!, in: DERS., Praxis des Glaubens. Gottesdienst, Seelsorge und Spiritualität, Göttingen ^{3}1985, 48.

[10] Vgl. zum Beispiel HANNS KERNER/JÜRGEN LORZ/KONRAD MÜLLER, Versöhnung feiern, Nürnberg ^{2}1993, 51ff. (Prakt.-liturg. Hilfen der Materialstelle für Gottesdienst 1).

Letztlich entspricht jedem traditionellen gottesdienstlichen liturgischen Stück eine eigene gottesdienstliche Ausdrucksgestalt.[11]

Es sind viele Versuche unternommen worden, auch die Gottesdienste in neuer Form in feste Strukturschemata oder Ordnungen zu fassen (am häufigsten im Familiengottesdienstbereich). Oft ist sogar postuliert worden, dass die neuen Formen im Wesentlichen denselben Ablaufmustern folgen wie die Regelgottesdienste. Dem empirischen Befund hält diese Aussage allerdings nicht stand. Es ist auch zu fragen, ob eine Reglementierung in diesem Bereich überhaupt wünschenswert sein kann. Ein Heilungsgottesdienst braucht andere Gestaltungselemente und eine ganz andere Dramaturgie als eine Pfingstnacht. Was hier benötigt wird, sind liturgische Kenntnisse und Gestaltungsanregungen.

Problematisch ist allerdings der Überschritt von dem gelegentlich gefeierten Sondergottesdienst hin zur regelmäßig und häufig stattfindenden Feier. Am besten ist dies bei den kleinen Gebetsformen (Friedensgebet, Taizégebet) gelungen, die eine feste liturgische Form gefunden haben. Auch im Familiengottesdienstbereich, der sich in der Regel durch eine einfache Grundabfolge und eine Verzahnung mit den Regelgottesdiensten auszeichnet, hat sich in vielen Gemeinden ein etwa vierteljährlicher Rhythmus herausgebildet. Dagegen ist beispielsweise die Einrichtung des Feierabendmahls als regelmäßiger Bestandteil gottesdienstlichen Lebens daran gescheitert, dass diese Form zu aufwendig und zu kompliziert war und keine eigenen festformulierten liturgischen Elemente hervorgebracht hat. Das heißt: Wenn eine Form regelmäßig und häufig gefeiert werden soll, wird sie eine einfache, leicht mitvollziehbare liturgische Form finden oder sich an alte, bekannte Liturgien anlehnen müssen (zum Beispiel Thomasmesse).

Sehr beachtlich sind auch die Rückwirkungen der Gottesdienste in freier Gestalt auf die Regelgottesdienste. Viele Gestaltungselemente haben über sie Eingang in den Hauptgottesdienst gefunden. Zudem mahnen sie eine Elementarisierung und Vereinfachung an. Sie zeigen die Problemstellen der Regelgottesdienste an (zum Beispiel, wenn in mehr als neunzig Prozent der Familiengottesdienste kein Confiteor und kein Glaubensbekenntnis vorkommen). Sobald Gottesdienste in neuer Gestalt die Regelgottesdienste ersetzen würden, würden sie einen Verlust bedeuten, da sie verschiedenste Dimensionen des gottesdienstlichen Geschehens regelmäßig ausblenden. Zumindest im jetzigen Stadium vermitteln sie bereichernde zusätzliche Akzentsetzungen im gottesdienstlichen Leben der Kirchen, geben Impulse für eine Erneuerung des Regelgottesdienstes und führen in der je eigenen Gestalt zur Freude spiritueller Gemeinschaft. Für viele Menschen nehmen sie auch eine Brückenfunktion ein auf ihrem Weg, wieder in den Hauptgottesdienst zurückzufinden.

---

[11] Vgl. Kerner, Reform (s. Anm. 6), 217.

3.2.3 Gottesdienst als Gestaltungsaufgabe

Eine der Kernthesen der derzeitigen Reformbestrebungen, die mit der Erneuerten Agende verbunden sind, ist die Aussage, dass der Gottesdienst eine »immer neu zu bewältigende Gestaltungsaufgabe«[12] darstellt. Gegenüber früheren Konzepten, welche möglichst viele liturgische Stücke und Gebete durch das Kirchenjahr im Wortlaut festlegten, um durch die auch materiale Wiedererkennbarkeit eine möglichst hohe innere Beteiligung und ein ruhiges sich Hineingeben in den liturgischen Vollzug zu erreichen (zum Beispiel Löhe, Höfling), wird der Gottesdienst nun wie bereits bei den stärker durch die Aufklärung geprägten Gottesdienstentwürfen des 18. und 19. Jahrhunderts sowohl in seiner Gesamtkomposition wie in jedem einzelnen Baustein zur Gestaltungsaufgabe. Die individuelle Gestaltungskraft wird höher eingeschätzt als die der geprägten Texte. Das bedeutet, dass über die klassischen Aufgaben der Auswahl von Instrumentalmusik, der Lieder, Gebete und der Ausarbeitung der Predigt hinaus durch die Gestaltenden der Gottesdienstverlauf als neuer Aufgabenbereich hinzutritt. Konsequenterweise will die Erneuerte Agende deshalb auch keine Texte und Gebete für die Leseliturgen mehr bieten, sondern nur noch Anregungen als Grundlage für die individuelle Bearbeitung. Gemeinde- und situationsbezogene Formulierungen sollen die agendarisch vorgefertigten Gebete ersetzen. Für geprägte liturgische Stücke werden grundsätzlich mehrere Alternativen angeboten. Vom Konzept her geht es nicht mehr um ein sich Einlassen auf und Einstimmen in die Liturgie und das Gebet der Kirche, sondern um die gottesdienstliche Feier, die von einer gemeindlichen Situation und ganz bestimmten Personen in all ihren Teilen geprägt ist. Über die Abwechslung und das Eingehen auf die vermeintlichen individuellen Bedürfnisse soll die Zeitgenossenschaft des Gottesdienstes gewährleistet und so auch der gottesdienstlich Entfremdete mehr angesprochen werden. Es ist zu fragen, ob hier ein in der Krise wohl nötiges Programm zu einem Konzept für die Zukunft überhöht wird. Zielpunkt einer Gottesdiensterneuerung sollten tragfähige Liturgien sein, die in ausgewogener Weise feste und wechselnde Stücke beinhalten. Die Form wird dabei im Dialog mit der eigenen Tradition neu zu finden sein.

Auch bei den Gestaltungsfragen muss wieder zwischen den Regelgottesdiensten und den besonderen Gottesdiensten deutlich unterschieden werden. Während jeder Familiengottesdienst, Jugendgottesdienst und so weiter von der Begrüßung bis zum Segen eine einzige Gestaltungsaufgabe darstellt, ist der Regelgottesdienst sinnvollerweise nicht durchgängig veränderbar. Hier muss auch festgestellt werden, dass der Wechsel von Propriums- und Ordinariumsstücken nach den bisherigen Agenden ohnedies mehr Gestaltungsmöglichkeiten eröffnet, als sie in den meisten Gemeinden wahrgenommen werden.

---

[12] Versammelte Gemeinde. Struktur und Elemente des Gottesdienstes. Zur Reform des Gottesdienstes und der Agende, vorgelegt von der Lutherischen Liturgischen Konferenz, Hamburg 1974, 5.

Zudem muss ein Gottesdienst guten Gewissens innerhalb dieses Gestaltungsrahmens gefeiert werden können. Allerdings kann es für die Regelgottesdienste außerordentlich förderlich sein, einige Grundeinsichten aus der Entwicklung seit Beginn der 1960er Jahre zu berücksichtigen und diese für die Gestaltung fruchtbar zu machen.

Von großer Bedeutung ist dabei die aktive Gestaltungsbeteiligung. Neben den Hauptamtlichen, für die eine intensive Kooperation angemahnt wird, insbesondere hinsichtlich des Zusammenwirkens von Geistlichen und Kirchenmusikern, kommen dabei die Kompetenzen und Gaben innerhalb der Gemeinde in den Blick und finden im gottesdienstlichen Handeln ihren Ort. Im weiten Bereich der Kirchenmusik, in den der Reichtum der Gaben besonders groß ist, eröffnen sich viele Möglichkeiten. Nicht nur andere Instrumente, sondern auch moderne Musik könnten dadurch verstärkt Eingang in den Regelgottesdienst finden; auch neue Lieder würden organischer in den Gottesdienst passen, wenn sie die Gemeindegruppe, die sie gerne singt, auch vorträgt. Ein breites Feld für eine Gestaltungsbeteiligung stellen neben den Lesungen und Mitteilungen aus der Gemeinde auch die Gebete dar. Besonders bei den Fürbitten bieten die Ektenie und das diakonische Gebet Raum für eigene Formulierungen und Anliegen. Letztlich können die meisten aus den neuen Gottesdienstaufbrüchen entstandenen Formen punktuell in die Regelgottesdienste einbezogen werden; seien dies ein entfaltetes Kyrie, ein getanzter Psalm oder ein persönliches Glaubenszeugnis. Es muss nur jeweils gut geübt, klar vorgetragen und gut integriert werden. Bei alledem ist das rechte Maß zu behalten und zu beachten, dass für den liturgisch geprägten Gottesdienst die materiale Wiederholung geprägter Stücke konstitutiv ist, wenngleich er daneben auch Raum für besonderes bietet. Wird eines der festen liturgischen Stücke ersetzt, verfremdet oder in Handlung umgesetzt, so gilt in der Regel, dass nicht noch andere Stücke in demselben Gottesdienst verändert werden sollten.

Ganz anders sieht dies bei den besonderen Gottesdiensten in freier Gestalt aus. Sie werden zumeist von einer Gemeindegruppe oder von einem Team vorbereitet, welche die Gesamtkonzeption und die Detailgestaltungen festlegen. Hier stellt sich die Gestaltungsfrage jedesmal neu. Der gewählte Inhalt und die vorhandene Möglichkeiten bestimmen in hohem Maße die zu treffenden Entscheidungen. Durch die immer neue Herausforderung, etwas Altes neu zu sagen, zu spielen, zu tanzen oder zu singen, werden wichtige grundsätzliche Probleme immer wieder aufs Neue bedacht. Der Gottesdienstraum und die ihm gemäßen Formen kommen in das Blickfeld; eine Weite in den Stilmitteln ist zumeist selbstverständlich; das Verhältnis von Form des Gottesdienstes zur Zahl der Gottesdienstteilnehmer wird reflektiert. Die gemeinschaftsstiftenden Elemente sind sehr viel stärker im Vordergrund als bei den Regelgottesdiensten, wobei oft die Möglichkeiten einer gottesdienstlichen Versammlung in dieser Hinsicht überschätzt werden.[13] Auch die musikalischen Nebentraditionen innerhalb einer Gemeinde kommen in das Blickfeld. Dieses offene Gestaltungsfeld kann für eine Erneuerung des Gottesdienstes gar nicht hoch genug eingeschätzt werden. Damit die Impulse in diesem Bereich allerdings nicht ins Leere laufen, sind hier große gemeindepädagogische Anstrengungen hinsichtlich der Vermittlung liturgischer Kenntnisse auch für die Laien nötig. Es kann beispielsweise nur bereichernd sein, wenn nach einer Sandwichstruktur (Lied - Text - Lied - Text ...) aufgebaute Gottesdienste auch mit dem Reichtum der traditionellen Formen konfrontiert werden. Eine stete Durchlässigkeit von besonderen Formen zu den Regelgottesdiensten und umgekehrt wird für die Gestaltung aller Gottesdienste nützlich sein.

Ein besonderes Problem stellen die Zeichen im Gottesdienst dar, insbesondere in Form von Symbolen und Sprache. Als in einer Bild- und Medienwelt lebende Menschen messen wir präverbalen Zeichen unbewusst eine hohe Beachtung zu. Im Gottesdienstbereich sind diese nach langer Vernachlässigung wieder ins Blickfeld geraten. Die Umsetzung der liturgischen Forschung in die Praxis muss allerdings noch geschehen. So sind beispielsweise die Frage der liturgischen Gewänder oder die des Einzuges der aktiv Handelnden, der Gebetshaltung oder Ausstattung des Gottesdienstraumes längst nicht so bedeutungslos, wie sie oft angesehen werden. Auch die Beschäftigung mit und die gottesdienstliche Verwendung von Symbolen stehen derzeit hoch im Kurs. Bei aller Euphorie um die Wiederentdeckung der Symbole im Gottesdienst darf deren Ambivalenz allerdings nicht vergessen werden. Gottesdienstliche Symbole, welche die Heilsgeschichte vergegenwärtigen, sind im Gegensatz zu solchen, die Bilder der Natur aufgreifen, rituell relevant. Sie sind nicht aus sich heraus evident, und ihr Sinngehalt muss gelernt werden. Ohne ihre christliche Deutung verlieren sie den heilsgeschichtlichen Sinn. Zudem schaffen sie als religiöse Symbole – genauso wie Rituale – eine Abgrenzung zwischen Dazugehörenden und Nicht-Dazugehörenden. Im Sprachbereich trennt man sich – ob bewusst oder unbewusst – auch aus diesen Gründen von einer geprägten liturgischen Sprache, da sie eine ausgrenzende Wirkung für diejenigen hat, die nicht in diesem Zeichensystem eine Heimat haben. Die Lösungsangebote sind hier vielfältig und widersprüchlich. Der Weg der Erneuerten Agende, die aus der Tatsache, dass es derzeit keine allgemein anerkannte liturgische Sprache in den beteiligten evangelischen Kirchen gibt, die Konsequenz zieht, dass die Gestaltenden die ihnen gemäße Sprachform finden müssen, verlagert das Problem hin zu Individualisierung. Dadurch lässt sich das eigentliche Sprachproblem aber genausowenig lösen wie durch die Konzentration auf eine gerechte beziehungsweise inklusive Sprache. Solche Fixierungen sind genauso wie diejenige auf eine Alltagssprache oder die bisherige Agendensprache nicht geeignet, das Problem der Artikulationsformen im Gottesdienst zu lösen, so sehr die einzelnen Aspekte, auf die sie verweisen, bedacht

[13] Vgl. Joseph Gelineau, Die Liturgie von morgen, Regensburg 1979, 43ff.

sein müssen. Auch die derzeitige Bevorzugung einer mit biblischen Bildern und Worten getränkten poetischen Sprache findet sehr unterschiedliche Ausdrucksgestalten. Eine gottesdienstliche Sprache – und als solche ist sie zwangsläufig eine eigene (auch ausgrenzende) Sprachgestalt – soll Raum schaffen für die verschiedenen Formen der Vergewisserung des Glaubens und der Kommunikation zwischen Gott und Mensch. Sie soll auf die Wirklichkeit Gottes und sein Gnadenhandeln weisen und die menschliche Antwort und Bitte angemessen artikulieren. Sie ist daher anamnetisch, performativ, assoziativ, informativ und expressiv zugleich. Auf jeden Fall sollte sie zumindest in den Kerntexten des Gottesdienstes geprägt bleiben. Es wird eine der vordringlichsten Arbeiten einer Gottesdiensterneuerung sein, eine angemessene tragfähige liturgische Sprache zu finden. Eine Erneuerung der gottesdienstlichen Sprache soll also taugliche Hilfsmittel für dialogische Begegnung der Christen untereinander und mit dem dreieinigen Gott sowie für die Ermöglichung einer Selbstvergewisserung des eigenen Glaubens bieten. Die Aufgabe der Reform der Gottesdienstsprache wie der Gottesdienstgestalten steht dringend an. Dabei ist zu berücksichtigen, dass – wie auch an der Betrachtung der verschiedenen konfessionell geprägten Gottesdiensttypen gut zu sehen ist – zwischen Theologie, Gottesdienst und Sprache eine Korrespondenz besteht. Auch das Sprachproblem kann also nicht aus einer Gesamtkonzeption herausgelöst werden.

Der Ruf nach dem Neuen oder die Sehnsucht nach Vertrautem

Der Wechsel von Zeiten der Erneuerung des Gottesdienstes und Zeiten der Rückbesinnung auf Traditionen gehört zur Geschichte des christlichen Gottesdienstes. Dabei laufen kirchliche Reformbewegungen vorwiegend in zwei gegenläufige Richtungen. Sie können mit Aufbrüchen in liturgisches Neuland oder mit Aufbrüchen in die Entdeckung der Tragkraft traditioneller Formen und Inhalte verbunden sein. Insbesondere in Phasen heftiger Veränderungsschübe, die in die eine oder andere Richtung ausschlagen, tauchen in besonderer Weise Verwerfungen und Abgrenzungen, aber auch Ungleichzeitigkeiten auf. Stets ist jedoch ein Ringen um Angemessenheit zu verzeichnen. Diese betrifft das gesamte gottesdienstliche Feld. So wird dann beispielsweise um die angemessene Sprache, die angemessene Form, die angemessene Musik oder um die angemessene Übersetzung des Evangeliums in die Lebenssituation gerungen. In einer knappen ideengeschichtlichen Skizze soll dieses Ringen insbesondere im evangelischen Bereich dargestellt werden.

1. Reform als Normalität

In Deutschland markiert bereits die Reformation eine in zwei Richtungen laufende Reformbewegung. Sie greift auf der einen Seite auf die Tradition der Kirche zurück, insbesondere auf altkirchliche Vorlagen. Auf der anderen Seite gibt sie mit Volkssprache, neuem Liedgut, Laienkelch und Predigtzentrierung eine Steilvorlage für Veränderungen, die noch heute adaptiert und weiterentwickelt werden. In der katholischen Kirche wurde mit dem Konzil von Trient ebenfalls eine wirkkräftige Reform angestoßen und sukzessive realisiert. In Folge dieser ersten »zentralkirchlich initiierten Reform der Liturgie«[1] der katholischen Kirche wurde eine bisher nie zuvor vorhandene Einheitlichkeit der Liturgie erreicht, die zum »Kennzeichen der Einheit der Kirche«[2] wurde.

---

[1] Winfried Haunerland, Einheitlichkeit als Weg der Erneuerung. Das Konzil von Trient und die nachtridentinische Reform der Liturgie, in: Martin Klöckner/Benedikt Kranemann, Liturgiereformen. Historische Studien zu einem bleibenden Grundzug christlichen Gottesdienstes, Bd. 1, Münster 2002, 436.

[2] A.a.O., 465.

Im evangelischen Bereich führten verschiedene Frömmigkeitsausprägungen und -bewegungen, die auch durch einen sozialen Wandel begleitet waren, zu verschiedensten Veränderungen in der Liturgie. Als Beispiele seien hier die Lutherische Orthodoxie und der Pietismus genannt.

2. Gesellschaftliche Entwicklungen als Motor von Erneuerungsprogrammen

Am Beispiel der Aufklärung wird besonders deutlich, wie stark prägende Geistesströmungen innerhalb einer Gesellschaft die Gestalt des Gottesdienstes inhaltlich wie formal ändern können. In den Aufklärungsliturgien am Ende des 18. und zu Beginn des 19. Jahrhunderts finden wir (nicht nur im evangelischen Bereich) massive Traditionsabbrüche und breiten Gestaltungswillen für »zeitgemäße« Gottesdienste.

Phänomene wie Publikationen zur Gottesdienstgestalt in neuer Form sind genauso verbreitet wie die sogenannten Bleistiftagenden, in denen Pfarrer ihre eigenen »Liturgiebücher« kreieren. Privatagenden[3] und liturgische Sammlungen verdrängen in hohem Maße die offiziellen agendarischen Formulare. In ihnen wird eine gegenüber der Tradition kritische und rationalistisch »gereinigte« Theologie greifbar.[4] Es legt sich die These nahe, dass in Zeiten großer gesellschaftlicher Veränderungen ebenso massive theologische und damit verbunden liturgische Eingriffe in das Traditionsgut geschehen. Zudem bekommen einzelne Aspekte christlichen Lebens für einen bestimmten Zeitraum ein überproportional starkes Gewicht. Ihre inhaltlichen Schwerpunkte werden auch gottesdienstlich bestimmend. So gibt es in großer Breite liturgische, homiletische und musikalische[5] Erneuerungsprogramme. Bereits an den Titeln der zahlreichen Anregungsliteratur aus dieser Zeit wird deutlich, dass es hier programmatisch um ein Ausloten neuer Möglichkeiten geht. Der »Versuch«[6],

---

[3] Vgl. z.B. Georg Friedrich Seiler, Allgemeine Sammlung liturgischer Formulare der evangelischen Kirchen, [Bd. 1,1-3 und Bd. 21, Erlangen 1787/88, dessen »Privatagende« nicht nur weit verbreitet war, sondern in manchen Kirchgebieten offiziell von der Kirchenleitung zum Gebrauch empfohlen wurde; Heinrich Wilhelm Frosch, Allgemeine Liturgie oder Versuch einer möglichst vollständigen Sammlung von Gebeten und Anreden bey dem öffentlichen Gottesdienst und andern feyerlichen Religionshandlungen, Ratibor 1802/Breslau 1805.

[4] Vgl. dazu und zum Folgenden Hanns Kerner, Reform des Gottesdienstes. Von der Neubildung der Gottesdienstordnung und Agende in der evangelisch-lutherischen Kirche in Bayern im 19. Jahrhundert bis zur Erneuerten Agende, Stuttgart 1994, 9ff.

[5] Vgl. Christoph Albrecht, Einführung in die Hymnologie, Göttingen 1995, 114-120.

[6] Vgl. z.B. Friedrich Muck, Homiletische und liturgische Versuche, Nürnberg 1796; Christian Gottfried Junge, Versuch einer neuen Liturgie oder Sammlung von Gebeten und Anreden bei den öffentlichen Gottesdiensten und anderen feyerlichen Religionshandlungen zum Gebrauch evangelischer Gemeinden, Nürnberg/Altdorf 1799; Johann Christoph Spiess, Versuch einer protestantischen Kirchenordnung nach den

das »Ideenmagazin«[7], die »Beförderung der nöthigen Abwechslung und einer zweckmäßigen Mannigfaltigkeit«[8] waren Programm. Der Umbau gottesdienstlicher Strukturen und die Ablösung des Traditionsgutes sind Zielvorstellungen eines den Bedürfnissen des aufgeklärten Menschen entsprechenden Gottesdienstes. Dies erfasste auch in nicht unerheblichem Maße die Gestaltung katholischer Gottesdienste.[9] Manches, was heute als Errungenschaft des 20. Jahrhunderts gesehen wird, wie beispielsweise der »Zielgruppengottesdienst«, ist eine Frucht der Aufklärung.

In den Kirchenleitungen sah man solche Entwicklungen nicht gern, sie unternahmen aber nichts gegen diesen Aufbruch, solange er vom gesellschaftlichen Mainstream begleitet und in den Gemeinden in der Breite getragen wurde. Zur Illustration, wie sehr man das Ruder herumreißen wollte, kommt ein Oberkonsistorialrat aus dem Jahr 1823 zu Wort. Er sieht die liturgische Situation seiner Zeit äußerst kritisch und die zeitgenössischen Gottesdiensterneuerungen hält er für »exzentrisch«. Er urteilt: »Alles ist nur auf Sinnenreitz berechnet, und nicht selten gewinnt es das Ansehn, als wolle man die Kirche in ein Schauspielhaus verwandeln.«[10] In Bezug auf die Gemeindepraxis kann man in einem Bericht aus demselben Jahr lesen: »In neuern Zeiten folgen eine Menge Geistliche keiner als der von ihnen selbst geschaffenen Liturgie. Welche unchristlichen Gebete, welche fast heidnische Ceremonien und welche willkürliche Behandlungsweisen des Gottesdienste und der Sakramente sind ... dadurch zum Vorschein gekommen.«[11]

Bedürfnissen unseres Zeitalters, Duisburg 1808; Friedrich Heinrich Lindemann, Versuch einer neuen Liturgie, Lüneburg 1808; Johann Wilhelm Friedrich Lampert, Liturgische Blätter zu meiner Amtsführung. Versuche, Ansbach 1819; Georg Jakob Ludwig Reuss, Neue evangelische Kirchenagende. Oder was zu gründlicher Verbesserung des protestantischen Cultus in der Kirche und für die Kirche billig zu dieser Zeit geschehen soll. Ein aus mehrjähriger Erfahrung hervorgegangener Versuch, Gotha 1821.

[7] Vgl. z.B. Bernhard Klefeker, Homiletisches Ideenmagazin, Hamburg 1803-1819.

[8] Johann Kaspar Velthusen, Liturgisches Predigerhandbuch zur Befürderung der nöthigen Abwechslung und einer zweckmäßigen Mannigfaltigkeit in den Amtsverrichtungen der Prediger, auch erforderlicher Abänderungen nach Zeit, Ort, Personen und Umständen.

[9] Vgl. Benedikt Maria Leonhard von Werkmeister, Beiträge zur Verbesserung der katholischen Liturgie, Ulm 1889; Ludwig Busch, Liturgischer Versuch oder Deutsches Ritual für katholische Kirchen, Erlangen 1810; Vitus Anton Winter, Erstes deutsches kritisches Messbuch, München 1810.

[10] Reinhold Friedrich, Der Aufriß einer Agende aus dem Jahr 1823, in: Hanns Kerner/Manfred Seitz (Hrsg.), Die Reform des Gottesdienstes in Bayern im 19. Jahrhundert. Quellenedition Bd. 1, Stuttgart 1995, 35.

[11] Friedrich Faber, Die Protestanten in Baiern und deren Wünsche bei der Eröffnung der Generalsynode, Nürnberg 1823, 132.

3. Kirchenleitende Entscheidungen als Motor von Veränderung

Den Gegenpol zu diesem von der Aufklärung und von dem mit ihr verbundenen Rationalismus inspirierten Umbruch in der liturgischen Landschaft bilden die Agenden aus der zweiten Hälfte des 19. Jahrhunderts. Motor dieser Reform sind wieder Privatagenden (allerdings jetzt ganz anderer Prägung und Intention[12]), aber nun auch ganz massiv die »Landesherren« und die Kirchenleitungen. Auf die Reform »von unten« folgt in verändertem Umfeld eine »von oben« gestützte und zum Teil unter erheblichem Druck auf die Pfarrerschaft durchgesetzte Reform.[13] In den Regionen, in denen die neuen offiziellen Agenden eingeführt werden, führen sie im Verlauf von ca. drei Jahrzehnten zu einer erstaunlich einheitlichen Gottesdienstlandschaft am Sonntagvormittag. Dabei stellen sie einen Kompromiss dar. Auf der einen Seite nehmen sie Entwicklungen der Aufklärungsliturgie auf und führen sie fort, auf der anderen Seite greifen sie auf traditionelle Ordnungen zurück.[14] So erhalten die Gottesdienste eine reichere liturgische Ausgestaltung. In der Aufklärungszeit verlorenengegangene Gesänge wie Introitus, Kyrie, Gloria oder Sanctus werden in großer Breite wieder zur Selbstverständlichkeit.[15]

Ganz offensichtlich halten sich im evangelischen Bereich traditionsgeprägte Formen nicht auf Dauer. Zum einen verändern sie sich bei jeder Agendenrevision durch die Kirchenleitung nicht unerheblich, zum anderen entstehen daneben nach einer gewissen »Abnutzungszeit« wieder neue Formen.

4. Primär personenbezogene Aufbrüche

Gut ist das an den sehr unterschiedlichen liturgischen Aufbrüchen nach dem 1. Weltkrieg zu sehen. Neben den in der Liturgiewissenschaft breit beachteten Bewegungen wie der Berneuchener[16] oder Alpirsbacher[17], die mit den Namen Karl Bernhard Ritter und Wilhelm Stählin bzw. Friedrich Buchholz und Richard Gölz verbunden sind, ist eine Vielzahl von Aufbrüchen zu konstatieren, die zu – wie wir heute sagen – »Offenen« oder »Freien« Gottesdienstfor-

---

[12] Vgl. z.B. Wilhelm Löhe, Agenden für christliche Gemeinden des lutherischen Bekenntnisses, Nördlingen 1844; Friderich Hommel, Liturgie lutherischer Gemeindegottesdienste, Nördlingen 1851.

[13] Der Nährboden solcher Reformen lag allerdings auch wieder in der geistesgeschichtlichen Wende hin zur Romantik und zum Deutschen Idealismus.

[14] Die Einordnung als Restaurationsagenden ist nur ganz bedingt treffend.

[15] Vgl. Kerner, Reform, 149ff.

[16] Vgl. Wolfgang Ratzmann, Gott ist gegenwärtig. Aufsätze zum Gottesdienst, Leipzig 2010, 84-86.

[17] Vgl. Joachim Conrad, Liturgie als Kunst und Spiel: Die kirchliche Arbeit Alpirsbach 1939-2003, 16-127.

men anregen und in den Zwischenkriegsjahrzehnten die Gottesdienstpraxis weitaus stärker beeinflussen als die genannten liturgischen Bewegungen. Die Anregungsliteratur, z.B. eines Karl Arper, Alfred Zillessen oder Paul Schorlemmer[18] griff in vielem auf die Aufklärungsliturgik zurück und kann zugleich als Vorläufer der Entwicklung neuer Gottesdienstformen in der zweiten Hälfte des 20. Jahrhunderts gesehen werden. Dazu kommt noch der gesamte Bereich der Gottesdienstreformansätze, die der politischen Entwicklung, sprich der nationalkirchlichen Ausrichtung, Rechnung tragen.

5. Politisch bedingte Veränderungen

Insbesondere an den liturgischen Akzentsetzungen der »Deutschen Christen[19] oder in »Kriegsagenden«[20] wird deutlich, dass in bestimmten umgrenzten Zeiten noch einmal ganz andere Gottesdienstformate für notwendig gehalten werden. Der bisherige agendarische Sonntagsgottesdienst wird genauso wie sämtliche vorhandenen neuen Formen für in dieser Situation unangemessen und unbrauchbar empfunden. So werden völlig andere Akzente gesetzt. Bei den »Deutschen Christen« ist es in Übernahme nationalsozialistischer Ideologie insbesondere die »Ausmerzung« alles »Jüdischen« in der Liturgie, bei den Kriegsagenden ist es die Bestärkung der Rechtmäßigkeit dieses Krieges und damit der Versicherung, dass Gott mit auf Seiten der eigenen Soldaten ist. Man sieht hier sehr deutlich, wie sich in veränderten politischen Umfeldern auch der Gottesdienst in jeweils neue Formen bei Betonung erheblich anderer Inhalte gießt.

Am Beispiel der »Deutschen Christen« wird noch etwas Anderes deutlich. Bei denen, die ihren Weg nicht mitgehen wollten, lösten sie Klärungen aus, wie Gottesdienst gefeiert werden soll. In Abgrenzung gegen die in den »politisierten« Agenden verbreiteten Inhalte werden Gegenformen entwickelt, wie

---

[18] Vgl. ausführlich dazu: Klaus Raschzok, Trendsetter des Aufbruchs: Die »Frontkämpfer des Gottesdienstes, in: Hanns Kerner (Hrsg.), Aufbrüche. Gottesdienst im Wandel, Leipzig 2010, 63-84.

[19] Martin Sasse (Hrsg.), Gott mit uns. Hilfe zur Feiergestaltung, Weimar 1939.

[20] Damit werden hier die Texte und Liturgien für Kriegszeiten bezeichnet, wie sie beispielsweise in großer Zahl und mit hohen Auflagen während des 2. Weltkriegs vom Verlag Vandenhoeck & Ruprecht herausgegeben wurden. S. auch Karl Arper, Agende für Kriegszeiten, Göttingen 1915; Hans Friedrich, Gott mit uns! Vaterländische Predigten und Ansprachen über Bibeltexte und Kirchenlieder, Groß-Salze 1914; Wilhelm Koller, Gott mit uns! Kriegsgebetbüchlein für die deutsche Armee, Bayreuth 1914; Wilhelm Pressel, Die Kriegspredigt 1914-1918 in den evangelischen Kirchen Deutschlands, Göttingen 1967; Heinrich Missalla, Gott mit uns! – die deutsche katholische Kriegspredigt 1914-1918, München 1968; Kleine Soldaten-Agende, hg. v. Mecklenburgischen Oberkirchenrat, Schwerin 1940.

am Beispiel der Bekennenden Kirche gezeigt werden kann.[21] Dabei können Traditionsformen einen Schutz vor beliebiger Veränderung der christlichen Botschaft im Gottesdienst bieten.

6. UNGEWOLLTE PLURALISIERUNGEN IM TRADITIONSBEREICH

Ein wenig beachtetes Phänomen soll auch noch in den Blick genommen werden: Was passiert, wenn eine Traditionsform durch eine andere traditionsgeprägte Agende ersetzt werden soll? Mit der Einführung der Agendenwerke der Vereinigten Evangelischen Kirche Deutschlands und der Evangelischen Kirche der Union sollten die bis dahin gültigen Gottesdienstordnungen und Agenden abgelöst werden. In der Folge zeigte sich zwar, dass das neue Agendenwerk dort, wo es eingeführt wird, eine sehr hohe Prägekraft gewinnt. Auf der anderen Seite ruft dessen Einführung ungewollt eine erhebliche Pluralisierung der sonntäglichen Gottesdienstlandschaft hervor. Das Problem ist, dass – als Beispiel wird hier Bayern angeführt – nun zwei theologisch, psychologisch und ritualtheoretisch unterschiedliche Gottesdienstkonzepte im Raum stehen. Das protestantische Grundprinzip, dass Veränderungen der Liturgie nur im Konsens beschlossenen werden können[22], hat nun zur Folge, dass manche Gemeinden bei ihrer alten Ordnung bleiben, manche die neue einführen und wieder andere Mischformen beschließen. Der ursprüngliche Gedanke, in den konfessionellen Zusammenschlüssen in Deutschland einheitliche Gottesdienstordnungen zu schaffen, führte deshalb in Gebieten, die vorher eine einheitliche Ordnung hatten, dazu, dass die Pluralisierung nicht nur in den freien Gottesdienstformen, sondern jetzt auch im traditionsgeprägten Bereich Normalität ist.[23] Das Evangelische Gottesdienstbuch[24] setzt diesen Weg konsequent, aber jetzt gewollt, in Richtung noch größerer Pluralisierung fort.

---

[21] Vgl. PETER CORNEHL, Gottesdienst VIII, Evangelischer Gottesdienst von der Reformation bis zur Gegenwart, in; TRE 14, 75f.

[22] Der Prozess zur Abstimmung und Feststellung des Konsenses ist in den deutschen Landeskirchen unterschiedlich geregelt. Ein weit verbreitetes Verfahren sieht zuerst das Erreichen eines Konsenses der kirchenleitenden Organe der gliedkirchlichen Zusammenschlüsse vor (z.B. Bischofskonferenz und Generalsynode), dann die Konsensfeststellung der kirchenleitenden Organe der Landeskirche (z.B. Landesbischof, Landeskirchenrat, Landessynode, Landessynodalausschuss). Erst jetzt kommen die Gemeinden direkt ins Spiel. Hier muss ein Konsens zwischen (sämtlichen) Pfarrerinnen und Pfarrern und dem Kirchenvorstand bestehen, sonst kann keine Veränderung des Bestehenden vorgenommen werden.

[23] Vgl. KERNER, Reform, 179ff.

[24] Evangelisches Gottesdienstbuch. Agende für die Evangelische Kirche der Union und für die Vereinigte Evangelisch-Lutherische Kirche in Deutschland, hg. v. der KIRCHENLEITUNG DER VEREINIGTEN EVANGELISCH-LUTHERISCHEN KIRCHE DEUTSCHLANDS und im Auftrag des Rates von der Kirchenkanzlei der Evangelischen Union, Berlin 2000.

Das 2. Vatikanum hat die tiefgreifendste Reform des Gottesdienstes im betrachteten Zeitraum angestoßen. Auf diese Reform wird unten ausführlich eingegangen.[25] Beachtlich ist aber, dass trotz des großen Aufbruchs und der Bündelung sehr vieler Kräfte auf diese große Reform des katholischen Gottesdienstes das Phänomen von Aufbrüchen neben der offiziellen Linie auch hier zu verzeichnen ist. Während auf der einen Seite Widerstand gegen die Ersetzung der lateinischen Messe zu verzeichnen war, gingen anderen die offiziellen Reformen nicht weit genug. Eine Aufarbeitung dieser breiten Anregungsliteratur, wie sie Huub Oosterhuis, Wilhelm Wilms oder Willi Hoffsümmer geliefert haben,[26] ist ein spannendes Feld, das über die zeit- und geistesgeschichtlichen Bedingtheiten dieser Aufbrüche hinaus Grundprobleme festgelegter gottesdienstlicher Ordnungen freilegen könnte.

7. Humanwissenschaftliche »Erkenntnisse« als Motor der Veränderung

In Umbruchszeiten gewinnen humanwissenschaftliche und philosophische Konzepte, die gerade in der Gesellschaft en vogue sind, erhebliche Bedeutung. Bei den Reformen der 60er- und 70er-Jahre des 20. Jahrhunderts sieht man das sehr klar am Beispiel der »Leitwissenschaften« Pädagogik und Psychologie. So führen beispielsweise pädagogische Grundaxiome dazu, die Texte aus der Lutherbibel als unverständlich zu markieren. Folglich wird entweder zur Verwendung anderer Übersetzungen wie der von Jörg Zink oder der »Guten Nachricht« oder zum Gebrauch von Präfamina zur Lesung geraten. Die Infragestellung des Confiteors im Eingangsteil des Gottesdienstes folgt Thesen aus der Psychologie, insbesondere Freud'scher Prägung. Hier wird deutlich, wie sehr Fragen der Gottesdienstgestaltung und damit auch der Gottesdiensttheologie von den in der Gesellschaft breit rezipierten (populär) wissenschaftlichen »Erkenntnissen« beeinflusst werden. Um das Confiteor zu ersetzen oder zumindest umzuformulieren, reicht es aus, wenn sich in der medialen Gesellschaftsmeinung ein breiter Konsens artikuliert, dass in der Kirche zu viel von Sünde gesprochen wird. Typisch evangelisch ist dabei auch, dass sich solche Veränderungen mit neuen (Gottesdienst-) Theologien verknüpfen. Ebenso bezeichnend ist es, dass sich in den Gemeinden Trägergruppen finden, die *ihren* Gottesdienst nach *ihrer* Art feiern.

---

[25] Vgl. Konrad Baumgartner, Kreative Liturgie oder Wildwuchs, 41-61; Klemens Richter, Grundlagen des Aufbruchs: Die Liturgiekonstitution »Sacrosanctum Concilium«, 85-109; Eduard Nagel, Authentisch und pastoral. Neuschöpfung und Übersetzung liturgischer Texte nach dem 2. Vatikanum am Beispiel neuer Hochgebete, 185-199, jeweils in: Hanns Kerner (Hrsg.), Aufbrüche. Gottesdienst im Wandel, Leipzig 2010.

[26] Vgl. auch Baumgartner, Kreative Liturgie, 46, Anm. 16 und 17.

8. Anregungen

In Zeiten großer Umbrüche sind auch erhebliche Umbrüche in der Liturgie und Predigt zu verzeichnen. Das können kirchliche Wegmarken wie die Reformation, das Konzil von Trient, die großen Agendenreformen des 19. und 20. Jahrhunderts im evangelischen Bereich oder das 2. Vatikanische Konzil sein. Es können aber auch gesellschaftliche Umbrüche wie in der Zeit der Aufklärung, der Erste und Zweite Weltkrieg oder die 68er-Bewegung sein, die jeweils erheblichen Einfluss auf Form und Inhalt des Sonntagsgottesdienstes genommen haben. Daraus folgt die These: Große Reformen, Aufbrüche, Umbrüche und Abbrüche sind mit großen Veränderungen in Gesellschaft, Politik und Kirche(n) verbunden. Kirchliche Reformbewegungen wie auch Gegenmaßnahmen zu deren »Errungenschaften« bringen Reformen mit zum Teil erheblichen Veränderungen im Gottesdienstbereich mit sich. Eine geistesgeschichtliche Betrachtung der Geschichte der jüngeren Entwicklungen im Gottesdienstfeld wäre eine intensive Forschungsarbeitwert.

Aus historischer Betrachtung ergibt sich ein Bündel von Faktoren, die für eine Reform des Gottesdienstes ausschlaggebend sein können. Je nach Fokus auf die Sachverhalte lässt sich so aus theologiegeschichtlicher, sozialgeschichtlicher, politikwissenschaftlicher, geistesgeschichtlicher oder kirchenpolitischer Sicht jeweils sehr unterschiedlich Geschichte schreiben, wohl um das Zusammenspiel dieser und weiterer Faktoren wie beispielsweise die Bedeutung prägender Persönlichkeiten wissend. Egal, wie die Geschichte des Gottesdienstes betrachtet wird, sie wird immer eine Geschichte von Aufbrüchen, Umbrüchen und Abbrüchen sein.[27]

Neben der konfessionsspezifischen Betrachtung dieser Phänomene lohnt auch ein gezielter Blick auf gemeinsame Entwicklungen. Trotz vieler Unterschiede gibt es eine Vielzahl von Wechselwirkungen und Parallelen in der Gottesdienstentwicklung zwischen den evangelischen Volkskirchen und der katholischen Kirche. Um das festzustellen, braucht es der nicht selten gehörten Urteile von Kritikern nicht, die oftmals in den Kirchenleitungen sitzen. Da wird vor einer Protestantisierung des katholischen Gottesdienstes oder umgekehrt vor einer Katholisierung des evangelischen Gottesdienstes gewarnt. Dabei müsste man sich nur vor Augen führen, dass die Menschen im selben Land dieselben gesellschaftlichen und politischen Verhältnisse teilen. Sie haben Anteil an denselben herrschenden Geistesströmungen und manchmal auch an denselben theologischen Erkenntnissen. Sie haben einen regen Austausch im geistlichen Leben, gemeinsame Gottesdienste, Lieder, Gebete etc. So

---

[27] Die Wertung der betrachteten Phänomene ist naturgemäß sehr subjektiv, so wie auch die Geschichtsschreibung im Feld der Liturgiewissenschaft besonders parteiisch ist. Wenn hier die Vielschichtigkeit gottesdienstlicher Aufbrüche skizziert wird, so mag dahinter durchaus ein Interesse an der Vielfalt von gottesdienstlichen Gestalten und Ausdrucksformen stehen.

kann der Gottesdienstbereich nicht ohne Wechselwirkungen und Parallelen bleiben. Neben der Geschichte der Differenz im Gottesdienstbereich ist es reizvoll, eine Geschichte der gemeinsamen Entwicklungen und Anschauungen im Feld des Gottesdienstes zu schreiben. Dabei ist auch zu eruieren, welche Faktoren dazu führen, dass es seit der Aufklärung Zeiten großer Gemeinsamkeiten und Zeiten großer Distanz gibt. Für ökumenische Gottesdienste könnten gemeinsame Forschungsprojekte zu diesen Fragekreisen viel austragen.

Auch Agenden wandeln sich

Voraussetzungen und Grundentscheidungen bei der neuen Agendenbearbeitung in Bayern

1. Die Ausgangslage

Agenden unterliegen wie alles Andere auch Wandlungen. Genauso gibt es durch die Jahrhunderte hindurch auch Konstanten. In der Regel folgen offizielle Agenden in hohem Maß liturgischen Traditionen, die zeit- und situationsübergreifend sind. Inoffizielle Agenden, liturgische Hilfsliteratur, Internet- oder Bleistiftagenden wollen dagegen zumeist zeit- und situationsgemäß sein. Unsere Aufgabenstellung zur Erarbeitung einer Fortschreibung der derzeit in Bayern gültigen Ordnungen führt uns in den Bereich der offiziellen Agenden.

Zum Verständnis der jetzt vorliegenden Entwürfe von zwei Gottesdienstordnungen werfen wir zunächst einen Blick in unsere jüngere Agendengeschichte und betrachten dann die Faktoren und Entscheidungen auf dem Weg zur jetzigen Vorlage.

2. Die Vorgeschichte

2.1 Die »alte« bayerische Agende

Bei der Betrachtung der gottesdienstlichen Situation in Bayern nach dem 2. Weltkrieg bis zur Einführung der VELKD-Agende Ende der 1950er, Anfang der 1960er Jahre ist für den Sonntagvormittagsgottesdienst eine relativ einheitliche Landschaft zu sehen. Landauf landab wird in der Regel ein Gottesdienst ohne Abendmahl nach fester Ordnung gefeiert. Dabei handelt es sich um eine über einhundert Jahre gewachsene Ordnung. Im Lauf der Zeit hatte sich das Ausgangskonzept von 1856 erheblich verändert. Die Ordnung wurde immer wieder dem realen Feiern der Gemeinden angepasst. Die Folge war, dass die im 20. Jahrhundert gefeierte Ordnung ganz anderen Grundprinzipien folgte als man das in der Mitte des 19. Jahrhunderts gewollt hatte.

Das Grundprinzip der bayerischen Agende in der in der Nachkriegszeit praktizierten Version war die Konzentration auf die Predigt einerseits und die stete Wiederholung der liturgischen Stücke bis in die Formulierungen und Melodien hinein. So gab es immer dieselbe Eröffnung, die Melodie beim Introitus war immer gleich, das Eingangsgebet vertraut usw. In zweifacher Weise sollte dieses Prinzip der immer wiederkehrenden materialen Füllung wirken. Zum einen sollte der regelmäßige Gottesdienstbesucher so vertraut mit den Texten werden, dass sich im Hören und Singen ein Mitbeten wie von selbst einstellt. Das Prinzip der steten Wiederholung ermöglichte auf der einen Seite das sich Einstimmen in das gottesdienstliche Geschehen, auf der anderen Seite erhöhte es noch die Konzentration auf das Wechselnde, vor allem die Lesung(en) und die Predigt. Zum anderen fand auch der seltene Gottesdienstbesucher Vertrautes vor und konnte sich schnell wieder einfinden.

Im Gegensatz zum Grundkonzept der alten bayerischen Agende, das die Abendmahlsfeier in jedem Gottesdienst vorsah, trug diejenige Ordnung, die sich in den Gemeinden durchgesetzt hatte, der Realität im Gemeindeleben Rechnung. So wurde das Abendmahl im Durchschnitt dreimal im Jahr im Anschluss an den Predigtgottesdienst gefeiert. Es war mit einer Beichte und zumeist auch mit Fasten verbunden. Dabei wurde das Abendmahl als so heilig empfunden, dass man es nur mit entsprechender Vorbereitung empfangen durfte.

2.2 Einführung der Agende der Vereinigten Lutherischen Kirche Deutschlands (VELKD)

Während die Ausgangssituation für die alte bayerische Agende eine sehr bunte agendarische Landschaft war – es gab mehr als neunzig gültige und praktizierte Ordnungen in den verschiedenen bayerischen evangelischen Kirchenwesen – war die Ausgangslage für die Einführung der Agende der Vereinigten völlig anders. Jetzt war das Ziel nicht mehr die Vereinheitlichung der bayerischen Agende für den Sonntagsgottesdienst wie im 19. und in der ersten Hälfte des 20. Jahrhunderts. Vielmehr sollten die zehn Mitgliedskirchen der Vereinigten Evangelisch-Lutherischen Kirche Deutschlands eine einheitliche Gottesdienstordnung bekommen. Diese Reform geschah also nicht aus der Notwendigkeit heraus, einen unbefriedigenden Zustand im Gottesdienstleben der bayerischen Gemeinden zu beseitigen, sondern aus einer kirchenpolitischen Überlegung heraus. In der neu entstandenen VELKD sollten alle Gemeinden nach derselben Ordnung Gottesdienst feiern. Dies bedeutete, dass eine gemeinsame Ordnung für alle zehn Mitgliedskirchen gefunden werden sollte.

Die Ende der 1950er Jahre eingeführte Ordnung[1] der VELKD hatte nun ein völlig anderes Grundkonzept als die zu dieser Zeit praktizierte alte bayerische Agende. Sie zielte auf die Evangelische Messe als Regelgottesdienst, d.h. Predigt und Abendmahl waren zentrale Bestandteile. Nach dem theologischen Grundkonzept dieser Agende ist das Abendmahl ein entscheidendes Stück des

---

[1] Agende für evangelisch-lutherische Kirchen und Gemeinden. Ausgabe Bayern, Band 1, Berlin 1957. Das Erscheinungsjahr 1957 kann nicht den Tatsachen entsprechen. In der hier genannten Ausgabe heißt es ausdrücklich nach der Titelseite: »Die für Bayern gültige Fassung wurde bearbeitet vom Evangelisch-Lutherischen Landeskirchenrat in München, 1959.«

Gemeindegottesdienstes. Es folgt dem Messtypus der abendländischen Kirche und betont deshalb den lobpreisenden Charakter des Abendmahls, die Beichte in Verbindung mit dem Abendmahl wird zurückgedrängt.

Die gesamte Liturgie ist anspruchsvoller in der Textgestalt wie im musikalischen Bereich. Hier folgt die Agende der Maxime, dass nur das Beste gut genug ist zum Lob Gottes. Bedeutsam ist auch, dass den kirchenjahreszeitlich wechselnden Stücken sehr viel mehr Aufmerksamkeit gewidmet wird, wodurch erheblich mehr Variation in den Gottesdienst kommt. Bedeutsam ist aber vor allem auch der Wandel im Grundcharakter des Gottesdienstes. Man muss mit seinem Urteil nicht so weit gehen wie Peter Cornehl, der schreibt: »Die neue Einheitsliturgie klang ebenso affektfrei wie steril.«[2] Richtig ist aber sicher, dass mit der Einführung der Gregorianik im musikalischen Bereich eine Entemotionalisierung und eine Verkomplizierung des Gemeindegesangs bei den liturgischen Gesängen sowie ein für die Laien schwierigerer Mitvollzug einhergingen.[3]

2.3 Das bayerische »Konvergenzmodell«

In einem von den kirchenleitenden Organen nicht geahnten Ausmaß hatte die VELKD-Agende Akzeptanzprobleme in den Gemeinden und auch in der Pfarrerschaft. Die Mehrzahl der bayerischen Gemeinden blieb bei der alten Agende. Viele Gemeinden meinten auch, wenn wir schon etwas Neues einführen, dann soll es zeitgemäß sein. Im Laufe des Einführungsprozesses waren ja auch Gottesdienstformen entstanden, die als dem gesellschaftlichen Wandel angemessen empfunden wurden, ein Attribut, das der VELKD-Agende völlig aberkannt wurde.[4]

Nachdem Mitte der 1970er Jahre weniger als 50% der Gemeinden die VELKD-Agende eingeführt hatten, stand die Landessynode, die sich 1975 und 1977 intensiv mit der Gottesdienstsituation befasste, vor einem Dilemma. Einerseits wollte sie an der Einführung der VELKD-Agende festhalten,[5] andererseits war deutlich, dass es nach wie vor breiten Widerstand gegen diese gab. Die Lösung suchte man in einem »Konvergenzmodell«, das auf der Herbstsynode 1980 vorgestellt und verabschiedet wurde. Auf diesem Weg wollte man dem Nebeneinander der beiden Ordnungen in Bayern ein Ende machen, da dieses auf Dauer unbefriedigend schien. Mit dem Konvergenzmodell wollte

---

[2] PETER CORNEHL, Art. Gottesdienst VIII, in: TRE 14, 78.

[3] Letzteres lässt sich sehr schön an der Eingangssequenz festmachen. So mag die Reihenfolge von Sündenbekenntnis, Kyrie und Gnadenzuspruch in der alten bayerischen Agende liturgiehistorisch problematisch sein, für den Mitvollzug war sie einleuchtend.

[4] Vgl. zu diesem Prozess HANNS KERNER, Reform des Gottesdienstes. Von der Neubildung der Gottesdienstordnung und Agende in der ev.-luth. Kirche in Bayern im 19. Jh. bis zur Erneuerten Agende, Stuttgart 1994, 179-182.

[5] Um die Akzeptanz zu erhöhen, gab man ein Ringbuch mit ergänzenden Texten zur Agende heraus (Agende I. Ergänzungsband 2 für die Evangelisch-Lutherische Kirche in Bayern, herausgegeben vom LANDESKIRCHENRAT, München 1979).

man den Gemeinden, die noch die alte Ordnung hatten, Übergänge ermöglichen, um die VELKD-Agende mitvollziehbar einzuführen. Ausgangspunkt war nun eine gemeinsame Grundstruktur nach der VELKD-Agende, jedoch gab es Ausformungsvarianten nach der alten bayerischen Ordnung. Damit konnten Gemeinden vertraute Elemente, allem voran liturgische Gesänge teilweise behalten, auch wenn sie sich in der Struktur des Gottesdienstverlaufs auf der Basis der VELKD-Agende bewegten. Eine natürliche Folge wäre auch die häufigere Feier des Abendmahls, die nach wie vor gewünscht wurde. Bis spätestens Ende des Kirchenjahres 1982/83 sollten dann alle Gemeinden diese Ordnung gebrauchen. Damit sollte das Nebeneinander der beiden Ordnungen in Bayern endlich vorbei sein. Zur Unterfütterung dieses Prozesses gab man als Agendenersatz ein Ringbuch heraus, das die Agende ersetzen sollte.[6]

Von ganz hoher Bedeutung ist, dass parallel zu dem Konvergenzprozess eine zweite Stoßrichtung beschlossen wurde. Es sollte nämlich angesichts der gottesdienstlichen Aufbrüche insbesondere im Bereich der Jugend- und Familiengottesdienste gleichzeitig zu einem flexiblen Umgang mit der Agende angeregt werden. Um dies zu erreichen ging man den im Strukturpapier der VELKD[7] vorgezeichneten Weg. Man übernahm den Strukturbegriff und sagte nicht mehr, dass innerhalb der Ordnung Gestaltungsmöglichkeiten ermöglicht werden, sondern innerhalb einer festen Grundstruktur. Damit war neben dem Konvergenzmodell mit dem Ziel einer Einheitsagende des deutschen Luthertums zusätzlich der Wunsch nach Integration der neuen Gestaltungsformen im textlichen wie musikalischen Bereich in den sonntäglichen Gottesdienst als Ziel formuliert. Die Ausnutzung vielfältiger Gestaltungsmöglichkeiten war dezidiert gewünscht. Mit praktischen Anstößen wie die zur Errichtung einer Materialstelle für Gottesdienst, die taugliche Vorschläge zur Integration der neuen Formen in den traditionskontinuierlichen Gottesdienst verbreiten sollte, unterfütterte man diese zweite Wunschschiene, scheinbar ohne zu bemerken, dass mit der zweiten Zielrichtung die erste in hohem Maße an Sinn verlor.

2.4 Erneuerte Agende und evangelisches Gottesdienstbuch

Nur kurze Zeit später wurde die nächste Einheitsvorstellung im gottesdienstlichen Bereich virulent. Wieder kam sie von außerhalb Bayerns, wieder entsprang der Reformimpuls nicht in der bayerischen Kirche, geschweige denn in den Gemeinden. Innerhalb der reformatorischen Kirchen Deutschlands gab es

---

[6] Ordnung des Hauptgottesdienstes in der Evangelisch-Lutherischen Kirche in Bayern. Handreichung zur Agende, hg. vom LANDESKIRCHENAMT, München 1981. In den »Hinweisen zum Gebrauch« (ohne Seitenzahl eingefügt) wird erklärt, dass das (rote) Ringbuch zusammen mit den beiden Ergänzungen zur Agende (blaue Ringbücher) an die Stelle der Altarausgabe tritt.

[7] Vgl. Versammelte Gemeinde. Struktur und Elemente des Gottesdienstes. Zur Reform des Gottesdienstes und der Agende, vorgelegt von der LUTHERISCHEN LITURGISCHEN KONFERENZ, Hamburg o.J. [1974].

die kirchenpolitische Bestrebung, dass der Sonntagsgottesdienst in sämtlichen evangelischen Gemeinden in gemeinsamen Grundstrukturen gefeiert werden sollte. Lutherische, unierte und reformierte Kirchen im damals noch geteilten Deutschland sollten innerhalb eines gemeinsamen Rahmens ihre Gottesdienste gestalten. Nachdem die reformierten Kirchen sich aus diesem Prozess verabschiedet hatten, ging es in der Folge um eine gemeinsame »Erneuerte Agende« für die lutherischen und unierten Kirchen in Deutschland. Die geschichtliche Entwicklung dieses sehr unterschiedlich eingeschätzten Prozesses von der Erneuerten Agende bis hin zum Evangelischen Gottesdienstbuch kann hier vernachlässigt werden. Wichtig für unsere Überlegungen ist nur, dass zum Erreichen des Ziels wiederum ein Konvergenzmodell im Hintergrund stand, diesmal das zwischen lutherischer und unierter Gottesdiensttradition. Allerdings gab es kein Prä für eine der beiden Traditionen wie beim bayerischen Konvergenzprozess, sondern beiden Traditionen sollte in gleicher Weise Rechnung getragen werden. Dabei ging man übrigens wie selbstverständlich davon aus, dass alle lutherischen Kirchen flächendeckend die Gottesdienste nach der VELKD-Agende halten. Sonst wäre das Ganze noch komplizierter geworden.

Der Trick bei dem Unterfangen eines gemeinsamen Gottesdienstbuchs war wiederum die Arbeit mit dem Strukturbegriff. Innerhalb einer festgelegten Grundstruktur sollte es legitime Ausformungsvarianten geben. So konnten die verschiedenen Gottesdiensttraditionen selbst mit ihren Spezifica integriert werden. Zudem ermöglichte das Strukturmodell die Integration von Elementen aus neuen Gottesdienstentwicklungen. Das Evangelische Gottesdienstbuch wurde in der Bayerischen Landeskirche nicht als Agende eingeführt wie in einigen lutherischen und unierten Kirchen.

2.5 Das bayerische Ringbuch von 1996

Das Evangelische Gottesdienstbuch hatte aber dennoch erheblichen Einfluss auf die weitere Entwicklung in Bayern. Zum einen wurden in das neue Evangelische Gesangbuch, Ausgabe Bayern, neue Gottesdienstordnungen eingefügt, die dem Strukturschema des Gottesdienstbuchs folgen.[8] Sie eröffnen vielfältige Gestaltungsvarianten. Es wurde eindeutig das Ziel vom Beginn der 1980er Jahre weiterverfolgt, möglichst viel Neues, zum Teil inzwischen Bewährtes aus dem Bereich der offenen Gottesdienstformen in den Sonntagsgottesdienst zu integrieren. Das heißt, die zweite Linie der bayerischen Reformbestrebungen für den Sonntagsgottesdienst fand jetzt zum ersten Mal einen festen agendarischen Niederschlag.

Nicht eindeutig lässt sich in diesem Agendenwerk klären, wie der Umgang mit dem Konvergenzmodell einzuschätzen ist. Nachdem der Synodenbeschluss zur Beendigung des Nebeneinanders der beiden Ordnungen bis Ende

---

[8] Evangelisches Gesangbuch. Ausgabe für die Evangelisch-Lutherischen Kirchen in Bayern und Thüringen, [1995].

des Kirchenjahres 1982/83 wirkungslos verpufft war und 1996 immer noch mehr als ein Viertel der Gemeinden den Gottesdienst nach der alten bayerischen Ordnung feierten, entschloss man sich sowohl eine auf das Evangelische Gottesdienstbuch hin modifizierte VELKD-Ordnung (G1) sowie eine ebenfalls modifizierte Ordnung nach der alten bayerischen Agende (G4) abzudrucken.[9] Das lässt vermuten, dass das Konvergenzmodell aufgegeben worden ist. Dafür spricht, dass auch die alten Introiten im bayerischen Gesangbuch wiedergegeben werden. Betrachtet man allerdings G4 genauer, so stellt man fest, dass diese Ordnung nicht nur ebenfalls im Strukturschema abgedruckt ist, sondern dazu wieder in Richtung G1 verändert wurde. Egal wie das zu bewerten ist, fest steht, dass der Schwung zur Durchsetzung von G1 völlig verloren wurde.

Das kurz nach dem Gesangbuch in Ringbuchform zu den Gottesdienstordnungen im Gesangbuch erschienene Agendenwerk[10] nahm ebenfalls das Anliegen des Evangelischen Gottesdienstbuchs nach Variantenreichtum auf. Die eigentlich auf Textkonstanz ausgerichtete Ordnung G4 wurde ebenfalls dem Diktat der Variabilität unterzogen.

Insgesamt war in dem Reformprozess von 1995/96 das Prinzip der Integration der neuen Formen und der Variationsvielfalt dominant, das Ziel, die VELKD-Ordnung flächendeckend einzuführen, wurde aufgegeben. Das Konvergenzmodell erübrigte sich eigentlich durch das Strukturmodell, dennoch wurde es rudimentär unter den veränderten Vorzeichen weitergeschrieben.

3. Empirische Untersuchungen zur Situation des Sonntagsgottesdienstes in Bayern

Im Gottesdienst-Institut, das es sich zur Aufgabe gemacht hat, die Entwicklungen des Gottesdienstes in der bunten Landschaft der bayerischen Landeskirche zu beobachten und zu analysieren, wurde 2005 eine folgenreiche Entscheidung getroffen. Es sollte nämlich festgestellt werden: Was halten eigentlich die Gottesdienstbesucher von ihrem Gottesdienst vor Ort, welche Bedürfnisse und Anforderungen haben sie? Die Fragestellung wurde also umgedreht. Es wurde nicht gefragt, was ist kirchenpolitisch geboten, sondern was ist aus Sicht derer dran, die zu den Gottesdiensten kommen. Zum Erreichen von stichhaltigen Informationen dienten uns zwei große empirische Untersuchungen. Die eine wurde in Kooperation mit der Universität Bayreuth durchge-

[9] A.a.O., 1145-1159 und 1169-1177. Dazu kam noch eine schlichte Predigtgottesdienstordnung (G2, 1160-1162) und eine Ordnung für den Kindergottesdienst (G3, 1163-1168).

[10] Ordnungen der Gottesdienste an Sonn- und Feiertagen. Revision der »Handreichung zur Agende« von 1981, hg. v. LANDESKIRCHENAMT, München 1996.

führt, die andere von der Gesellschaft für Konsum, Markt- und Absatzforschung (GfK) in Nürnberg.[11]

Dieser Wahrnehmungsprozess, der natürlich eine Momentaufnahme darstellt, führte zu wichtigen Einsichten, von denen ich einige zentrale bereits mit Blick auf unsere Agendenarbeit benenne.

3.1 Die Verbindung von alt und neu

Der durch die kirchenleitenden Entscheidungen bevorzugte Weg, Mischformen von traditionsorientierten und neueren Ausführungen in der Gestaltung der Gottesdienste zu bilden, stellt sich als nicht unproblematisch heraus. Das Gros der Befragten, die Gottesdienste besuchen, bevorzugt den Gottesdienst in einer vertrauten, traditionsorientierten Form (60,5%). Mischung mögen diese Gottesdienstteilnehmer genauso wenig wie die 39,5%, die von sich sagen, dass sie mit dem traditionellen Gottesdienst nichts anfangen können oder wollen und deshalb Gottesdienste in freier Form aufsuchen. Wir stehen hier beim Gros der Befragten vor klaren und eindeutigen Erwartungen, die auch die Wahl der Gottesdienste bestimmt, zu denen sie dann tatsächlich gehen. Sie gehen nicht mit der Einstellung in den Gottesdienst: „Na, mal sehen, was mich heute erwartet", sondern sie wollen vorher wissen, was auf sie zukommt. Entspricht ihnen das Angebot nicht, gehen sie nicht in den Gottesdienst, sondern machen etwas Anderes.

3.2 Die Bedeutung des Ritus

Bei denjenigen, die den traditionsorientierten Gottesdienst bevorzugen, wird deutlich, wie wichtig ihnen das Vertraute ist. Sie wollen bei den der Gemeinde

---

[11] Die qualitative empirische Untersuchung wurde am Lehrstuhl für religiöse Gegenwartskultur an der Universität Bayreuth unter Leitung von Prof. Dr. Christoph Bochinger durchgeführt. Unter dem Titel »Rituale, Sinngebung und Lebensgestaltung in der modernen Welt« wurden 54 evangelisch Getaufte in Bayern in sechs ausgewählten Gemeinden in den unterschiedlichen Regionen interviewt. Auf den Ergebnissen dieser Studie aufbauend wurde zur Kontrolle und Weiterführung durch die GfK eine repräsentative Umfrage ebenfalls unter evangelisch Getauften durchgeführt. Zu den Ergebnissen vgl.: Jeanett Martin, Mensch – Alltag – Gottesdienst. Bedürfnisse und Bedeutungszuschreibungen evangelisch Getaufter in Bayern, Berlin, Hamburg, Münster 2007, Hanns Kerner, Die Predigt, Nürnberg 2007; Ders., Der Gottesdienst, Nürnberg 2007; Ders., Die Kirchenmusik, Nürnberg 2007; bei Zitaten aus den Interviews werden immer die Interviewnummern mit den entsprechenden Seitenzahlen angegeben. Vgl. auch Ders.: Predigt in einer polyphonen Kultur. Wahrnehmungen aus einer neuen empirischen Untersuchung unter evangelisch Getauften, in: Ders.: Predigt in einer polyphonen Kultur, Leipzig 2006, 7-27; Ders.: Lebensraum Kirchenraum. Wahrnehmungen aus einer neuen Untersuchung unter evangelisch Getauften, in: Ders. (Hrsg.), Lebensraum Kirchenraum. Das Heilige und das Profane, Leipzig 2008, 7-15; Ders.: Wie viel Ordnung braucht der Sonntagsgottesdienst? Ergebnisse zweier empirischer Untersuchungen, in: Ders. (Hrsg.), Zwischen Heiligem Drama und Event. Auf dem Weg zu einer zukunftsfähigen Agende, Leipzig 2008, 7-21.

zugewiesenen Stücken mitsprechen können, die Lieder und Gesänge sollen bekannt und mitvollziehbar sein. Diese Menschen kommen nicht in den Gottesdienst, um etwas zu lernen, auch nicht, um an der Hand genommen zu werden wie Kleinkinder, sondern um Gottes Wort zu hören und ihr Leben im Licht des Evangeliums zu bedenken.

Von Wichtigkeit ist auch, dass es sehr viel mehr sporadische Kirchgänger gibt als angenommen. Gerade diese wollen Vertrautes vorfinden, wenn sie in den Gottesdienst gehen und vor Überraschungen sicher sein. Zudem ist bei sehr vielen Gottesdienstbesuchern eine hohe Abneigung von Interaktion im Gottesdienst zu konstatieren.

3.3 Der Wunsch nach Zeitgemäßheit

Diejenigen, die offene Gottesdienste bevorzugen, wünschen sich oft zeitgemäße Sprache, moderne Lieder und Musik, eine andere Stimmung, eine der Gottesdienstform entsprechende Atmosphäre, zum Teil auch aktive Gestaltungsbeteiligung. Der traditionsgeprägte Gottesdienst stellt oft eine Negativfolie dar, von dem man sich abgrenzt. Zumeist sind die bevorzugten Gottesdienstformen zielgruppen- oder milieuorientiert.

3.4 Das Problem der großen Variation

Deutlich wird, dass das auf die Gesangbuchgrundordnungen übertragene Modell des Gottesdienstbuchs nicht den Bedürfnissen der großen Mehrheit der Gottesdienstbesucher am Sonntagvormittag entspricht, sondern viel eher den Vorstellungen derer, die Gottesdienste leiten. Der Wunsch nach möglichst vielen Variationen findet sich vor allem bei Haupt- und engagierten Ehrenamtlichen.

3.5 Das Problem des Abendmahls

Als neuralgischer Punkt hat sich das Abendmahl erwiesen. Nur eine verhältnismäßig geringe Zahl der Gottesdienstbesucher hat ein existentielles Verhältnis zum Abendmahl. Zudem erschweren oder verunmöglichen die unterschiedlichen Abendmahlsverständnisse und -praktiken der alten bayerischen und der VELKD-Agende für diejenigen das Mitfeiern, die in einer anderen Tradition heimisch sind und beispielsweise an einem neuen Wohnort etwas anderes vorfinden. Für sehr viele ist es ein Ausschlusskriterium, in den Gottesdienst zu gehen, wenn Abendmahl gefeiert wird.

4. Die Vorgaben des Landeskirchenrats für die Weiterentwicklung der Handreichung zu den Gottesdienstordnungen des Gesangbuchs

2007 befasste sich der Landeskirchenrat mit der Frage, wie die Ergebnisse aus den Untersuchungen des Gottesdienst-Instituts in die Gottesdienstpraxis der Gemeinden hineinwirken können. Dazu wurde ein breiter Diskussionsprozess in der Landeskirche angestoßen. Dieser sollte anhand kurzer Ergebnisdarstellungen zu verschiedenen Zentralpunkten der Untersuchung in den Pfarrkapiteln und wenn möglich auch in den Gemeinden geführt werden.[12] Da zugleich auch eine Revision der Ordnungen der Gottesdienste an Sonn- und Feiertagen von 1996 anstand, die zwischen 2011 und 2015 vorliegen sollte, wurde dazu eine Situationsanalyse in die Überlegungen einbezogen. Daraus sind vor allem zwei Fakten besonders zu erwähnen:

Zum einen: Rechtlich sind derzeit die vier im Gesangbuch abgedruckten Ordnungen verbindlich. Diese bieten einen Gestaltungsrahmen, der in den Gemeinden unterschiedliche Regelformen bei festgelegten Grundstrukturen zulässt. So ist nicht von einer Form bzw. von vier Formen auszugehen, sondern von einer Vielfalt bei jeder Grundordnung.

Zum anderen: Durch die Konvergenzmodelle und die damit verbundenen unterschiedlichen Ordnungen der Gemeinden sind vor allem Lektoren und Prädikanten überfordert, außerhalb ihrer eigenen Gemeinde einen Gottesdienst zu leiten.

Damit kam zum einen wieder der Entscheidungsstrang für Variabilität und Vielfalt in den Fokus, zum anderen aber auch der einer einheitlicheren und verlässlichen Ordnung. Der Landeskirchenrat entschied sich, zweigleisig zu fahren und damit Konsequenzen aus den Ergebnissen der empirischen Untersuchungen zu ziehen. Es sollte nämlich nun getrennt vorgegangen, d.h. zwei Ringbücher erarbeitet werden. Eines für den Sonntagsgottesdienst in traditionskontinuierlicher Form und eines für die freien Gottesdienstformen. Ersteres sollte wieder auf mehr Einheitlichkeit im Sonntagvormittagsgottesdienst zielen, das andere vielfältige Gestaltungsmöglichkeiten für offene Formen aufweisen. Ein weiteres Ringbuch für die Festgottesdienste wurde angedacht, aber wegen des ohnehin schon großen Arbeitsaufwandes zurückgestellt. Der Auftrag zur Erarbeitung der Ringbücher erging an das Gottesdienst-Institut.

5. Grundentscheidungen

Im Gottesdienst-Institut mussten nun Grundentscheidungen für die Erarbeitung der Entwürfe für die beiden Ringbücher getroffen werden. Da wir hier später nur die Ordnungen für den Sonntagsgottesdienst betrachten werden, beschränke ich mich in der Darstellung jetzt auf das Ringbuch für den Sonntagvormittagsgottesdienst.

Ausgangspunkt für sämtliche Überlegungen war der gelebte Gottesdienst in unseren Gemeinden in seinen traditionskontinuierlichen Varianten. Das

[12] Die entsprechenden Materialien wurden vom Gottesdienst-Institut bereitgestellt, vgl. Anm. 11.

bedeutet, dass sämtliche Varianten zuerst einmal eine Option darstellen und in die Überlegungen einbezogen werden.

Ebenfalls grundsätzlich war der Leitgedanke, dass wir theologisch reflektierte und begründete lutherische Basisordnungen (alte Bayerische und VELKD-Ordnung) haben, deren Variationen darauf aufbauen. Da wir es zudem nicht mit der Erarbeitung einer neuen Agende, sondern mit einer Fortschreibung zu tun haben, wurden keine eigenen liturgietheologischen Grundentscheidungen vorab getroffen.

Nach eingehender Reflexion der Erkenntnisse aus den empirischen Untersuchungsergebnissen und der Diskussion unserer gottesdienstlichen Situation in Bayern sind wir zu folgenden Ergebnissen gekommen:

5.1 Unterscheidung von Predigt- und Abendmahlsgottesdienst

In unseren Untersuchungen wurde sichtbar, dass ganz deutlich zwischen Predigt- und Abendmahlsgottesdienst unterschieden wurde und sich Gottesdienstbesucher dezidiert für das eine oder andere entscheiden. Wenn sie einen Predigtgottesdienst aufsuchen, so ist die Predigt für sie eindeutig das Wichtigste. Wenn sie in einen Abendmahlsgottesdienst gehen, ist das Abendmahl zumindest genauso wichtig wie die Predigt. Dem soll durch eine unterschiedliche Dramaturgie Rechnung getragen werden. Das Gros der gottesdienstlichen Elemente ist bei beiden Ordnungen entsprechend, beim Abendmahlsgottesdienst erfährt der Eingangsteil Kürzungen.

5.2 Prinzip der Vertrautheit

Gegenüber der Entwicklung seit den 70er Jahren des letzten Jahrhunderts schlagen wir einen Weg von der Grundstruktur zurück zur Grundordnung vor, die auch ohne Variation im Ordinarium so gefeiert werden kann. Dem Bedürfnis, Vertrautes vorzufinden und einfach mitfeiern zu können, wird damit Rechnung getragen. Zudem wird so auch der Mobilität in unserer Gesellschaft Genüge getan, sodass auch am fremden Ort ohne große Überwindung von Fremdheitsprozessen der Gottesdienst mitgefeiert werden kann. Auch in puncto Vertretbarkeit durch Nachbarpfarrerinnen oder Prädikanten hat diese Entscheidung für Grundordnungen große Vorteile.

5.3 Prinzip der Mitvollziehbarkeit

Wenn in den empirischen Untersuchungen Störungen im Gottesdienst beschrieben wurden, so lagen diese oft an nicht gelingender Kommunikation. Bei der Zusammenstellung der Grundordnungen wird stets von der Frage ausgegangen, wie das entsprechende Element bzw. die entsprechende Sequenz wahrgenommen, rezipiert werden kann. Gegenüber pädagogischen oder unterhaltungsmedienentsprechenden Kommunikationsformen wird die Kommunikationsform einer fließenden Liturgie gewählt. Liturgiefremde Elemente, wie beispielsweise Erläuterungen, sind vermieden.

5.4 Beteiligung der Gemeinde

Leitend ist, dass die Gemeinde möglichst viel mitsprechen und mitsingen kann. Deshalb wird großer Wert auf responsoriale Elemente gelegt. Insgesamt soll auch eine hohe innere Beteiligung ermöglicht werden.

5.5 Straffung des Abendmahlsteils

Die alte bayerische und die VELKD-Ordnung hatten nicht nur in Bezug auf die Verknüpfung von Beichte und Abendmahl, die Häufigkeit des Abendmahls und die Austeilungsform erhebliche Unterschiede, sondern auch in der liturgischen Ordnung des Kernritus selber. Gegenüber G1 wird in unserem Vorschlag eine erhebliche Kürzung vorgeschlagen, da Vielen der Abendmahlsteil zu lang ist und er auch deshalb gemieden wird. Die auch in der Ökumene gepflegten Inhalte sind sämtlich gewahrt, die Form stellt einen Mittelweg zwischen alter bayerischer und VELKD-Ordnung dar.

5.6 Fortschreibung des Konvergenzmodells

Die Entwürfe für die beiden Gottesdienstordnungen stellen eine Fortschreibung des Konvergenzmodells dar. Allerdings spiegeln sie das Bemühen um eine tatsächliche Konvergenz zwischen der VELKD-Agende und der alten bayerischen Agende wider.

6. Detailinformationen

An einigen wenigen Stellen ist es sinnvoll, jeweils noch eine kurze Erläuterung zu geben.

1. Im Eingangsteil schlagen wir vor, je nach Kirchenjahreszeit das Confiteor mit Gnadenzusage oder eine Besinnung vor Gott als Alternative zu sprechen. Die oft vorkommende Vermischung stellt die Hörenden vor immense Probleme im Mitvollzug. Wenn einer beispielsweise in der Stille schmerzvoll an die gescheiterte Ehe eines seiner Kinder denkt und dann plötzlich zum eigenen Sündenbekenntnis aufgefordert wird, reibt er sich verwundert die Augen. Er war in seinem Nachsinnen vor Gott ganz woanders.
2. Im Abendmahlsgottesdienst wurde der Eingangsteil gestrafft. Sowohl der Psalm als auch eine Lesung fallen weg.
3. Der Abendmahlsteil selbst wurde auch verschlankt. Epiklese und Anamnese sind wie in der Tradition der alten bayerischen Agende in einem Gebet zusammengebunden.

Alle diese Vorschläge bewegen sich innerhalb der in Bayern gültigen und praktizierten Ordnungen. Sie sollen zu der Zielsetzung beitragen, wieder in der Breite einen Konsens über die Grundordnung des sonntäglichen Gottesdienstes in seiner Regelform herzustellen.

Dem Gottesdienst Gestalt geben

Eine kleine Kompositionslehre des evangelischen Gottesdienstes

1. Einleitung

Beim Wort Komposition denken wohl die meisten zuerst an Musik. Manche denken vielleicht auch an Essen. Stellen wir uns jemanden vor, der sehr gerne kocht und voller Freude ein Menü für seine Gäste komponieren möchte. Da muss alles zusammenpassen: Die Vorspeise, die Suppe, das Hauptgericht, der Nachtisch. Der Hobbykoch freut sich, wenn seine Komposition gebührenden Anklang findet. Bevor er anfängt zu komponieren, nimmt er diejenigen in den Blick, für die er kocht. Wenn er beispielsweise weiß, dass einer der Gäste keinen Fisch mag, dann enthält sein Menü keinen Fisch. Denn für jemanden, der keinen Fisch mag, kann das Fischgericht noch so phantasievoll und köstlich zubereitet sein, er mag es nicht, ja er probiert es in der Regel nicht einmal.

Wenn geklärt ist, was der Mann kochen möchte, muss er sich um die Zutaten kümmern, die er dafür benötigt. Auch da muss er wieder genau hinsehen, für wen er kocht. Wenn beispielsweise seine Kinder kommen und er sagt: »Heute gibt es Schnitzel« und die Kinder freuen sich darauf, dann gehen sie davon aus, dass es genauso schmeckt, wie sie es gewohnt sind. Der Koch muss darauf achten, dass die verwendeten Ingredienzen stimmen. Das Schnitzel muss die gewohnte Panade haben. Nimmt er Kokosflocken, dann ist ihm der Protest sicher. Und dann muss es natürlich auch noch goldbraun herausgebraten werden. Es kommt also zum einen auf die Komposition, dann auf die Detailgenauigkeit und schließlich auf die handwerkliche Ausführung an.

Der Auftrag für heute ist nicht die Zusammenstellung eines Menüs, sondern die Anrichtung einer kleinen Kompositionslehre des evangelischen Gottesdienstes. Eine Komposition ist laut Definition eine Zusammenstellung von Dingen aus Einzelteilen. Das ist beim meisterhaft zusammengestellten Menü des Dreisternekochs genauso wie bei einer Symphonie, bei der die verschiedensten Instrumente zusammenklingen. Ganz ähnlich ist es beim Gottesdienst. Aus verschiedenen einzelnen Stücken soll eine Gesamtkomposition entstehen.

Bei einer Gesamtkomposition werden also mehrere Elemente durch Beziehung zueinander in einen Wirkzusammenhang gebracht. Für den Gottesdienst bedeutet das, dass die verschiedenen gottesdienstlichen Elemente sinnvoll zueinander in Bezug gesetzt werden müssen, um dann auch entsprechend in der gewählten Zusammenstellung zu wirken.

Eine Komposition folgt bestimmten Gesetzmäßigkeiten. Nehmen wir als Beispiel eine Musikimprovisation her, an der mehrere Menschen mit unterschiedlichen Einsätzen und Instrumenten beteiligt sind. Diese ist nur innerhalb eines festgelegten und vereinbarten Systems möglich. Wenn dem auch beim Gottesdienst so ist, an dem ja auch ein Zusammenspiel mehrerer oder vieler stattfindet, müssen wir also zuerst einmal fragen, welche Gesetzmäßigkeiten, welche festen Regeln es für den Gottesdienst gibt, bevor wir an Kompositionsmöglichkeiten herangehen.

Weil wir miteinander eine kleine Kompositions*lehre* andenken wollen, und dabei von einer gängigen Definition von Lehre ausgehen, muss das Ganze in ein wissenschaftliches System gebracht werden.

Hilfreich ist es, dazu auch noch den Begriff der Dramaturgie einzuführen. Dieser beinhaltet die Lehre vom Wesen, die Lehre von der Wirkung und die Lehre von den Formgesetzen. Wenn wir nach dem Wesen des Gottesdienstes fragen, so nehmen wir bei den verschiedenen Ausformungen evangelischen Gottesdienstes jeweils das Spezifische in den Blick. Fragen wir nach der Wirkung, so schauen wir auf die Menschen, die diesen Gottesdienst feiern und nicht unberührt wieder gehen sollen. Schauen wir auf die Formgesetze, so fragen wir, welche Gottesdienstformen dem Wesen und der Wirkung einer bestimmten Gottesdienstart bestmöglich entsprechen.

2. Gesetzmässigkeiten in der Komposition

Nun könnte es natürlich sein, dass sich der christliche Gottesdienst sämtlicher Kompositionsgedanken entzieht, weil es *den* christlichen Gottesdienst gibt, der *einer* Gesetzmäßigkeit folgt und deshalb auch *eine* unveränderliche Form hat. Es hat in der Geschichte des christlichen Gottesdienstes immer wieder Versuche gegeben, eine bestimmte Form des Gottesdienstes als *den* christlichen Gottesdienst festzuschreiben. Dazu gibt es orthodoxe, römisch-katholische oder evangelische Varianten, die ich verkürzt vorstellen möchte.

So bildet der orthodoxe Gottesdienst nach dem Verständnis der Orthodoxie den himmlischen Gottesdienst ab und ist deshalb unveränderlich. Die römisch-katholische Messe ist nach der Lehre der katholischen Kirche durch Wirken des Geistes Gottes in der Geschichte so entstanden wie sie heute ist und deshalb ist auch an dieser Form weltweit festzuhalten. Im evangelischen Bereich hat beispielsweise Wilhelm Löhe, und vor und nach ihm viele, eine durch altkirchliche und reformatorische Korrekturen veränderte Messfeier vorgelegt, die dem Wesen christlichen Gottesdienstes in allen Punkten besser als das Bisherige entsprechen sollte. Diese hatte er aus der Bibel und der christlichen Tradition heraus entwickelt.

Heute gehe ich diesen Grundsatzfragen nicht näher nach. Ich denke nämlich nicht, dass es *den* christlichen Gottesdienst gibt. Dem entspricht, dass es nicht *die* Gesetzmäßigkeit christlichen Gottesdienstes gibt, sondern dass höchstens verschiedene Gottesdiensttypen unterschiedlichen Gesetzmäßigkeiten folgen. Es gibt viele legitime Ausprägungen von Gottesdiensten, die Christen miteinander feiern. Einen Überblick über derzeitige theologische Konzeptionen, die eng damit zusammenhängen, ist dem morgigen Tag zugewiesen. So entscheide ich mich pragmatisch dafür, heutige evangelische Gottesdienste anzuschauen und zu fragen: Was ist das Spezifikum, worauf zielt dieser Gottesdienst und wie wird er gestaltet? Dabei kann es – wie angedeutet – durchaus sein, dass diese verschiedenen gottesdienstlichen Formen in ihrer Komposition tatsächlich Gesetzmäßigkeiten folgen.

Bevor ich eine eigenständige kleine Kompositionslehre wage, will ich einen Blick auf die derzeit prominenteste Kompositionslehre des evangelischen Gottesdienstes werfen. Diese ist im Evangelischen Gottesdienstbuch[1] enthalten. Sie birgt nach meinem Dafürhalten erhebliche Probleme, auf die ich im folgenden Kapitel eingehen werde.

3. PROBLEME DER KOMPOSITIONSLEHRE DES EVANGELISCHEN GOTTESDIENSTBUCHES

In meinem Buch »Gottesdienst Gestalt geben«[2], habe ich mich auf das Paradigma des Evangelischen Gottesdienstbuches eingelassen. Obwohl ich auch damals Anfragen an dieses Konzept hatte, so habe ich mich doch darauf eingelassen, die vielfältigen Kompositionsmöglichkeiten evangelischer Gottesdienste aufzuzeigen, die dieses Agendenwerk oder besser gesagt, die dieser Agendenersatz propagiert.

Ausgangspunkt für die Konzeption des Evangelischen Gottesdienstbuchs sind historisch gewachsene Formen des evangelischen Gottesdienstes und die Annahme, dass diese gleichwertig und aufeinander beziehbar sind. Es wird postuliert, dass jeder Gottesdienst sowohl im Bereich der Regelformen als auch darüber hinaus eine Strukturanalogie besitzt. Diese Struktur kennen Sie: Eröffnung und Anrufung, Verkündigung und Bekenntnis, Abendmahl, Sendung und Segen. Es wird vorausgesetzt, dass diese Grundstruktur dann in gleicher Weise funktioniert, wenn kein Abendmahl gefeiert wird. Das wirft bereits einige Fragen auf. Nun kommt als nächste Annahme dazu, dass innerhalb der vier genannten Bereiche wiederum sinnvolle Akzentsetzungen vorgenommen werden können, die die Gesamtkomposition nicht stören, sondern

---

[1] Evangelisches Gottesdienstbuch. Agende für die Evangelische Kirche der Union und für die Vereinigte Evangelisch-Lutherische Kirche Deutschlands, hg. v. der KIRCHENLEITUNG DER VEREINIGTEN EVANGELISCH-LUTHERISCHEN KIRCHE DEUTSCHLANDS und im Auftrag des Rates von der Kirchenkanzlei der Evangelischen Kirche der Union, Berlin 1999.

[2] HANNS KERNER, Gottesdienst Gestalt geben. Ein Wegweiser durch das Evangelische Gottesdienstbuch, München 2001.

dem Gottesdienst vielmehr eine besondere Note und einen mitvollziehbaren Schwerpunkt geben. Nehmen wir als Beispiel den Eingangsteil »Eröffnung und Anrufung« her. Hier haben Sie neben der Grundform drei Vorschläge für alternative Gestaltungen. Zum einen können Sie den Schwerpunkt auf den Psalm legen und diesen entfalten; dafür werden dann das Kyrie und das Gloria weggelassen. Sie können aber auch das Kyrie in verschiedener Weise betonen und ins Zentrum stellen oder als dritte Möglichkeit dem Eingangsteil einen lobpreisenden Charakter geben. In letzterem Fall entfällt das Kyrie, bei allen drei Varianten ist kein Vorbereitungsgebet vorgesehen.[3]

Sie haben es hier also mit einer Kompositionslehre zu tun, die sagt: Verschiedene Zeiten im Kirchenjahr oder bestimmte Anlässe oder Vorkommnisse in der Gemeinde rufen nach spezifischen Akzentsetzungen im Sonntagsgottesdienst. So liegt es nach diesem Konzept beispielsweise nahe, in der österlichen Freudenzeit das Gloria zu entfalten, in den Bußzeiten das Kyrie usw. Ich gehe jetzt auf die Variationsmöglichkeiten in den anderen drei Teilen des Gottesdienstes nicht ein, meine aber, dass hier die Freude am Komponieren zu weit geht. Dieses Modell hat nämlich mehrere Tücken:

Zum einen geht es vom regelmäßigen Gottesdienstbesucher aus. Nur der regelmäßige Gottesdienstbesucher kann die entsprechende Variation als eine kirchenjahreszeitliche oder situationsbedingte Variation erfassen. Derjenige, der gerade an diesem Sonntag in die Kirche kommt, an dem das Gloria entfaltet und der Eingangsteil entsprechend verändert wird, stellt nur fest: heute ist etwas anders und nach unserer empirischen Untersuchung über die Einstellung der evangelisch Getauften zum Gottesdienst findet diese Person das zumeist nicht gut.[4]

Zum zweiten geht dieses Modell davon aus, dass es die Gesamtkomposition des Gottesdienstes nicht maßgeblich verändert, wenn einer der vier Teile zur Variation freigegeben ist. Nun hat aber das Modell des Messgottesdienstes genauso wie das Modell des Predigtgottesdienstes von der Grundkomposition her keineswegs vier bzw. drei gleichwertige und in gleicher Weise akzentuier-

---

[3] Vgl. EGb, 40. zu den vielfältigen Gestaltungsmöglichkeiten im Eingangsteil vgl. Kerner, Gestalt, 35-66.

[4] Vgl. Hanns Kerner, Der Gottesdienst, Wahrnehmungen aus einer neuen empirischen Untersuchung unter evangelisch Getauften, Gottesdienst-Institut Nürnberg 2007, 13ff. und Jeanett Martin, Mensch – Alltag – Gottesdienst. Bedürfnisse, Rituale und Bedeutungszuschreibungen evangelisch Getaufter in Bayern, Berlin 2007, 88ff.
Es ist übrigens auch die Frage, ob eine nur von der Pfarrerin bzw. dem Pfarrer ausgehende Veränderung den Kriterien des Gottesdienstbuches Rechnung trägt, dass der Gottesdienst ein Gottesdienst der Gemeinde ist. Bisher konnte man dem Gemeindeblatt oder anderen Vermittlungswegen entnehmen, dass beispielsweise ein Bußgottesdienst stattfindet, und zu diesem konnte man dann hingehen oder nicht. Wird aber der Akzent der Buße im Sonntagsgottesdienst entfaltet, weil es eine Pfarrerin oder ein Pfarrer gerade so entscheiden, so muss etwas mit vollzogen werden, das man nicht erwartet hatte.

te Teile. Vielmehr haben wir es beim Predigtgottesdienst ganz eindeutig mit einer Gottesdienstform zu tun, die auf die Predigt ausgerichtet ist, auf sie zuläuft und dann von ihr her kommt. Hier haben wir es mit einer eingipfligen Dramaturgie zu tun, die der starken Betonung der Predigt entspricht. Beim lutherischen Messgottesdienst haben wir es mit einer zweigipfligen Dramaturgie zu tun. Der erste Höhepunkt ist die Predigt, der zweite das Abendmahl. Eingangsteil und Schlussteil haben die Funktion der Hineinführung in das gottesdienstliche Geschehen, hin zum ersten Höhepunkt der Begegnung mit dem Wort Gottes, bzw. der Hinausführung in den Alltag. Zwischen Predigt und Abendmahl haben wir einen Abfall in der Dramaturgie. Das Modell des Gottesdienstbuches schafft durch die jeweiligen Akzentsetzungen weitere Gipfelpunkte. Es ist in Frage zu stellen, ob diese das Kompositionsgefüge nicht mehr stören als sie an Gewinn bringen. Ist ein entfalteter Psalm dramaturgisch tatsächlich genauso zu sehen wie ein entfalteter Segen? Ich denke, nein.

Zum dritten muss klar gesehen werden, dass wir in unserer Tradition je nach Situation jedes Gottesdienstelement in einer eigenen Gottesdienst- oder Andachtsform entfalten können. Wenn ein Lobpreis entfaltet werden soll, so können wir einen Lobpreisgottesdienst feiern und wenn die Fürbitte im Zentrum steht, so hindert uns nichts daran, einen Gebetsgottesdienst zu feiern, wenn das Sündenbekenntnis im Vordergrund ist, dann ist ein Bußgottesdienst dafür da usw. Die Vielfalt spezifischer Gottesdienste[5] in verschiedenen Situationen, die dann auch ihnen entsprechenden Dramaturgien folgen, sollte anlassbezogen genutzt werden. Das Evangelische Gottesdienstbuch packt alles in den Sonntagvormittagsgottesdienst und kann meines Erachtens dramaturgisch nicht dasselbe einfangen, wie es die spezifischen Gottesdienste vermögen. Die im Evangelischen Gottesdienstbuch vorgeschlagenen Akzentsetzungen durch Betonung und Entfaltung einzelner gottesdienstlicher Elemente können den entsprechenden Anliegen allein schon aus dramaturgischen Gründen nicht gerecht werden.

Das Evangelische Gottesdienstbuch bietet zum vierten eine ungenügende Unterscheidung von rituell geprägten Gottesdiensten und in freien Formen gefeierten Gottesdiensten. Es gibt nicht nur das viergliedrige Grundschema »Eröffnung und Anrufung, Verkündigung und Bekenntnis, Abendmahl, Sendung und Segen« für die Gottesdienste nach den Grundformen wieder, sondern legt dieses auch für die anderen Gottesdienste fest. Beispielhaft sind ein Familiengottesdienst, das Feierabendmahl und ein »Gottesdienst mit reicheren Interaktionsformen« ausgeführt.[6] Das bedeutet, dass dieses Strukturmodell ein universales Grundgesetz für sämtliche Gottesdienste darstellt.

Hier muss meines Erachtens aber klar unterschieden werden. Es gibt auf der einen Seite Gottesdienste, die durch ihre Traditionsprägung klaren rituel-

---

[5] Vgl. EGB, 208.
[6] Vgl. EGB, 209-240.

len Grundregeln folgen. Da wir es mit überkommenen Formen zu tun haben, sind die Variationsmöglichkeiten zumindest dann erheblich eingeschränkt, wenn wir ernst nehmen, was für einen Ritus charakteristisch ist. Ein Ritus lebt davon, dass er verlässlich in gleicher Weise abläuft. Dabei findet ein Wechsel von immer auch material gleichen Stücken und wechselnden Ausformungen von anderen Elementen statt. Die Wiedererkennbarkeit ist durch dieselben Wortlaute bei bestimmten geprägten Stücken sowie durch den immer gleichen Ablauf gewährleistet. Die Gesamtkomposition ist bei einem Ritus gesetzt und steht nicht zur Disposition. Der Ritus wird von einer Menschengruppe begangen, die sich auf genau diesen Ritus einlassen möchte bzw. kann.

Für den Gottesdienst nach seinen Grundformen bedeutet das, dass die Grenzen des Ritus in unseren bisherigen Agenden bereits mit dem vorhandenen Wechsel von Ordinarium und Proprium markiert sind.

Auf der anderen Seite gibt es Gottesdienste in freien Formen. Diese haben durchaus auch rituellen Charakter, doch hier haben wir es mit anderen Voraussetzungen zu tun. Hier kommen in der Regel Menschen zu einem bestimmten Anlass oder besondere Zielgruppen und Milieus zu einem spezifischen Gottesdienst zusammen. Hier gibt es eine kaum überschaubare Vielzahl von Gottesdienstformen, bei denen es geradezu ein Merkmal ist, dass in diesen unterschiedliche und oft mehrere verschiedene Akzente gesetzt werden. Eine Strukturierung nach dem Strukturmodell »Eröffnung und Anrufung, Verkündigung und Bekenntnis, Abendmahl, Sendung und Segen« erscheint mir unangebracht. Bei den meisten Formen finden wir weder Abendmahl noch Bekenntnis. Gemeinsam erscheint mir nur »Anfang, Entfaltung(en), Schluss«. Mehr Gemeinsames kann man wohl nicht erkennen. Hier ist es meines Erachtens notwendig, differenziert verschiedene Typen der offenen Gottesdienstformen auf ihre dramaturgischen Regeln und die daraus entstehenden Kompositionen zu befragen.

So werde ich jetzt nacheinander und voneinander getrennt die Kompositionen von agendarischen Gottesdiensten und von Gottesdiensten in freien Formen betrachten.

4. Komposition des Sonntagsgottesdienstes in seinen Grundformen

These 1: Die Grundkomposition jeder Art des Gottesdienstes in seinen Grundformen ist gegeben. Hier ist im Regelfall der Kompositionsspielraum nur im Bereich des Propriums gegeben.

4.1 Lutherischer Messgottesdienst

Der Gottesdienst nach dem lutherischen Messtypus beherbergt die verschiedenen Elemente christlicher Glaubensäußerung, Glaubensnahrung und Glaubensvergewisserung. Von seinem Wesen her hat er seinen Höhepunkt in der Verkündigung des Wortes Gottes und der Feier des heiligen Abendmahls. In seiner Wirkung ist er auf Vergegenwärtigung der Gnade und der Liebe Gottes in Wort und Sakrament ausgerichtet. Dem entspricht dann auch die Form. Trotz der Fülle der unterschiedlichen Elemente ist er klar auf zwei Höhepunkte hin ausgerichtet, nämlich auf die Predigt und auf das Abendmahl. Er folgt einer zweigipfligen Dramaturgie.

Ich gehe jetzt nicht auf die sehr unterschiedlichen Regelformen in unserer bayerischen Situation ein, obwohl sie eine besondere Behandlung verdienen würden. Ich bleibe bei der grundsätzlichen Komposition. Wenn es stimmt, dass die Dramaturgie auf zwei Gipfelpunkte zuläuft, so muss alles ausgeschaltet werden, was dazu führen kann, dass diese Gipfel nicht erreicht werden oder dass man eventuell bei anderen eingebauten kleineren Gipfeln stehen bleibt. Ich plädiere deshalb für eine fließende Liturgie ohne immer neue Akzentsetzungen. Unter dem Gesichtspunkt der Kompositionsmöglichkeiten innerhalb eines gewachsenen Ritus ist das der Gemeinde Vertraute dem Neuen in der Regel vorzuziehen. Jede Akzentsetzung kann potentiell eine Störung des Ritus darstellen.

These 2: Ein Gottesdienst nach einer Grundform, die allein auf die Predigt zielt, ist nicht so variabel, wie das zumeist behauptet wird.

4.2 Predigtgottesdienst

Ganz anders und noch klarer in seiner vorgegeben Komposition und Dramaturgie ist der Predigtgottesdienst, der in den evangelischen Kirchen seit der Reformation eine bedeutsame Rolle spielt. Dabei meine ich jetzt nicht den Messtypus ohne Abendmahl, sondern den Predigtgottesdienst in seiner oberdeutschen Form, also in etwa G2 in unserem Gesangbuch.

Seinem Wesen nach ist dieser Gottesdienst allein auf die Verkündigung des Wortes Gottes ausgerichtet. Er zielt allein darauf, dass Gott durch sein Wort zur versammelten Gemeinde spricht. Seine Form ist deshalb sehr einfach, auf Weniges beschränkt. Erst wird zur Predigt hingeführt, dann wird aus der Verheißung geschöpft. Hier haben wir es eindeutig mit einer eingipfligen Dramaturgie zu tun, bei der die Predigt der unumschränkte Höhepunkt ist.

Das bedeutet beispielsweise, dass bereits im Eingangsgebet um den Segen für das Hören des Wortes Gottes und später in den Fürbitten um Konsequenzen aus dem Gehörten gebetet wird. Auch wenn viele der offenen Gottesdienstformen den Kompositionsprinzipien des Predigtgottesdienstes folgen, können sie aus dramaturgischer Sicht nicht mit diesen gleichgesetzt werden, wie ich gleich zeigen werde. Es muss immer bedacht werden, dass die Zielsetzung und die Form mit der Grundintention des Gottesdienstes korrelieren.

5. Komposition der Gottesdienste in anderen Formen

These 3: Für jeden Typ des Gottesdienstes in offener Form gibt es ein angemessenes Kompositionsgesetz. Dieses beinhaltet in den meisten Fällen Variabilität.

Im Folgenden habe ich für die ungeheure Fülle von neuen Gottesdienstformaten – in Bayern werden in den Gemeinden derzeit mehr als 150 verschiedene praktiziert – eine Typologie entwickelt. Jeder Typus fasst Gottesdienste mit möglichst vielen gleichen Merkmalen zusammen. Natürlich gibt es immer Überschneidungen und Mischformen. In ihrer Komposition haben diese Gottesdiensttypen spezifische Ausprägungen. Die Kriterien, nach denen sie zusammengestellt sind, folgen vorwiegend der Dramaturgie. Dabei unterscheide ich acht Typen:

5.1 Das Partizipatorische Grundmodell von Gottesdiensten

Aus der Fülle der Gottesdienstformen, die ein partizipatorisches Grundmodell verfolgen, also beispielsweise das Feierabendmahl, dem Bibliodrama folgende Formen oder in letzter Zeit vor allem Gottesdienste, in deren Zentrum der Bibliolog steht, greife ich das Feierabendmahl als Beispiel heraus. Partizipatorische Gottesdienste folgen dem biblischen Leittext von der Speisung der 5000 (Mt 13-21/Mk 6,31-44/Lk 9,10-17/Joh 6,1-13). Der Aspekt des Teilens steht im Zentrum, das Teilen der Heilsgaben und/oder das Teilen irdischer Güter. So wird beispielsweise das Verständnis der biblischen Botschaft im Gespräch oder auch das mitgebrachte Essen miteinander geteilt. Kennzeichen partizipatorischer Gottesdienstmodelle ist also die gegenseitige Teilhabe an Glaubens- und Lebenserfahrung. Erzählende Elemente, Interaktionen, Lob und Klage, Bitte und Dank sind charakteristische Bestandteile dieses Gottesdiensttyps.

Betrachten wir als Beispiel das Feierabendmahl, so sehen wir, dass aufgrund des sich Einbringens aller die Dramaturgie sehr flach verläuft. Auch wenn die eucharistische Existenz der Zielpunkt dieser Gottesdienstform ist, das Abendmahl also im Zentrum des Gottesdienstes und des Lebens stehen soll, so stellt es allenfalls einen flachen Gipfelpunkt dar, da hier alle nicht nur empfangen, sondern auch austeilen, sich auch an diesem Punkt wieder gegenseitig an Glaubensgewissheiten und Schöpfungsgaben Anteil geben. Das

Abendmahl soll bewirken, dass das Teilen im Alltag weiter geht, eine eucharistische Existenz gelebt wird.

5.2 Das pädagogische Modell

Ob bei dem Gleichnis vom verlorenen Schaf (Mt 18,12-14) oder vom verlorenen Sohn (Lk 15,11-32) oder bei der Stillung des Sturms (Mt 8,18.23-17), Jesus vermittelt seinen Jüngern, den Pharisäern oder dem Volk, wie Gott ist. Pädagogische Gottesdienste sind auf Erschließung der biblischen Sachverhalte oder der Glaubensinhalte hin angelegt. Dabei soll alles, was vorkommt, vollständig verständlich sein. Werden traditionelle Elemente im Gottesdienst verwendet, so werden sie vorher erklärt. Die Inhalte werden durch verschiedenste pädagogische Methoden verdeutlicht: Anspiel, Schattenspiel, Erzählungen, zum Teil auch gespielt. Gottesdienst wird als Lernort und als Lernprozess verstanden.

Das pädagogische Modell ist das am häufigsten angewandte bei den offenen Gottesdienstformen. Es ist das Hauptmodell des traditionellen 2. Programms, also z.B. Familiengottesdienst, Jugendgottesdienst und Schulgottesdienst. Da es auf Vermittlung von Inhalten zielt, sollen die Feiernden danach etwas mehr vom christlichen Glauben oder der biblischen Botschaft wissen. Deshalb werden verschiedene Aspekte einer Sache beleuchtet oder bedacht. Es soll ein roter Faden im gesamten Gottesdienst erkennbar sein. Hier wird etwas angewandt, was für viele Gottesdienste in offenen Formen typisch ist. Es können verschiedene Akzente in einem Gottesdienst gesetzt werden, je nachdem wie es das Thema oder der Leittext verlangen. So kann die Dramaturgie eine Sandwichstruktur haben: Lied, Sprech- oder Spielakt, Lied, Sprech- oder Spielakt, Lied, Sprech- oder Spielakt etc. Auch hier haben wir es wieder mit einer flachen Dramaturgie zu tun, die dann bei besonderen Akzenten, beispielsweise bei einer Aktion oder einer darstellenden Verkündigung einen kleinen Ausschlag nach oben hat.

5.3 Das politische Modell

In der Bibel finden wir besonders im Bereich der Propheten das Eingreifen in Unrechtsverhältnisse. Sie beziehen sich dabei nicht nur auf den privaten Bereich, sondern nehmen auch die Gesellschaft und die Politik in den Blick. So kündigt beispielsweise Elija in der Erzählung von Nabots Weinberg (1Kön 21) König Ahab das Gericht Gottes an, weil dieser seine Macht missbraucht. Das Leben und Handeln im sozialen und politischen Bereich ist nicht losgelöst von Gottes wirkmächtigem Handeln.

Politische Gottesdienste finden bei uns vor allem anlässlich von Kriegshandlungen in anderen Ländern, anlässlich von Terroranschlägen, bei Umweltproblematiken oder angesichts aktueller politischer Events und Krisen statt.

Ihrem Wesen nach wollen diese Gottesdienste in der Tradition des prophetischen Wächteramtes die in der Bibel gegebenen Maßstäbe für Frieden, Gerechtigkeit und Bewahrung der Schöpfung an derzeitige politische Gegebenheiten anlegen. Sie wollen wachrütteln, auf das bestehende Unrecht aufmerksam machen und dazu motivieren, dagegen vorzugehen, oder aber, wenn das aussichtslos erscheint, zumindest die Klage vor Gott bringen und ihn um Veränderung der Zustände bitten. In der – auch wieder relativ flachen – Dramaturgie können dann einzelne Elemente besonders herausgehoben sein, wie die Information oder die Klage. Höhepunkt ist zumeist die Fürbitte, manchmal aber auch traditionelle Elemente wie ein Klagepsalm. Es ist auffällig, welche Bedeutung traditionelle Elemente in politischen Gottesdiensten oft gewinnen: Durch sie kann Sprachlosigkeit wieder Sprache gewinnen.

5.4 Das missionarische Modell

Am Beginn seiner Tätigkeit verkündete Jesus nach Matthäus (4,17): »Tut Buße, denn das Himmelreich ist nahe herbeigekommen.« Er nahm Menschen in den Dienst, um sie als Mitarbeiter am Reich Gottes zu allen zu senden. Und der Missionsbefehl in Matthäus 28,18f. weist an, allen Menschen das Evangelium zu bringen.

Verstärkt sollte dies in den letzten Jahrzehnten auch wieder durch Gottesdienste geschehen. Besonders Impulse aus den USA und aus Südkorea haben vermehrt zu missionarischen Gottesdiensten geführt. Als Beispiel nenne ich nur die Go-Special-Gottesdienste. Ihrem Wesen nach wollen diese Gottesdienste Menschen zum Glauben, zumeist zum Bekenntnis des Glaubens führen. Von der Dramaturgie her wird an die alte Form der Zeltmission angeknüpft, allerdings werden dabei moderne Stil- und Ausdrucksmittel verwendet, also beispielsweise moderne Musik, Theater oder andere gestaltende Elemente der Verkündigung. In besonderer Weise wird bei missionarischen Gottesdiensten deutlich, dass die Zielrichtung, also das, was der Gottesdienst bewirken soll, Einfluss auf die Komposition nimmt. So läuft je nach Zielpunkt die Dramaturgie auf die Bekehrung, die Lebensübergabe oder die Indienstnahme zu. Hier haben wir mit einer Mischform von durch Akzentsetzung durchwirkten und einer auf einen Höhepunkt zielenden Dramaturgie zu tun.

5.5 Das an die liturgische Tradition anknüpfende Modell

Viele geprägte Texte oder Handlungen sind uns aus den Gottesdiensten der Urgemeinde bzw. der frühen Christenheit zugewachsen, wie z.B. die Psalmen, das Vaterunser (Mt 6,5-14), das Abendmahl (Mt 26,17-29), und vieles andere aus der Tradition von 2000 Jahren Christentum.

Gottesdienste, die auf bestimmte Traditionen zurückgreifen, möchten zum Teil Menschen an frühere Gottesdiensterfahrungen anknüpfen lassen, zum anderen Teil sehen sie aber auch in einer bestimmten Traditionsform die bestmögliche Gottesdienstgestalt. Beispiele sind die Thomasmesse oder Luthers Deutsche Messe. Bei der Feier der Deutschen Messe ist die Dramaturgie vorgegeben und nicht variabel. Sie ist, wie jeder lutherische Messgottesdienst, zweigipflig. Bei der Thomasmesse haben wir es gar mit einer viergipfligen Dramaturgie zu tun, da hier Predigt, Beichte, Abendmahl und Segnung in gleicher Weise zentral sind. Grundsätzlich können bei traditionsanknüpfenden Gottesdienstformen sämtliche Gestaltungselemente besonders herausgestrichen werden und Höhepunkte eines solchen Gottesdienstes darstellen: Musik, Beichte, Lesungen, Verkündigung, Abendmahl, Fürbittengebet und Segen.

5.6 Das kontemplative Modell

In dem gottesdienstlichen Urgestein der Bibel finden sich viele meditative Anstöße. Verschiedene Psalmen (z.B. 1; 24; 42; 43; 90; 103), biblische Lobgesänge (Lk 1,46-56; Lk 1,67-79) oder Lieder sind ausgesprochen kontemplativ. Vor allem in der klösterlichen Liturgie ist dies aufgegriffen und das meditative Sprechen und Singen dieser Texte weiter verstärkt worden.

Kontemplative Gottesdienste wollen die Begegnung mit Gott entweder durch stark ritualisierte Formen oder durch Stille bzw. angeleitete Meditation vertiefen. Menschen sollen in einen Prozess hineingenommen werden, der bereits vielen geholfen hat, die stete Verbindung mit Gott zu suchen und zu pflegen. Bei der Komposition dieser Formen wird stets darauf geachtet, dass nichts aus der ruhigen und besinnlichen Atmosphäre herausreißt. Obwohl in Gemeinschaft, soll doch der Einzelne die Begegnung mit Gott pflegen können. Darum haben wir beispielsweise bei den Tagzeitengebeten die langen Psalmgesänge sowie die im Tagesrhythmus wiederkehrenden Gesänge und Gebete. Bei Meditationsgottesdiensten haben wir ebenfalls viel Redundanz, die Dramaturgie läuft in fortschreitend ineinander verknüpften Kreisbewegungen ab.

In diesen Bereich der dem kontemplativen Modell folgenden Gottesdienste gehören in ganz unterschiedlicher Ausformung die Oasegottesdienste als Beispiel für einen typischen Wochenschlussgottesdienst, viele Abendgottesdienste, Taizégottesdienste, und auch der ganze Bereich der seelsorgerlichen Gottesdienste, sofern sich diese nicht an den Grundformen orientieren.

5.7 Das charismatische Modell

An vielen Stellen ist in der Bibel vom Wirken des Geistes Gottes die Rede. Herausgehoben ist das Pfingstereignis. Als die Menschen an Pfingsten vom Geist Gottes erfüllt wurden, sprachen sie in verschiedenen Sprachen (Apg 2,1ff.). Besonders der Evangelist Johannes beschreibt, wie vielfältig die Werke des Heiligen Geistes sind (Joh 16,4b-15).

Genauso vielfältig, wie das Wirken des Heiligen Geistes ist, so vielfältig und unterschiedlich sind auch die charismatischen Gottesdienste. Gemeinsam ist ihnen nur, dass sie das Wirken des Heiligen Geistes bezeugen und dieses in irgendeiner Weise auch ausdrücken. Die Dramaturgie läuft auf die Veranschaulichung der Anwesenheit Gottes hin. Neben besonderen Akzentsetzungen wie Musik und Bewegung oder Lobpreis haben wir es hier dramaturgisch in der Regel auch mit Gipfelbildungen zu tun. Diese können die Glossolalie, eine Heilung oder der Segen bilden.

5.8 Das speziellen Bedürfnissen Rechnung tragende Modell

Vielfältig ist die individuelle Zuwendung Gottes zu Menschen im Alten und Neuen Testament. Ich denke an die Heilung der blutflüssigen Frau (Mt 9,18ff.) oder an die Segnung der Kinder (Mt 19,13-15).

Diese Zuwendung Gottes zu den Menschen steht in unterschiedlicher Weise im Mittelpunkt dieser Gottesdienste. Menschen sollen Gottes Segenskraft erfahren. Dabei spielt auch menschliche Nähe eine große Rolle. Als Beispiel nehme ich die Kreisgottesdienste aus den Frauenliturgien, in denen viele interaktive Momente vorkommen wie Tanz, Berührung und Umarmung. Viele Elemente sollen der Vergewisserung und Stärkung dienen. Neben den unterschiedlichen Akzentsetzungen stellt die individuelle Segenserfahrung oder die Veranschaulichung des persönlichen Angenommenseins von Gott einen Gipfelpunkt in der Dramaturgie dar.

6. Fazit

Im Bereich der offenen Gottesdienstformen haben wir im Gegensatz zu den Gottesdiensten nach seinen Grundformen eine hohe Variabilität. Dennoch legen sich für die beschriebenen Typen aufgrund des Wesens und der intendierten Wirkung der jeweiligen Gottesdienste jeweils bestimmte Kompositionen nahe, die jeweils die Spezifika zum Ausdruck bringen.

Die Gestalt liturgischer Texte aus reformatorischer Sicht

Die Gestalt reformatorischer Liturgie ist von vornherein vielschichtig. Vor, neben und nach den Reformatoren Martin Luther, Ulrich Zwingli und Johannes Calvin wurden zahlreiche neue Gottesdienstordnungen erstellt. Diese beinhalteten die unterschiedlichsten Entscheidungen, wie reformatorische Liturgie gestaltet werden sollte. Bis heute entstehen die unterschiedlichsten liturgischen Ordnungen und Textsorten, wobei sich auch verschiedene Traditionsstränge vermischen. Neben offiziellen Kirchenordnungen bzw. Agenden gab und gibt es zahllose Privatagenden oder liturgische Gestaltungsvorschläge auf dem Buchmarkt – und dies seit dem 16. Jahrhundert. Dabei steht kirchenamtlich Offizielles und privat Vorgeschlagenes in Beziehung. Es gab Zeiten, in denen die so genannten Privatagenden das gottesdienstliche Leben sehr viel stärker bestimmt haben als die offiziellen Agenden.[1] Angesichts der Komplexität der Gestalt liturgischer Texte im evangelischen Bereich kann deshalb nur exemplarisch und eklektisch einiges aufgezeigt werden.

Bevor nun liturgische Texte betrachtet und analysiert werden, einige grundsätzliche Beobachtungen und Entscheidungen.

1. Grundsetzungen

1.1 Die Dominanz des verkündigenden Wortes

Reformatorische Liturgie ist Worttheologie. Die Vermittlung und Aneignung des Wortes Gottes geschieht primär in der Predigt. In Verfolgung der Sprachtheologie Luthers ist zu betonen, dass die Sprachhandlung der Predigt nicht auf etwas Abwesendes verweist, sondern dass sich Gott durch sie und mit ihr den Hörern anwesend macht: »Gott wird als der ergriffen, der sich im mündlichen Wort dem Menschen so zusagt, dass dieser sich auf ihn verlassen kann«[2].

[1] Z.B. Agende für evangelische Kirchen, München 1836, ^{2}1844, ^{3}1852.
[2] Oswald Bayer, Schöpfung als Anrede: zu einer Hermeneutik der Schöpfung, Tübingen 1986, 39.

Diese Dominanz der Predigt hat Auswirkungen auf die Gestalt der liturgischen Texte.[3] Selbst die Gebete sind verknüpft mit dem gnadenvollen Zuspruch Gottes in seinem Wort. Soweit sie menschliche Handlungen sind, stellen sie die Antwort des Menschen auf das an ihn ergangene Wort in Gotteslob, Dank, Klage und Bitte dar, d.h. Liturgie ist dialogisches Geschehen.

In besonderer Weise ist die Dominanz der Verkündigung im gottesdienstlichen Geschehen im reformierten Gottesdiensttypus sichtbar. So führen hier auch die Gebete auf die Predigt hin bzw. sie kommen von deren Zentralinhalten her. Im reformierten Bereich wurde in erster Linie an die Tradition des mittelalterlichen volkssprachlichen Prädikantengottesdienstes angeknüpft. Ergiebiger für unsere Betrachtung erscheint mir jedoch die lutherische Tradition, der ich mich schwerpunktmäßig jetzt zuwende.

1.2 Vielfalt als Merkmal reformatorischer Liturgie

Ausgangspunkt für unsere Überlegungen soll Martin Luther sein. Er hat verschiedene Gottesdienstformen angeregt, die, betrachtet man die Wirkungsgeschichte, zwar sehr unterschiedlich rezipiert wurden, durchgehend jedoch erheblichen Einfluss auf die Gestalt liturgischer Texte hatten. Dabei dominierten zu verschiedenen Zeiten auch verschiedene Ideen.

1.2.1 Formula missae et communionis pro ecclesia Wittenbergensis von 1523

Luthers erster Entwurf einer evangelischen Messe ist stark an der Tradition orientiert. Er behielt die lateinische Sprache vor allem wegen Gemeinschafts- und Bildungsaspekten bei. Die Veränderungen lagen auf der inhaltlichen Ebene. Da der Gottesdienst Quelle des christlichen Lebens ist, sollte in ihm alles vermieden werden, »was den evangelischen Rechtfertigungsglauben liturgisch in Zweifel ziehen könnte, und alles dafür ... [getan werden], dass der gnädige Gott hier Menschen unter Gesetz und Evangelium und in der Gestalt von Wort und Sakrament begegnen kann.«[4] Wir haben es hier also mit einem Vorschlag zu tun, der immer wieder in der Geschichte der reformatorischen Kirchen virulent wurde. Der Gottesdienst wird in der Tradition der abendländischen Messe gefeiert, einzelne liturgische Stücke werden aber aufgrund theologischer Grundentscheidungen ausgeschieden oder verändert. Für Luther hieß das insbesondere, die Offertorial- und Kanongebete zu streichen. Mit der reformatorischen Theologie nicht vereinbare Opfervorstellungen sollten im Gottesdienst keinen Ort mehr haben.

1.2.2 Deutsche Messe und Ordnung des Gottesdienstes von 1526

Mit seiner deutschen Messe wollte Luther den lateinischen Gottesdienst nicht ablösen, wohl aber durch eine volkssprachliche Form ergänzen. Die Verände-

---

[3] Obwohl die Predigt Teil der Liturgie ist, wird hier nicht näher auf sie eingegangen.

[4] WOLFGANG RATZMANN, Danken, loben und bitten in Luthers Deutscher Messe und in heutigen lutherischen Agenden, in: LuJ 74 (2007), 111.

rungen an der Gestalt des Gottesdienstes waren gegenüber der »Formula missae« erheblich. Nicht nur der Gebrauch der deutschen Sprache, sondern auch die Neuvertonungen der liturgischen Gesänge, der reichliche Gebrauch deutscher Lieder (Psalmlied, Graduale, Credolied, Abendmahlslied), vor allem aber die völlige Neuordnung des Abendmahlsteils markieren einen Neuansatz. Beim Abendmahlsteil tritt die Gemeindekommunion an die Stelle des eucharistischen Komplexes von Offertorium und Hochgebet. Einige Details werden unten aufgegriffen.[5]

1.2.3 Der Gottesdienst der Frommen

Eine dritte Form des Gottesdienstes regte Luther zwar an, führte diesen Vorschlag aber weder in der Praxis aus noch gab er dazu praktische Hilfestellung. Nach dieser dritten Weise Gottesdienst zu feiern, sollten sich diejenigen, »so mit Ernst Christen wollen sein« und im Glauben bereits gefestigt sind, in Häusern treffen, um miteinander die Bibel zu hören, zu beten, das Abendmahl zu feiern und miteinander diakonische und missionarische Vorhaben zu bereden.[6] Hier haben wir es mit einer frei zu gestaltenden Feier in der je eigenen Sprache zu tun.

1.3 Liturgische Mehrsprachigkeit

Bei Luther wird sichtbar, was auch die vielen unterschiedlichen Gottesdienstordnungen in der Reformationszeit aufweisen: Es wurde für notwendig erachtet, auf der einen Seite Tradition zu wahren, auf der anderen Seite situationsgerechte Ordnungen aus dem Geist des Evangeliums heraus zu entwickeln. Dabei bricht sich auch immer die jeweilige Theologie Bahn. So müssen Sprache, Form und Akzentsetzung zwangsläufig verschieden sein und folglich natürlich auch die Texte und Dramaturgien. Die »liturgische Mehrsprachigkeit«, wie das Peter Cornehl so schön benannt hat, ist also bereits in der Reformationszeit Ausgangspunkt für Gestalten und Sprachen evangelischen Gottesdienstes und sie setzt sich bis heute fort.

2. DIE SPEZIFISCHE GESTALT LITURGISCHER TEXTE IN FOLGE REFORMATORISCHER THEOLOGIE ANHAND VON BEISPIELEN

Wo Reform geboten erscheint, ist eine überlieferte Gestalt eines liturgischen Stückes nicht nur zur Veränderung freigegeben, sondern sie kann auch durch Anderes ersetzt werden. Im Folgenden betrachten wir beispielhaft einige tief greifende Veränderungen, wieder von Martin Luther ausgehend.

---

[5] Vgl. zu dieser Ordnung KARL–HEINRICH BIERITZ, Liturgik, Berlin 2004, 460-467.

[6] Dieser Gedanke wurde in der Geschichte immer wieder aufgegriffen, zumeist, um die Kirche zu reformieren (z.B. bei Philipp Jacob Spener, Nikolaus Ludwig Graf von Zinzendorf oder Johann Hinrich Wichern). Aber auch in Hauskreisen und bei einigen Freikirchen findet dieser Vorschlag Luthers Anwendung.

2.1 Abendmahlsvermahnung

Luther schaltete dem Empfang des Abendmahls ein erklärendes katechetisches Element vor, eine Abendmahlsvermahnung.[7] Es geht ihm darum, dass die Feiernden wissen, was sie tun, wenn sie zum Altar gehen, um Leib und Blut Christi zu empfangen. Sie werden an die Rechtfertigungsbotschaft erinnert und sollen dann die Heilsgaben im Glauben empfangen. Wir haben es hier mit einem volkssprachlichen Element zu tun, das aber ohne jegliche Veränderung vorgetragen werden soll. So wurden die Worte einer Abendmahlsvermahnung stets auf Dauer zu einem geprägten Sprechtext, der über lange Zeiträume unverändert blieb. An den Abendmahlsvermahnungen ist gut beobachtbar, wie aus volkssprachlichen, katechetischen Texten geprägte liturgische Texte wurden.

Ein Beispiel aus dem 19. Jahrhundert kann verdeutlichen, wie stark bis in die Formulierungen hinein Luthers Text auch gegen das Sprachempfinden dieser Zeit weiter gewirkt hat.[8] Mit der zunehmenden Abnahme der Beichtfrömmigkeit seit der zweiten Hälfte des 20. Jahrhunderts ist allerdings eine Transformation der Abendmahlsvermahnung bzw. ein Aufgreifen der reformierten Tradition verbunden. Ich nehme einen Text aus der reformierten Liturgie als Beispiel. Vergleicht man ihn mit Luthers Abendmahlsvermahnung, so ist zu sehen, dass der katechetische Impetus ähnlich ist. Aber jetzt wird zum einen nicht mehr ermahnt, das macht man heute in einer evangelischen Kirche nur noch sehr selten, und das Ganze firmiert unter der Überschrift Abendmahlsbesinnung. Zum anderen drückt sich eine erhebliche theologische Akzentverschiebung sowohl hinsichtlich des Abendmahlsverständnisses als auch in Bezug auf die eigene Disposition aus. War es bei Luther das Interesse, dass derjenige, der zum Abendmahl geht, im rechten Glauben das Heilshan-

---

[7] »Zum zweiten ermahne ich euch in Christus, daß ihr mit rechtem Glauben das Testament Christi wahrnehmet, und am allermeisten die Worte, darinnen uns Christus seinen Leib und Blut zur Vergebung schenkt, im Herzen fest erfaßt, daß ihr gedenkt und dankt der grundlosen Liebe, die er uns bewiesen hat, da er uns durch sein Blut von Gottes Zorn, Sünde, Tod und Hölle erlöst hat, und darauf äußerlich Brot und Wein, das ist, seinen Leib und Blut, zur Sicherung und Pfand zu euch nehmt. Demnach wollen wir in seinem Namen und auf seinen Befehl mit seinen eigenen Worten das Testament so handhaben und gebrauchen.« MARTIN LUTHER, Deutsche Messe 1526.

[8] »Lieben Freunde in Christo! Weil wir hier versammelt sind in dem Namen des HErrn, Sein heiliges Testament zu empfahen, so ermahne ich euch in Christo, daß ihr mit rechtem Glauben des Testamentes Christi wahrnehmet und allermeist die Worte, darin uns Christus Seinen Leib und Blut zur Vergebung unserer Sünden schenkt, im Herzen fest fasset; daß ihr gedenket und danket der grundlosen Liebe, die Er uns bewiesen hat, da Er uns durch Sein Blut von Gottes Zorn, Sunde, Tod und Holle erlöset hat, und darauf äußerlich das Brod und den Wein, das ist, Seinen Leib und Blut, zur Sicherung und Pfand zu euch nehmet. Demnach wollen wir in Seinem Namen und auf Seinen Befehl durch Seine eigenen Worte das Testament also handeln und brauchen.« LORENZ KRAUSSOLD, Musicalische Altaragende für den evangelisch-lutherischen Gottesdienst, Erlangen 1853, 54.

deln Gottes erfasst, wird jetzt nach einer gemeinschaftsbezogenen Abendmahlsdeutung zu einer individuellen Gewissenserforschung hingeführt.[9]

2.2 Psalmübersetzung und Vertonung

Wenn wir uns mit liturgischen Formen und Sprachen befassen, so kommt der Musik eine besondere Bedeutung zu. Für Luther war es nicht genug, die neu geschaffenen Übersetzungen mit der überlieferten Musik zu verknüpfen, sondern er hielt eine Umformung der Gregorianik von der deutschen Sprachmelodie her für notwendig und machte entsprechende Vorschläge.[10] Bis heute gehört die Suche nach dem rechten Wort-Ton-Verhältnis zu jeder Agendenreform. Veränderungen der Sprachgestalt korrespondieren in den Ausformungsgestalten reformatorischer Liturgie mit veränderten Melodien.

2.3 Schriftlesung in der Übersetzung Martin Luthers

Für Martin Luther war die öffentliche Schriftlesung ein zentrales Element des Gottesdienstes, denn das Wort der Heiligen Schrift sollte sich in die Herzen der Hörenden schreiben.[11] Seine Bibelübersetzung wurde nicht nur in vielen evangelischen Kirchenordnungen verbindlich gemacht, sondern sie floss daneben in vielfältiger Weise in die Liturgie, insbesondere in Gebete ein. Wenn noch heute, freilich eine revidierte Lutherübersetzung für die Lesungen im lutherischen Gottesdienst vorgeschrieben ist, so wird hier deutlich, was übrigens beispielsweise für die Psalmenübersetzung Clement Marots im französischsprachigen reformierten Bereich ebenso aufzuweisen wäre. Es zeigt sich im liturgischen Gebrauch, dass konfessionelle Identitätsmarker in diesem Bereich selbst beibehalten werden, wenn es sich herausstellt, dass etwas falsch übersetzt wurde, was bei Luthers Bibelübersetzung ja durchaus auch vorkommt.

In diesem Zusammenhang ist die Frage von Liturgie und konfessioneller Identität gerade anhand von Liturgiesprache zu bedenken. Insbesondere wenn Minderheitenkirchen über lange Zeit der Verfolgung ausgesetzt sind, kommt

---

[9] »Jesus Christus, unser Heiland, lädt uns an seinen Tisch. Er schenkt uns Kraft und Zuversicht durch sein Leiden, Sterben und Auferstehen. In Brot und Wein, den Zeichen seiner Gegenwart, verbindet er uns mit sich selber und schließt uns zusammen zu seiner Gemeinde. Er ist Gottes Zuspruch der Vergebung aller unserer Sünden und mit gleichem Ernst auch Gottes kräftiger Anspruch auf unser ganzes Leben. Durch ihn widerfährt uns frohe Befreiung aus den gottlosen Bindungen dieser Welt zu freiem, dankbarem Dienst an seinen Geschöpfen. Lasst uns darum unsere Gewissen prüfen, um zu erkennen, wo wir so gehandelt haben, als ob wir nicht Jesus Christus, sondern anderen Herren zu Eigen wären; wo wir den Herrn, unsern Gott, nicht geliebt haben von ganzem Herzen, von ganzer Seele und von ganzem Gemüt und auch unseren Nächsten nicht wie uns selbst.« EGB, Ergänzungsband, Berlin 2002, 317.

[10] Vgl. z.B. die Vertonung von Psalm 34 aus der Deutschen Messe von 1536 in: Ratzmann, Danken, loben und bitten, 98.

[11] Vgl. Thomas Melzl, Die Schriftlesung im Gottesdienst. Eine liturgiewissenschaftliche Betrachtung, Leipzig 2011, 95.

es zu einer unveränderlichen und festgeschriebenen Gestalt der Liturgie und ihrer Sprache. Dies ist auch heute noch bei Minderheitenkirchen z.B. in Osteuropa der Fall. Bedeutsam in unserem Zusammenhang ist dabei die Beobachtung, dass dann die von uns oft abfällig so bezeichnete »Sprache Kanaans« sogar vom Begriff her positiv gewertet, ja Programm wird. Sehr schön ist dies beispielsweise bei der Entstehung des so genannten Religionsfranzösisch zu sehen.[12]

3. Neuinterpretation überlieferter Vollzüge

Heinrich Bieritz hat das Bild gebraucht, dass die Reformation »gleichsam das Vorzeichen vor jener Klammer verändert ... [hat], die die überlieferten liturgisch-homiletischen Handlungsspiele einschließt.«[13] Dies wird besonders bei den Veränderungen im Abendmahlsteil des Gottesdienstes deutlich. Wir betrachten über das oben bereits Behandelte hinaus die Einsetzungsworte und das Vaterunser.

3.1 Einsetzungsworte

Am Beispiel der Einsetzungsworte kann verdeutlicht werden, dass eine erhebliche Veränderung selbst dann konstatiert werden kann, wenn der Wortlaut gleich bleibt. Bereits der Vorschlag Luthers, dass die Einsetzungsworte auf den Evangelienton gesungen werden sollen, macht deutlich, dass er sie als Verkündigung sieht. Der Gemeinde soll die Verheißung zugesprochen werden und sie soll sie im Glauben ergreifen. Um dies unmittelbar auch auf die eigene Person beziehen zu können, sollte in der Deutschen Messe von 1526 nach dem Brotwort das Brot ausgeteilt werden, der Wein direkt im Anschluss an das Kelchwort. Auch wenn sich das in der Praxis nicht durchgesetzt hat, so folgen doch viele reformatorische Kirchenordnungen dem Vorschlag, die Austeilung rasch auf die Einsetzungsworte folgen zu lassen. Durch die Zerschlagung des großen eucharistischen Gebets und das Ändern der Sprechrichtung bei den Einsetzungsworten bekam das Abendmahl aufgrund einer theologischen Grundentscheidung eine neue Gestalt.

---

[12] Vgl. Patrick Charaudeau/Dominique Mainueneau, Dictionnaire d'analyse du discours, Paris, Seuil 2002, 335–336.

[13] Karl-Heinrich Bieritz, Daß das Wort im Schwange gehe. Reformatorischer Gottesdienst als Überlieferungs- und Zeichenprozess, in: JLH 29 (1985), 92. Das bedeutet dass wir es nicht nur mit Umstrukturierungen auf der syntaktischen Ebene zu tun haben, sondern auch »die semantische Ebene, die Ebene der Bedeutungen, wird übeschritten. Man gewinnt vielmehr den Eindruck, daß hier gleichsam das Vorzeichen vor jener Klammer verändert wird, die die überlieferten liturgisch-homiletischen Handlungsspiele einschließt.« (Ebd.).

3.2 Vaterunser

Das Vaterunser stellt auch für die reformatorischen Kirchen schlechthin das Grundgebet dar. Wenn Luther es in der Deutschen Messe nicht nur aus dem eucharistischen Gebetszusammenhang herausnimmt, sondern in einen Sprechakt der Vermahnung steckt, so hat er wiederum ein eindeutig katechetisches Interesse. Er will dessen inhaltlichen Reichtum entfalten und kommt so weg vom Gebet hin zur Gebetsbetrachtung.[14] Die reformatorischen Kirchen sind Luther hier nicht gefolgt. Vielmehr wurde das Vaterunser zu den Einsetzungsworten gezogen. Zudem diente es von seinem Aufbau her als Muster für die Gestaltung des Fürbittgebetes. Grundtexte christlicher Liturgie behalten in den reformatorischen Kirchen ihre Form und ihr Gewicht, sind aber in bestimmten Situationen völlig anders eingesetzt oder auch, wie am Beispiel Luthers gezeigt, funktionalisiert.

---

[14] »Liebe Freunde Christi, weil wir hier versammelt sind in dem Namen des Herrn, sein heiliges Testament zu empfangen, so vermahne ich euch aufs erste, daß ihr euer Herz zu Gott erhebt, mit mir das Vaterunser zu beten, wie uns Christus, unser Herr, gelehrt und Erhörung tröstlich zugesagt hat: Daß Gott, unser Vater im Himmel, uns, seine elenden Kinder auf Erden, barmherzig ansehen und Gnade verleihen wolle, daß sein heiliger Name unter uns und in aller Welt geheiliget werde durch reine, rechtschaffene Lehre seines Wortes und durch rechte Liebe in unserem Leben. Er wolle gnädig alle falsche Lehre und böses Leben abwenden, darin sein werter Name gelästert und geschändet wird. Daß auch sein Reich komme und gemehret werde, (er) alle Sünder, Verblendeten und vom Teufel in seinem Reich Gefangenen zur Erkenntnis des rechten Glaubens an Jesus Christus, seinen Sohn, bringe und die Zahl der Christen groß mache. Daß wir auch mit seinem Geist gestärkt werden, seinen Willen zu tun und zu leiden, im Leben und im Sterben, im Guten und im Bösen, (und wir) allezeit unsern Willen brechen, opfern und töten. Er wolle uns auch unser täglich Brot geben, uns vor Geiz und Bauchsorge behüten, sondern uns alles Guten genug von ihm erwarten lassen. Er wolle auch uns unsere Schuld vergeben, wie wir denn unseren Schuldigern vergeben, daß unser Herz ein sicheres, fröhliches Gewissen vor ihm habe, und wir uns vor keiner Sünde nimmer fürchten noch erschrecken. Er wolle uns nicht in Anfechtung führen, sondern helfe uns durch seinen Geist, das Fleisch zu bezwingen, die Welt mit ihrem Wesen zu verachten und den Teufel mit allen seinen Tücken zu überwinden. Und er wolle uns zuletzt erlösen von allem Übel, leiblichem wie geistlichem, zeitlichem wie ewigem. Welche das alles mit Ernst begehren, sprechen von Herzen »Amen«, ohne allen Zweifel glaubend, es sei Ja und erhört im Himmel, wie uns Christus zusagt (Mark. 11,24): »Alles, was ihr bittet in eurem Gebet, glaubet nur, daß ihrs empfangt, so wird's euch werden, Amen.« Martin Luther, Deutsche Messe 1526.

4. Die Veränderung der Sprachgestalt am Beispiel des Kollektengebets

Wohl wissend, dass zur liturgischen Sprache viele Sprachen in und um den Gottesdienst gehören, die auf verschiedenen Ebenen liegen und vielfältige Kommunikationsformen darstellen,[15] geht es im Folgenden um die verbale Sprache und zwar anhand des Kollektengebets.[16]

Das Kollektengebet ist eines der Stücke, bei denen Luther zumeist eng an den traditionellen lateinischen Vorgaben geblieben ist.[17] Allerdings pflegte er, im Gegensatz zu Versuchen anderer vor ihm einen sehr freien Umgang mit den Vorlagen, »um in Satzstruktur, Rhythmus und Sprachmelodie wirkliche Eindeutschungen zustande zu bringen.«[18] Er fand in den Kollektengebeten eine Gestalt, in der sich reformatorischer Glaube betend aussprechen konnte. Die Betenden sollten sich in einer Prädikation an eine Heilstat Gottes erinnern, ihn dann vertrauensvoll bitten und dann in der Konklusion die verheißene Erfüllung in den Blick nehmen. Hierin spiegelt sich nach Luther das Gebet des Glaubens, das aus dem ergangenen »Zuspruch des Evangeliums erwächst und im Bekenntnis zu Christus als dem Bürgen und Fürsprecher der Erhörung gewiß wird.«[19] Das bei Luther immer auch in der Liturgie vorhandene pädagogische Interesse zeigt sich also auch hier bei den Kollekten. Auf das reformierte Pendant zum Kollektengebet, das Eingangsgebet, muss noch ein kurzer Blick geworfen werden, da es in den reformatorischen Kirchen insbesondere im reformierten Bereich von vornherein praktiziert wurde, und auch in fünfhundert Jahren gottesdienstlicher Praxis immer wieder Einfluss auf die Gestalt des Kollektengebets genommen hat und es heute auch noch nimmt. In diesem Eingangsgebet wird primär um das rechte Hören des Wortes Gottes und das Wirken des Heiligen Geistes gebetet, und es gibt hier auch eine lange Tradition der freien Gestaltung dieses Gebets in der jeweiligen Volkssprache. Doch nun zum Kollektengebet:

---

[15] Vgl. z.B. Rainer Volp, Liturgik. Die Kunst, Gott zu feiern. Einführung und Geschichte, Bd. 1, Gütersloh 1992, 122–132; Karl-Heinrich Bieritz, Das Wort im Gottesdienst, in: Hans Bernhard Meyer (Hrsg.), Gottesdienst der Kirche. Gestalt des Gottesdienstes, Regensburg Bd. 2,3, ^{2}1990, 47–76; Theresa Berger, Sprache der Liturgie, in: Handbuch der Liturgik, Hans-Christoph Schmidt-Lauber/Karl-Heinrich Bieritz (Hrsg.), Leipzig/Göttingen ^{3}2003, 798–806; Martin Nicol, Weg im Geheimnis. Plädoyer für den Evangelischen Gottesdienst, Göttingen ^{2}2010, 43-64.

[16] Zur Übertragung lateinischer Kollekten ins Deutsche vgl. Frieder Schulz, Zur poetischen Qualität liturgischer Texte. Beobachtungen und Folgerungen, in: ALW 48 (2006), 1-21.

[17] Luther veröffentlichte zwischen 1526 und 1534 insgesamt 15 Kollekten, die er nach lateinischen Vorgaben übertragen hat.

[18] Frieder Schulz, Art. Gebet VII, in: TRE 12 (1984), 77.

[19] A.a.O., 76. Zum anderen fügte Luther die Kollektengebete auch den neuen Kirchenliedern im Gesangbuch bei, um die Gemeinden auf diese Weise im evangelischen Beten einzuüben.

Als Erstes schauen wir auf dessen Sprachgestalt in Luthers deutscher Messe:

»Almechtiger Gott, der du bist eyn beschutzer aller die auf dich hoffen, an welchs gnad niemand ichts vermag noch etwas fur dyr gild, lasse deyne barmhertzigkeit uns reychlich widderfarn, auff das wyr durch deyn heyliges eyngeben dencken was recht ist, und durch deyne krafft auch dasselbig volbringen umb Jesus Christus unsers herrn willen. Amen.«[20]

Deutlich wird hier, dass Luther für das Gebet keine Alltagssprache wählt und seine im Umgang mit anderen gepflegte derbe Sprache nicht zum Tragen kommt. Er wählt also eine gehobene, durchaus von seiner Theologie her geprägte Diktion.

Lesen wir dieses Gebet im Original, so ist zu sehen, dass sich auf der einen Seite das so genannte »Lutherdeutsch« gegenüber dem, was wir heute darunter verstehen, nicht unerheblich verändert hat, andererseits kann dieses Gebet aber auch heute gut als Vorlage für ein Kollektengebet im lutherischen Gottesdienst dienen. Der Grund liegt darin, dass theologisch wie anthropologisch auch heute Relevantes ausgesprochen wird, hier verbunden mit den biblischen Zentralbegriffen von Gottes Gnade und Barmherzigkeit.

Als zweites Beispiel sehen wir auf ein Kollektengebet aus dem 18. Jahrhundert. Da in dieser Zeit die traditionellen liturgischen Stücke wie Kyrie und Gloria nicht praktiziert werden, übernimmt jetzt das Kollektengebet mehrere Funktionen. Wie die meisten Gebete der Zeit der Aufklärung fällt es bereits durch seine Länge auf:

»Ewiger Gott, allmächtiger Schöpfer und Herr Himmels und der Erde! Vater aller Geister und aller Menschen; vor dem sich alle Heere des Himmels beugen, und den alle irdische Geschöpfe im Staube anbeten! Auch wir, das Werk deiner Hände, nahen uns zu dem Throne deiner Majestät (vgl. Jer 14,21 etc.), und bringen dir unseren schuldigen Dank für den Reichthum deiner Güte, Geduld und Langmuth (vgl. Röm 2,4), womit du uns bisher überschüttet hast. Herr! In dir leben, weben und sind wir (Act 17,28), durch dich allein können wir glücklich und selig werden. Du schenkst uns nicht nur aus deiner Fülle alles, was wir zur Nothdurft und Bequemlichkeit unseres zeitlichen Lebens bedürfen, sondern du zeigest uns auch den Weg zu unserem ewigen Heile. Gelobet seyst du, Vater der Barmherzigkeit (vgl. 2Kor 1,3)! Daß du uns gesegnet hast mit geistlichem Segen in himmlischen Gütern durch Christum (Eph 1,3). Gelobet für die Sendung deines eingebornen Sohnes in der Welt, gelobet für den deutlichen und zuverläßigen Unterricht, den du uns durch Christum von dir und deinem Willen gegeben hast. Gelobet für alle Gnade und Wahrheit, die uns durch Jesum Christum widerfahren ist. Dich preisen wir auch für die Zeit und Gelegenheit, die du uns zu deiner Verehrung, und zur Betrachtung deines seligmachenden Wortes schenkest. Laß diese dir geheiligte Stunde für uns eine Stunde der Erbauung, der Besserung und Beruhi-

[20] Martin Luther, Deutsche Messe, WA 19, 86,15-87,2.

gung seyn. Leite uns durch deinen Geist in alle Wahrheit und heilige uns durch deine Wahrheit. Ueberzeuge uns von unseren Fehlern und Gebrechen, und hilf, daß wir sie verabscheuen und ablegen lernen. Vermehre in uns die Erkenntniß deines heiligen, guten und gnädigen Willens und lehre uns thun nach deinem Wohlgefallen (Ps 143,10). Tröste alle Betrübte und Niedergeschlagene, und erfülle das Verlangen aller, die sich eifrig bestreben, gut und fromm zu werden. Erwecke in uns alles und dir gefällige Empfindungen und bringe sie in uns zur Kraft Ausübung. Gieb, daß wir dir alle unsere Kräfte und Gesinnungen widmen, dieselben nach deinen Vorschriften ausbilden und dies sey unser vernünftiger Gottesdienst (Röm 12,1). Erhöre unser demüthiges Gebet und thue überschwenglich mehr über alles, was wir bitten und verstehen können (Eph 3,20), um Jesu Christi deines lieben Sohnes, unseres Herrn willen. Amen.«[21]

Verknüpft mit Lobpreis wird das Handeln Gottes am Menschen anhand von vielen biblischen Bildern entfaltet. Erst nach der Hälfte des Gebets wird dafür gebetet, was dieser Gottesdienst bewirken soll, nämlich Erbauung, sittliche Besserung und Zur-Ruhe-Kommen; danach folgen weitere fünf Bitten bis zur Conclusio. Was hier in die Worte des Lobpreises gekleidet ist, würde man in der Sprache der evangelischen Liturgik des ausgehenden 20. Jahrhunderts als entfaltetes Gloria bezeichnen. Es ist wohl ein Kennzeichen evangelischer Gottesdienstgestaltung, dass jedes gottesdienstliche Element nicht nur veränderbar ist, sondern sich in den verschiedenen Kontexten auch tatsächlich ganz erheblich verändert.

Ein Blick in das Evangelische Gottesdienstbuch, das für viele evangelische Kirchen in Deutschland die derzeit gültige Agende darstellt, soll dies noch weiter verdeutlichen. Im Proprium werden dort für jeden Sonn- und Feiertag drei Kollektengebete in unterschiedlicher Sprachgestalt vorgeschlagen: Das erste orientiert sich an der Tradition, das zweite ist bereits weniger geprägt, das dritte möchte dann in heutiger Sprache alltagsrelevante Inhalte davon aufgreifen. Im Folgenden werden die drei Kollektengebete für den Karfreitag herausgegriffen.[22] Das erste:

»Unerforschlicher Gott, dein Sohn hat nach deinem Willen den Fluch des Kreuzes auf sich genommen und so die Macht des Verderbens zerbrochen: Erwecke uns durch seinen Tod zum Leben. Das bitten wir durch ihn, unsern Herrn Jesus Christus.«

Das Gebet orientiert sich an einer Vorlage, die bereits im Sakramentarium Gelasianum wie im Sacramentarium Gregorianum zu finden ist und die seit der Reformationszeit in verschiedenen Gottesdienstordnungen wieder aufgegriffen wurde. Wir haben es hier sowohl in der Sprache wie in den Inhalten

---

[21] Ordnung der Handlungen und Gebete bei dem öffentlichen Gottesdienste der Kirchen-Gemeinden Augsburgischer Confeßion in den Kaiserl. Königl. Erblanden. Auf allerhöchsten Befehl verfaßt und hg. v. dem Kaiserl. Königl. Constistorio A. C. in Wien, Wien 1788, 177-179.

[22] Im Folgenden: EGb, 313.

mit einem an die Tradition anknüpfenden, sehr bildhaften, biblische Imaginationen hervorrufenden Gebet zu tun.

Die Vorlage für das zweite Kollektengebet stammt aus einer neueren unierten Agende.[23]

»Ewiger Gott, du gibst deinen Sohn hin in die Not der Welt, in die Ratlosigkeit der Gläubigen, in die harten Hände derer, die sich für gerecht halten: Öffne unsere Herzen für die Tat seiner Liebe, damit wir uns von ihr tragen lassen und im Leben und im Sterben an dir festhalten. Durch ihn, unsern Heiland und Erlöser, der mit dir und dem Heiligen Geist lebt und regiert von Ewigkeit zu Ewigkeit.«

Hier wird bereits im anamnetischen Teil ein nur bedingt gelungener Transfer zum heutigen Menschen hergestellt, und dabei die Grundstruktur des Kollektengebets durchbrochen. Die Bitte umfasst gleich vier Anliegen und erst die Conclusio ist dann wieder traditionell. In der Sprachform werden keine Metaphern mehr gebraucht wie der »Fluch des Kreuzes« oder »die Macht des Verderbens« wie im ersten Gebet, vielmehr werden Bilder aus der Erfahrung der Gottesdienstbesucher aufgegriffen: die »Not der Welt«, die »Ratlosigkeit der Gläubigen« und die »harten Hände derer, die sich für gerecht halten«. Hier wird also nicht nur ein Wechsel in der Gestalt des Gebetes vollzogen, sondern auch eine Entscheidung weg von der Imagination, hin zur Anknüpfung an eine angenommene Erfahrung der Hörenden.

Das dritte Gebet ist nach einem Text aus einer neueren Gebetssammlung formuliert.[24]

»Jesus Christus, dein Kreuz – Zeichen der Not, Zeichen des Unrechts, Zeichen der Vernichtung. Und doch ist es nicht das Ende deines Weges. Es wird uns zum Zeichen der Hoffnung, weil du lebst und wirkst in Ewigkeit.«

Nur noch bei gutem Willen sind Anklänge an ein Kollektengebet erkennbar. Lediglich in der Anrede und der Conclusio ist die Gebetsanrede an Christus vorhanden, ansonsten finden sich erläuternde Interpretationen zum Kreuz Christi und eine Verkündigung an die Gemeinde zum Kreuz als Zeichen der Hoffnung.

In diesem Versuch, sich von der Tradition zu lösen, ist gut zu beobachten, wie sich die Gestalt des Kollektengebets auflöst, die Gebetsrichtung in wesentlichen Teilen des Gebets aufgegeben ist und die verkündigende Anrede an die Stelle der Bitte tritt.

Dieses letzte Gebet zeigt die Verflochtenheit des offiziellen Agendenbereichs mit dem auf dem freien Markt entstandenen liturgischen Gut.

---

[23] Gebete zu Agende I, EKU 1971, 40.

[24] Gerhard Hopfer, ... und gibst meiner Seele grosse Kraft. Gebete für Gottesdienste, Andachten und Meditationen, 1998 Neukirchen-Vluyn, K 15,82. [Erstausgabe: Hopfer, Gerhard, ... und gibst meiner Seele grosse Kraft. Gebete für Gottesdienste, Andachten und Meditationen, Konstanz 1985, K15].

Es soll noch ganz knapp in den Bereich der inoffiziellen liturgischen Texte hineingesehen werden. Auch hier beobachten wir die enge Verknüpfung von inhaltlichen und sprachlichen Entscheidugen bei der Gestalt der liturgischen Texte. Aus der Vielzahl der Varianten wie alltagssprachliche, im Dialekt formulierte, poetische, meditative, informative oder bibelaufgreifende Sprachformen mit ihren vielen Spielarten und Mischformen greife ich zwei heraus, die wirkungsgeschichtlich bedeutsam sind.

Das erste Gebet stammt aus der in den 80er-Jahren viel benutzten Privatagende »Gottesdienst menschlich.«

»Gott, du Befreier, führe uns heraus aus der Enge, in der wir gefangen sitzen. Erlöse uns von den Vorschriften, auf die wir uns festlegen und berufen, daß wir wieder rauskommen und uns am Leben freuen.»[25]

Die Anrede von Gott als Befreier wird in den folgenden Bitten in zeitspezifischer Weise entfaltet. Hinter dieser Ausformung des Gebets steht das Konzept, dass der Gottesdienst ein Lernprozess ist. Die Gottesdienstfeiernden sollen »miterlebbare Lernerfahrungen«[26] machen. Hier soll Gott aus den postulierten Unfreiheiten heraushelfen, damit die Betenden zur Lebensfreude zurückgelangen. Gegenwärtige Sprache und das Aufgreifen von aktuellen Lebenssituationen sollen dazu beitragen, dass der Gottesdienst »menschlicher«[27] wird. Ein immer wiederkehrender Zug in der Gestalt evangelischer Gebete kommt in ihrer Pädagogisierung zum Vorschein.

Das zweite Gebet stammt aus der großen Sammlung »der Gottesdienst. Liturgische Texte in gerechter Sprache«:

»Gott schenke mir schwestern zwei oder drei allein spür ich mich kaum kaum meine mitte laß uns uns sammeln dich in der mitte schenk uns gemeinschaft schwesterlichkeit dich zu erfahren zu hören verstehen gemeinsam zu prüfen zu denken zu handeln schenk mir die schwestern du gott zeig deine mitte.«[28]

Dieser zweifelsohne profilierte Gebetstext zeigt nicht nur auf, wie die gebundene Form völlig ins freie Gestalten hinein aufgelöst hat, sondern auch, welche Bedeutung die individuelle Befindlichkeit und theologische Richtung für die Gestalt des Gebets hat. Hier findet sich keine heilsgeschichtliche Erinnerung und auch keine Conclusio, sondern die Bitte um die Gottes- wie die Gemeinschaftserfahrung steht im Fokus. Die Wahl einer die männlichen For-

---

[25] Gottesdienst menschlich 2, Liturgische Texte zur Eröffnung, zur Bitte, zum Dank, Gebete zum Ausgang. Eine Agende, FRIEDRICH KARL BARTH u.a. (Hrsg.), Wuppertal ^{2}1984, 128.

[26] A.a.O., 10. In 45 Thesen werden im Vorspann dieser Sammlung Gedanken zum Beten im Gottesdienst entfaltet, 9-18.

[27] A.a.O., 17.

[28] BERTHILD BOUEKE-VON WALDTHAUSEN, in: der gottesdienst, Liturgische Texte in gerechter Sprache, Bd. 1: der gottesdienst, ERHARD DOMAY/HANNE KÖHLER (Hrsg.), Gütersloh 1997, 169.

men umkehrenden Sprache soll »der Schaffung gerechter Verhältnisse in einer Welt der Ungleichheit und der Ungerechtigkeit«[29] dienen.

5. Polyphonie der Gestalt der liturgischen Texte in den reformatorischen Kirchen

Es konnte nur ein ganz kleiner Ausschnitt aus der Polyphonie verschiedener Gestaltformen und -weisen von Texten in reformatorischer Tradition betrachtet werden. Sichtbar wurde an vielen Stellen, wie sich das leitende Interesse, Gottes Wort und sein Gnadenhandeln zu entfalten, auch in der Gestalt der liturgischen Texte zeigt. In der Liturgie wird in vielfältigen Spielarten und Gestalten weitergepredigt. Das pädagogische Interesse der Vermittlung von Inhalten überdeckt oft die ursprünglichen liturgischen Gattungen, bringt sie in neue Sprach- und Erlebnisgestalten, die wiederum mit spezifischen Inhalten verbunden sind, oder ersetzt sie durch Neuschöpfungen. Von Luther her über die Aufklärung bis hin zum »Lernprozess Gottesdienst« lässt sich diese Linie nachzeichnen.

Ein weiteres Merkmal der liturgischen Texte ist häufig ihre Zeitbezogenheit. Das Ziel des aktuellen Hineinsprechens der Verheißung in die jeweilige Zeit- und Lebenssituation der Gottesdienstfeiernden führt zu gegenwartssprachlichen Texten verschiedener Couleur, die immer wieder die Neuformulierung erfordern. Damit verbunden sind freilich ganz individuelle Ausformungen der Texte unter theologischen, anthropologischen und sprachlichen Gesichtspunkten. Würde man beispielsweise immer den Maßstab der lutherischen Bekenntnisschriften an die Texte anlegen, so würde die starke individuelle Note bei den liturgischen Texten deutlich sichtbar.

Daneben gibt es immer Rückbesinnungen auf die Tradition insbesondere der westlichen Kirche. Hier geht man davon aus, dass die Liturgie im Gegensatz zur Predigt keine Aktualisierung braucht. Sie aktualisiert sich selbst, indem sie in neue Zusammenhänge und Gemeinden gesprochen wird.[30] In der evangelischen Liturgik wird ein Traditionsrückgriff gern als Restauration bezeichnet. Es erscheint mir allerdings eher so, dass es insbesondere durch Anstöße aus der Ökumene Rückbesinnungen auf Kerngestalten christlicher Liturgie gibt, die in manchen Zeiten wieder eine Lebenskraft im Gottesdienst entfalten und als wertvolle Bereicherung oder Korrektur empfunden werden.[31] Die grundsätzliche Zeit-, Orts- und Gemeindebezogenheit reformatorisch ge-

---

[29] A.a.O., 7.

[30] Vgl. Peter Brunner, Die Sprache der Liturgie. Eine theologische Überlegung zu ihrer geistlichen Bedeutung, in: Otto Semmelroth (Hrsg.), Martyria, Leiturgia, Diakonia, Mainz 1968, 320ff.

[31] Als Beispiel sei hier das Christuslob nach den Einsetzungsworten genannt, das sich seit den 90er-Jahren in großer Breite im lutherischen Gottesdienst durchsetzt.

prägter Liturgie bewirkt, dass sie zwischen Tradition und Innovation steht, wobei das Pendel einmal in die eine, das andere Mal in die andere Richtung ausschlägt.

Am Beispiel der Kollektengebete aus dem Evangelischen Gottesdienstbuch wird deutlich, welche lebendige Wechselbeziehung zwischen der offiziellen Agendenbildung und dem liturgischen Schaffen im unverbindlichen Bereich besteht. Was in den Gemeinden auf Anregung von Privatagenden oder liturgischer Literatur praktiziert wird, kann sehr schnell auch in die offiziellen liturgischen Bücher aufgenommen werden. Allem liturgischen Schaffen, egal ob offiziell oder inoffiziell, ist eine Funktionalisierung der Liturgie gemeinsam.

Man kommt letztlich um das Urteil nicht herum, dass die Gestalt liturgischer Texte in den reformatorischen Kirchen von Beginn an plural war und heute noch pluraler geworden ist.

Die Suche nach Gott und die Gestalt unseres Gottesdienstes

Zur Zeitgemäßheit gottesdienstlicher Musik, Sprache und Gestaltung

1. Gottesdienst in der Zeit

Wenn Gott Menschen anspricht, sich offenbart, ist die Folge davon Gebet, Dank, Lob, Klage zu ihm, Weitergabe der Glaubenserfahrung, Vergewisserung des Glaubens. Da in vielen Menschen Glauben geweckt wird, ist die Folge davon Gottesdienst. Über die Form ist damit noch nichts gesagt. Die Frage nach der Gestalt des Gottesdienstes stellt sich erst in einem Gemeinwesen, das miteinander feiern will. Also: Zuerst sucht uns Gott, und dann suchen wir nach einer angemessenen Gestalt des gemeinsamen Gottesdienstes.

Natürlich suchen Menschen auch nach Gott. Sie suchen Gott hier und dort. Manche finden ihn traditionell in ihrer Kirche, andere loten das religiöse Feld aus. Manche finden ihre Heimat im Buddhismus, andere bei den Zeugen Jehovas, wieder andere beim Universellen Leben, andere bei uns in der Kirche. Diese Gottsuchenden, die überall in unseren Überlegungen zum Gottesdienst auftauchen, deren Anzahl ich aber nicht überschätzen würde, suchen nach Glaubenserfahrung und geistlicher Heimat. Wenn sie diese gefunden haben, akzeptieren sie in der Regel die dazu angebotenen Gottesdienstformen. Das ist im buddhistischen Tempel so, bei den Zeugen Jehovas und beim Universellen Leben, in unserer Kirche und wo Sie sonst hinschauen.

Interessanterweise wird das in unseren christlichen Gemeinden anders gesehen. Da wird immer wieder dem agendarischen Gottesdienst angelastet, dass er für diese Suchenden eine viel zu hohe Schwelle darstelle – als wären die Gottesdienste in einer Moschee oder in einer Synagoge niedrigschwelliger. Vielleicht beruht diese Schelte des agendarischen Gottesdienstes auf einem Denkfehler. Ist es wirklich die Form und die Gestaltung, die Menschen vom christlichen Gottesdienst fernhält? Könnte es sein, dass er nur einfach dem Glauben der Menschen nicht entspricht, die dort fernbleiben, oder auch der Form, wie sie ihren Glauben ausdrücken wollen? Fest steht doch, dass die Suchenden in der Regel die ihnen gemäße Gottesdienstform nicht selber entwickeln. Andere geben diese Gottesdienstgestalten vor. Also: Menschen suchen nach Gott – und sie finden verschiedene Gestalten von Gottesdienst bereits vor. Auch mit unseren nicht-agendarischen Gottesdienstformen geben wir den nach Gott suchenden Menschen Gottesdienstformen vor. Sie finden dann subjektiv entweder das, was sie suchen – dann werden sie wiederkommen – oder sie finden es nicht. Dann bleiben sie auch bei neuen Formen weg.

Das heißt: Christlicher Gottesdienst kann nicht in erster Linie im Schielen nach dem potentiellen Gottesdienstbesucher Gestalt finden. Vielmehr sind hier andere Kriterien anzulegen. Diese haben zuerst einmal mit der Frage zu tun, wie sich Ausdrucksformen des Glaubens in einer gemeinschaftlichen Feier so finden lassen, dass sie der Sache und der Gemeinschaft in gleicher Weise Rechnung tragen.

In der Geschichte und in der Gegenwart wurde das ganz unterschiedlich gelöst. Einige Beispiele mögen das verdeutlichen.

- Ist das leitende Kriterium ein theologisches Axiom, so bestimmt es die Schwerpunktsetzung, die Zentralinhalte und die Dramaturgie des Gottesdienstes. So führt beispielsweise die Favorisierung der Rechtfertigungslehre zur Betonung der Predigt, die Verfolgung eines mystagogischen Ansatzes zur zentralen Stellung des Heiligen Abendmahls.
- Sobald versucht wird, den religiösen Zeichensatz einer Gesellschaft im christlichen Kontext aufzugreifen, zu übernehmen oder sachgerecht zu verändern, hat die Aufnahme jeglicher »civil religion« Auswirkungen auf die Gottesdienstgestaltung, und zwar so, dass sich diese weitgehend von einer rein traditionell geprägten Gottesdienstgestalt löst.
- Wird der irdische Gottesdienst als Abbild des himmlischen Gottesdienstes verstanden, steht seine Form von der Tradition her fest und es wird seine Unveränderbarkeit postuliert. Für die Praxis bedeutet dies das Einstimmen in die biblischen Leitbilder von Gottesdienst und die Praktizierung von verschiedenen gottesdienstlichen Elementen und Handlungen aus der Heiligen Schrift (orthodoxer Gottesdienst).
- Werden anthropologische Axiome herangezogen, so wandeln sich sowohl das Gottesdienstverständnis wie die Ausgestaltung je nach bevorzugter Theorie. Wird beispielsweise von einem verhaltenstheoretischen Ansatz her die Ritenbedürftigkeit des Menschen nachgewiesen, so findet das im Gottesdienstangebot seinen Niederschlag vom feststehend ritualisierten Sonntagsgottesdienst bis hinein in die Tagzeitengebete. Wird dagegen ein kommunikationstheoretischer Ansatz bevorzugt, so tritt neben der Kommunikation mit Gott auch die Kommunikation der Gemeindeglieder untereinander stark ins Blickfeld. Folgen sind beispielsweise die Betonung von interaktiven Elementen im Gottesdienst, wie der Austausch des Friedensgrußes, oder die Wahl einer wenig traditionsgebundenen Sprache. Im Bereich der anthropologisch dominierten Ansätze ist das Feld besonders weit. Ob ein semiotischer, ein ästhetischer oder ein behavioristischer Ansatz oder ein anderer von einer bestimmten Sichtweise des Menschen her geprägter Ansatz

gewählt wird: immer verändert sich der Gottesdienst, und zwar unter Zuhilfenahme gut fundierter Begründungsmuster.

Nun kommt keiner dieser genannten Faktoren in Reinform vor. Vielmehr haben wir es mit einem nicht entwirrbaren Bündel von überkommenen Gottesdienstformen, theologischen und anthropologischen Grundentscheidungen und zeitbedingten Akzentsetzungen zu tun.

Was bedeutet das, wenn wir nach der Zeitgemäßheit gottesdienstlicher Gestaltung fragen, wobei ich zeitgemäß – zuerst einmal – als der Zeit entsprechend verstehe? Wichtig ist zuerst einmal, dass deutlich wird, dass es neben der Dimension der bewussten Entscheidung auch die unbewusste Dimension gibt. Während auf der einen Seite ganz bewusst darum gekämpft wird, Formen und Gedanken, die als der Zeit entsprechend empfunden werden, in den Gottesdienst zu integrieren, schleicht sich daneben auch bei denen, die gar keine Entscheidung zur Veränderung getroffen haben, etwas in den Gottesdienst ein, das dem Zeitgeist entspricht.

Als Beispiel skizziere ich einige Tendenzen der vergangenen 50 Jahre. Blicken wir in die 1950er-Jahre, so finden wir eine Phase der liturgischen Erneuerung vor, die restaurative Züge trägt. Wie in der Gesellschaft wird an Traditionen vor der Zeit des Nationalsozialismus angeknüpft. Bevorzugt werden eine von der Tradition geprägte, bibelgetränkte Sprache und formelhafte Wendungen. Hohe qualitative Ansprüche werden an die Musik und die Sprache gestellt und klare theologische Kriterien an die Gottesdienstinhalte angelegt. Zum Lobe Gottes ist nur das Beste gerade gut genug, und das Beste ist oft das Bewährte. In der Gottesdienstgestalt wird die Messform bzw. die Form des Predigtgottesdienstes in traditionsgebundenen Mustern bevorzugt.

Blicken wir in die 1970er-Jahre. Sehen wir in der Gesellschaft eine Phase der Demokratisierung und des Traditionsabbruchs, so lassen sich auch im Gottesdienstbereich solche Tendenzen festmachen. Alltagssprache, Umgangssprache und Dialekt ziehen in den Gottesdienst ein. So wie Menschen sonst auch sprechen, soll auch im Gottesdienst geredet werden. Durch den sogenannten »Liederfrühling« werden neue Lieder im Gottesdienst salonfähig, besser gottesdienstfähig. Neben die Orgel und die Posaunen treten andere Begleitinstrumente für den Gesang. Der Politisierung im gesellschaftlichen Umfeld entspricht der politische Gottesdienst, »demokratischere« Formen des Gottesdienstes wie das Feierabendmahl oder partizipatorische Zielgruppengottesdienste bekommen weite Verbreitung. Der Pluralisierung der Gesellschaft entspricht die Formenvielfalt im Gottesdienst.

Letzteres hat sich in den 1990er-Jahren noch verstärkt. Der Ästhetisierungswelle in der Gesellschaft mit ihrem Körperkult entspricht die Wiederentdeckung der Körperlichkeit im Gottesdienst. Die schöne Raumgestaltung ist gefragt; an der Körpersprache wird genauso gearbeitet wie an der geglückten Formulierung. Eine poetische Sprache wird bevorzugt. Die Stilvielfalt weitet sich noch einmal. Besonders deutlich ist das an der Jugend zu sehen, die Klassik, Rock und Rave nebeneinander hört. Auch die christliche Popularmusikszene spiegelt in ihrem musikalischen Schaffen für den Gottesdienst diese Offenheit für verschiedenste Stilrichtungen wider. Hauptsache ist, dass die Qualität stimmt. So gewinnt im Kirchenraum die perfekte Musik aus der Konserve gegenüber der gutgemeinten „live"-praxis an Bedeutung. Im Rahmen einer Inszenierungen liebenden und zelebrierenden Gesellschaft bekommen auch in der Kirche die dramaturgischen Fragen plötzlich Gewicht.

Das Zeitgemäße, die der Zeit entsprechenden Gottesdienstgestalten, verändern sich. Das haben wir gesehen. Komplizierend kommt allerdings hinzu, dass wir es, obwohl wir in derselben Zeit leben, mit vielen Ungleichzeitigkeiten zu tun haben. Es gibt nicht nur *einen* der Zeit entsprechenden Gottesdienst, sondern viele. Wir haben verschiedenes Zeitgemäßes nebeneinander. Was hier als zeitentsprechend gefeiert wird, ist dort bereits ein alter Hut. So wird beispielsweise heute noch in bayerischen Gemeinden die Agende I der VELKD eingeführt, obwohl sie an anderen Orten längst abgelöst ist. Diese Ungleichzeitigkeit warnt uns vor Verallgemeinerungen und Nivellierungen.

Das Zeitentsprechende hat unterschiedlichste Ausdrucksformen. So empfinden Menschen einen Gottesdienst dann als zeitgemäß, wenn sie in ihm die ihnen aktuell entsprechende Feierform vorfinden, in die sie einstimmen können. Ganz banal könnte man sagen, zeitgemäßer Gottesdienst ist derjenige Gottesdienst, der ankommt, weil er gefällt und weil er den Menschen anspricht und Glaubensäußerungen freisetzt. Doch das ist nur die eine Seite. Denn es gibt neben oder in den Formen der Liturgie die Tiefendimensionen des Glaubens. Es geht im Gottesdienst um von Gott gefüllte Zeit. Es geht um Zeit, die über sich hinausweist, die den begrenzten Gottesdienstraum und alles was darin wahrnehmbar ist, sprengt. Ich nenne diesen Aspekt des Zeitgemäßen, in dem Zeit und Ewigkeit im gegenwärtigen Augenblick zusammenkommen, das Ewigkeitstaugliche.

2. Der agendarische Gottesdienst und seine Zeitentsprechungen

Gerne vergleiche ich den agendarischen Gottesdienst mit einem Schiff auf einem Fluss. In einem Jahr bewältigt es eine festgelegte Strecke. Es fährt der Heilsgeschichte entlang, das Kirchenjahr ist der Lotse. In manchen Zeiten müht sich das Schiff schwerbeladen flussaufwärts (Beispiel Passion), in anderen beschwingt leicht flussabwärts (Beispiel Ostern).

Es steigen meistens dieselben Menschen zu. Sie mögen ihr Schiff und ihren Fluss. Sie finden dort Vertrautes. Der Fluss fließt wie immer, er bietet konstante Elemente, aber auch die nötige, dosierte, einkalkulierte und letztlich auch immer wiederkehrende Abwechslung.

Für viele Menschen ist dieser Gottesdienst zeitgemäß. Er entspricht ihnen. Er gibt ihnen, was sie vom Gottesdienst erwarten.

Wenn wir ihn genau betrachten so sehen wir auch, dass er zumindest eine Facette des Zeitgemäßen beherbergt. Ich habe den Aspekt der Ewigkeitstauglichkeit angesprochen. Denken Sie beispielsweise an das Einstimmen in den Chor der Engel im Gloria oder an die Raum und Zeit übergreifenden Inhalte bei der Abendmahlsliturgie. Gottesdienstliche Zeitgemäßheit kann auch die Transzendierung des Zeitlichen sein, selbst in den zeitnahen Inhalten der Predigt und der Gebete.

Nun haben wir vorhin bereits gesehen, dass auch vieles vom Zeitgeist Bestimmtes unbewusst in den Gottesdienst einfließt. Ich betrachte das hinsichtlich der Sprache, der Musik und der Gestalt des Gottesdienstes etwas genauer.

Gottesdienstliche *Sprache* ist im Fluss. Sie brauchen nur anzusehen, welche Veränderungen die Gebetssprache erfahren hat. Nehmen Sie die Agende I und das Evangelische Gottesdienstbuch in die Hand, so finden Sie verschiedene Sprachwelten. Kein Mensch hat sich bei der Zusammenstellung von Agende I Gedanken über eine inklusive oder gerechte Sprache gemacht. Sie finden umgangssprachlich geprägte Gebetssammlungen neben solchen, die eine meditative Sprache bevorzugen. Und plötzlich finden Sie in Sammlungen mit Gebeten in poetischer Sprache auch wieder Gebete aus der Agende I. Die Zeitentsprechung findet hier keine objektiven Kriterien. Es scheint vielmehr so, als ob gesellschaftliche Trends auch die gottesdienstliche Sprachwahl erheblich mitbestimmen, und zwar bis in die Inhalte hinein. Dabei geschieht dies manchmal in bewussten und heftig diskutierten Akten (z.B. bei der inklusiven Sprache), manchmal schleichend (z.B. bei der Ersetzung einer biblisch geprägten durch andere Formen poetischer Sprache).

In dieses Feld des Ringens um die sachgerechte und zeitentsprechende Sprache gehört auch die Diskussion um Formeln. Seit den 1960er-Jahren ist die Kritik an formelhafter Sprache über lange Zeit gewachsen. Hier werde nur »geplappert« und der Sinn nicht wahrgenommen bzw. vom heutigen Menschen nicht rezipiert. Dem widersprechend wird – entsprechend analogen Trends in der Pädagogik – der Wert der ständigen Wiederholung von geprägten Formeln auch im Gottesdienst in jüngster Zeit immer stärker betont.

Ähnlich sind die Vorgänge bei der *Musik*. Allerdings sind hier die Diskussion und auch die Widerstände oft sehr viel stärker als bei der Sprache. Das hängt vor allem damit zusammen, dass bei den Liedern die Gemeinde durch ihren Gesang direkt beteiligt ist. Sie muss das Vorgeschlagene auch singen können und singen wollen. Änderungen sind hier zumeist mit Einübung verbunden, mit einem Prozess, in dem über Annahme und Ablehnung entschieden wird. Es muss allerdings festgehalten werden, dass nur ganz bestimmte Richtungen neuerer gottesdienstlicher Musik überhaupt Eingang in den Erprobungskanon des agendarischen Gottesdienstes finden. Bewährte Lieder und liturgische Gesänge aus anderen Kirchen sind beispielsweise schnell verbreitet worden, genauso wie ein ganz bestimmter Musikstil der 1960er- bis 1980er-Jahre, der vereinfachend als Kirchentagssound bezeichnet werden kann. Der ganze Bereich der mit christlichen Texten verbreiteten Pop-, Rock- oder Folksongs scheint dagegen geradezu tabu. Zeitgemäße Musik, wie sie in der Tagesaktualität in den verschiedenen Spielarten von Rock über Hip Hop und Rap bis hin zur volkstümlichen Musik geliebt wird, ist dagegen im agendarischen Gottesdienst so gut wie nicht zu finden. Der agendarische Gottesdienst wird für manche zeitgemäße Musik regelrecht versperrt, und es ist sehr undurchsichtig, wer diese Normen setzt.

Nun kann es allerdings sein, dass die Verweigerung mancher Musikformen im agendarischen Gottesdienst auch einen Grund darin hat, dass das klassische Musikrepertoire in besonderer Weise zeitübergreifende Elemente des Gottesdienstes trägt und unterstreicht. So ist die Musik beispielsweise in besonderer Weise Trägerin des Kirchenjahres.

Als Begehung der Heilsgeschichte greift das Kirchenjahr über die Normalzeit hinaus, es transportiert dem Zeitempfinden Widersprechendes, es bringt Zeit und Ewigkeit in Korrespondenz. In vielen Momenten kann die Heilsgeschichte die Zeit auflösen, und die Frage nach der Zeitgemäßheit wird unangemessen.

Auch bei der *Gestalt* des agendarischen Gottesdienstes überwiegt das Traditionelle. Redet man hier überhaupt von Zeitgemäßheit, so wird das zumeist als mit Flexibilität identisch gesehen. Flexibilität war in den letzten Jahren das Zauberwort, das aufweisen sollte, dass der agendarische Gottesdienst – richtig verstanden und ausgeführt – alles an zeitgemäßen Öffnungen und Veränderungsmöglichkeiten bietet, was nötig ist. Durch »schmiegsame Liturgien« (Frieder Schulz) können situationsgemäße und kirchenjahreszeitliche Akzentsetzungen vorgenommen werden. Der agendarische Gottesdienst wird hier nicht nur als sprachlich und musikalisch offen gesehen, sondern auch – innerhalb eines abgesteckten Rahmens – in seiner Struktur. Dabei wird allerdings die Zeitgemäßheit sehr unterschiedlich verstanden. Sie macht sich interessanterweise weniger am Zeitgeist als an der Zielgruppe fest und trägt der Tatsache Rechnung, dass der agendarische Gottesdienst heute eben auch weitgehend zielgruppen- oder milieuorientiert ist. Änderungen basieren sehr oft auf Fokussierungen auf bestimmte Gruppen. Wird beispielsweise das Hineinfinden in den Gottesdienst auch für den, der mit dem Gottesdienst nicht vertraut ist, besonders reflektiert, so werden die Elemente der Eröffnung besonders betont, oder bei anderen Voraussetzungen beispielsweise das Kyrie, das Abendmahl oder die Sendung. Die Folge ist immer eine Veränderung im Gottesdienstverlauf, unter Umständen auch der Prägung des Gottesdienstes. Ich sage es einmal überzeichnet: Sieht jemand die sonntägliche Feier des Heiligen Abendmahls als zeitentsprechend und als den regelmäßigen Zielpunkt seines Gottesdienstes, dann wird auch die Gestalt seines Gottesdienstes dem Rechnung tragen. Das bedeutet: Es gibt je nachdem, wie die agendarischen Lebensformen des Gottesdienstes in einer Gemeinde in den letzten Jahren oder Jahrzehnten verändert wurden, näher oder weiter weg von den im Gesangbuch vorgeschlagenen agendarischen Grundformen sich bewegende Varianten. Faktisch haben wir dadurch eine große Vielfalt von Gottesdienstgestalten, die höchstens noch auf gemeinsame Grundtypen des Gottesdienstes zurückführbar sind – wem auch immer dies nützen mag. Zeitgemäß, im Sinne der Form anderer gesellschaftlicher Gemeinschaftsformen des beginnenden dritten Jahrtausends entsprechend, sind sie trotz aller Kosmetik und gut gemeinter Versuche nicht. Sie sind Ausdruck unterschiedlichster zeitnaher oder bewusst überzeitlich begriffener Konzepte sowie von theologischen und anthropologischen Grundentscheidungen. Zeitgemäß, im Sinne von den Anwesenden nahe, sind sie bei entsprechenden Ausführungen in den Inhalten der Gebete, der Verkündigung, der Lieder. Zeitgemäß hat dann aber nicht mehr die Konnotation von modern. Zeitgemäß im Sinne von ewigkeitstauglich können dann selbst die agendarischen Gottesdienste sein.

3. Die Zeitgemässheit und die neuen Gottesdienstformen

Neue Gottesdienstformen werden oft als Ausweis von Zeitgemäßheit der Kirche gesehen. Die weit über einhundert derzeit bei uns in Bayern gefeierten neuen Gottesdienstformen sind aber so verschieden, dass es entweder eine bedeutende Zahl zeitgemäßer Gottesdienste gibt, oder kräftig gestritten werden müsste, welche wirklich der Zeit entsprechen. Dabei sind manche Formen aus einer ganz speziellen Glaubensausprägung heraus entstanden, andere sind als zeitgemäß importiert worden.

Betrachten wir einmal Gottesdienste, in denen Menschen angesprochen werden, die dasselbe erfahren haben oder erfahren sollen wie durch eine bestimmte Glaubensausprägung Gekennzeichnete. Als Beispiel wähle ich evangelikale oder charismatische Gottesdienste. Sie haben gemeinsam, dass sie, wie das auch bei Auftritten von Stars der Fall ist, erst einmal eine »Aufheizphase« haben. Die Rolle der Vorband bei einem Starauftritt nimmt dabei das gemeinsam gesungene Lied ein. Hier allerdings handelt es sich dann nicht um das klassische Kirchenlied, nicht um den kirchlich getauften Kirchentagssound, sondern oft um Mainstreammusik aus dem Pop und Unterhaltungsbereich mit einfachen Texten, zumeist mit Gotteslob, und eingängigen Refrains. Drei, vier, fünf Lieder werden hintereinander gesungen. Die Stimmung steigt. Auf einer gefühlsmäßig ordentlich erhöhten Betriebstemperatur wird der folgende Gottesdienst erlebt. Die Sprache ist von aller klerikalen Bindung befreit, einem Entertainer gleich bewegen sich die überwiegend männlichen Gottesdienst-Leitenden im gesamten Raum. Dramaturgisch zielt alles auf einen Höhepunkt, sei es die Bekehrung, die Glossolalie oder etwas anderes der Glaubensgemeinschaft Entsprechendes. Professionell werden moderne Musik, Theater, Tanz, Pantomime und ähnliches eingesetzt. Es besteht überhaupt keine Scheu, mit modernsten Medien zu arbeiten. Besser Gutes von CD, Video oder DVD als Stümperhaftes Live, heißt die Devise. Besondere Berücksichtigung bei der Gestaltung erfährt auch der Raum, in dem Gottesdienst gefeiert wird.

Dennoch: Analysiert man genauer, so hat sich in der Form gegenüber der Zeltmission von früher oder dem klassischen charismatischen Gottesdienst wenig verändert. Nur die Mittel sind anders geworden. Ist es zeitgemäß, die alten dramaturgischen Muster zu bewahren, weil sie den Inhalten und Zielen am besten entsprechen, sie aber mit den Stil- und Ausdrucksmitteln des 3. Jahrtausends zu verbinden? Wenn Sie beispielsweise an einem professionell gestalteten »GoSpecial-Gottesdienst« teilnehmen, so könnte sich das als mögliche Antwort auf unsere Ausgangsfrage aufdrängen. Hier haben wir scheinbar alles, was sich der Mensch auf der Suche nach Gott nur wünschen kann – eine nach gängiger Meinung niedrige Schwelle zur Teilnahme, ein sofortiges Hineingenommenwerden durch zeitgenössische Popularmusik, eine leicht mitvollziehbare Dramaturgie, zu jeder Zeit ein Wissen, was da jetzt abgeht, erfahrbare Gemeinschaft, Aktion und Stille, die Einbeziehung der Gefühle. Nur, wenn alles scheinbar stimmt – warum erreicht auch das nur einen kleinen Ausschnitt von Gottesdienstbesuchern?

Schauen wir auf einen völlig anderen Typus von sogenannten freien Gottesdienstformen. Es wird ja bei uns ein großes Bedürfnis nach Meditation und Kontemplation behauptet. Dementsprechend bieten wir verschiedenste Formen der Meditationsgottesdienste. Am häufigsten sind derzeit die sogenannten Oasegottesdienste. Ich möchte als Beispiel aber die Taizéandachten wählen, weil sie einen guten Kontrast zu einem »GoSpecial–Gottesdienst« darstellen. Hier haben wir auch einen langandauernden musikalischen Beginn. Nur schwinge ich mich hier singend in einen Raum der Stille und der Meditation ein. Die Taizégesänge knüpfen an alte Vorlagen an und sind dennoch modern, zeitentsprechend gerade für viele junge Menschen – und das bereits über einen langen Zeitraum. Es gibt Phasen des Schweigens, des Gebetes, des Hörens, des Empfangens. Und dennoch ist es so, als ob die Dramaturgie stehen bleibt. Jedes meditative Element bildet dramaturgisch gesehen für sich eine kreisende Bewegung ab. Manchmal überschneiden sich die Kreise, verlaufen ineinander. Die Sprache darf ruhig liturgisch geprägt sein, denn es wird auch einer festen Liturgie gefolgt. Wieder scheint alles zu stimmen – nur, warum wird auch hier nur ein kleiner Ausschnitt von Gottesdienstbesuchern erreicht?

Wir sehen an diesen Beispielen, dass es von dem Glaubensspektrum, der Zielsetzung des Gottesdienstes und der Zielgruppe bzw. dem Milieu abhängt, welche Musik, welche Sprache und welche Gottesdienstgestalt gewählt wird. Der Unterschied zum agendarischen Gottesdienst ist nur, dass es überhaupt keine Berührungsängste gibt. Technomusik kann hier genauso organisch ihren Ort finden wie Opernarien. Sprache und Gottesdienstgestaltung hängen von dem jeweiligen Gottesdiensttyp ab. Dadurch, dass es charakteristisch für freie Gottesdienstformen ist, dass sie im Team erarbeitet werden, ist man hier vor eine ständig neue Gestaltungsaufgabe gestellt. Innerhalb der jeweiligen Gottesdiensttypen gibt es aber auch bevorzugte Gestaltungsarten, bevorzugte Musikstile und bevorzugte Sprachformen.

Wir sehen aber noch etwas anderes für freie Gottesdienstformen Charakteristisches an diesen beiden Beispielen: Die Musik, die Sprache und die Gestaltung korrespondieren miteinander. Stilistisches Patchwork, wie wir es bei den agendarischen Gottesdiensten und bei pädagogischen Gottesdienstmodellen haben, zum Teil auch noch bei dem an klassische Formen anknüpfenden Gottesdiensttyp, also beispielsweise bei der Thomasmesse, dieses stilistische Patchwork ist hier selten. Bei den meisten neuen freien Gottesdienstformen wird fast wie bei klassischen Agenden Wert auf die Zusammengehörigkeit und Stimmigkeit von Musik, Sprache und Dramaturgie gelegt.

4. Das Postulat von der Zeitgemässheit

Als Fazit der vorgetragenen Beobachtungen ergibt sich: Nach der Zeitgemäßheit des Gottesdienstes zu fragen, ist nur bedingt sinnvoll. Was bei der einen Gottesdienstform als dem καιρός, dem richtigen Zeitpunkt entsprechend empfunden wird, kann in einem anderen gottesdienstlichen Kontext anachronistisch wirken. Mir erscheint es sinnvoller, jeweils von der Angemessenheit von Musik, Sprache und Gestaltung zu sprechen.

Dabei stehen wir vor einem Problem: Glauben kann sich in jeder musikalischen und sprachlichen Form und in den unterschiedlichsten Dramaturgien gottesdienstlich artikulieren. Gleichzeitig ist nicht jede Musik, nicht jede Sprachform und oft nur eine einzige Dramaturgie für einen spezifischen Gottesdienst geeignet.

Deshalb halte ich fest: Es gibt Gottesdienstformen, in denen Musik, Sprache und Dramaturgie eine Einheit bilden, miteinander korrespondieren. Hier gibt es ein bestimmtes Spektrum und Repertoire, das sinnvoll verwendet wird. Oft kommt auch Neues dazu, das in diesen Rahmen passt. Andere Musik, Sprachformen und Gestaltungsmöglichkeiten sind aber ausgeschlossen. Als Beispiel habe ich den missionarischen Gottesdienst und den Taizégottesdienst genannt. Ein agendarischer, liturgischer Wechselgesang in einem »GoSpecial-Gottesdienst« wäre beispielsweise ein störender Fremdkörper, ein Hip-Hop-Gesang in einer Taizé-Andacht irritierend.

Es gibt auf der anderen Seite Gottesdienstformen, die offen sind für ganz unterschiedliche Stilmittel. Besonders die von der Pädagogik geprägten Gottesdienstformen wie Familiengottesdienste oder Schulgottesdienste sind ein gutes Beispiel dafür.

Zu beachten ist auch, dass Gottesdienste nicht allein für nach Gott Suchende konzipiert werden sollten, sondern immer für eine feiernde Gemeinde, die dann – falls Suchende dazukommen – diese in ihrer Mitte aufnehmen kann. Denn sämtliche Gottesdienste werden mit den vorher genannten oder anderen Zielen angeboten und finden im Rahmen einer Glaubensgemeinschaft statt, die ihr Verständnis von Schrift und Bekenntnis abgesteckt hat. Die Suche nach der angemessenen Gestalt des Gottesdienstes ist zum Teil von der Glaubenshaltung, zum Teil von der theologischen und liturgischen Sachkenntnis, zum Teil durch die jeweiligen Vermittlungsziele bestimmt. Regeln lassen sich dabei nicht allgemein und grundsätzlich, sondern jeweils nur im Kontext der jeweiligen Gottesdienstform aufstellen.

Zeitgemäßheit ist dabei kein entscheidendes Kriterium. Eher ist entscheidend, ob zur richtigen Zeit die richtige Musik, die richtige Sprache, die richtige Gestalt gefunden wird. Diese Faktoren können modern oder traditionell sein oder dazwischen liegen. Sie werden dann als zeitgemäß empfunden, wenn sie gleichermaßen gegenwartsgemäß und ewigkeitstauglich sind.

Ich behaupte auch: Es gibt keinen niedrigschwelligen Gottesdienst an sich. Es gibt immer nur den für eine ganz bestimmte Zielgruppe oder für ein ganz bestimmtes Milieu niedrigschwelligen Gottesdienst. Eine Thomasmesse oder ein Willow-Creek-Gottesdienst ist für die meisten nicht weniger befremdend als der agendarische Gottesdienst in der eigenen Gemeinde.

Eines sollte immer bedacht sein: Jeder Gottesdienst ist Ausdruck des Glaubens, dass Gott seine Gemeinde gesucht hat und zu ihr kommt. Angemessene Formen können entweder aus der Tradition übernommen oder neu gefunden werden. Die Vielfältigkeit unserer Gottesdienste ist auch Ausdruck der Vielfältigkeit der Glaubensgestalten, Ausdruck von Lebendigkeit des Glaubens. Immer da, wo Gott Menschen im Gottesdienst begegnet, ist Gottesdienst lebendig, zeitentsprechend und ewigkeitstauglich.

Gottesdienst und Kultur

Zukunftsperspektiven

Christlicher Gottesdienst und Kultur standen und stehen in einer sich stets wandelnden Wechselbeziehung. Die Frage, wie die jeweilige Kultur Einfluss auf die Gottesdienstgestaltung bzw. wie der real gefeierte Gottesdienst Einfluss auf die Kultur nimmt, wird dabei in Geschichte und Gegenwart sehr unterschiedlich gesehen. Derzeit leben wir in Europa in einer sich stark wandelnden Kultur, die auch Veränderungen in Wahrnehmung, Stellung und Feier des Gottesdienstes mit sich bringen. Unter den christlichen Konfessionen ist insbesondere der evangelische Gottesdienst stark von gegenwärtigen kulturellen Faktoren beeinflusst, aber auch der katholische Gottesdienst weist deutliche Spuren davon auf. Am wenigsten davon betroffen erscheint der orthodoxe Gottesdienst mit seiner gleichbleibenden Liturgie. Doch auch dieser verändert sich in seiner Wahrnehmung, Funktion und vor allem in seiner kulturellen Prägekraft. Keine Form des christlichen Gottesdienstes kann unabhängig von der ihn umgebenden Kultur Gestalt bewahren oder verändern.

In der kühnen Fragestellung nach Zukunftsperspektiven des christlichen Gottesdienstes in sich verändernden Kulturen wollen die Vergangenheit und die Gegenwart bedacht sein. Primär geht es dabei nicht um die kulturübergreifende Dimension des Gottesdienstes,[1] auch nicht um seine kulturelle Prägekraft in der Vergangenheit[2], sondern um den Einfluss der jeweils herrschenden Kultur(en) auf den Gottesdienst[3], um heutige kulturprägende Impulse des

---

[1] Vgl. z.B. Erklärung von Nairobi über Gottesdienst und Kultur, in: Anita Stauffer (Hrsg.), Christlicher Gottesdienst: Einheit in kultureller Vielfalt, Genf 1996, Hannover 1997, 30f. In dem Beitrag: Gottesdienst: Ökumenischer Kern und kultureller Kontext führt A. Stauffer diesen Aspekt der Erklärung von Nairobi weiter aus (vgl. a.a.O., 12-27, bes. 20).

[2] Vgl. z.B. Hermann A. J. Wegman, Geschichte der Liturgie im Westen und Osten, Regensburg 1979.

[3] Dabei geht es um die Gegenwartskultur(en), weniger um die Aufnahme kultureller Bestandteile, die im Laufe der Geschichte dem christlichen Gottesdienst zugewachsen sind, wie sie z.B. Anscar J. Chupungco, Die Liturgie und Bestandteile der Kultur, in: Anita Stauffer, Gottesdienst und Kultur im Dialog, Berlin 1995, 151-163 aufzeigt. Auch das kontrakulturelle im christlichen Gottesdienst wird hier nicht betrachtet. Vgl. dazu Gordon W. Lathrop, Gottesdienst – konkret und doch universal, in: Stauffer, Christlicher Gottesdienst, a.a.O., 64-70.

christlichen Gottesdienstes sowie um die Widerständigkeit gottesdienstlicher Ausdrucksformen gegen kulturelle Dominanzbestrebungen.

1. DIE KULTURVERANKERUNG DES CHRISTLICHEN GOTTESDIENSTES

Empirisch gesehen ist der Gottesdienst in der deutschen Kultur fest verankert. Neben den Gottesdiensten vor Ort wird ein breites Gottesdienstangebot über die Medien angeboten, vom Radio über das Fernsehen, von Printmedien bis hin zum Internet. Besonders ins Blickfeld gerät er allerdings, gesamtgesellschaftlich gesehen, bei besonderen, zumeist tragischen Ereignissen und im Individualbereich bei den rites de passages.

1.1 Gottesdienst als Kulturgut

Eine Gesellschaft greift auf Kulturgut zurück, wenn sie es benötigt. Es ist augenfällig, dass nach besonders bestürzenden Ereignissen Gottesdienste einen festen Ort im Bewältigen der Krise haben. Dies hat bereits eine lange Tradition. So ordneten beispielsweise weltliche Herrscher in Krisenzeiten Buß- und Bettage an.[4] Heute finden bei Katastrophen, wie beispielsweise Zugunglücken oder nach dem 11. September 2001, Gottesdienste unter Beteiligung der gesamten Politprominenz mit breiter Öffentlichkeitswahrnehmung statt. In Momenten, in denen grausame Ereignisse uns die Sprache rauben, ist der Gottesdienst als Ort der Krisenbewältigung und Lebenshilfe gefragt.

Doch auch zu angenehmeren Anlässen tragen die christlichen Kirchen ihre Gottesdienstkultur in gesellschaftliche Ereignisse herein. Genauso wie andere »Kulturinstitute«[5] in der Stadt oder im Dorf bringen sie ihr Spezifikum in das gemeinsame Feiern ein. So finden beispielsweise ziemlich durchgängig Gottesdienste bei Einweihungen statt, und Open-Air Gottesdienste bei Stadtteilfesten und Vereinsjubiläen sind keine Seltenheit. Im Einklang mit der politischen Gemeinde bringt hier die christliche Gemeinde ihren Lebensbezug zum dreieinigen Gott in ihr soziales Umfeld, in die gemeinsame Kultur des Ortes ein.

Nun ist es das eine, in bestimmten Situationen auf das »Kulturgut« Gottesdienst zurückzugreifen. Das andere ist die Frage: Wie wird dieses Kulturgut heute gestaltet? Es ist eine Illusion zu meinen, dass die Feiergestalt in diesem öffentlichen Bereich allein Sache der Kirchen sei. Blicken wir in diesem Zusammenhang auf einen »Katastrophengottesdienst«, so stellen wir fest: Es kommt heute zu signifikanten, der Kultur angepassten Veränderungen.

---

[4] Vgl. LUDWIG SCHMIDT, Kirchliche Buß- und Bettage, in: TRE 7 (1981), 493f.

[5] HENNING SCHRÖER, Der Kult mit der Kultur, in: PETER STOLT/WOLFGANG GRÜNBERG/ULRIKE SUHR (Hrsg.), Kulte, Kulturen, Gottesdienste. Öffentliche Inszenierung des Lebens, Göttingen 1996, 17.

Dies wird schon daran deutlich, dass diese Gottesdienste nicht mehr rein konfessionell, sondern ökumenisch gefeiert werden, immer häufiger auch mit interreligiösen Elementen.[6] In dieser Situation treten der Gottesdienst und die Gedenk- und Feierkultur einer Gesellschaft in einen Austausch, ja sie überschneiden sich zum Teil.[7] Die kritische Frage für die Zukunft wird hier sein, welche Formen des Gottesdienstes bzw. der religiösen Feiern der künftigen kulturellen Entwicklung entsprechen.

1.2 Symbiotische Erscheinungen von Gottesdienst und Kultur

Insbesondere bei Kasualien im persönlichen Bereich spiegeln sich kulturelle Trends und Dominanzen sehr deutlich. Betrachten wir beispielsweise einen Traugottesdienst in der ersten Hälfte des 19. Jahrhunderts, so öffnet sich für uns ein völlig fremdes Szenario:

»Um 10 Uhr kommt der Bräutigam mit dem Ortsschullehrer mit Bändern geschmückt und holen den Ortspfarrer ins Wirtshaus, der in seinem vollen Ornat sie begleitet. Im Wirtshaus wartet ihrer die Braut und die Hochzeitsgäste. Die erste bringt dem Pfarrer auf einem Teller ein Stücklein Brot und einen Becher oder Glas mit Wein. Auf einem anderen Teller liegt ein seidenes Tuch, eine Zitrone, ein Rosmarinstengel und ein Blumenstrauß. Dies Geschenk muss der Pfarrer in den Hut legen. Dann sagt er: Wir wollen euer hochwichtiges Werk als Christen mit Gebet und Flehen anfangen und zuerst in unser Gotteshaus ziehen. Fünf bis sechs Musikanten gehen voraus, dann folgt der Pfarrer mit dem Bräutigam, dann die Ehrenväter und alle Hochzeitsgäste paarweise; dann die Braut mit ihrer Gespielin[8], welche während des Kirchganges an die Armen Geld und Brot oder Gebakkenes austeilt, nebst dem Brautführer mit einem bloßen Schwert. Wenn der Zug am Kirchhof angekommen ist, bleiben die Musikanten weg und begeben sich zur Orgel, wo sie den Gesang abwechselnd mit der Orgel und mit blasenden Instrumenten begleiten. Wenn der Pfarrer mit dem Bräutigam in der Kirche angekommen ist, führt er ihn in den sogenannten Ehrenstand nächst dem Altar, und der Brautführer die Braut in ihren Stand, vor welchem er mit blankem Schwert stehen bleibt. Es wird nun ein Trauungslied angestimmt. Wenn einige Verse gesungen sind, betritt der Pfarrer die Kanzel und hält eine Hochzeitspredigt, nach deren Endigung wieder einige Verse gesungen werden. Nun tritt der Geistliche vor den Altar. Nach ihm tritt der Bräutigam vor denselben, und endlich bringt der Brautführer die Braut und bleibt mit bloßem Schwert neben dem Altar stehen. Der Geistliche hält eine kurze Anrede oder liest ein Formular ab, fragt dann Braut und Bräutigam mit Nennung ihrer Tauf- und Zunamen, ob sie einander heiraten wollen. Wenn mit Ja geantwortet ist, reichen sie sich die rechten Hände, der Geistliche kopuliert sie nach der gewöhnlichen Formel. Dann knien Braut und Bräutigam nieder, der Geistliche legt die Hände auf sie, betet und segnet sie. Nach dem Gesang noch eines Verses wird der allgemeine Segen

---

[6] Vgl. Katastrophengottesdienst, in: Ökumenische Gottesdienste. Anlässe, Modelle und Hinweise für die Praxis, hg. v. DEUTSCHEN LITURGISCHEN INSTITUT, Trier, und vom GOTTESDIENST-INSTITUT DER EVANGELISCH-LUTHERISCHEN LANDESKIRCHE IN BAYERN, Nürnberg, Freiburg u.a. 2003.

[7] Zum Teil kommt es dabei auch zu heftigen Auseinandersetzungen, wenn die Vertreter der Kirche den politischen Vorgaben nicht nachkommen wollen. Vgl. HANNS KERNER, Gemeinsam segnen im säkularen Raum. Ökumenische Benediktionen, in: LJ 32 (2002), 73f.

[8] = Brautjungfer.

gesprochen, und die ganze Feierlichkeit mit einem Orgelfigural beschlossen. Noch ein religiöser Brauch findet im Wirtshaus beim herannahenden Schluss des Hochzeitsmahls statt. Braut und Bräutigam stehen vom Tisch auf und der Schullehrer mit ihnen. Unter Anführung des Letzten gehen sie zu allen versammelten Hochzeitsgästen und sammeln die Hochzeitsgeschenke. Dann tritt der Schullehrer mitten in die Stube, Braut und Bräutigam treten vor ihn, als stünden sie vor dem Geistlichen am Altar. Der Schullehrer hält die Abdankungsrede. Es ist nicht zu leugnen, dass dabei manches Gute gesagt werden kann, und dass manche Pfarrer ihren Schullehrern schon moderne und bessere Abdankungsreden aufgesetzt haben, aber bei den meisten sind diese Reden wahre Gotteslästerungen. Es werden Begebenheiten und Sprüche der Bibel gar häufig mit Unreinem vermischt. Am Schluss der Rede wird das Vater unser gebetet und das Lied »Nun danket alle Gott« gesungen.«[9]

Vieles, das uns in dieser Schilderung aus einem Agendenentwurf von 1823 begegnet, ist uns nicht nur fremd, sondern manche Symbolik erschließt sich auch nicht von selbst, da sich unsere Hochzeitskultur völlig verändert hat. Der Brautführer mit dem gezückten Schwert, der die Braut begleitet und dann neben dem Altar steht, symbolisiert entweder den Schutz vor dem Bösen oder er soll ganz prosaisch verhindern, dass die Braut entführt wird. Der Rosmarinstängel ist ein Symbol der Fruchtbarkeit. Die Zitrone war wahrscheinlich Teil der Bezahlung des Pfarrers, der durch die Gaben am Glück des Brautpaares teilhaben sollte.[10] Das Treffen im Gasthaus und der Einsatz des Schulmeisters als Hochzeitsredner zeigen den Öffentlichkeitscharakter der Trauung an. Gegenüber dem eigentlichen kirchlichen Segensakt nimmt das Brauchtum einen deutlich stärkeren Anteil ein. Vergleichen wir heutige Trauungen mit dieser Kulturerscheinung, so sehen wir auf der einen Seite eine sehr viel klarere Konzentration der Trauung auf den kirchlich-agendarisch normierten Teil. Auf der anderen Seite zeigen sich allerdings auch wieder kulturell bedingte Züge. Trauungen nehmen auch in Deutschland beispielsweise viele Elemente aus der Filmkultur Hollywoods auf. Sie haben auch nicht den Öffentlichkeitscharakter des 19. Jahrhunderts, sondern sind Feiern im Familien- und Freundeskreis. Sie sind in der Regel individuell nach bestimmten Mustern der benannten Hochzeitskultur durchgeplant. Die kirchliche Trauung ist dabei ein wesentlicher Baustein, der sich allerdings in den Gestaltungsrahmen einfügen muss. Dabei werden viele Muster gedankenlos übernommen, wohl ähnlich wie bei Schwert, Rosmarinstängel und Zitrone. Selbstständige und selbstbewusste Frauen lassen sich dann vom Vater zum Altar führen, obwohl sie die dahinterstehenden Vorstellungen sicher ablehnen. Nach der Trauung wird oft Reis gestreut und damit unreflektiert fernöstliche Fruchtbarkeitssymbolik verwendet. Zudem werden immer mehr Wünsche

[9] Der Aufriss einer Agende aus dem Jahr 1823, in: Hanns Kerner/Manfred Seitz, Die Reform des Gottesdienstes in Bayern im 19. Jahrhundert. Quellenedition Bd. 1, Stuttgart 1995, 57-59. Dort wird auch die Symbolik erschlossen. Rechtschreibung und Interpunktion wurden vom Vf. zur besseren Lesbarkeit verändert.

[10] Spuren von diesem Brauchtum wie beispielsweise der »Pfarrerstrauß« finden sich auch heute in manchen fränkischen Gemeinden.

benannt, die bedeutsame Erinnerungsmomente des Paares oder auch der Braut oder des Bräutigams markieren und bei der Trauung vorkommen sollen. Diese liegen sehr oft im musikalischen Bereich. Medienwirksam vorgeführt wurde dies beispielsweise bei der kirchlichen Trauung von Kronprinz Willem-Alexander und Kronprinzessin Maxima aus den Niederlanden. Dort wurde mitten im Traugottesdienst ein argentinischer Tango gespielt, eine Reminiszenz an die Braut, die aus Argentinien stammt. In einer reformierten Kirche mag dies besonders erstaunen, da es deren Regelungen für geistliche Musik im Gottesdienst widerspricht.

Noch deutlicher war dieser Einbruch der säkularen Kultur in die agendarisch festgefügte Gottesdienstkultur bei dem Trauergottesdienst für Prinzessin Diana im September 1997 zu beobachten. Dort spielte der Popmusiker Elton John das Lied »Like a candle in the wind«. Damit brach die zur sonstigen Kirchenmusik gegenständige, zurzeit dominante säkulare Musikkultur in diesen Gottesdienst ein und mit ihr auch im Text des Liedes eine populäre Todesdeutung. Zudem hielt Lord Spencer eine Ansprache innerhalb der kirchlichen Trauerfeier. Bisher haben dies kirchliche Agenden stets zu verhindern versucht, damit keine anderen als christliche Todes- und Auferstehungsdeutungen im Gottesdienst zu Wort kommen. Es scheint, als ob die Abschottungen des Gottesdienstes mittels der Kreation idealisierter Gottesdienstkulturen durch die liturgischen Bewegungen des 20. Jahrhunderts im evangelischen bzw. mittels lehramtlicher und traditionsgebundener Festlegungen im katholischen und orthodoxen Bereich nicht nur aufbrechen, sondern dass die Integration kulturdominanter Erscheinungen in Zukunft zur Regel wird.

2. Gottesdienst im »Kampf der Kulturen«

In den säkularisierten und multikulturell gewordenen Gesellschaften Mitteleuropas prallen die unterschiedlichsten Vorstellungen und religiösen Feierpraktiken aufeinander. Ein Kristallisationspunkt sind interreligiöse Gebete bzw. multireligiöse Feiern.[11] Insbesondere im Bereich der Friedensgebete finden diese gehäuft statt, zuletzt vor Beginn und während des 2. Irakkrieges. Bei diesen gemeinsamen religiösen Veranstaltungen kommen verschiedene Glaubenskulturen miteinander in direkten Kontakt und beten mit gleicher oder ähnlicher Intention. Trotz der Ausrichtung auf die Friedensgewinnung scheinen die verschiedenen Glaubensüberzeugungen in Form und Inhalt auf und es werden bestimmte Merkmale der fremden Gottesdienstkulturen deutlich. Augenfällig wird das bereits im Sprachbereich, etwa wenn der jüdische Vorbeter die Tora auf hebräisch liest oder der muslimische Imam seinen Gruß arabisch vorträgt. In einem Umfeld, das davon ausgeht, dass »wir doch eh alle

---

[11] Multireligiöses Beten, hg. v. Landeskirchenrat der Evang.-Luth. Kirche in Bayern, München 1992 (Kirche ökumenisch. Orientierungshilfe für die Gemeinde 20).

an denselben Gott« glauben oder aber in jeder Religion Wahrheitselemente sieht, die man sich nach eigenem Bedürfnis zusammenstellt, können diese unverständlichen Elemente, genauso wie die Auswahl von breit akzeptablen Texten aus den verschiedenen Religionen, diese Meinungen bekräftigen. Allein schon die sehr positive Medienresonanz auf interreligiöse Feiern zeigt, dass sie in unserer dominant säkularen Kultur als angemessene Formen des Gebetes für den Frieden angesehen werden.

Allerdings treten hier die Religionsgemeinschaften in Widerspruch zur herrschenden Kultur. Bei den Vertretern der verschiedenen Religionen sind die Gegner von interreligiösen Gebeten in der absoluten Mehrheit.[12] Auch jenseits der fundamentalistischen und traditionalistischen Lager wird in großer Breite deutlich gemacht, dass zwischen dem Glauben der Gottesdienst Feiernden und der Gestalt und dem Inhalt des Gottesdienstes untrennbare Relationen bestehen. Die Ansicht, dass alle an denselben Gott glauben, wird allein schon durch den fehlenden Transzendenzbezug in einigen Religionen widerlegt. Doch auch wo dieser vorhanden ist, treten unvereinbare Differenzen zu Tage. Der muslimische Imam wird auch im interreligiösen Gebet bezeugen, dass es keinen Gott gibt außer Allah, und der Vertreter der Baha'is wird sein aus den abrahamitischen Religionen zusammengestelltes Gottesbild zur Sprache bringen. Obwohl für die meisten Vertreter der Religionen in Deutschland außer Frage steht, dass die Religionen einen Auftrag zur Friedensbildung haben und deshalb das Ziel, zum Frieden beizutragen und für ihn zu beten, dasselbe ist, wird das interreligiöse Gebet aus vorwiegend theologischen Gründen abgelehnt.

So steht auf der einen Seite die Forderung nach dem interreligiösen Gebet, hinter der auch das tiefliegende Empfinden steht, dass der gemeinsame Gottesdienst eine Dimension darstellt, die über menschliche Vereinbarung und Willensbekundung hinausreicht, auf der anderen Seite das sich der Gemeinschaftskultur widersetzende Element religiöser Lehre und Tradition. Die Frage wird sein, welche Formen gemeinschaftlichen Einsatzes für den Frieden in Zukunft gefunden werden, die einerseits die jeweilige religiöse Überzeugung im authentischen Gebet und andererseits die Anforderungen der in der Gesellschaft herrschenden Kultur miteinander verbinden.[13]

---

[12] Dadurch treffen auch innerhalb der Religionen mit den Befürwortern und Gegnern von interreligiösen Gebeten verschiedene Kulturen aufeinander.

[13] Ein zukunftsweisendes Modell erscheint mir die Form der von der Gemeinschaft S. Egidio organisierten Internationalen Friedensgebete, die in der Nachfolge des Friedensgebetes von Assisi 1985, zu dem Papst Johannes Paul II. eingeladen hatte, jedes Jahr stattfinden. Dort beten die verschiedenen Religionen in ihren Traditionen zur gleichen Zeit an anderen Orten. Anschließend treffen sie sich und tauschen den Friedensgruß aus; vgl. Gerda Riedl, Modell Assisi. Christliches Gebet und interreligiöser Dialog in heilsgeschichtlichem Kontext, Berlin u.a. 1998.

3. Kulturprägende Aspekte des Gottesdienstes

Bereits bei den Gottesdiensten anlässlich von Katastrophen wurde sichtbar, dass sich die herrschende Kultur zur Bewältigung der Krisen- und Trauersituation gottesdienstlicher Elemente bedient. Fraglos wird die kulturprägende Kraft des Gottesdienstes in der Geschichte des Christentums sichtbar, vor allem in den Bereichen des Kirchenbaus, der Kirchenmusik, der Sprache und der bildenden Kunst. Heute ist sie im Zusammenhang mit dem konziliaren Prozess für Gerechtigkeit, Frieden und Bewahrung der Schöpfung besonders greifbar.

In einer großen Reihe von Auseinandersetzungen um gesellschaftlich umstrittene Großprojekte, die jedes für sich eine große Belastung für Mensch und Umwelt darstellen, haben Gottesdienste, die politische Demonstrationen begleiten, die Kultur der Auseinandersetzung maßgeblich mitbestimmt. Als Beispiele seien die Verhinderung des Baues der Kernkraft-Wiederaufbereitungsanlage in Wackersdorf oder das vergebliche Eintreten gegen den Bau des Münchner Großflughafens genannt. Die dort eingebrachte Dimension des Klagens und Bittens vor Gott hat auf der einen Seite auch gesellschaftlich ins Bewusstsein gerufen, dass christlicher Glauben politische Implikationen beinhaltet, auf der anderen Seite hat sie mäßigend auf die Form der politischen Auseinandersetzung gewirkt und sie ist kulturell integriert worden.

Diese Form der klaren politischen Zielsetzung mit friedlichen Mitteln, ist gut am Beispiel der Leipziger Friedensgebete aufzuweisen. Die Friedensgebete in der ehemaligen DDR, kurz vor deren Zusammenbruch, stellen ein interessantes Phänomen dar. In einem Staat, in dem der christliche Gottesdienst randständig geworden war und sich die Kirchenzugehörigkeit der Bevölkerung im Minderheitenbereich bewegte, übernahm der Gottesdienst eine wichtige Funktion in der friedlichen Ablösung des sozialistischen Regimes. Die seit 1982 regelmäßig montags um 17.00 Uhr stattfindenden Friedensgebete rückten vor der Wende in den Blick der Weltöffentlichkeit.

> »Die Friedensgebete waren von Anfang an und durchgehend auf das Politische ausgerichtet und bezogen. Sie waren aber immer auch bewusst Gottesdienste, Andachten, Gebete – also liturgisch gestaltete Zusammenkünfte in kirchlichen Räumen. Das hatte auch mit der spezifischen ideologischen Situation in der DDR zu tun. Das Friedensgebet war eine Möglichkeit der Artikulation von Klage, Protest und Hoffnung, die es anderswo nicht gab. Der Gottesdienst selbst, nicht nur der Raum der Kirche, hatte eine Asylfunktion ... die Kirchen haben das Asyl nicht verweigert, und die kirchlichen und parakirchlichen Gruppen haben den Raum kreativ genutzt. Sie haben viel Kraft investiert und vor allem viel Mut bewiesen. Den überwältigenden »Erfolg« des Herbstes 1989 hatte vermutlich niemand erträumt.«[14]

---

[14] Jürgen Ziemer, Gottesdienst und Politik – Zur Liturgie der Friedensgebete, in: Reinhold Morath/Wolfgang Ratzmann (Hrsg.), Herausforderung: Gottesdienst (Beiträge zu Liturgie und Spiritualität 1), Leipzig 1997, 190.

Inmitten einer zusammenbrechenden, ideologisch bestimmten Kultur erfolgt hier ein Rückgriff auf den christlichen Gottesdienst mit seinen Elementen des Zeugnisses, des Gebets, der Fürbitte, der Schriftlesung, des kirchlichen Liedgutes sowie symbolischer Gesten und Formen. Diese entfalteten in dieser Situation ihre verändernde Kraft und trugen wesentlich dazu bei, dass der politische und kulturelle Wandel friedlich geschah.

Dieses Beispiel, das sich vor allem aus dem Bereich der Segensfeiern reichlich ergänzen lässt, zeigt, dass der christliche Gottesdienst, selbst in einer sich zunehmend vom Christentum entfernenden Kultur, durch seine rituellen Ausdrucksformen und durch die in die konkrete Situation sprechende Botschaft die Gegenwartskultur mitprägt. So ist festzuhalten, dass es im Gegensatz zu Gottesdienstformen, die vergangene oder gegenwärtige Kulturströmungen im Gottesdienst aufnehmen, wie Opern- oder Ravegottesdienste, auch heute die Kultur verändernde oder mitgestaltende Gottesdienste gibt. Die Frage für die Zukunft wird sein, an welchen Orten und in welchen Zusammenhängen diese Gestalt finden.

Zeit- und Ewigkeitstauglich

Musikkultur(en) im Gottesdienst

Versammlungen von Menschen sind kulturell eingebunden. Das gilt auch für den Gottesdienst, und es trifft ebenso für die Musik zu, die darin erklingt. Allerdings führt diese allgemeine Aussage noch nicht sehr weit. Anknüpfend an unser letztes Symposion über Gottesdienst und Kultur[1] stehen wir vor einem breiten Fragenkomplex, selbst wenn wir uns diesmal auf *einen* Bereich des Gottesdienstes beschränken, nämlich die Kirchenmusik.

1. Musikerleben im Gottesdienst

Allgemein zeigen sich an der Musik, wie an kaum einem anderen Element des christlichen Gottesdienstes, die Brüche und kulturellen Prägungen in einer pluralen und individualisierten Gesellschaft. Allein eine Befragung von Konfirmandinnen und Konfirmanden zur Orgelmusik oder zum Choralsingen im Gottesdienst kann aufweisen, wie fern Musik in der Kirche vom jeweiligen Musikhören, Musikgeschmack und Musikerleben sein kann. Ein weit überwiegender Teil würde das, was in der Kirche als Mainstream vorherrscht, nicht freiwillig hören, geschweige denn in der Freizeit »konsumieren«. Umgekehrt erwarten viele nicht nur ältere Gottesdienstbesucher einen musikalischen »Kirchenstil«, das heißt, vertraute, traditionsgeprägte Klänge und Gesänge. Während der eine also von seiner kulturellen Prägung her traditionelle Kirchenmusik als »Fremdsprache« erlebt, ist sie für die andere Heimat. Während die eine ein breites gottesdienstliches Angebot mit der ihr entsprechenden Musik geboten bekommt, muss sich der andere entweder in das Angebotene hinein leben oder auf die wenigen spezifisch geprägten musikalischen Sondergottesdienste warten.

Zwei Beispiele sollen in unterschiedliche musikalische – und damit verbunden – gottesdienstliche Welten hineinführen.

---

[1] Hanns Kerner (Hrsg.), Gottesdienst und Kultur. Zukunftsperspektiven, Leipzig 2004.

Das Erste:

»Der Blick verliert sich im Dunkel des langgestreckten Chores. Zwei einsame Kerzen leuchten auf dem Altar, überziehen das golden-bunte Schnitzwerk sparsam mit Inseln des Lichts. Hart drückt die Bank, in die ich mich zwänge, weißer Atem steigt auf, verliert sich im Raum: Ungeheizt ist die Kirche [...]. Die Kanzel, von der es eben noch gepredigt hat, liegt jetzt gänzlich in Finsternis. Verstohlen werfe ich einen Blick auf das Gottesdienstprogramm, denn nun hat der Organist wieder das Wort. Den Blicken entzogen, auf die rückwärtige Empore verbannt, tut er sein Werk. Von dort greifen jetzt Klänge nach mir, sanft und gewaltig, rühren ans Ohr, dringen zum Herzen, umhüllen den Leib, zaubern Bilder vor mein inneres Auge.
Kostbare Augenblicke: Zeit und Raum sind vergessen. Vergessen auch die Kälte, die von den Füßen in den Körper kriecht. Ich steige aus. Ich steige auf. Werde selber zum Klang, der sich zu anderen Klängen fügt. Bis dann die E-Dur-Fuge versiegt und Stille einkehrt. Kein Beifall, kein Raunen. Lautlos erheben wir uns, stehen steifgefroren auf zum Gebet, dabei sorgsam bemüht, die anderen nicht zu berühren.«[2]

Das Zweite:

»Die Kirche, in Halbdunkel getaucht, ist völlig überfüllt, selbst im Altarraum sitzen Menschen auf dem Boden. Dazwischen flackern Kerzen, einige an den Seiten auf hohen Kerzenständern, andere auf dem Altar. Neben dem Altar ein Ambo, an dem jemand in weißer Mantelalbe mit roter Stola spricht. Er predigt. Die Jugendlichen, so scheint es, hören aufmerksam zu. Doch nach dem Amen bricht die Hölle los: Technosound setzt ein. Brachiale Schallwellen fegen durch die Kirche und brechen sich an den Körpern. Schallwelle auf Schallwelle brandet durch den Raum. Die Jugendlichen sitzen längst nicht mehr in ihren Bänken. Sie stehen – nein, sie tanzen und recken die Arme hoch in die Luft. Eckig, bizarr, bewegen sich ihre Körper zum Technorhythmus. Über den Köpfen wiegt die Masse der Arme, fährt auf und nieder ... Lichtblitze, farbige Lichtmuster – Kreise, Quadrate, Rauten, Quader, Striche, Kreuze – jagen an den Wänden der Kirche entlang, rasen in wilden Bahnen über die neugotischen Bögen, zucken über das Gewölbe der Apsis, über die Glasmalerei der Fenster und über die verzierten Brüstungen an den Emporen. Der Technosound mit seinen stakkatoartigen Rhythmen vermischt sich mit dem rhythmischen Klatschen der Menge. Ich werde angesteckt. Noch hektischer werden die Lichtblitze, sie torpedieren die Kirchenwände, als wollten sie sie durchlöchern ...
Eindrücklich auch die Szene nach der Kommunion: Der Klangteppich explodiert, die Rhythmen donnern bis ans Kirchendach und scheinen uns mit hochzureißen. Wir stehen jetzt, zum Teil aber nicht mehr auf dem Boden, sondern auf den Kirchenbänken, die Arme hochgerissen; die Blitze, farbenreich und grell, zucken wieder, und alles singt (...) Der Technosound kommt mir noch härter vor, alles klatscht und stampft

[2] Karl-Heinrich Bieritz, Körperkulturen. Gottesdienste im Prozeß der (De-)Zivilisation, in: Ders.: Grenzgebiet. Praktische Theologie zwischen Kultur und Kirche, Münster 2005, 66 (=Rostocker Theologische Studien 14).

begeistert, die Jugendlichen bewegen sich auf und nieder, so dass die Menschenmenge, vorher noch in einen Klangteppich eingehüllt, mir nun in ihrer Bewegung wie ein fliegender Teppich vorkommt, der mit stürmischer Geschwindigkeit durch die Lüfte saust. Alles scheint abzuheben! Alles vibriert! Ekstase!«[3]

Unterschiedlicher kann sich Gottesdienst kaum zeigen. Das liegt nicht zuletzt an der sehr gegensätzlichen Musik.

Bei den Berichterstattern wird eine sehr unterschiedliche Nähe und Distanz zu dem jeweiligen Musikerleben deutlich. Im ersten Beispiel wird ein Liebhaber guter klassischer Kirchenmusik von dieser gepackt. Ein Stück Ewigkeit greift nach ihm. Er liebt die virtuos vorgetragene Musik Johann Sebastian Bachs. Obwohl die Komposition mehr als zweihundertfünfzig Jahre alt ist, rührt sie ihn aktuell an, öffnet ihn für religiöses Erleben. Diese Musik ist für ihn seiner Zeit entsprechend und sie weist zugleich über diese Zeit hinaus. Auch das unwirtliche Ambiente der eiskalten Kirche kann den Musikgenuss und die durch sie ausgelöste Andacht nicht trüben.

Im zweiten Beispiel ist der Beobachter, trotz der ihn faszinierenden Atmosphäre, dem Musikerleben gegenüber distanziert, bis er von der Masse angesteckt wird. Die zeitgenössische Musik einer bestimmten Jugendkultur, zu der er sonst keinen Zugang hat, zieht ihn in den Bann. So wenig er diese Musik in der altehrwürdigen Kirche haben möchte, er erlebt sie doch als mitreißend. Allerdings eröffnet sich ihm das religiöse Erleben nicht. Er ist in eine fremde Musikkultur eingebrochen, die er als zeitgemäß für die Jugendlichen empfindet. Ihm selbst erschließt sich nicht, ob sie über den Eventcharakter hinaus ein vergleichbares inneres Erleben bei den Jugendlichen auslöst wie die E-Dur Fuge bei dem halberfrorenen Kirchenbesucher.

Sehr klar hat Martin Klöckener bei unserem letzten Symposion das Problem benannt, dass ein großer Teil unserer kirchlichen Musik für eine gottesdienstliche Situation und eine gesellschaftliche Musiklandschaft geschrieben wurde, die mit der heutigen überhaupt nicht vergleichbar ist.[4] Dennoch wird bereits an unserem ersten Beispiel offensichtlich, dass es Menschen gibt, die genau diese Musik im Gottesdienst erwarten. Für sie ist die traditionsgeprägte Kirchenmusik ein Träger christlich-religiösen Erlebens.[5] Auf der anderen Seite haben wir die Jugendlichen, die genauso tiefe Glaubenserfahrungen mit »ih-

---

[3] Nach einer frei zirkulierenden Beschreibung, die zum Teil wörtliche Zitate enthält aus: JÖRG NEIJENHUIS, Da staunt der Laie, und der Fachmann wundert sich. 3. Technomesse in der Lutherkirche, in: ZGP 16, Nr. 6 (1998) 17-20.

[4] Vgl. MARTIN KLÖCKENER, Zukunftsperspektiven: Gottesdienst als kulturelles Phänomen – eine katholische Betrachtung, in: HANNS KERNER (Hrsg.), Gottesdienst und Kultur. Zukunftsperspektiven, Leipzig 2004, 56-58.

[5] Dies schließt natürlich nicht aus, dass diese auch andere Musik im Gottesdienst akzeptieren oder wünschen.

rer« Musik im Gottesdienst haben können wie der Bachliebhaber.[6] Auffällig ist ja bei unseren Beispielen, dass in beiden Fällen die Musik etwas auslöst. Ob es nun mit »Raum und Zeit sind vergessen« oder mit »Ekstase« beschrieben wird, trotz der Unterschiedlichkeit der Stilrichtungen verknüpft sich das Musikhören mit dem gottesdienstlichen Erleben, das aus dem Alltag heraushebt. Dabei ist die Musik ein entscheidender Faktor für die unterschiedlichen kulturellen Muster der beiden betrachteten Gottesdienste.

Wichtig ist in unserem Fall auch, dass die Technomusik aus der Sicht von Entscheidungsträgern heraus betrachtet wird, nicht z.B. aus der Sicht eines feiernden Jugendlichen. Dass dieses Beispiel, das hier als Chiffre für zeitgenössische Popularmusik steht, dennoch gewählt wurde, hat seinen Grund darin, dass kirchliche Entscheidungsträger die Auswahl der im Gottesdienst gewählten Musik in entscheidendem Maße bestimmen. Obwohl sie höchstens in großen Ausnahmefällen zu der Gruppe gehören, die im Bereich religiöser Erfahrung Musikformen wie Techno hören und erleben, entscheiden sie, ob diese Musik dem Gottesdienst zu- oder abträglich ist. Für sie stellen spezifisch kirchlich geprägte Formen modernerer zeitgenössischer Musik wie der »Kirchentagssound« [oder Taizégesänge] die Brücke zur zeitgenössischen Musik dar.[7] Solche kirchlich »getauften« Musikformen decken dann für viele den Bedarf an jugend– und gesellschaftsorientierter Musik weitgehend ab. Dagegen ist das gottesdienstliche Singen und Musizieren von allgemein bekannter und mit christlichen Texten unterlegter Popmusik hauptsächlich im evangelikalen und charismatischen Bereich verbreitet. Es wird dort offensichtlich gerne praktiziert. So stellt sich also auch ganz dezidiert die Frage nach dem Verhältnis von Macht und Musik in der Kirche.[8]

2. Kulturübergreifende Musik?

Mit der Gegenüberstellung der beiden oben abgedruckten Gottesdienstbeobachtungen und der Zuordnung zu unterschiedlichen kulturellen Sphären kann der Eindruck entstehen, als ob in dieser Betrachtung eine Mili-

---

[6] Vgl. Johannes Eurich, Popularmusik und Religion. Erfahrungen Jugendlicher in der Popularmusik und ihre strukturellen Parallelen zur Religion, in: Wege zum Menschen 55 (2003) 152-165; Bernhard Hopf, Jugend-Liturgie und Techno, in: Musica Sacra 118 (1998) 247-250.

[7] Ausgespart wird hier das Problem der zeitgenössischen geistlichen Musik; vgl. dazu z.B. Roman Emilius, Neue Musik: Schwierig und sperrig? Von den Schwierigkeiten im Umgang mit zeitgenössischer geistlicher Musik, in: GuK 2 (1998), 36-39.

[8] So fordert z.B. Wolfgang Teichmann: »Also herab vom hohen Roß der ausschließlichen Hochkulturpflege! Raus aus dem kirchenmusikalischen Kultur-Kartell!« (Ders., Klassische Musik – Volkstümliche Musik – Popularmusik: Auf der Suche nach einer zeitgemäßen Kirchenmusik im Spannungsfeld von »Low & High Culture«, in: Für den Gottesdienst H. 51 [1998], 36).

eutheorie aufgegriffen wird, nach der sich bestimmte Musikstile auf entsprechende Milieus begrenzen und somit eine milieuübergreifende gottesdienstliche Gemeinschaft ausschließen. Der »Regelfall [...] einer Milieu-Engführung«[9] durch die gewählte gottesdienstliche Musik setzt allerdings voraus, dass diese »zur Markierung kultureller Identitäts-Codes verschiedener Milieus, Szenen und Lebensstile«[10] dient. Mehr oder weniger abgeschlossene Milieus mit ihrer Gottesdienstkultur würden dieser These entsprechen, was insbesondere anhand von Jugendkulturen häufig behauptet wird. Folgt man dieser These, so wäre es sinnvoll, ausgehend von den musikalischen Vorlieben der verschiedensten Milieus für jedes von ihnen einen eigenen Gottesdienst mit der entsprechenden Musik anzubieten. Damit wäre allerdings der Anspruch des Gottesdienstes aufgegeben, verschiedene Milieus anzusprechen.[11] Die andere Möglichkeit wäre, im sonntäglichen Gottesdienst eine Mixtur zu bieten, bei der für jede und jeden – zumindest an einer Stelle – Musik vorkommt, mit der sie bzw. er etwas anfangen kann. Die bisherige Palette von Versuchen, die in diese Richtung gegangen sind, hat noch nicht zu überzeugenden Ergebnissen geführt, und es stellt sich die Frage, ob dieser Weg mehr als lediglich eine denkbare Option ist.

Nun könnte man natürlich auch von einer milieuübergreifenden Theorie ausgehen, die verschiedenste Musikkulturen zusammenführt. Wenn »heute [...] ein globaler Cocktail der verschiedensten ästhetischen, kulturellen, ethnischen und weltanschaulich geprägten Musikrichtungen den Markt der Möglichkeiten [beherrscht], der vom konsumierenden Individuum im Sinne der patchwork identity subjektiv und völlig undogmatisch zusammengemixt wird«[12], dann erscheint offensichtlich für Vertreter der Weltmusik eine milieuübergreifende gottesdienstliche Gemeinschaft auch im musikalischen Bereich erreichbar. Das Ideal eines Gottesdienstes für die gesamte Gemeinde, in der die Musik verbindendes und nicht trennendes Element ist, könnte dann aufrechterhalten werden. Dies stellt allerdings vor die Frage, ob ein solcher Konsens wirklich gefunden wird, wie er sich in der Praxis zu den fest etablierten Formen des Singens verhält und wie das Ideal einer zeitentsprechenden, konsensfähigen musikalischen Gestaltung des Gottesdienstes aussehen soll. Sind die vielfältigen, ausdifferenzierten heutigen Musikformen tatsächlich

---

9 Peter Bubmann, Kriterien und Perspektiven für gottesdienstliche Musik in einer sich verändernden Gesellschaft, in: Irene Mildenberger/Wolfgang Ratzmann (Hrsg.), Klage – Lob – Verkündigung. Gottesdienstliche Musik in einer pluralen Kultur, Leipzig 2004, 26 (=Beiträge zu Liturgie und Spiritualität 11).

10 Ebd.

11 Allerdings gibt sich Bubmann mit einem Bedienen abgeschlossener Milieus nicht zufrieden: »Milieus dürfen nicht grundsätzlich durch die Wahl kultureller Ausdrucksmittel aus dem Gottesdienst ausgeschlossen werden, der Gottesdienst ist gleichzeitig auch als Ort milieusprengender interkultureller Lernerfahrung zu begreifen.« (A.a.O., 33).

12 Andy Lang, Popularmusik im Gottesdienst, in: Mildenberger/Ratzmann, Klage – Lob – Verkündigung, 11.

unter dem Label »Weltmusik« so zusammenzuführen, dass ihre Synthese der jeweiligen versammelten Gemeinde so entspricht, dass sie den regelmäßigen wie den seltenen, den alten wie den jungen, den einfachen wie den gebildeten Gottesdienstbesucher in gleicher Weise zur Teilhabe einlädt? Es ist zu fragen, wie die dazugehörige Musik aussehen könnte, wenn die These der Konsensfähigkeit von »Weltmusik« zutrifft.

3. Zeit-tauglich

Wird der globale Cocktail auch zum Maßstab für die Musik in der Kirche, so wäre die logische Folge, dass die Musik im Gottesdienst ständig in Veränderung sein müsste. Die Frage nach der Zeitgemäßheit von Musik im Gottesdienst würde sich dann noch einmal ganz anders stellen als bisher. In den vergangenen Jahrzehnten wurde in vielfältiger Form die Forderung nach zeitgemäßer Musik im Gottesdienst laut[13] und ihr in unterschiedlichster Weise entsprochen. Die Frage, was zeitgemäß sei, wurde dabei sehr unterschiedlich beantwortet und der Begriff zumeist in Abgrenzung zu traditionellen Musikstilen gebraucht. Um diese Frontstellung aufzulösen, haben wir im Titel des Symposions den Begriff des Zeittauglichen eingeführt. Zeittauglich kann grundsätzlich jede Musik sein, insofern sie in einer bestimmten Zeit die Anforderungen an gottesdienstliche Musik für die Gottesdienst Feiernden erfüllt. Sofern also nur gefragt wird, welche Musik für Gottesdienste geeignet ist, wird grundsätzlich festzustellen sein, dass jede Form von Musik dieses Kriterium erfüllen kann, solange sich ausschließlich Liebhaber einer einzigen Musikrichtung zum Gottesdienst versammeln. Am Beispiel des Techno-Gottesdienstes ist gut zu sehen, dass in einer ganz bestimmten Jugendkultur Technomusik als geeignete gottesdienstliche Musik erlebt wird.

Ganz anders ist es dagegen, wenn sich die Sonntagsgemeinde versammelt. Hier muss die musikalische Gestaltung in einem Konsensrahmen stattfinden. Unterschiedliche Milieus mit ihren Musikkulturen führen dazu, dass die Definition des Zeittauglichen sehr unterschiedlich ausfällt, ja dass die Frage gestellt werden muss, ob mit dem Zeittauglichen überhaupt ein geeignetes Kriterium angelegt wird. Allerdings zeigt die Häufigkeit der Verwendung von neuerem Liedgut im Gottesdienst durchaus auf, dass bestimmte Musikrichtungen auf einen breiten Konsens unter den Gottesdienst Feiernden treffen, andere dagegen nicht. Es scheint zeitgenössische Musik zu geben, die eine breite Akzeptanz hat oder zumindest breit toleriert wird, und natürlich auch das Gegenteil. So wäre beispielsweise die Popularmusik der 1930er Jahre des

[13] Dabei wird oft behauptet, dass die mangelnde Aufnahme zeitgenössischer Musik im Gottesdienst Ausdruck dafür ist, dass die Kirche den Menschen unserer Zeit nicht wirklich nahe ist. Hinter dem Etikett »zeitgenössische Musik« verbirgt sich dann allerdings oft experimentelle Musik. (Vgl. z.B. Josef Wohlmuth, Plädoyer für mehr Zeitgenossenschaft in der liturgischen Musik, in: Musica Sacra 115 [1995], 104).

letzten Jahrhunderts trotz der Erfolge eines Filmes wie »Comedian Harmonists« oder die experimentelle elektronische Musik aus den 1990er Jahren als genauso wenig tauglich für einen heutigen Sonntagvormittagsgottesdienst einzuschätzen wie die erwähnte Technomusik. Viele der verschiedenen Musikrichtungen in unserer Gesellschaft haben ihre Anhängerinnen und Anhänger, das Gros in der Gesellschaft möchte diese »Nischenmusik« jedoch nicht hören. Es ist eine kulturelle Erscheinung in unserer Gesellschaft, dass es tiefe Gräben zwischen verschiedenen Musikkulturen gibt. Da sich der Gottesdienst auch in einer Wechselbeziehung zu gesellschaftlichen Setzungen befindet, steht er hier auch vor dem Problem, dass jedes Milieu, das eine bestimmte Musik stark präferiert, anderen Musikformen schnell die Tauglichkeit abspricht. Der Sonntagsgottesdienst will aber für alle Gemeindeglieder offen sein. So öffnet er sich nur in Ausnahmefällen und nur punktuell den in Breite akzeptierten Musikstilen der Popularmusik. Es ist sicher kein Zufall, dass in das derzeitige Evangelische Gesangbuch überhaupt nur ein einziges Lied aus dem Bereich der säkularen Popkultur aufgenommen wurde, nämlich Morgenlicht leuchtet/Morning has broken.[14] Zudem muss gefragt werden, ob bei so langwierigen Prozessen wie der Entstehung eines Kirchengesangbuchs neue Lieder wirklich Beispiele für die Aufnahme zeittauglicher Musik sind.[15] Laufen die »neuen geistlichen Lieder« der gegenwärtigen Popkultur nicht mit einer zeitlichen Verzögerung dem aktuellen Musikmarkt hinterher, sodass die so genannten modernen Lieder für Jugendliche bereits wieder von gestern sind?[16]

Dabei gibt es zeitgenössische Popmusik mit christlichen Texten, die sogar die Hitparaden stürmen. Musiker wie Xavier Naidoo oder Musikgruppen wie die No Angels sprechen intensiv und kommerziell erfolgreich die religiösen Bedürfnisse vieler Jugendlicher an, und das in einer großen Bandbreite.[17] Texte und Melodien auch erfolgreicher christlicher Popmusiker und Popgruppen werden jedoch kaum aufgegriffen, schon gar nicht im sonntäglichen Regelgottesdienst.

---

[14] Evangelisches Gesangbuch. Ausgabe für die Evangelisch-Lutherischen Kirchen in Bayern und Thüringen, Nr. 455. Bezeichnend ist allerdings, dass auch dieser Song wieder auf einer Melodie aus dem 19. Jahrhundert beruht.

[15] Es gibt in den Kirchen so langwierige Prozesse der Erprobung neuen Liedgutes, dass es bisher nur in seltenen Fällen gelungen ist, auch für Jugendliche Zeitentsprechendes im gottesdienstlichen Singen zu etablieren. Am leichtesten geschieht dies noch über die Instrumentalmusik, vor allem bei den Posaunenchören, aber auch bei Chormusik. HARALD VOGEL stellt zu Recht fest, dass die »Popmusik im kirchlichen Rahmen [...] nicht aus aktuellen Hits [besteht], sondern zumeist aus Oldies, Evergreens oder einer Vermischung von beiden mit neuen Trends« (DERS., Gedanken zur Kirchenmusik, in: MuK 68 [1998], 256).

[16] Vgl. ROBERT LUG, Am Kreuz der Notenschrift gestorben: Wie das Kirchenlied im Lauf von 1000 Jahren den Pop verlor, in: Arbeitsstelle Gottesdienst 16 (2002), 24-39.

[17] Vgl. DERS., In freier Wildbahn. Religiöse Popmusik außerhalb der Kirche, in: MuK 187 (2003), 34-42.

Verschärft wird das Problem zeittauglicher Musik noch dadurch, dass das traditionelle Liedgut des Evangelischen Gesangbuchs von vielen, auch von regelmäßigen Besuchern des Gottesdienstes, als textlich unverständlich und musikalisch verstaubt empfunden wird.[18] Die Gesänge sind für sie Signum des Unzeitgemäßen, sie sind nicht zeitentsprechend, weil sie nicht als den Menschen in ihrer Zeit entsprechend angesehen werden. Alltagswelt und Gottesdienst, die Befürworter von Popmusik im Gottesdienst zusammenführen wollen, fallen hier weit auseinander. Besonders auffällig wird dies auch bei Kasualgottesdiensten. So hat die Frauenzeitschrift »Laura« Männer und Frauen zwischen 25 und 55 Jahren befragt, welche Lieder sie sich für ihre Bestattung wünschen. Nur ein Gesangbuchlied kam unter die Top ten. Es war an siebter Stelle: »So nimm denn meine Hände«. Davor standen: »Ave Maria«, »Time To Say Goodbye«, »Candle In The Wind«, der »Gefangenenchor aus Nabucco« und »Tears In Heaven«.[19] Nur noch wenige Gesangbuchlieder scheinen im Kasualbereich in der Breite als zeittauglich gesehen zu werden.[20]

4. Ewigkeitstauglich

Bei der Betrachtung des zweiten Kriteriums im Titel des Symposions könnte die Hoffnung aufkeimen, dieses könnte angesichts der drei beim Kriterium des Zeittauglichen skizzierten Bredouillen retten. Gegenüber dem sich mit der vergehenden Zeit rasch wandelnden Zeittauglichen kommt jetzt eine Größe ins Spiel, die über unsere Zeit sowie unseren Erlebnis- und Erfahrungshorizont hinausweist. Unser Gottesdienstbesucher im kalten Kirchenraum hat davon etwas erahnt, als die Klänge der E-Dur Fuge an sein Herz gegriffen haben. Hier hat er etwas gehört, das über die Zeit hinausreicht. Die im Gottesdienst von Gott gefüllte Zeit hebt die Grenzen von Vergangenheit, Gegenwart und Zukunft auf. Im Erinnern des Heilsgeschehens und der Betrachtung von Lebens- und Glaubenssituationen vergleichzeitigt sich das historisch nacheinander Kommende, und Zukunft wird eröffnet. Der Mensch bleibt nicht in der Zeit haften, sondern richtet sich glaubend und hoffend aus auf die Ewigkeit. So kann es also nicht nur darum gehen, zu fragen, ob Musik für die Zeit taugt, in der sie erklingt, sondern es muss auch noch eine andere Dimension in gleicher Weise bedacht werden. Weist die Musik über das Zeitimmanente hinaus? Weist sie auf die Zukunft mit Gott, die über das jetzige Leben hinausreicht.

---

[18] Vgl. Ansgar Jerrentrup, Gedanken zu einer zeitgemäßen Kultur des kirchlichen Gemeindegesangs, in: Arbeitsstelle Gottesdienst 16 (2002), 50-58.

[19] Klaus Danzeglocke im Editorial zu: Musik im Trauergottesdienst, in: Thema Gottesdienst 18 (2002), 3.

[20] Vgl. zu dieser Thematik Eberhard Hauschildt, Unterhaltungsmusik in der Kirche. Der Streit um Musik bei Kasualien, in: Gotthard Fermor u.a., Theophonie. Grenzgänge zwischen Musik und Theologie, Rheinbach 2000, 285-298 (=Hermeneutica 9).

Fallen in ihr Zeit und Ewigkeit im gegenwärtigen Augenblick zusammen? Ich nenne diesen Aspekt, dieses Kriterium, das der Ewigkeitstauglichkeit.[21]

Kirchenmusik wird manchmal in musiktheologischen Überlegungen »praeludium aeternitatis«, Vorspiel der Ewigkeit genannt. Sie verweist – wie der Gottesdienst überhaupt – darauf, dass es nicht nur um die Bewährung und die Verknüpfung des Glaubens mit dem Alltag geht, sondern auch um das Ziel des künftigen Lebens bei Gott, um das ewige Leben. Sie verweist darauf, dass es im Gottesdienst nicht nur um Inkulturation[22] geht, sondern auch um eine Gegenkultur. Gottesdienst und gottesdienstliche Musik sind ein kulturelles Phänomen. Gleichzeitig aber haben sie auch eine transkulturelle Dimension, die nicht vergessen werden darf.

Doch Vorsicht! Es könnte leicht ein falscher Eindruck entstehen. Jetzt könnte man erwarten, dass die Adornsche Kritik an der Popularmusik aufgenommen wird, die angeblich die Menschen in das kapitalistische Konsumsystem hineinkonfirmiert, dass kunstreligiöse Kulturdenkmäler traditioneller protestantischer Kirchenmusik wieder aufgerichtet oder dass Johann Sebastian Bachs Etikett des »teuflisch Geplärrs« an der Popularmusik angehängt werden. Es könnte zudem der Eindruck entstehen, dass die E-Dur Fuge ohne entsprechende kirchliche Sozialisation und ohne individuelle Prägung den Hörer zum »Aussteigen« aus der Zeit und zum »Aufsteigen« bringt und somit die ideale Form gottesdienstlicher Musik ist. Doch darum geht es nicht; wohl aber darum, nicht allein beim Kriterium des Zeittauglichen stehen zu bleiben.

Das führt allerdings in einen neuen Problemkreis. Denn dann kommen normative Fragestellungen noch einmal ganz anders in das Blickfeld. Eine Kirche, die sich als Kirche des Wortes versteht, und deshalb auch die Kirchenmusik in den Verkündigungsdienst einbezieht, muss, wenn sie an der Wort-Ton-Beziehung festhalten will, mit der Rock- und Popmusik Schwierigkeiten bekommen. Denn hier wird das Wort oft zur Nebensache oder es wird gar »ekstatisch deformiert«[23]. Es geht in der Popularmusik darum, Emotion zu wecken, vorwiegend über den Rhythmus. »Sprache wird als Stimme interessant (etwa Bob Dylan ...); sie wandert in den Sound. Dort hat sie nicht mehr die Aufgabe, das Wort im klassischen Sinne ›zu sagen‹, sondern sie muss menschliche Leidenschaften mit Hilfe von Worten musikalisieren. Sie darf jubeln, seufzen, schreien, hauchen; alles ist erlaubt – auch extremste ekstati-

---

[21] Vgl. dazu auch HANNS KERNER, Die Suche nach Gott und die Gestalt unseres Gottesdienstes – zur Zeitgemäßheit gottesdienstlicher Musik, Sprache und Gestaltung, in: MLLKB I (2002), 421.

[22] »Es geht bei der Anpassung an den Zeitgeschmack um einen bleibenden Grundzug des christlichen Gottesdienstes« (RALPH KUNZ, Gottesdienst: ein Stück populäre Kultur?, in: PTh 38 [2003], 197).

[23] WOLFGANG KABUS, »Es ist Zeit, dass wir uns um das Wesen dieser Kultur kümmern«. Vom Unbehagen der Kirche(n) in der populären Umgebung, in: Für den Gottesdienst H. 58 (2002), 42.

sche Formen –, wenn sie nur dem Erlebnis dienen.«[24] Worum es geht, ist ekstatische, eine aus sich herausführende Emotion. Kann das eine Kirche des Wortes in ihren Gottesdiensten wollen?

Denken wir noch einmal an unsere beiden Gottesdiensterfahrungen. Von dem Techno-Gottesdienst erwartet der nicht jugendliche Betrachter wohl kaum etwas anderes als dass die Musik Trägerin der Emotion ist. Allerdings – und deshalb wurden die beiden Beispiele so gewählt – ist dieser Aspekt bei der nicht wortgebundenen traditionellen Kirchenmusik spätestens seit Bach auch vorhanden. Bei dem Hörer der E-Dur Fuge wurde auch die Emotion angesprochen, die sich dann im gottesdienstlichen Geschehen mit religiösen Deutungen verknüpft hat. Musik und Emotion sind nicht zu trennen, auch wenn das in der jüngeren Gesangbuch- und Liturgiegeschichte versucht wurde.[25] In unterschiedlichen kulturellen Milieus würde dann über die jeweils dem Milieu entsprechende Musik ein ähnlicher Affekt geweckt.

Dennoch – wenn das Kriterium des Ewigkeitstauglichen berechtigt ist, dann muss die Musik über die Weckung von Emotion hinaus eine Funktion haben. Um es etwas anschaulicher zu machen, wird ein Klischee herangezogen: Die Popularmusik wird oft der Fast-Food-Kultur zugeordnet. Ihre Texte werden – insbesondere im kirchlichen Bereich – dann auch als Ausdruck einer Trivialkultur gesehen. Sie wird dann – mit Ausnahme der kirchlich »getauften« Formen, die ihren Niederschlag im Gesangbuch gefunden haben – als unangemessen für den Gottesdienst eingestuft. Dagegen steht das nahrhafte Schwarzbrot einer wesentliche christliche Inhalte transportierenden Kirchenmusik, die eine Gegenkultur zur Popularkultur darstellt. Das Kriterium des Ewigkeitstauglichen wäre auf den ersten Blick dieser Kultur zuzuordnen, da es wesentliche Dimensionen des christlichen Gottesdienstes in den Blick nimmt. Hier gibt es dann inhaltliche Bestimmungen wie: »Nahrhaftestes Schwarzbrot bleibt Kirchenmusik für die Kirche, wenn sie das in ihren Gestalten beschlossene Christuszeugnis (auch das kritische des Christus incognito!) in seiner Vielfalt und Fülle zur Geltung bringt.«[26] Musik und Singen verknüpfen im Gottesdienst den Alltag mit der Gegenwart Gottes, sie führen aber auch über ihn hinaus. Wenn sich die Musik in der Kirche dem Kriterium des Ewigkeitstauglichen stellt, dann wird sie gefragt, wie sie verkündigt, bzw. die Verkündigung mitträgt, und ob sie in die Zukunft mit Gott hineinführt, die über die Zeit hinausreicht.

---

[24] A.a.O., 43.

[25] Bis in das Evangelische Gesangbuch, Ausgabe Bayern, hinein wirkt diese Richtung nach, wie an den neuen Introiten zu sehen ist, die nach einem optimierten Wort-Ton-Verhältnis konstruiert worden sind (Vgl. Evangelisches Gesangbuch. Ausgabe für die Evangelisch-Lutherischen Kirchen in Bayern und Thüringen, 1271ff.).

[26] Konrad Klek, Evangelische Kirchenmusik. Schwarzbrot für morgen oder nur ein alter Zopf?, in: Helmut Völkl, Kirchenmusik als Erbe und Auftrag. Festschrift zum 50jährigen Bestehen der Hochschule für Kirchenmusik Esslingen der Evangelischen Landeskirche in Württemberg, Stuttgart 1995, 34.

Nur: Wie ist solche Musik beschaffen? Klischees von Fast Food und Schwarzbrot, für die auch unsere beiden eingangs aufgeführten Beispiele herhalten könnten, reichen da noch nicht zur Einordnung. Auch das viel beschriebene Kriterium der Qualität: »Für Gott ist nur das Beste gut genug«, ist zwar erstrebenswert, aber wohl noch nicht des Rätsels Lösung.[27] Auch das Kriterium des Ewigkeitstauglichen führt uns wieder vor ähnliche Probleme, wie sie beim Kriterium des Zeittauglichen schon exemplarisch benannt wurden. Ist die Ewigkeitstauglichkeit beschränkt auf bestimmte Formen der Musik? Entscheiden diejenigen, die Gesangbücher erarbeiten und beschließen und zumeist in fortgeschrittenem Alter sind, über die Einordnung von Fast Food und Schwarzbrot? Eignet sich nicht ein Rap genauso gut oder gar besser für die Vermittlung und Aneignung eines verkündigenden Inhalts als das ausgeklügelte Wort-Ton-Modell einer Gregorianik? Erfüllt das einfache Lobpreislied das Kriterium des Ewigkeitstauglichen u.U. mehr als ein vom Text her dem Laien unverständliches und von der Musik her nur für den Chorsänger mitsingbares Gesangbuchlied, das außer dem Pfarrer und dem Kantor niemand kennt? Ist das Ewigkeitstaugliche ein »Grund, die Beteiligung, Begeisterung und Bewegung, kurz die Lebenslust, die in der modernen Popularkultur auffindbar ist, aus dem Gottesdienst auszusperren«?[28] Hier wird deutlich, dass das Kriterium des Ewigkeitstauglichen Musik aus dem Popularbereich keineswegs ausschließt, wohl aber verhindert es die völlige Anpassung an die Zeittrends und fragt nach der eigenen Funktion und Gestalt der Musik im Gottesdienst.

5. Musikkultur(en) im Gottesdienst

Erklingt in einem Gottesdienst, wie in unserem ersten Beispiel, Musik Johann Sebastian Bachs, so wird das als zu evangelischer Gottesdienstkultur zugehörig eingeordnet. Faktisch gibt es selbst bei Menschen, die keiner Kirche angehören, ein Bild von gottesdienstlicher Musik, die anders ist als die Musik, die sie sonst hören. Der Gottesdienst wird nicht nur als Kult, sondern auch als eigener Kulturraum wahrgenommen. Auch am Sonntagvormittag, wenn die öffentlich-rechtlichen Fernsehsender Gottesdienste übertragen, wird trotz der medial auffrisierten Feiern ein geprägtes, konfessionell leicht modifiziertes

---

[27] Im Anlegen dieses Kriteriums, das bereits für die Reformatoren in Anspruch genommen wird, sind sich Vertreter der traditionellen Kirchenmusik wie der Popularmusik erstaunlich einig. Vgl. z.B. Harald Vogel, Gedanken zur Kirchenmusik, in: MuK 68 (1998), 237; Christian Finke, Perspektiven eines unmöglichen Berufs. Kirchenmusik zwischen traditioneller Ausbildung und pluralistischer Gemeindepraxis, in: Für den Gottesdienst H. 54 (1999), 48; Tom Sommer, Gott steht auf gute Musik, in: Crescendo 4/2003, 48f.

[28] Ralph Kunz, Gottesdienst: ein Stück populäre Kultur?, in: PTh 38 (2003), 201 (Anm. 22).

Bild von christlichem Gottesdienst in Deutschland weitertransportiert, in der die Musik eine wesentliche Rolle spielt. Sie zeigen eine Gottesdienstkultur, in der musikalisch zwar mehr möglich ist als im regelmäßigen Sonntagsgottesdienst, die sich aber in ihrem Klang- und Rhythmusspektrum in einem ziemlich fest gefügten Rahmen bewegt. Auch wenn nicht wie bei einem Gottesdienst einer orthodoxen Kirche jeder Gesang und der Stil festgelegt sind, so wird für den Sonntagsgottesdienst weniger das Nebeneinander von Musikkulturen, sondern eine Musikkultur festzustellen sein, die als solche unverwechselbar ist. Wie andere Kulturformen in der Gesellschaft steht sie in Wechselbeziehung mit anderen Kulturen, gibt an diese etwas ab, wie die Aufnahme von gregorianischen Gesängen in der Popkultur zeigt, und nimmt von diesen etwas auf, wie oben schon gezeigt wurde. Es drängt sich also die Frage auf, ob auch bei Aufnahme von mehreren Musikstilen in das gottesdienstliche Musizieren und Singen das Ganze dann doch wieder als *eine* gottesdienstliche Musikkultur gesehen wird.

Auch wenn bereits eine Menge Fragen für die Problemstellungen unseres Symposions angerissen wurden, so soll doch auch noch ein Gedankenexperiment angestoßen werden. Das Nachdenken über das Wort Kulturen regt dazu an. Kulturen entstehen nicht nur einfach, zum Teil werden sie auch gezüchtet. Beim Joghurt ist das vertraut. Da werden Kulturen angesetzt, damit wir dann das Produkt genießen können. Bei der Musik gibt es das auch, dass in Studios Musik aus der Retorte produziert wird, Trends gesetzt werden und durch entsprechende Vermarktungsstrategien Musikkulturen entstehen. Der Pluralisierung in den »modernen« Gesellschaften entspricht eine ungeheuere Vielfalt von Musikkulturen, alten und neuen. Für den Gottesdienst wurde und wird immer wieder versucht, über Agendenwerke und Kirchengesangbücher einen Rahmen für die gottesdienstliche Musikkultur abzustecken. Sicher hat das im evangelischen Bereich nie zu einer Einheitskultur geführt, wohl aber zu Gottesdienstgestalten, die eindeutig als evangelisch zu identifizieren waren und auch musikalisch einen bestimmten Typus christlichen Gottesdienstes hervorgebracht haben. Wenn nun die Chance bestünde, heute Kulturen im kirchenmusikalischen Bereich anzusetzen wie beim Joghurt, wie sollte das Ergebnis schmecken, aussehen oder sinnvollerweise zu hören und zu singen sein? Würde da eine liturgietragende zeitgenössische Musik herauskommen, die Tradition weiter dominant sein oder gar etwas ganz Neues entstehen? Ein spannender Prozess liegt vor uns.

Wahrnehmung des Gottesdienstes

Predigt in einer polyphonen Kultur

Wahrnehmungen aus einer neuen empirischen Untersuchung unter evangelisch Getauften

In einer vom Gottesdienst-Institut der Evangelisch-lutherischen Kirche in Bayern in Auftrag gegebenen, qualitativen empirischen Untersuchung sollten handlungsleitende Argumentationsmuster und Theorien aus dem Feld des Gottesdienstes auf ihre Plausibilität hin überprüft werden.[1] Der Auftrag ging an das Institut zur Erforschung der religiösen Gegenwartskultur unter Leitung von Christoph Bochinger in Bayreuth. Er ließ evangelisch Getaufte in einer qualitativen Untersuchung nach »Ritualen, Sinngebung und Lebensgestaltung in der modernen Welt« innerhalb Bayerns befragen. In dem im Juni 2005 vorgelegten, vorläufigen Abschlussbericht sind dabei wesentliche Ergebnisse präsentiert worden[2], die hier durch Detailauswertungen der Interviews speziell zur Predigt ergänzt werden.[3]

In den Interviews kam auch stets das Ritual Gottesdienst in den Blick mit allen möglichen Zustimmungen und Ablehnungen. Wir erhalten hier ein sehr aufschlussreiches Bild von der Einstellung der evangelisch Getauften zum Gottesdienst und speziell auch zur Predigt. Dabei wird das Ergebnis anderer empirischer Studien zum Gottesdienst erhärtet und zugespitzt, dass die Predigt für die evangelischen Kirchgänger in der kognitiven Gottesdienstwahr-

---

[1] Die Untersuchung wurde hauptsächlich von der für den Gottesdienst zuständigen Abteilung im Landeskirchenamt der Evangelisch-Lutherischen Kirche in Bayern finanziert, daneben vom Kirchenamt der Vereinigten Evangelisch-Lutherischen Kirche Deutschlands, vom Lehrstuhl für die Erforschung der religiösen Gegenwartskultur der Universität Bayreuth sowie vom Gottesdienst-Institut der Evangelisch-Lutherischen Kirche in Bayern.

[2] Vgl. Jeannett Martin, Projekt: Die Bedeutung des Gottesdienstes im Leben evangelisch getaufter Menschen, Stand 5.7.2005. Maßgeblich mitgearbeitet an dieser Untersuchung haben neben Jeannett Martin: Martin Engelbrecht, Konrad Müller und Dag Schumann. Es wurden 50 ausführliche Einzelinterviews durchgeführt und ausgewertet.

[3] Wenn im Folgenden über den Forschungsbericht hinaus auf die Interviews zurückgegriffen bzw. aus ihnen zitiert wird, so wird die Kennnummer des jeweiligen Interviews in Klammern angegeben.

nehmung absolut zentral ist.[4] Auf die konkrete Frage, was ihnen denn am Gottesdienst besonders wichtig ist, gibt es nach Auswertung der Interviews in der Bayreuther Untersuchung bei denen, die überhaupt Gottesdienste besuchen, einen eindeutigen Trend, die Predigt: »Eine gute Predigt ist für mich ganz wichtig« (E7), »Die Predigt ist für mich das Wichtigste« (E10) »Ich freue mich schon meistens auf die Predigt« (E38), »Die gute Predigt ist für mich das Entscheidende« (E34). Auch unsere polyphone Kultur hat an dieser evangelischen Grunderwartung offensichtlich nichts Entscheidendes verändert. Die Predigt ist mit hohen Erwartungen besetzt.[5] Die Hörenden wollen etwas mitnehmen. Was das ist, wollen wir uns genauer anschauen. Doch vorher werfen wir noch einen Blick auf die Ausführenden, auf die Pfarrerinnen und Pfarrer.

1. DIE PREDIGTPROFIS

Auch für die meisten der interviewten Pfarrerinnen und Pfarrer ist die Predigt das Zentrum des Gottesdienstes. Es ist ihr Handwerk, von dem sie mit Freude berichten. Hier fühlen sie sich kompetent und gut und auf keinen Fall wollen sie sich vor der Gemeinde mit ihrer Predigt eine Blöße geben.[6]

Es fällt auf, dass regelrechte Predigtvorbereitungsriten berichtet werden. So erzählt beispielsweise ein Pfarrer, dass er sich gleich nach dem Sonntagsgottesdienst, wenn er wieder in seiner Wohnung ist, einen Cognac einschenkt als Start der Predigtvorbereitung für den nächsten Sonntag. Dann studiert er zusammen mit seinem Cognac den Text für den nächsten Sonntag (E49). Zwei andere gehen bevorzugt in ihre Kirche, um dort allein über den Bibeltext und seine Vermittlung die Gedanken kreisen zu lassen. Eine Pfarrerin, die sich ebenfalls bereits eine Woche vor dem Predigttermin mit dem Text befasst, schreibt ihre Ideen auf und schafft sich so im Lauf der Woche eine lose Blattsammlung, bevor sie sich dann hinsetzt und acht bis zwölf Stunden ausformuliert (E48). Am Freitagabend muss bei ihr die Predigt stehen, damit sie noch einmal mit Distanz angesehen werden kann, bevor sie gehalten wird. Diese Beispiele machen deutlich, dass unter Pfarrerinnen und Pfarrern eine geordnete, individuell verschiedene, aber dann immer wiederkehrende Vorbereitungsroutine bei der Predigterstellung weit verbreitet ist.

---

[4] Zuletzt in: WOLFGANG HUBER u.a. (Hrsg.), Kirche in der Vielfalt der Lebensbezüge. Die vierte EKD-Erhebung über Kirchenmitgliedschaft, Gütersloh 2006, 80f.

[5] Vergleicht man das beispielsweise mit dem Heiligen Abendmahl, dem die evangelisch Getauften nach den Interviews sogar weniger Bedeutung beimessen als der Liturgie und der Kirchenmusik, so wird die zentrale Stellung der Predigt noch deutlicher.

[6] Jeannett Martin resümiert in ihrem Abschlussbericht: »schlecht oder gar unvorbereitet in den Gottesdienst zu gehen halten sie für Frevel« (138).

1.1 Der Predigttext

In weitgehender Übereinstimmung wird dankbar festgestellt, dass es vorgegebene Predigttexte gibt. Dabei ist die Erleichterung zu spüren, nicht selber nach den entsprechenden Texten oder Themen suchen zu müssen. Eine Pfarrerin sagt sogar: »Das ist für mich eine Lebenshilfe ..., diesen Text zu nehmen.« (E29) Gleichzeitig werden die vorgegebenen Texte als ständig neue Herausforderung gesehen: »... mein Ziel heißt, mich ... dem vorgegebenen Text zu stellen, auch wenn ich den ... blöd ... oder nichtssagend finde ... Mein Credo lautet: in jeder Bibelstelle kann ich das Evangelium entdecken. Evangelium heißt, die frohe Botschaft, das, was Mut macht, das, was mich froh macht. Das kann ich in jeder Bibelstelle entdecken, ich muss es nur finden oder ich muss die Bibelstelle umstülpen und schütteln, aber ich kann's finden. ... und das ist meine Aufgabe, aus jedem vorgegebenen Text das Evangelium zu finden und dann auch zu predigen.« (E48) Für einen anderen ist der Predigttext wie ein Partner in einem Match, »ist immer spannend, ... hat was ... Anregendes, ... Motivierendes« und die Auseinandersetzung mit ihm wird »zu den besonders schönen Dingen im Beruf gerechnet, ... sich immer wieder neu einzulassen auf ... einen Text, den man zum Teil kennt, zum Teil auch nicht kennt« (E49). Es wird deutlich: Ausgangspunkt für eine Predigt ist in der Regel nicht ein Ereignis in der Welt oder in der Gemeinde, auch nicht ein bestimmtes Thema, sondern der vorgeschriebene Predigttext, und das wird als positiv bewertet.

1.2 Die Predigt

Sehen wir nun auf die Aufgabe, die sich die Predigenden selbst stellen: Wie soll eine Predigt aussehen? Die Vorstellungen dazu sind vielfältig. Sie beziehen sich vorwiegend auf Fragen der Vermittlung. Die Predigenden nehmen die potentiellen Predigthörer in den Blick und greifen Vermittlungskonzeptionen aus den Bereichen Form, Sprache und Rhetorik auf.

Von großer Wichtigkeit ist ihnen, dass das, was sie vortragen, auch »rüberkommt« (E36). Dabei wird der Bezug zur Lebenswirklichkeit der Hörenden als bedeutsam eingeschätzt und verschiedene Grundentscheidungen zur Form und Sprache der Predigt sowie zum Vortrag derselben getroffen. Auffällig sind die vielen Abgrenzungen zu Kolleginnen und Kollegen und deren Predigtstil oder deren postulierte mangelnde Predigtvorbereitung[7].

1.2.1 Der Bezug zur Lebenswirklichkeit

Durchgängig soll die Predigt etwas mit dem Leben der Gottesdienstgemeinde zu tun haben. »Eine Predigt, wo die Menschen etwas mitnehmen können, muss ihnen die Möglichkeit geben, ihr eigenes Leben an diese Predigt anzudocken« (E47I). In der Predigt wird das, was Menschen erleben und erfahren,

---

[7] »Also ich hasse Leute, die völlig unvorbereitet auf eine Kanzel steigen und dann irgendetwas heruntersalbadern. ... Ich bin sehr ungehalten über Leute, die ... meinen, sie würden eine wissenschaftliche Vorlesung halten« (E47II).

in einen »besonderen Interpretationszusammenhang« (E36) gestellt. Der Zeitbezug zum heutigen Menschen und seinen Lebenswirklichkeiten wird als sehr wichtig herausgestellt. »Die vorgetragenen Inhalte sollten die Menschen innerlich berühren.«[8]

Deutlich grenzen sich die Predigenden von weltfremden oder rein innerkirchlichen Predigten ab: »... wenn über Wolkenkuckucksheime gepredigt wird, also wie es im Himmel zugeht oder einmal in der Ewigkeit oder solche Sachen, dann ist mir das zu wenig. ... da kann sich jeder selber irgendwas denken. Genauso, wenn es nur um die Dinge von vor zweitausend Jahren oder von vor dreitausend Jahren geht, ... in der Kirche.« (E36) Nebenbei: es ist erstaunlich, dass zentrale biblische Inhalte wie eschatologische Vorstellungen als weltfremd eingestuft werden. Sehr kritisch wird es gesehen, wenn Menschen durch eine Predigt in ihrer Freiheit beschnitten werden, etwa durch Vereinnahmungen oder durch das Überschütten mit Moral. Auffällig, aber in dieses Bild passend, ist dabei die häufige Kritik an evangelikaler Predigt. Selbstkritik wird eigentlich nur an einem Punkt laut, und zwar, wenn der theologische Gaul mit einem durchgegangen ist: »wenn ich mich verstiegen habe in irgendwelche hochtheologischen Gedankengänge.« (E48)

1.2.2 Formelemente der Predigt

Einig sind sich die Predigenden darin, dass die Predigt verständlich und für die Hörenden leicht mit zu vollziehen sein soll. Dies soll zum einen durch die Wahl der Sprachform gesichert werden. Dabei hat die »eigene« Sprache eine hohe Bedeutung. Sie wird in Abgrenzung zur Sprache der Bibel, zur Kunstsprache oder zur wissenschaftlichen Sprache mit »Worten, die jeder versteht« (E29k) identifiziert. Dabei wird die »eigene« Sprache auf der Skala von einfach bis anspruchsvoll eingestuft. Auch wenn einer formuliert: »Ich habe einen gewissen sprachlichen Anspruch. Das muss einfach gut klingen und interessant und ... gut formuliert sein« (E48), so nimmt er dennoch für sich in Anspruch, dass er in seiner Predigt für alle leicht verständlich ist.

Verschiedene Gattungswechsel sollen die Predigt interessant machen. Ob das »handfeste ... Beispiele, die jeder versteht« (E29), Kalauer, Anekdoten und andere Erzählformen sind, sie sollen die Aufmerksamkeit aufrechterhalten und dazu verleiten, gerne zuzuhören.

Stark leitend sind auch pädagogische Methoden. So wird die Beschränkung auf ein oder zwei Kernaussagen in der Predigt berichtet (E47II), oder die Ansicht, dass in der Predigt immer alles »aus einem Guss sein« muss. Als »Gift« werden dann beispielsweise Gedankensprünge gesehen.

1.2.3 Der Vortrag

Gespalten sind die Predigenden in der Frage, ob es besser ist, frei zu predigen oder aber eine ausformulierte Vorlage vor sich zu haben. So treffen sie für

---

[8] Jeannett Martin, a.a.O., 137.

sich dann auch unterschiedliche Entscheidungen. Auf der einen Seite sind diejenigen, die die freie Rede bevorzugen. Den Hauptvorzug der freien Rede sehen sie darin, dass sie sofort auf die Reaktionen der Hörenden eingehen können: »... es muss trotz dieses Monologes so was stattfinden wie ein innerer Dialog oder an sich 'n stummer Dialog mit den Hörern und Hörerinnen. Also Blickkontakte, Zustimmungen, Nicken, Verwunderung, Stirnfalten, also so was ist wichtig für mich, so was zu merken. Eben während der Predigt.« (E48) Dabei nehmen manche der frei Predigenden durchaus eine ausformulierte Vorlage mit auf die Kanzel für den Fall, dass sie ihren Faden verlieren.

Für die exakt ausformulierte Vorlage, die dann auch so vorgetragen wird, sprechen für deren Verfechter die sprachästhetischen Aspekte. Ihnen ist »jedes Wort wichtig« (E47II). Sie könnten in der freien Rede nicht so präzise und ausgefeilt reden. Sie betonen, dass sie einüben, was sie von ihrem Computerausdruck ablesen, und sie sind anhand von Rückmeldungen davon überzeugt, dass die Hörenden überhaupt nicht registrieren, dass sie ablesen.

Einig sind sich alle, dass die Predigt rhetorisch ansprechend sein muss: »es muss jeder Satz und jedes Wort sitzen« (E48).

1.2.4 Die Zeitdauer

Übereinstimmung herrscht darin, dass die Predigenden einer guten Predigt ein relativ kurzes Zeitmaß zumessen. Dieses schwankt zwischen zehn und zwanzig Minuten, wobei das Gros als Ideal zwischen zwölf und fünfzehn Minuten ansetzt. Maßstab ist dabei zum einen die postulierte Hörfähigkeit der Gemeinde, die nicht länger veranschlagt wird, zum Teil machen sich die Predigenden selbst zum Maßstab. Sobald die zwanzig Minuten überschritten sind, wird konstatiert: »Man kann sich das einfach nicht merken. Das ist ja völlig aussichtslos ... Ich denke ... oft, was wir den Leuten zumuten, ... wenn ich meine Predigt am Sonntagvormittag memoriere ... wird es schon sehr, sehr schwierig ... Geschweige denn, wie es mir geht, ... wenn ich einfach eine nur so höre, ohne Vorbereitung« (E49). Die Predigenden gehen davon aus, dass die Hörenden die Predigt in all ihren Nuancen erfassen sollen und es maßgeblich von der Zeitdauer abhängt, ob sie dies auch tun.

1.3 Das Wirken des Heiligen Geistes

Bei all den persönlichen und handwerklichen Entscheidungen wird aber auch eine Einschränkung deutlich formuliert, die auf die Grenzen der Machbarkeit sieht. »Wenn ich dann so das Gefühl hab – Mensch, jeder von denen hat jetzt seine eigene Predigt gehört, für seine Lebenssituation, und eigentlich hast du es selber vorher gar nicht wissen können, was du denen sagst. ... Also man könnte sagen, da wirkt der Heilige Geist, man könnte auch sagen, ... da ist Gott da« (E47I). Es wird also postuliert, dass die Hörenden das, was gepredigt wird, mit ihren eigenen Lebenssituationen durch Gottes Handeln zusammenbringen: »Das ist auch so das Stück Heiliger Geist, wo ich einfach sage, da nehmen die Leute oft Sachen mit, an die hatte ich überhaupt nicht gedacht, aber die sind wichtig für sie, weil sie es mit ihrer eigenen Lebenserfahrung verbunden haben.« (E47II)

1.4 Authentizität

Allerdings agieren die Predigenden nur innerhalb eines persönlich eingegrenzten Rahmens. Wichtig ist den meisten Predigenden, dass sie sich selber in ihrer Predigt treu bleiben. So formuliert beispielsweise eine Pfarrerin: »... bei mir ist es wirklich so, dass ich ... das, was ich verkündige, auch glaube und das auch lebe« (E 29). Die eigene Glaubensüberzeugung und die damit verbundene Lebensführung soll auch in der Predigt glaubhaft vermittelt werden. Authentizität ist bei den meisten ein Muss: »Ich bin wirklich in der glücklichen Lage, dass ich ... nur predige, was ich selbst glaube.« (E49) Als Predigende möchten sie mit sich »identisch bleiben« (E47I).

Nur in einem Fall verlangt ein Pfarrer von sich, dass er als guter Handwerker den Bibeltext passgenau für die jeweilige Zielgruppe auszulegen hat, auch wenn er selber nicht völlig hinter dem Gesagten steht (E47II). Die Grenze stellen allerdings auch bei ihm evangelikale Auslegungen – wie er sie versteht – dar. Hier springt keiner der Interviewten über seinen Schatten.

1.5 Die Bedeutung der »richtigen« Theologie

Am Beispiel der Auseinandersetzung mit evangelikalen Strömungen in der eigenen Gemeinde soll der Bedeutung der eigenen, stets als »richtig« empfundenen Theologie für die Predigt nachgespürt werden. Immer wieder kommt zum Ausdruck, dass sich Pfarrerinnen und Pfarrer als ehrliche Makler ihres theologischen Denkens in der Verkündigung verstehen. So sagt ein Pfarrer beispielsweise: »Ich möchte, dass die theologischen Aussagen, die ich treffe, stimmen, stimmig sind« (E47II). Die Auslegung des Predigttextes »sollte wissenschaftlich gut fundiert sein, aber auch nicht wissenschaftlich überfrachtet werden«[9].

Dabei vertritt ein Teil der interviewten Pfarrerinnen und Pfarrer an vielen Punkten durchaus sehr eigene theologische Ansichten. So wird beispielsweise der Offenbarung Gottes in der Natur gegenüber der biblischen Offenbarung größeres Gewicht gegeben (E36). Die Allmacht Gottes gibt es nicht (E49). Das biblische Reden vom Opfer Christi am Kreuz wird als überholtes Denkmuster abgelehnt (E49) oder das erste Gebot als »Erfindung der Menschen« bezeichnet (E48). Dies wird dann natürlich auch zum Inhalt der Predigten. Dies wiederum bringt sie in eine Auseinandersetzung mit denjenigen in der Gemeinde, die solche Bibelhermeneutiken nicht mit vollziehen können und die Dinge so verstehen, wie sie diese in der Bibel lesen oder früher vermittelt bekommen haben. So berichten auch manche der Predigenden von heftigen Auseinandersetzungen mit – aus ihrer Sicht – evangelikalen Gemeindegliedern. Es verwundert allerdings, wie schroff und unversöhnlich diese Auseinander-

[9] JEANNETT MARTIN, a.a.O., 137.

setzung von einigen Pfarrerinnen und Pfarrern geführt wird.[10] Sie wollen diesen Personenkreis in ihren Predigten zum Teil gezielt provozieren. So berichtet ein Pfarrer: »ich habe zum Beispiel neulich einmal in einer provokanten Eliapredigt das erste Gebot bezweifelt. Ich habe behauptet, das erste Gebot ist eine Erfindung der Menschen. Ich bin der Herrgott, du sollst keine andern Götter lieben. ... nie und nimmer ist das eine Forderung Gottes. Lächerlich zu denken, Gott hätte irgendeine Konkurrenz zu fühlen oder zu fürchten. Sondern das ist eine Erfindung von Menschen, die um ihre religiöse Identität bangen. Also man soll nicht Gott irgendwelche Dinge unterschieben, die gar nicht von ihm stammen. Das war so eine Provokation. ... Zum Beispiel zum Ewigkeitssonntag hab' ich einmal die Existenz der Hölle oder der Verdammnis, also ich hab', ich hab' dagegen massiv angepredigt ... und für diese Gruppe ist natürlich die Hölle oder ... die Möglichkeit des Verlorengehens ein Grundfaktum ihres Glaubens.« (E48)

Durchgängig beanspruchen die Predigenden eine Auslegungs- und Deutungshoheit, in deren Folge sich ihre theologischen Überzeugungen Ausdruck verschaffen.[11]

1.6 Das Feedback

Durchgängig sind die Predigenden mit dem Gros ihrer Predigten zufrieden. Einer äußert sogar: »Manche meiner Predigten, die halte ich selber für so gut, dass ich mich selber daran begeistern kann, dass ich ganz leidenschaftlich werde im Vortragen.« Dabei wird sehr genau Acht gegeben, wie sich die Hörenden während und nach der Predigt verhalten.[12]

Durchwegs wird von positivem Feedback an der Kirchentür berichtet. Allerdings wird ein »Schön war es, Frau Pfarrerin!« längst nicht so geschätzt wie eine differenzierte positive Rückmeldung, die als wertvoll erachtet wird. Festgestellt wird allerdings auch, dass »einem eigentlich nie gesagt [wird]: das war wohl nichts.« (E49)

---

[10] Es scheint, als ob die unter der protestantischen Pfarrerschaft immer stark ausgeprägten Feindbilder sich weg von der katholischen Kirche, den Juden und Muslimen oder den Atheisten vorwiegend hin zu den Evangelikalen verlagert haben.

[11] Ein anderer Pfarrer sagt beispielsweise: »ich glaube überhaupt nicht daran, dass ... der Satz stimmt, dass Jesus für unsere Sünden gestorben ist. ... Das sag' ich aber auch. Ich sage: Jesus ... starb nicht für unsere Sünden, er starb an unseren Sünden, oder an den Sünden der Menschen von damals. ... Also die ganze ... Theologie, die, die ... darauf aus geht, dass die alttestamentlichen Opfer, die Tieropfer durch das Kreuz das Opfer Jesus abgelöst und ... überhöht worden sind und dass aber Gott eine solche Satisfaktion irgendwie gebraucht hat ... das halte ich für eine Denkfigur, die hatte ihre Zeit, aber die kann ich heute nicht mehr bringen« (E49).

[12] »... wenn ich merke, ... am Ende einer Predigt kommt das Amen und dann entstehen so leise Geräusche im Kirchenraum, dadurch, dass die Leute sich anders hinsetzen und aufatmen, praktisch wieder in eine bequemere Position gehen und vorher eigentlich ganz entspannt zugehört haben« (E47I).

Zum Teil wird auch ein deutlich sichtbares, zum Teil auch hörbares Feedback während der Predigt ersehnt und geradezu der ideale Wunschhörer gezeichnet. So dürfte nach einem Pfarrer während der Predigt durchaus geklatscht werden. Ihm würde es gefallen, wenn die Hörenden »grummeln, wenn irgendetwas ist, was ihnen nicht gefällt« und im »Idealfall ... ruft jemand laut: Jawoll! Oder es ruft auch einmal jemand laut: Nein, da bin ich anderer Meinung«. Er würde es als Gewinn betrachten, wenn die Menschen sich bei der Predigt »einbringen und mittun« (E36).

2. Die Predigthörer

2.1 Predigterfahrungen

Die Predigthörer – und hier sind alle erfasst, die von sich sagen, dass sie Gottesdienste besuchen – wollen aus einer Predigt etwas »mitnehmen«[13]. Die ausgeführten Beispiele der Interviewten zeigen, dass sie in der überwiegenden Anzahl der Fälle zufrieden sind mit dem, was ihnen geboten wird. »Durch eine gute Predigt bekomme ich Denkanstöße, denke ich ... nach über dieses Thema. Und dann fange ich an, es bildlich umzusetzen, und wenn es sehr gut war und ich kann es brauchen, dann wird es plastisch, dann wird die Predigt plastisch.« (E10) Dabei geschieht eine individuelle Aneignung und die Predigt wird auf die eigene Person und Situation bezogen: »Was der Pfarrer sagt, das höre ich mir dann auch genau an und denke: Aha, das war heute wieder ganz für mich.« (E12) Wir finden bei einem nicht unerheblichen Teil der Kirchgänger eine Grundeinstellung, dass ihnen die Predigt – wie auch immer sie ausfällt – etwas für ihr Glaubensleben und ihre Lebensführung zu sagen hat. Das bleibt auch der Fall, wenn die Predigt enttäuscht: »Wenn sie [die Predigt] nicht so gut ist, dann bleibt manchmal etwas hängen, ein Wort kann oft genügen, ein Wort kann oft eine zündende Idee bringen« (E10). Diese Hörenden wollen danach sagen »Das hat mir etwas gebracht für die Woche« (E22). Sie haben auch die Grundhaltung: Die Predigt »bringt mich im Endeffekt immer weiter«. (E12) Dahinter steht eine hohe Wertschätzung des Wortes Gottes: »Die Auseinandersetzung mit den Themen ist allgemeingültig. Oft sind da Dinge, wo man sagt: ja, jetzt denke mal ein bisschen nach« (E33). So paradox es klingen mag: die Erwartung an die Predigt ist weit mehr als die Erwartung an die Predigenden.

2.2 Die Wahl der Prediger/innen

Da die Predigten in der Regel ganz offensichtlich die hohen Erwartungen der Predigthörenden erfüllen, sind die meisten mit den Predigerinnen und Predigern in »ihrer« Kirche zufrieden. So gehen sie auch in der Regel in ihrer Orts-

[13] »Ich freue mich eigentlich schon meistens auf die Predigt. Weil ich eigentlich immer versuche, etwas mitzunehmen« (E38; in ähnlicher Formulierung E7).

gemeinde in den Gottesdienst. Wenn die Qualität der Predigten schwankt, so wird dies mit wenigen Ausnahmen auch mit einem gewissen Gleichmut hingenommen: »Mancher predigt besser, mancher predigt schlechter. Bei den Schlechten schlafe ich manchmal« (E22). Lediglich eine Befragte bekundet: »Zu einem schlechten Prediger gehe ich nicht« (E7).

Dagegen locken als herausragend eingeschätzte Prediger zu zusätzlichen Gottesdienstbesuchen außerhalb der eigenen Parochie (E12, E34, E38). Die dort mitgenommenen Eindrücke von den gehörten Predigten prägen sich offensichtlich in besonderer Weise ein, und es wird euphorisch und detailgenau davon berichtet: Das »war so aus dem Leben gegriffen und hat mich zum Nachdenken angeregt. Zum Beispiel hat der Pfarrer die Predigt begonnen: O mei, schenk mer nix, ich hab schon alles ... das war so Klasse ...« (E38).

Bei denjenigen, die keine Wahl haben, zu welchen Predigenden sie gehen, wie Kirchenmusiker und Mesnerinnen, ist die Person des Predigenden deutlich wichtiger. Die Präsenz, die Energie, die in die Predigt fließt, und auch die Authentizität der Predigenden wird hier als entscheidend bewertet. Wo all das vorhanden ist, gibt es einen »tollen Gottesdienst«, wo nicht, kann dann gesagt werden: »Was soll das Ganze? Da mag ich mich gar nicht damit identifizieren« (Gd19).

2.3 Der Lebensbezug der Predigt

Es ist deutlich geworden, dass die Befragten von einer Predigt die Verbindung mit ihrer eigenen Lebenssituation und mit ihrer eigenen Lebensdeutung erwarten. So erinnert sich ein Befragter an einen Pfarrer, der inzwischen in einer anderen Gemeinde seinen Dienst tut: »Er hat zu jeder Predigt eine superlebensnahe Story gehabt. Da kriege ich Gänsehaut, immer noch. Sagenhaft« (E25). Die biblische Botschaft soll lebendig werden und in die eigenen Freuden, Sorgen und Nöte hinein sprechen. Die Auseinandersetzung mit dem Gehörten – so eine Befragte – ist »wichtig, ... damit ich mich wieder erden kann, oder weiß, wo stehe ich, wo bin ich hier oder was ist mir wichtig« (E7).

Auffällig ist dabei, dass die Aussagen in diesem Bereich stets die eigene Individualität betreffen. Gemeinschaftliche oder gar gesellschafts- und weltpolitische Aspekte werden nur ganz selten und auch nur dann relevant, wenn ein persönlicher Bezug vorhanden ist. Es wird deutlich, dass die Hörenden die Kompetenz der Predigenden in den politischen Fragen nicht höher einschätzen als ihre eigene. Es interessiert sie auch nicht, wie es den Predigenden mit dem Text ergangen ist oder wie es ihren Kindern geht. Vielmehr wollen sie die Predigenden in der Rolle derer hören, die dafür ausgebildet und berufen sind, den Bibeltext vollmächtig und sachgerecht auszulegen. Sie stellen Garanten für die kontinuierliche Weitergabe des Evangeliums dar.

Erstaunlich ist, wie wenig Kritik an den Predigten laut wird. Dies liegt sicher auch daran, dass die Hörenden genauso wie die Predigenden eine Deutungshoheit für sich beanspruchen und deshalb selektiv mit dem Gehörten umgehen. Sie sortieren aus, was für sie relevant ist und was nicht.

2.4 Der Raum der Predigt

Neben der oben beschriebenen Orientierungsfunktion stellt die Predigt aber auch einen Raum dar, in dem die Hörenden ihren eigenen Gedanken nachgehen können. Nicht nur die Liturgie, für die dies ebenfalls beschrieben wird, stellt einen Raum der Ruhe und der eigenen Besinnung dar, sondern die Predigt bietet diesen in ähnlicher Weise an. Die Hochschätzung des Wortes Gottes bei den Hörenden und die scheinbar häufige Erfahrung, etwas für sie Relevantes mitzunehmen, liegt sicher auch daran, dass die Predigthörenden in diesem von der Predigt geschaffenen Raum eigenen Gedanken nachhängen, ihre eigene Predigt hören und dann zu der Predigt, die wie ein Film im Hintergrund abläuft, wieder zurückkehren (vgl. E7, E12, E34, E38). Dabei ist dieser Raum positiv besetzt. So sagt beispielsweise eine Befragte: »Manchmal höre ich auch zu. Aber manchmal ist es einfach auch nur Kulisse; und zwar positive Kulisse, ... wenn da jemand etwas redet, was hoffentlich in irgendeiner Weise auch positiv ist« (E38).

2.5 Vermeidung von organisierten Predigtnachgesprächen

Angesichts der hohen Wertschätzung der »guten« Predigt und der damit verbundenen Hochschätzung der Predigenden in puncto Bibelauslegung verwundert es nicht, dass die Predigten – so wie sie waren – in aller Regel stehen gelassen werden. Das Bedürfnis, sich darüber mit einem Prediger oder einer Predigerin noch zu unterhalten und nachzufragen, hat lediglich ein aus der Kirche Ausgetretener artikuliert. Eine Befragte, die die Predigten ihres Ortspfarrers nicht erfassen kann, sucht den Grund dafür in ihrer mangelnden Konzentrationsfähigkeit und nicht beim Prediger. Um aber dennoch das für sie Zentrale mitnehmen zu können, versucht sie die Predigten immer schriftlich zu bekommen (E18).

2.6 Evangelikale Predigtkritik

Auch bei den evangelikal geprägten Personen ist die Predigt im Gottesdienst das Entscheidende (E20, Gk5w). Allerdings wird hier zum einen die Predigt von freien Predigern und Laien hoch geschätzt, zum anderen kommen Muster aus diesem Spektrum zum Ausdruck, wonach Pfarrer und Pfarrerinnen nach ihrer »Gläubigkeit« beurteilt werden.[14] Zu einem »gläubigen Pfarrer, da gehe ich schon manchmal mit, wenn ich weiß, dass er spricht« (E20). In der Regel erwarten diese Befragten vom Prediger in der Freikirchlichen Gemeinde, vom Missionsprediger im Fernsehen oder von der evangelikalen Telefonpredigt

[14] Dabei ist das Urteil über die meisten Pfarrerinnen und Pfarrer negativ: »Wissen Sie, wenn der Pfarrer schon nicht eigentlich glaubt, was er verkündigt, wenn der Pfarrer nicht einmal das glauben kann, was in der Bibel steht, dann frage ich mich, warum macht [er] denn den Pfarrer? Dann soll er halt ... einen Gärtner oder ... einen Jäger oder was weiß ich machen« (E20).

mehr als von der Predigt im Gemeindegottesdienst.[15] Hier finden wir auch das Gegenmuster zu den von manchen Predigern genährten Feindbildern. Dann wird die Predigt dort, wo die Gottesdienste in der Ortsgemeinde manchmal wahrgenommen werden, abgewertet und abgeurteilt: »Wenn ich solche Predigten höre, ... da ist doch nichts dahinter. Da ist kein Inhalt da ... Das ist, wie wenn ich in die Wirtschaft gehe und kriege ein Essen vorgesetzt oder kriege einen Teller Wasser ... na, das ist ja noch gesünder. Da ist nichts zu holen. Wissen Sie, darum sind die Kirchen leer. Darum sind die Kirchen leer, weil da gibt es nichts« (E20). Hier scheinen Argumentations- und Denkmuster auf, die als Vorurteile gegenüber Pfarrerinnen und Pfarrern transportiert werden, ohne dass sie in der konkreten Gemeindesituation einen realen Anhalt haben müssen.

3. DIE »NICHTKIRCHGÄNGER« UND DIE PREDIGT

Auch evangelisch Getaufte, die von sich sagen, dass sie nicht in den Gottesdienst gehen, machen reichlich Aussagen zur Predigt. Dabei handelt es sich zum einen um Erfahrungen von Predigten bei Kasualgottesdiensten oder im Rahmen von Festen in der politischen Gemeinde, sehr oft sind aber auch keine aktuellen Erfahrungen vorhanden. Oft speisen sich die Aussagen aus Erinnerungen, Vorstellungen, Einstellungen oder Vorurteilen.

3.1 Positive Erfahrungen

Auch diejenigen, die nicht in den Gottesdienst gehen, machen teilweise Erfahrungen mit Predigten und stellen dabei fest: »Oft sind ja die Predigten nicht schlecht« (E46). Euphorische Aussagen wie: Die letzte Predigt, an die ich mich erinnere, war »ganz toll« (K17) sind allerdings die Ausnahme. Fest steht, dass es auch unter den Nichtkirchgängern eine ganze Menge von Personen gibt, die von einer Predigt etwas für sich erwarten, wenn sie diese hören.

Auch hier wird Orientierung gewünscht[16] oder auch das angemessene Eingehen auf die Situation erwartet. Wichtig ist dabei die Verständlichkeit der Predigt (bes. E4).[17]

---

[15] Hier werden die Erwartungen erfüllt. So wird beispielsweise von dem Prediger gesagt: »der hat Gotterlebnisse, ... einen großen Glauben und ein großes Vertrauen. ... Wenn ein Mensch so viel mit Gott erlebt hat, der ist erfüllt. ... Und wissen Sie, da werden Leute gesund« (E20).

[16] Am deutlichsten wird dies bei einem Befragten, der sich auch in der evangelischen Kirche klare Anweisungen erhofft, wie er das an der katholischen Kirche bewundert, die nach seiner Einschätzung nur in dem vom Papst vorgegebenen Rahmen predigt (E42).

[17] Die positive Einstellung zur Predigt korrespondiert weitgehend mit einer positiven Einstellung zur Kirche.

3.2 Predigt ohne Wirkung

Daneben gibt es Befragte, die der Predigt gegenüber durchaus nicht negativ eingestellt sind, dennoch hat die Predigt für sie selbst keine Relevanz. So hat sich in manchen Menschen die Erfahrung eingegraben: »Ich konnte ... nie etwas mit den Predigten anfangen. Die haben einfach nicht zu mir gesprochen. ... Das hat mich nicht berührt« (E39). Das Hören der Predigt ist hier mit der Erfahrung verknüpft, dass die Predigt für das eigene Leben nichts austrägt.

Eine andere Variante stuft das in der Predigt Gehörte als weltfremd und für das »Leben in der harten Wirklichkeit« ungeeignet ein. So kann beispielsweise eine Befragte das von ihr als notwendig angesehene Handeln im Beruf nicht mit dem in Einklang bringen, was sie in ihrer Jugend gepredigt bekommen hat (E25). Das harte Wirtschaftsleben bringt sie nicht mit den in der Kirche gepredigten »Moralvorstellungen« zusammen und hält deshalb auch die Predigt für irrelevant. Das führt letztlich dazu, dass sie jetzt keine Predigten mehr anhört. In ähnliche Richtung geht die Kritik, wenn dem kirchlichen Reden »mangelnde Erdverbundenheit« (E16) vorgeworfen wird.

3.3 Der ethische Anspruch an die Predigenden

Während es auf der einen Seite durchaus vorkommt, dass Menschen die Predigt meiden, weil sie ihre derzeitige ethische Ausrichtung nicht infrage stellen lassen wollen, werden auf der anderen Seite hohe Anforderungen an die Predigenden gestellt: »Mit der Predigt allein im Gottesdienst ist es nicht getan ... [es] muss etwas dahinter stehen« (E45). Von den Vertretern der Kirche wird erwartet, dass sie nicht nur hinter dem Gesagten stehen, sondern dass sie auch danach leben. So wird beispielsweise bemängelt: »auf der einen Seite wird dies und das gepredigt, und auf der andern Seite hält man es anscheinend selber nicht« (E12).

Zum Teil sind es eigene Erfahrungen, zum Teil aber auch Hörensagen, wenn von Pfarrern gesagt wird: sie »predigen Wasser und trinken Wein« (E27). So wird Pfarrerinnen und Pfarrern dezidiert Verlogenheit vorgeworfen[18], da ihr Reden und ihr Handeln auseinanderklaffen. Enttäuscht wird von »Pfarrern, die da immer so schön schlau daherreden, und wenn es darauf ankommt, ... doch ganz anders reagieren« (E39) erzählt. Diese Negativerfahrungen oder Negativbilder prägen dann die Einstellung zur Predigt.

3.4 Ärger an der Predigt

Vielfältig ist der Ärger an der Predigt. Da ist zuerst einmal die Erfahrung von »schlechten« Predigten. Diese werden von den Nichtkirchgängern nicht so gutmütig hingenommen wie von den Kirchgängern. Wenn einer eine Auslegung gehört hat, »wo es dir die Füße verzieht« (E14), dann ist die Motivation gering, sich das wieder anzutun. Selbst wenn Gemeindepfarrer als »gut« ein-

[18] Vgl. Jeannett Martin, a.a.O., 109f.

geschätzt werden, »schaffen [sie] es auch manchmal, eine Predigt hinzulegen, da sage ich: Was soll das?« (E3). Zur inhaltlichen Schelte kommt dann auch noch die Sprechweise dazu. So nervt beispielsweise »das Salbungsvolle« (E39), der Kanzelton.

Richtiger Ärger kommt auf, wenn jemand das Gefühl hat, dass die Predigenden die Predigt instrumentalisieren und für ihre eigenen Anschauungen missbrauchen. Dies wird beispielsweise in Wahlkämpfen deutlich, wenn von der Kanzel gesagt wird, »wo das Mütterlein das Kreuz hinmachen soll« (E43), aber auch in puncto Militäreinsätze oder Kirchenasyl. Dabei wird den Predigenden nicht nur abgesprochen, dass sie von diesen Dingen mehr verstehen als die Menschen unter der Kanzel, sondern sie werden zum Teil auch als politisch fehlgeleitet eingeschätzt.[19] Inwieweit hier eigene Erfahrung oder Klischees transportiert werden, ist schwer zu sagen.

Als problematisch wird auch die Länge der Predigt gesehen und über »diese endlosen Predigten, dieses ewige Stillsitzen« (E39) geklagt.

3.5 Predigtkritik als Ausfluss der Kirchenkritik

Auffällig ist, dass die Kirchenkritik, die unter den Nichtkirchgängern sehr viel verbreiteter ist als bei den Kirchgängern, oft mit der Predigtkritik einhergeht. Dabei werden viele Stereotype verwendet. Am Beispiel einer grundsätzlich postulierten Nichtübereinstimmung von Predigtinhalt und Lebensführung der Predigenden wird dies ebenso deutlich wie daran, dass Beispiele aus der katholischen Kirche herangezogen werden, um die Unglaubwürdigkeit der evangelischen Predigt aufzuzeigen.[20] Allerdings würde es zu kurz greifen, wenn Predigtkritik allein als Ausfluss der Kirchenkritik gesehen wird. In manchen Fällen stehen durchaus konkrete Erfahrungen und Erlebnisse dahinter.

4. Die Predigenden als Predigthörer

Pfarrerinnen und Pfarrer sehen sich in einer Doppelrolle, wenn sie Predigten hören. »Ich höre [die Predigt] zum Teil so, dass ich persönlich angesprochen bin, und zum Teil höre ich Dinge sozusagen als Profi, wo ich sage: na ja, das hätte man jetzt auch anders machen können« (E36). Natürlich ist Berufsinteresse vorhanden. Wie macht das die oder der andere, was wurde verwendet, wie ist der Beginn gestaltet, wie der Spannungsbogen usw.

Doch viel interessanter sind für uns die Predigenden als Hörer. Hier werden eine ganze Reihe von Erwartungen und persönlichen Bedürfnissen formuliert. Ein Pfarrer sagt: »... ich beanspruche nicht, das mich der Prediger sozusagen unterhält zwanzig Minuten lang, und ähm, seine Predigt toll aufgebaut

---

[19] »Pfarrer ... [sind] zum Teil politische Wirrköpfe, die sich auch überall einmischen: in jedes Programm und jede Entscheidung. ... dort fehlt ihnen ... der Überblick ... Ich weiß nicht, das gehört irgendwie nicht zusammen« (E43).

[20] Vgl. Jeannett Martin, a.a.O., 102f.

hat und was weiß ich, sondern ich will an einer Stelle ... berührt werden. So, dass ich's bestätigen kann oder dass ich überrascht bin oder dass ich, dass ich so innerlich ... was bekomme. Ein Geschenk ... irgendwo ist das im Gottesdienst. In jedem. Auch beim noch so schlechten Prediger ist irgendwo ein Geschenk für mich bereit. Und das will ich nicht verpassen. ... noch mal ganz ... einfach ausgedrückt, es muss mich interessieren, es muss ... auch in mir vorhanden sein, ne? Interesse, 'ne das heißt ja das Wort, es muss was geben, was bei mir 'n Echo findet. Und das Echo kann 'ne starke Zustimmung sein – Ja! So denk ich das auch. Schön, dass ich da an der Stelle mit dir verbunden bin, Prediger, Predigerin ... dass du mir das jetzt aus dem Herzen sprichst. Oder es kann mich völlig, vollkommen überraschen. Ein Gedanke, ein biblischer Bezug, eine Interpretation eines biblischen Bildes, ... das ganz neu ist für mich und das mich beschenkt, weil ich jetzt eine Sichtweise gewonnen hab, die ich vorher nicht kannte, vorher nicht hatte ... das ist auch so ein Berührt werden.« (E48).

Interessant ist, dass die Predigenden selbst kein Kunstwerk erwarten. Sie stellen keine Ansprüche an die Predigtform und Predigtlänge, obwohl sie vor dem Gottesdienst solche Dinge interessieren. Wichtig ist auch nicht in erster Linie die gute Gesamtkomposition, der rote Faden oder die gelungene Dramaturgie. Im Vordergrund steht, dass Gott ihnen etwas sagen und mitgeben möchte – in und unter der Unzulänglichkeit der nicht idealen Predigt. Und dies kann in einem einzigen Gedankenanstoß, in einer einzigen Aussage oder einer einzigen Provokation liegen. Im Idealfall wollen sie eine Idee mitnehmen oder den »Drang, etwas zu tun, etwas umzusetzen« (E36) verspüren. Manchmal geht es allerdings auch Pfarrern so, dass sie der Predigt gar nicht zuhören. So kann es auch bei ihnen so sein, dass sie nur einen Raum der Ruhe haben wollen: »Wenn ein Pfarrer oder eine Pfarrerin ... die Predigt hält, ... [dann] muss gar nicht unbedingt sein, dass ich dann zuhöre, sondern dann ist einfach der Raum und das Ganze etwas, was bei mir für Wohlbefinden sorgt« (E36).

Herausstechend ist die Tatsache, dass die Predigenden mit einer Ausnahme nur im Notfall in der eigenen Gemeinde in den Gottesdienst gehen. Zu sehr wären sie dann wieder im Dienst und man würde sie beanspruchen. Für die Wahl des Gottesdienstortes ist dabei in erster Linie die Erwartung ausschlaggebend, dass der gewählte Prediger theologisch ähnlich geprägt ist. Andersdenkende werden so weit wie möglich gemieden.

5. Zusammenschau

Bei dem Vergleich der Aussagen der Pfarrerinnen und Pfarrer auf der einen Seite und den tatsächlichen und möglichen Predigthörenden auf der anderen Seite gibt es erstaunliche Entdeckungen. So stimmen die Erwartungen von Pfarrerinnen und Pfarrern dann, wenn sie selbst in den Gottesdienst gehen, in hohem Maße mit denen anderer Kirchgänger überein. Sobald sie allerdings selber eine Predigt vorbereiten, treten die eigenen Erwartungen weitgehend zurück und werden von einer angeeigneten, vermeintlich professionellen Sicht der angenommenen Notwendigkeiten überlagert.

Zudem fällt auf, dass sich die Einschätzungen, wie die eigene Predigt gestaltet sein soll, und die Erwartungen von anderen Hauptamtlichen sowie von denen, die von sich sagen, dass sie nicht in die Kirche gehen, in außerordentlich starkem Maße decken. Bei den Hauptamtlichen ist dies durch den innerkirchlichen Diskurs bzw. von der Ausbildung her zu erklären. Dass zwischen den Nichtkirchgängern und den Predigenden eine solche Übereinstimmung besteht, lässt die Vermutung aufkeimen, dass die Meinung der Nichtkirchgänger mehr Wirkung zeigt als die der Kirchgänger. Diesen Phänomenen soll noch in einigen Details nachgespürt werden.

5.1 Die Predigt zwischen Eigen- und Fremderwartung

Die Hörenden erwarten von der Predigt Impulse für ihre Lebensgestaltung. Sie beschreiben sie als einen Raum, in dem die biblischen Auslegungen und ihr eigenes Leben zusammenkommen. Dem entspricht im Grundansatz, dass auch die Predigenden in die jeweilige Lebenswirklichkeit hineinsprechen wollen. Ausgangspunkt ist dabei zumeist der vorgeschriebene Predigttext, was der Erwartungshaltung der meisten Hörenden entspricht. Diese wünschen von den professionellen Auslegern der Heiligen Schrift eine professionelle und sachgerechte Bibelauslegung. Dabei zeigen sich drei Problemzonen.

5.1.1 Authentizität und Rollenerwartung

Es ist deutlich geworden, dass für die Predigenden auch in der Predigt ihre eigene Authentizität von hoher Bedeutung ist. Bei der Umsetzung geraten sie allerdings dann mit Hörenden in Konflikte, wenn sie theologische Ansichten verkünden, die nicht als sachgerechte Auslegung eingestuft werden. Wenn von den Predigenden die erfolgte Kritik dann als »evangelikale« Kritik eingeordnet wird, so scheint dies allerdings zu kurz gegriffen. Wenn das erste Gebot als Erfindung von Menschen beschrieben wird, die um ihre religiöse Identität bangen, oder das Opfer Christi am Kreuz als überholtes Denkmuster behauptet wird, dann macht man es sich zu leicht, wenn alle Kritik mit den Etiketten »evangelikal« oder »biblizistisch« gekennzeichnet wird.

Deutlich wird auch, dass die Forderung nach Authentizität zuerst einmal eine Eigenforderung der Pfarrerinnen und Pfarrer ist. Sie wird aus drei Gruppen unterstützt: aus den Reihen der Hauptamtlichen, aus dem Bereich derer, die von sich sagen, dass sie keine Predigten hören, und aus der Gruppe der aus der Kirche Ausgetretenen. Die Kirchgänger dagegen erwarten von den Predigenden offensichtlich vor allem eine sachgerechte Auslegung des Bibeltextes. Die Predigthörenden schreiben den Pfarrerinnen und Pfarrern eine Rolle zu, die Kontinuität und bleibende biblische Wahrheit in der Übertragung auf die heutige Lebenswelt gewährleistet. Die Predigenden und ihre reale Rede treten hinter die Erwartung des Wirkens Gottes durch die Predigt zurück. Dabei sehen und gewichten einige Pfarrerinnen und Pfarrer tendenziell ihr eigenes »Ich« und ihre eigene theologische Erkenntnis stärker als die ihnen übertragene Rolle als Verkündiger des Wortes Gottes nach Schrift und Bekenntnis.[21]

5.1.2 Die Deutungshoheit von Predigenden und Hörenden

Eine zweite Problemzone markiert die Deutungshoheit. Diese wird sowohl von den Predigenden als auch von den Hörenden je für sich beansprucht. Auf der einen Seite betonen die Predigenden, dass sie Vereinnahmungen vermeiden und nicht unangemessen moralisieren, den Hörenden also einen Raum der Freiheit geben wollen. Auf der anderen Seite machen aber insbesondere Menschen, die keine Predigten mehr hören, deutlich, dass solche Übergriffe passieren. Sie beschreiben, dass Predigende auf der Kanzel für sich beanspruchen, mehr von Politik und Gesellschaft zu verstehen als die Menschen unter der Kanzel. Diese akzeptieren zwar die Predigenden als Fachmann und Fachfrau in der Bibelauslegung, in der Welt- und Tagespolitik halten sie sich dagegen für mindestens ebenso informiert und für ohne Hilfe von der Kanzel urteilsfähig. Von daher sind die vielen Versuche der Kirchenleitungen und kirchlichen Einrichtungen, die Predigt als Sprachorgan ihrer Zielvorstellungen in politischen und ethischen Fragen zu instrumentalisieren, sehr kritisch zu sehen. Die in Predigten übernommenen Zielvorstellungen von kirchlichen »Vermittlungsorganen« haben zumeist wenig mit dem zu tun, was die Kirchgänger von der Predigt erwarten. Hier scheinen soziale und politische Zusammenhänge nur dann Relevanz zu gewinnen, wenn sie die Hörenden und ihr eigenes soziales Umfeld direkt betreffen, und zwar nach deren eigener Einschätzung.

5.1.3 Die Wirkung der Predigt

Die dritte Problemzone ist die »Wirkung« der Predigt. Die Hörenden berichten in großer Breite davon, dass ihnen die Predigt etwas für ihr Leben bringt. Was das genau ist, bleibt stets unbestimmt. Sicher ist es nicht so, wie das ein Pfarrer für sich wünscht, dass er aus der Predigt geht und dann den »Drang [verspürt], etwas zu tun, etwas umzusetzen« (E36). Auch haben wir nirgends ei-

---

[21] Dem Predigtverständnis der Kirchgänger als Wort Gottes bzw. Auslegung des Wortes Gottes entspricht dann übrigens auch, dass die Predigt von der Kanzel gesprochen wird.

nen Bericht einer grundlegenden Lebensveränderung oder Bekehrung durch die Predigt. Das scheint also die Ausnahme zu sein.

Durchwegs scheinen die Kirchgänger mit dem Wirken Gottes in der Predigt zu rechnen, das sie zum Nachdenken bringt und Orientierung gibt. Wie sich das auswirkt, wird nicht kommuniziert.

5.1.4 Die Schieflage im Verhältnis zu den »Evangelikalen«

Besonders auseinander geht die Eigen- und Fremderwartung in dem Verhältnis von manchen Pfarrerinnen und Pfarrern auf der einen Seite und manchen evangelikalen Predigthörenden auf der anderen Seite. Viele Predigende haben klare Feindbilder und sind in keiner Weise bereit, diese »Zielgruppe« adäquat anzusprechen, ja sie suchen zum Teil gezielt die Konfrontation. Dem entspricht die in manchen evangelikalen Kreisen vorgenommene Einordnung von bestimmten Predigenden als ungläubig. Hier erwartet man nur von der Predigt eines »gläubigen« Pfarrers bzw. einer »gläubigen« Pfarrerin etwas. Es wird allerdings in der Untersuchung deutlich, dass ein größerer Teil der sich selbst als evangelikal orientiert bezeichnenden Befragten durchaus etwas von der Predigt in der Ortsgemeinde erwartet. Insgesamt scheint das Verhältnis aber in vielen Fällen verkorkst.

5.2 Die Gestaltung der Predigt

Bei der Gestaltung der Predigt arbeiten die Predigenden mit Hypothesen vom Hörer bzw. der Hörerin. Zwei Dinge sind hier besonders zu betrachten: die Hörfähigkeit und die Verständlichkeit.

5.2.1 Die Hörfähigkeit der Predigthörenden

Ein interessantes Ergebnis ist, dass die Pfarrerinnen und Pfarrer in ihrer Einschätzung der Hörfähigkeit ihrer Zuhörer in ihrem Urteil mit denen übereinstimmen, die von sich sagen, dass sie keine Predigten anhören. Beide Gruppen halten es für gegeben, dass eine lange Predigt nur schwer oder nicht erfasst werden kann. Dagegen ist dies offensichtlich für die Kirchgänger kein oben aufliegendes Kriterium, sondern absolut nachgeordnet. Hier zeigt sich wieder, dass Pfarrerinnen und Pfarrer in ihren Einschätzungen oft mehr mit denjenigen übereinstimmen, die nicht in den Gottesdienst gehen, als mit den Kirchgängern.

5.2.2 Die Verständlichkeit der Predigt

Die positiven Beurteilungen der gehörten Predigten durch die Kirchgänger sollen nicht darüber hinwegtäuschen, dass sich Pfarrerinnen und Pfarrer als Predigende selbst sehr viel besser einschätzen als das Gros ihrer Kirchgänger, geschweige denn der »seltenen« Hörer, die ein deutlich kritischeres Bild zeichnen. Deutlich wird dies insbesondere bei der Frage der Verständlichkeit der Predigt. Sämtliche befragte Pfarrerinnen und Pfarrer sagen von sich, dass sie gut und allgemeinverständlich predigen. Bei den Hörenden – und hier vor allem bei den gelegentlich Hörenden – kommt allerdings zum Ausdruck, dass sowohl im Inhaltlichen als auch im Sprachlichen Überforderungen geschehen.

5.3 Der Raum der Predigt

Sehr klare Vorstellungen haben die Predigenden darüber, wie ihre Predigt von der Form her gestaltet sein soll, was »gut ankommt« und was nicht. Sie arbeiten mit je verschiedenen homiletischen Konzeptionen und scheinen dabei vorwiegend die Wahl danach zu treffen, welches theologische Konzept ihnen am nächsten ist. Ihr Ziel ist es – wie bereits beschrieben –, ihre theologische Erkenntnis jeweils authentisch weiterzugeben.

Auf der Seite der Hörenden wird zwar durchaus auch rhetorische und inhaltliche Predigtkunst geschätzt, doch dies scheint nicht das Primäre zu sein. Genauso wie die Pfarrerinnen und Pfarrer – wenn sie selber in einen Gottesdienst gehen – selber kein Kunstwerk Predigt erwarten, genauso wie sie dann Predigtform, Predigtlänge, der rote Faden oder die gelungene Gesamtkomposition nur sekundär interessieren, so ist das offensichtlich auch bei der Mehrzahl der Predigthörenden. Diese erwarten, dass sie aus der Auslegung der Bibel etwas für ihr Leben herausziehen können. Sie erleben sie als Raum der Begegnung von Gottes Wort und ihrem Leben. So scheint es, dass viele der Hörenden einen Impuls aufgreifen, diesem in ihren eigenen Gedanken in aller Ruhe nachgehen und irgendwann wieder zur Predigt zurückkehren. Während die Hörenden mit ihrer »eigenen« Predigt beschäftigt sind, läuft die Predigt der Predigenden wie im Hintergrund weiter. Hier scheint etwas von der Unverfügbarkeit und der Gnadenwirkung des Wortes Gottes in der Predigt durch.

Wie viel Ordnung braucht der Sonntagsgottesdienst?

Ergebnisse zweier empirischer Untersuchungen

Reden wir von Ordnung, so sehen wir eine geregelte Situation vor uns. Diese ist übersichtlich und – so sie nicht gestört wird – verlässlich. Das kommt daher, dass aus verschiedenen Teilen und Elementen etwas zu einem einheitlichen, auf Wiederholung angelegten Ganzen zusammengefügt wird und dann auch nur in einem festgelegten Rahmen Veränderbarkeit aufweist.

Reden wir vom Sonntagsgottesdienst, so bringen wir diesen heute nicht unbedingt sofort mit Ordnung in Verbindung, eher mit Freiheit. In unserem 1995 erschienenen Evangelischen Gesangbuch für Bayern finden wir nicht wie in den alten Gesangbüchern Gottesdienstordnungen, sondern Grundformen. Das signalisiert Flexibilität innerhalb eines gesteckten Rahmens. Die Fachleute reden mit Frieder Schulz von der »schmiegsamen Liturgie« in einer festgelegten Struktur.

Diese Abkehr vom Ordnungsbegriff ist Programm. Der bisherige Wechsel von Ordinariums- und Propriumsstücken wird als unzureichend markiert. Der Gottesdienst soll offen sein für Akzentsetzungen, für Neues und Neuerungen, für Veränderung und »Modernes«. Unsere Fragestellung ist zuerst einmal, ob dies dem Gros derer, die am Sonntagvormittag zum Gottesdienst gehen, gerecht wird.

Bevor wir unserer Fragestellung im engeren Sinn nachgehen, noch zwei Vorbemerkungen:

1. Vorbemerkungen

Ausgangspunkt der Überlegungen sind zwei zusammenhängende Forschungsprojekte, die das Nürnberger Gottesdienst-Institut veranlasst, begleitet und ausgewertet hat. Da ist zum einen eine qualitative empirische Untersuchung, die am Lehrstuhl für religiöse Gegenwartskultur an der Universität Bayreuth unter Leitung von Prof. Dr. Christoph Bochinger durchgeführt wurde. Unter dem Titel »Rituale, Singgebung und Lebensgestaltung in der modernen Welt« wurden 54 evangelisch Getaufte in Bayern in sechs ausgewählten Gemeinden in den unterschiedlichsten Regionen interviewt. Sie erzählen dabei viel von ihren Einstellungen zum Gottesdienst, zu ihrem Teilnahmeverhalten, ihren Vorlieben und Ablehnungen.[1]

Auf den Ergebnissen dieser Studie aufbauend wurde zur Kontrolle und Weiterführung durch die Gesellschaft für Markt-, Konsum- und Absatzforschung (GfK), Nürnberg, eine repräsentative quantitative Umfrage ebenfalls unter evangelisch Getauften durchgeführt. Diese hat in hohem Maße die Ergebnisse der qualitativen Bayreuther Untersuchung bestätigt, zusätzlich aber auch neue Erkenntnisse geliefert. Im Folgenden wird von der Bayreuther[2] bzw. von der GfK-Studie geredet.

Zudem muss noch ein kurzer Blick auf Gottesdienste in neuen bzw. offenen Formen geworfen werden. In unserer qualitativen empirischen Untersuchung unter evangelisch Getauften in Bayern wurde ersichtlich, dass wir es im Blick auf den Gottesdienst mit drei Gruppen zu tun haben.

Das Gros der Befragten bevorzugt den Gottesdienst in seinen Traditionsformen, eine weitere große Gruppe lehnt diesen aber als für sie unangemessene Form ab und beschreibt andere Feierformen, die für sie wichtig sind. Sie möchten zumeist etwas ganz anderes, wegkommen vom »Pauschalangebot« am Sonntagvormittag, sich absetzen von der verstaubten »One-Man-Show«. In vielen Äußerungen aus diesem Personenkreis wird deutlich, dass ihre bevorzugte Gottesdienstform geradezu vom Kontrast zum Sonntagvormittagsgottesdienst lebt. Auch dies ist für unsere weitere Betrachtung wichtig, da man sich auf Dauer nur von etwas absetzen kann, was real als spezifische Form bzw. Ordnung erkennbar ist und praktiziert wird. Der geordnete Sonntagsgottesdienst stellt also in vielen Fällen eine Gegenfolie für die offenen bzw. neuen Formen dar.

Die dritte, kleine Gruppe, die Tradition und Neues miteinander verbinden möchte und sich vorwiegend aus Hauptamtlichen und hoch engagierten Ehrenamtlichen zusammensetzt, wird hier noch ausgeblendet.

---

[1] Vgl. zum Forschungsdesign JEANNETT MARTIN, Mensch – Alltag – Gottesdienst. Bedürfnisse, Rituale und Bedeutungszuschreibungen evangelisch Getaufter in Bayern, Berlin 2007, 25-36.

[2] Vgl. zum Folgenden die vom Gottesdienst-Institut Nürnberg herausgegebenen Hefte mit den praktisch-theologischen Auswertungen: HANNS KERNER, Die Predigt, Nürnberg 2007; DERS., Der Gottesdienst, Nürnberg 2007; DERS., Die Kirchenmusik, Nürnberg 2007; bei Zitaten aus den Interviews werden immer die Interviewnummern mit den entsprechenden Seitenzahlen angegeben. Vgl. auch DERS.: Lebensraum Kirchenraum. Wahrnehmungen aus einer neuen Untersuchung unter evangelisch Getauften, in: DERS. (Hrsg.), Lebensraum Kirchenraum. Das Heilige und das Profane, Leipzig 2008, 7-15.

2. FAKTOREN, DIE NACH EINER KLAREN GOTTESDIENSTORDNUNG RUFEN

2.1 Regelmäßiger und sporadischer Gottesdienstbesuch

In unserer qualitativen Untersuchung ist aufgefallen, dass Pfarrerinnen und Pfarrer sagen: »Am Sonntagvormittag kommen doch immer dieselben Leute.« Manche ordnen deshalb den Sonntagvormittagsgottesdienst als Zielgruppengottesdienst oder als milieuspezifischen Gottesdienst ein. Dagegen findet sich bei Kirchenmusikern die Aussage: »Am Sonntagvormittag kommen immer andere Leute.« Betrachtet man die Aussagen derjenigen Befragten, die von sich sagen, dass sie Gottesdienste besuchen, so wird deutlich, dass der regelmäßige Gottesdienstbesucher eher die Ausnahme ist und dass wir es mit vielen Menschen zu tun haben, die nur dann in den Gottesdienst gehen, wenn sie wirklich das Bedürfnis danach haben. Und das ist bei den meisten eher selten.

Bei der repräsentativen quantitativen empirischen Untersuchung durch die GfK Nürnberg wird zwar wieder einmal deutlich, dass die Befragten die Häufigkeit ihres Kirchgangs überschätzen, sonst wären die Kirchen sehr viel voller, aber es wird ebenso deutlich, dass das Gros der Befragten, nämlich mehr als 90% der Kirchenmitglieder[3], die überhaupt dorthin gehen, den Sonntagvormittagsgottesdienst unregelmäßig und sporadisch besuchen.

Auf diesem Hintergrund erweist sich die Meinung, dass am Sonntagvormittag immer dieselben Leute kommen, als Fehleinschätzung, die hinsichtlich der Gottesdienstgestaltung weit reichende Konsequenzen hervorbringt.

Was bedeutet das für unsere Überlegungen? Zuerst einmal müssen wir fragen, ob unsere real existierenden Gottesdienste dem Rechnung tragen, dass die Mehrzahl der Gottesdienstbesucher nur sporadisch kommt. Unsere Gottesdienstkonzepte, zumindest seit der VELKD-Agende[4] und nun besonders deutlich im Evangelischen Gottesdienstbuch[5] und in den Grundformen in unserem Gesangbuch[6], gehen vom regelmäßigen Gottesdienstbesucher aus. Wie sonst soll jemand beispielsweise die anspruchsvollen Introiten mitsingen können? Und wie soll jemand erkennen, dass an dem Sonntag, zu dem er gerade einmal wieder in den Gottesdienst geht, eine gegenüber dem vorausgegangenen Sonntag vielleicht sogar sinnvolle Variation des Eingangsteils ge-

---

[3] Von den Kirchenmitgliedern gaben 9,7% an, dass sie jeden oder fast jeden Sonntag in den Gottesdienst gehen, 19,9% ein- bis zweimal im Monat, 41,1% mehrmals im Jahr, 25,9% einmal oder seltener und 3,4 % nie.

[4] Agende für evangelisch-lutherische Kirchen und Gemeinden, Bd. 1: Der Hauptgottesdienst mit Predigt und Heiligem Abendmahl und die sonstigen Predigt- und Abendmahlsgottesdienste, Ausgabe Bayern, Berlin 1957 [1959].

[5] Evangelisches Gottesdienstbuch, Agende für die Evangelische Kirche der Union und für die Vereinigte Evangelisch-Lutherische Kirche Deutschlands, Berlin u.a. 1999.

[6] Evangelisches Gesangbuch. Ausgabe für die evangelisch-lutherischen Kirchen in Bayern und Thüringen, München [1995].

wählt wurde? Was der regelmäßige Gottesdienstbesucher – vielleicht dankbar – als Variation und Abwechslung empfindet, das ist für den sporadischen Gottesdienstbesucher nur anders. Er findet sich nicht zurecht und ärgert sich, dass er nicht weiß, was jetzt dran ist. Er kann sich nicht ins Vertraute hineinbegeben. Seine Enttäuschung kann nach unserer Untersuchung so weit gehen, dass er sagt: In *diese* Kirche gehe ich nicht mehr.

Deutlich wird, dass es scheinbar nicht reicht, künstliche Konstanten einzuführen, die mit den Maßeinheiten Struktur oder Grundformen arbeiten. Die Wiedererkennbarkeit, die Orientierung und der aktive Mitvollzug machen sich in den Aussagen der Interviewten stets an der materialen Gestalt der liturgischen Elemente fest. Eine erste Strophe von »Allein Gott in der Höh sei Ehr« wird beispielsweise als zur Liturgie gehörig empfunden, Varianten der Gloriastrophe, ja bereits die Strophen 2 bis 4 desselben Liedes dagegen zumeist als etwas anderes, als Fremdkörper.

Die Frage, die sich hier stellt, lautet: Wie kann eine Ordnung aussehen, die sowohl den regelmäßigen wie den sporadischen Kirchgänger in gleicher Weise in den Blick nimmt?

2.2 »Mein Gottesdienst«

Interessanterweise reden Menschen in den qualitativen Interviews häufig von »meinem« Gottesdienst. Dies ist unabhängig davon, ob sie einen Gottesdienst in der Traditionsform bevorzugen oder eine offene bzw. neue Gottesdienstform. Stets sind ihnen die Kommunikationsformen, die räumlichen Gegebenheiten, die Art und Form der gottesdienstlichen Elemente, die Musik, das Licht und vieles jeweils Spezifisches wichtig. Das alles setzt sich dann zu einem Ganzen zusammen, das sie genau so erleben wollen, um »ihren« Gottesdienst so feiern zu können, wie sie das möchten.

Genauso reden aber auch viele Pfarrerinnen und Pfarrer von »ihrem« Gottesdienst und meinen damit den Gottesdienst so, wie sie ihn gestalten, so, wie sie es für richtig halten. Es ist ihre Theologie und Ästhetik, die für die Auswahl oder Formulierung der Eingangssequenz, der Gebete, der Bibelübersetzung für die Lesungen oder der Segensformel ausschlaggebend ist. Es ist ihre theologische Prägung und ihr Musikgeschmack, der die Auswahl der Lieder bestimmt, ihre Handschrift soll den Gottesdienst prägen: »Mein Gottesdienst«![7]

So stellt sich nun die Frage: Wie kommt man zu einer Regelung für den Sonntagsgottesdienst, in dem es nicht zu einem Konflikt zwischen den beiden Parteien kommt, die jeweils »ihren Gottesdienst« feiern wollen?

Wessen Gottesdienst ist es? Gehen wir einmal mit vielen Theorien davon aus, es sei der Gottesdienst der Gemeinde und betrachten noch einmal einige

---

[7] Jeannett Martin findet es auffallend, dass sämtliche interviewten Pfarrerinnen und Pfarrer »ausführlich und genau über ihre eigenen Ansprüche an die Gestaltung der Gottesdienste sprechen, sie also genau wissen, worauf es ihnen im Gottesdienst ankommt.« (Mensch, 159).

Interviews. Dabei konzentrieren wir uns wieder auf diejenigen, die den Sonntagvormittagsgottesdienst bevorzugen. Dort wird beschrieben, was den Gottesdienst zu »meinem« Gottesdienst macht. Da ist zuerst das Mitvollziehenkönnen des Vertrauten. Die Lieder sollen bekannt sein, sie sollen von der Orgel nicht zu hoch begleitet werden, man will mitsingen können. Die Orgel soll das Singen unterstützen und einen nicht durch kunstvolle Improvisation aus dem Takt und der Melodie herauskatapultieren. Es wird ein Gemeinschaftsgefühl beschrieben, das sich einstellt, weil man zusammen singt und betet, weil man sich gemeinsam zumeist nach vorne ausrichtet, weil man gemeinsam aufsteht und sich gemeinsam wieder setzt. Es ist wichtig, das Vaterunser und das Glaubensbekenntnis zusammen zu sprechen. Wo man eigene Anliegen vor Gott bringen will, will man das in der Stille tun.

Fasst man das alles zusammen, so gehört zu »meinem« Gottesdienst für das Gros der Sonntagvormittagskirchgänger, dass ein klarer, sofort mitvollziehbarer Ritus unabdingbar und das Einstimmenkönnen in das Vertraute entscheidend sind. In diesem Zusammenhang ist die Beobachtung wichtig, dass erstaunlich viele Befragte berichten, dass sie gerne in katholische Gottesdienste gehen, und zwar mit der Begründung, dass sie wissen, was sie dort erwartet. So legt es sich nahe, die Bedeutung der festgelegten Liturgie noch einmal genauer anzuschauen.

2.3 Ritual und Liturgie

2.3.1 Die Bedeutung des Rituals

In den Interviews reden Befragte davon, dass ihnen das »Ritual der Kirche«[8] wichtig ist. Eine Befragte sagt: »Ich verstehe den Gottesdienst als gesamt und würdig, als Ritual, ... wo ich auch ganz wild dahinter her bin, dass es auch dieses Ritual sein darf.« In dieselbe Richtung gehen Erzählungen von Gottesdienstbesuchen in fremden Kirchen, bei denen man mit der Liturgie nicht zurechtgekommen ist. Hier wird dann gefordert: Die Gottesdienstordnung sollte konsequent eingehalten werden.[9]

Fragen wir noch, warum manche Menschen so versessen darauf sind, den Gottesdienst in einer ganz bestimmten Form zu feiern, die eine immer wiederkehrende Ausformung erfährt. So sagt eine Frau: »An was ich zuerst denke beim Wort Ritual, diese Abläufe, Liturgie und so was, das, mein Gott, also, ich finde es schön und irgendwie auch wohnlich sozusagen, dass es so etwas gibt, das ist irgendwie angenehm.« Ein anderer äußert sich so: »Die Predigt ist umgeben von dem ganzen liturgischen Ablauf, der einem dieses ... Zurück-zu-sich-selbst-Finden ermöglicht und ... man ... hat nichts weiter zu tun als ... ab-

---

[8] KERNER, Der Gottesdienst, a.a.O., 14.

[9] Bemerkenswert ist in diesem Zusammenhang, dass einige von Gottesdienstbesuchen im Ausland erzählen. Die Eindrücke aus diesen Gottesdiensten sind stets positiv, und es wird berichtet, dass man dort »mitgekommen« ist.

zuschalten oder mitzudenken, mitzufühlen; ich bin trotzdem dann im Geschehen, wenn meine Gedanken abirren.« (E33,592-599) Die Liturgie gibt Freiraum bei gleichzeitig empfundener innerer Beteiligung. Dabei macht es nichts, wenn von ihr »nichts hängen bleibt.« (E25,244) Die Liturgie schenkt Raum, innere Freiheit im Gottesdienst zu leben. So wird zum Gebet geäußert: »Ob ich jetzt nun wirklich intensiv da mitbete oder das nun genauso nehme, wie das jetzt vorgebetet wird, spielt keine Rolle. ... Man ist ja oft so unruhig über irgendetwas und sagt da: Ich kann mich jetzt da einmal versuchen, ein bisschen zurückzunehmen und einmal [die] Augen [zu] schließen und einfach einmal Ruhe zu geben.« (E33,585-587)[10] Bedeutsam für das Zur-Ruhe-Kommen ist eine »gewisse Monotonie« der Liturgie. (E7,291) Als Beispiele werden die Wiederholung derselben Verse (bei Kyrierufen) oder der immer gleiche Ablauf genannt. Dabei ist wichtig, dass es »dieser genaue rituelle Ablauf« ist, der »etwas Beruhigendes« hat. (E7,288)[11] Für dieses Ritenempfinden ist es wichtig, dass immer exakt dieselbe Liturgie vollzogen wird.[12] Eine Befragte bezeichnet die Liturgie als Rahmen, und der muss gleich bleiben. Wichtig ist, dass die Liturgie einfach abläuft: »Wenn man so im Gottesdienst sitzt und ist vielleicht gerade ein bisschen müde, und das läuft halt einfach so vorbei, ... das ist immer so blubblubblub, läuft einfach so vorbei und man weiß vielleicht gar nicht mehr, ob es schon dran war oder nicht.« (N4,431)

Insgesamt wird also die Funktion der Liturgie als stabilisierend, orientierend und gleichzeitig Freiheit gebend beschrieben. Interessant ist, dass bei der GfK-Untersuchung die Aussage »Wenn ich in den Gottesdienst gehe, dann möchte ich etwas Vertrautes und mich nicht ständig auf Neuerungen einstellen müssen« von denjenigen, die den Sonntagvormittagsgottesdienst bevorzugen, und denen, die lieber in andere Gottesdienste gehen, völlig anders bewertet wird. Nur knapp 25% der Sonntagvormittagskirchgänger stimmen dieser Aussage nicht zu. Bei denen, die andere Gottesdienstformen bevorzugen, geben noch nicht einmal 25% dieser Aussage eine Zustimmung.[13] Hier haben wir also ein diametral entgegengesetztes Bedürfnis nach Vertrautem bzw. Neuem.

---

[10] Das Gebet hilft, »um zu sich, um zu seinem Inneren und ... zu[r] ... Ruhe« zu kommen. (E33,583-585).

[11] »Rituale ... sind ja Gewohnheit; ... dieser genaue rituelle Ablauf hat ja auch etwas ... Beruhigendes. ... man weiß, wie der Ablauf ist, was kommt, schaltet auch einmal ab, man muss nicht immer dabei sein. Es hat etwas ... was Beruhigendes«; ... es hat ja auch etwas mit ... zur Ruhe kommen zu tun, durch diesen Gesang, das Monotone, also dass man zur Ruhe kommt. Immer wieder, so wiederholt, bestimmte Verse.« (E7,289-293).

[12] «Und dann finde ich auch zum Beispiel immer so die eingefahrenen Gesänge, die halt immer wieder sich ... ein gewisses Ritual ... gehört eben einfach dazu, muss auch sein. ... Man kann das jetzt nicht ganz alles revolutionieren, das wäre auch nicht richtig, nicht? (E31,262-264).

[13] Auf der Fünferskala von »stimme voll zu« bis »stimme gar nicht zu« votieren bei den Sonntagvormittagskirchgängern: 33,1%; 20,0%; 21,5%; 17,1%; 8,4%; bei denen, die andere Gottesdienstformen bevorzugen sind das: 9,3%; 16,7%; 24%; 26,4%; 23,6%.

Zudem wird deutlich, dass es vor allem die über 60-Jährigen sind, die das Vertraute erwarten und schätzen, die zweitgrößte Gruppe, die dies wünscht, sind aber die 20-29-Jährigen.[14] Es wäre trotz der hohen Zahl von über 60-Jährigen, die nach Konstanz rufen, vorschnell, angesichts der sonst beschriebenen Ritenbedürftigkeit der meisten Interviewten den Wunsch nach einer konstanten Liturgie als Alterserscheinung abzutun.

2.3.2 Probleme mit der Durchbrechung des Rituals

Vieles, was Pfarrerinnen und Pfarrer für »ihren« Gottesdienst für wünschenswert und nötig halten und deshalb auch so praktizieren, prallt nun auf diese genannten konstitutiven Faktoren des als »mein« Gottesdienst empfundenen, möglichst gleich bleibenden Gottesdienstes der Gemeinde. So berichten die Interviewten von zahlreichen Dingen, die sie als störend empfinden.

Da sind zum ersten Erklärungen. Viele Pfarrer und Pfarrerinnen gehen offensichtlich davon aus, dass der Gottesdienst, so, wie sie ihn am Sonntagvormittag feiern, nicht verständlich ist. So stellen sie vor liturgische Stücke oder Bibeltexte erläuternde und Sinn vorgebende Sätze. Sie geben der Gemeinde intellektuell die Richtung vor, wie das entsprechende gottesdienstliche Element oder der entsprechende gottesdienstliche Teil zu verstehen ist. Dies scheint nun aber auf ein Ritenempfinden zu stoßen, bei dem nicht alles erklärt werden muss. Vielmehr lassen sich die Gottesdienstfeiernden auf das liturgische Geschehen ein und deuten es selbst. Die Lenkung der Gedanken wird so zur Störung. Das heißt einmal holzschnittartig zugespitzt: Während die Gottesdienstgemeinde die Handlung in eigener Deutungshoheit und eigenen Interpretationen des Geschehens mit vollziehen will, sich also auf das rituelle Geschehen einlässt, wird auf Pfarrerseite der Ritus durchbrochen. Hier wird der Ritus als ungenügend und unverständlich eingeordnet und deshalb werden Deutungen vorgezogen. Von der Gemeinde her wird die Kommunikation des Evangeliums aber mindestens ebenso durch Handlungen wie durch Worte wahrgenommen.

In diesen Zusammenhang des pädagogischen Handelns von Seiten der Durchführenden gehören auch das Einüben von Liedern oder beispielsweise das Aufschreiben von Gebeten. Interviewte, die dies nicht leiden können, machen deutlich, dass sie nicht in die Schule, sondern in einen Gottesdienst gehen.[15]

Ein zweiter Bereich, der angesprochen wird, ist eine andere Form der Durchbrechung des Ritus. Befragte bezeichnen ihn mit »Einlagen«. Anhand eines ganz harmlosen Beispiels soll deutlich gemacht werden, dass sehr vie-

[14] Bei den über 60-Jährigen sind es 68%, die der Aussage zustimmen, bei den 20-29-Jährigen 38,4%. Zum Vergleich: Bei den 30-39-Jährigen sind es nur 17%.

[15] Bei der GfK-Befragung stimmten nur knapp 25% der Sonntagvormittagskirchgänger der Aussage »Ich komme in den Gottesdienst, um Ruhe zu finden, und möchte nicht dauernd etwas machen müssen« nicht zu.

les, was von denen, die es in den Gottesdienst eintragen, als Bereicherung und Abwechslung gedacht ist, ein Problem darstellen kann. In einem Fall wird von einer Gesangseinlage erzählt. Sie hat der Befragten nicht gefallen und ihr – wie sie betont – den ganzen Gottesdienst verdorben. Da die Geschmäcker bekanntlich verschieden sind, bergen den Ritus durchbrechende Einschübe, die gut gemeint, aber nicht gut gemacht sind, ein hohes Frustrierungspotential für die Gemeinde.[16]

Ein dritter Bereich hängt sehr stark mit dem Problem von Nähe und Distanz zusammen. Pfarrerinnen und Pfarrer wollen in hohem Maße Nähe schaffen. Sie versuchen das oft schon in der Begrüßung, und das kann sich dann bis zur Interaktion steigern. Auf der anderen Seite ist bei der Mehrzahl der Sonntagvormittagsbesucher ein hohes Bedürfnis nach Distanz festzustellen, das im Extremfall so weit gehen kann, dass man am liebsten noch nicht einmal erkannt würde und sich deshalb, falls vorhanden, hinter eine Säule setzt. Es sieht so aus, als könnten manche Pfarrerinnen und Pfarrer Distanzbedürfnisse nicht akzeptieren.

Am Beispiel des Friedensgrußes, der in vielen Gemeinden Bestandteil des Ritus ist, soll diese Problematik vertieft werden. Wir haben Befragte, die dies als Zwangshandlung verstehen, wenn sie aufgefordert werden, einander die Hände zu reichen; oft ist es auch nur ein tiefes Unbehagen, das in diesem Zusammenhang artikuliert wird. So sagt beispielsweise eine Befragte: »Ich schalte immer ab, wenn es darum geht, seinem Banknachbarn die Hand zu geben und ›Friede sei mit dir‹ zu wünschen. Das kann ich einfach nicht. Also, das ist mir so fern und das will ich irgendwie nicht. Ich mache es dann zwar manchmal trotzdem, aber wenn mir dann jemand die Hand gibt, dann merke ich dann bei mir, das ist jetzt nicht unbedingt aufrichtig. Ich kann das nicht zu jemandem Wildfremden sagen. Na, ich mache es halt, weil man es in der Kirche scheinbar so macht. Aber das gefällt mir einfach überhaupt nicht. ... Dabei bin ich total offen, aber wenn ich es will. Es ist etwas Aufgesetztes daran, aber ich schaffe es trotzdem nicht, mich zu wehren und zu sagen: Das mache ich nicht.« (E38,473) Bei der GfK-Untersuchung haben wir folgende Aussage bewerten lassen: »Ich finde es unangenehm, anderen im Gottesdienst auf Kommando die Hand geben zu müssen.« Dabei liegt die Zustimmung bei weit über 50%, nur 26,2% der Befragten haben damit scheinbar keine Probleme. Während sich hier in Bezug auf Alter und Geschlecht keine signifikanten Unterschiede unter den Befragten abzeichnen, ist die Häufigkeit des Gottesdienstbesuchs genauer zu betrachten. Hier stellen wir nämlich fest: Je häufiger die Befragten den Sonntagvormittagsgottesdienst besuchen, umso weniger haben sie Probleme damit, der Nachbarin oder dem Nachbarn beim Friedensgruß die Hand zu reichen. Je seltener sie kommen, umso größer ist die Abneigung gegen diesen Akt. Es wird also deutlich, dass für Menschen, die den Friedensgruß als Teil des Ritus häufig praktizieren und bei denen auch eine

---

[16] In diesen Bereich fallen auch Meditationen, die im Gottesdienst angeleitet werden.

höhere Vertrautheit mit anderen Gottesdienstbesuchern vorhanden ist, diese Form der Interaktion auf weniger Widerstand trifft. Das Gros der Gottesdienstbesucher würde ihn aber lieber nicht vollziehen müssen.

Betrachtet man die als störend beschriebenen Sachverhalte insgesamt, so wird deutlich, dass Durchbrechungen des Ritus und des Distanzbedürfnisses für viele Gottesdienstbesucher ein erhebliches Problem darstellen. Die von Pfarrerinnen und Pfarrern gut gemeinten Veränderungen des Gewohnten führen dazu, dass Gemeindeglieder den Gottesdienst nicht mehr als »ihren« Gottesdienst erleben.

Diese Wechselbeziehung soll anhand eines Beispiels exemplarisch noch etwas näher beleuchtet werden. Dazu betrachten wir Aussagen zum Gebet. Wir haben festgestellt, dass Menschen im Gottesdienst in erster Linie für sich oder ihre nahen Angehörigen bzw. ihr nächstes soziales Umfeld beten. Wie bei allen anderen Teilen des Gottesdienstes berichten einige Interviewte davon, dass sie bei Gebeten oft nicht das Gebet der Pfarrerin oder des Pfarrers mitbeten, sondern mit ihren Gedanken ganz woanders sind. Bei der Kontrolluntersuchung der GfK stimmen 34,2% der Befragten der Aussage zu: »Bei den Fürbitten höre ich oft nicht zu«, 42,6% stimmen dem nicht zu. Dabei fällt es denen, die häufiger in den Gottesdienst gehen, offensichtlich sehr viel leichter, die Fürbitten mit zu vollziehen, als denen, die sehr selten kommen.[17] Dagegen sind gemeinsam gesprochene Gebete wie das Vaterunser von extrem hoher Wichtigkeit für die Befragten. Auch hier ist allerdings wieder ein signifikanter Unterschied zwischen häufigen und seltenen Kirchgängern zu beobachten. Zu der Aussage »Das gemeinsam gesprochene Vaterunser ist mir sehr wichtig« geben 97,4% der Gottesdienstbesucher, die jeden oder fast jeden Sonntag in die Kirche gehen, ihre Zustimmung, bei denen, die nur einmal oder seltener im Jahr gehen, stimmen nur 57,4% zu. Völlig unabhängig davon, wie oft der Gottesdienst besucht wird, wünschen sich mehr als 40% derjenigen, die von sich sagen, dass sie in Gottesdienste gehen, mehr Raum für die eigenen Gebetsanliegen.

Hier wird deutlich: gemeinsam gesprochene Gebete sind für die Kirchgänger von hoher Bedeutung; die Gebete dagegen, die Pfarrerinnen und Pfarrer alleine sprechen, werden sehr unterschiedlich und von vielen Faktoren abhängig mit vollzogen oder nicht. Der Raum, der von Pfarrerinnen und Pfarrern gelassen wird, um die eigenen Gebetsanliegen in der Stille vor Gott zu bringen, wird von sehr vielen als zu gering angesehen. Was »meinen« Gottesdienst ausmacht, sind also primär die gemeinsam gesprochenen, geprägten Gebete und das private Gebet an irgendeiner Stelle.

---

[17] Während es bei denen, die jeden oder fast jeden Sonntag in den Gottesdienst gehen, 23,1% sind, die sagen, dass sie bei den Fürbitten oft nicht zuhören, und sich 66,7% dagegen verwehren, sind es bei denen, die sich einmal oder seltener im Jahr aufmachen, 44,3%, die sagen, dass sie bei den Fürbitten oft nicht zuhören, nur 23,4% verwehren sich dagegen.

Betrachten wir dazu nun die Interviews von Pfarrerinnen und Pfarrern. Hier haben wir verständlicherweise eine Konzentration auf von diesen gesprochene Gebete. Schauen wir auf einen Pfarrer, der nicht untypisch erscheint. Er liest Gebete, bevor er sie auswählt. Er sucht sie nach inhaltlichen, aber auch nach ästhetischen Kriterien aus, gelegentlich schreibt er sie auch selbst. Er geht ganz selbstverständlich davon aus, dass das Ergebnis besser ist als ein Gebet aus der Agende oder unserem blauen Ringbuch. Nicht ersichtlich wird, nach welchen Kriterien die Auswahl erfolgt. Ganz deutlich aber wird: Der Pfarrer ist fest davon überzeugt, dass das, was er heraussucht oder produziert, besser ist als das von der Tradition Vorgegebene. Letztlich sind es also »seine« Gebete für »seinen« Gottesdienst. Sie passen in seinen »roten Faden« oder was immer er für Gestaltungskonzepte hat. Zwangsläufig bedeutet das eine Individualisierung des gottesdienstlichen Gebets. Es ist höchstens zufällig auch Gebet der Kirche, zuerst ist es das Gebet von Pfarrer X.

Wenn ich die Lage richtig einschätze, wird sich kaum eine Pfarrerin oder ein Pfarrer davon abbringen lassen, zu meinen, dass ihre bzw. seine Bearbeitung oder Erstellung von Gebeten zum für die Gemeinde bestmöglichen Erfolg führt. Wie kommen wir dann aber zu einem Ergebnis, dass dieses »mein« Gottesdienst auf beiden Seiten zu einer weitgehenden Deckung bringt?

2.4 Der »andere« Gottesdienst

Weil es, wie zu Beginn kurz angerissen, viele Menschen gibt, die andere Formen des Gottesdienstes als die Traditionsform am Sonntagvormittag bevorzugen, auch ein kurzer Blick darauf. Nach der GfK-Befragung sind es immerhin 39,5% der Befragten, die etwas anderes wollen als das, was ihnen in einer Traditionsform am Sonntagvormittag begegnet. Hier teilen viele Befragte das »Ich möchte meinen Gottesdienst feiern«. Nur: was sie wollen, steht oft im völligen Kontrast zu dem, was ein Gottesdienst in seiner Grundform bietet. Wird beispielsweise Ruhe gesucht, so findet man diese nicht im Einschwingen in die Liturgie, sondern durch meditative Phasen bis hin zur angeleiteten Meditation. Durchwegs haben wir es mit in anderer Weise partizipatorischen Kommunikationsformen zu tun als beim Regelgottesdienst. Hier werden der Glaube und das Evangelium miteinander geteilt. Andere Musikstile und neue Lieder haben dort ihren Ort. Der Gottesdienstraum wird oft als unangemessen für die Feierform gesehen und umgestaltet, oder man wandert aus ihm aus. Eine Interaktion, bei der man beispielsweise den Friedensgruß annimmt, wird dort geschätzt, wo man im vertrauten Kreis miteinander feiert. Überhaupt wird im vertrauten Kreis, in der Gruppe Gleichgesinnter und Gleichaltriger, am liebsten Gottesdienst gefeiert. Pfarrerinnen und Pfarrer haben in diesen Gottesdiensten oft keine zentrale Rolle, oder aber es wird so empfunden, als ob sie diese nicht einnehmen müssten. Wir haben es hier also in der Regel mit zielgruppen- und milieuspezifischen Gottesdiensten zu tun, die zumeist auch gar nicht den Anspruch erheben, Gottesdienste für alle zu sein. Vieles von dem, was in diesen Gottesdiensten geschätzt wird, steht im klaren Gegensatz zu dem »Normalprogramm« des Sonntagvormittagsgottesdienstes und hat zum Teil auch seinen Reiz durch den Kontrast zu diesem.

2.5 Der dritte Weg als Problemanzeige

Nun haben wir festgestellt, dass es ein Phänomen der Hauptamtlichen – allen voran vieler Pfarrerinnen und Pfarrer – und von hochengagierten Ehrenamtlichen ist, dass sie die traditionellen und die neueren Gottesdienstformen zusammenbringen wollen. Obwohl wir bei den Pfarrerinnen und Pfarrern jeweils eine klare Bevorzugung eines Gottesdiensttypus haben, wenn sie selbst in einen Gottesdienst gehen, halten sie es für richtig, für die anderen Mischformen zu bilden. Neues soll organisch im traditionsgeprägten Gottesdienst seinen Ort finden, und wertvolles Traditionsgut soll bei offenen Gottesdienstformen nicht fehlen. Das ist keine neue Erfindung, sondern kirchliche Strategie seit den 1970er-Jahren. Diese Versuche der Verknüpfung von Alt und Neu haben im Evangelischen Gottesdienstbuch einen prominenten Niederschlag gefunden. Nur: nach unserem empirischen Befund will das so gut wie niemand. Für die einen ist ein mit modernen Versatzstücken aufgepeppter Traditionsgottesdienst immer noch derselbe »alte Käse«, für die anderen das Traditionsgut in »ihrem« Gottesdienst ein Fremdkörper. Und ist es nicht hoch erstaunlich, dass eine Reihe von Pfarrerinnen und Pfarrern, die am liebsten Gottesdienste in neuen Formen gestalten, dann, wenn sie selbst in den Gottesdienst gehen, gerne katholische Gottesdienste aufsuchen und das auch noch damit begründen, dass sie dann wissen, was sie erwartet?

Als wären nicht schon genug Probleme skizziert, gibt es nun auch noch Fakten aus dem Interviewmaterial, die zumindest auf den ersten Blick ganz deutlich für das Durchbrechen des Rituals respektive der feststehenden Ordnung sprechen.

2.6 Faktoren, die für das Durchbrechen von Gottesdienstordnungen sprechen

In der GfK-Untersuchung lassen zwei Einstellungen von evangelisch Getauften aufhorchen. Zum einen findet die Aussage »Ich mag Gottesdienste, in denen viel Abwechslung ist« eine sehr hohe Zustimmung. Dabei gibt es keine signifikanten Unterschiede zwischen Männern und Frauen, zwischen den verschiedenen Altersgruppen, zwischen Stadt und Land, zwischen verschiedenen Bildungsschichten und auch nicht zwischen denen, die den Sonntagsgottesdienst, und denen, die andere Gottesdienste bevorzugen. Dabei ist sogar entgegen aller Vermutungen die Bewertung »stimme voll und ganz zu« bei den über 60-Jährigen mit 43,3% die höchste aller Altersgruppen, weitere 26,4% aus diesem Altersspektrum stimmen dem etwas zu.[18] Abwechslung ist in unserer Kultur offensichtlich in so hohem Ansehen, dass von der breiten Mehr-

---

[18] Allerdings ist in dieser Altersgruppe auch die Ablehnung der Aussage am häufigsten.

heit gesagt wird: Abwechslung ist gut. Ähnlich ist es mit dem modern sein. Egal, ob sie sich zu der Aussage verhalten sollen »Ich gehe am liebsten in moderne Gottesdienste« oder zu dem Satz »Wir müssten sehr viel mehr moderne Lieder und Musik im Gottesdienst haben«, stets votiert die große Mehrheit positiv. Die Aussage »Ich mag keine modernen Instrumente im Gottesdienst« findet nur bei 21% der Kirchgänger Zustimmung. Wir sehen, die in unserer Kultur derzeit hochgeschätzten Attribute modern und abwechslungsreich machen auch vor dem Gottesdienst nicht halt. Nun steht allerdings diese Einstellung bei vielen in Konkurrenz zum Handeln der Befragten. Denn immerhin 60,5% bevorzugen dann, wenn sie selber in den Gottesdienst gehen, den Gottesdienst in seiner Traditionsform. Von diesen wiederum möchte die große Mehrzahl Vertrautes mit vollziehen und wenig Änderung. Diese immer wieder in den Untersuchungen auftauchende Widersprüchlichkeit zwischen Einstellungs- und Handlungsebene markiert eine zentrale Knacknuss, wenn man danach fragt, wie denn eine Lösung angesichts dieser Problemskizzen aussehen kann.

3. AUSBLICK

Die Konsequenzen aus dem Ausgeführten liegen auf sehr verschiedenen Ebenen. Zuerst einmal sind dabei die unmittelbar mit Gottesdienstordnungen verbundenen Fragestellungen zu betrachten. Völlig eindeutig ist, dass die Mehrzahl derer, die am Sonntagvormittag in den Gottesdienst gehen – und das ist wiederum die große Mehrzahl der Kirchgänger überhaupt, den Gottesdienst in einer vertrauten Liturgie feiern möchte. Dabei geht es um einen Wechsel von Ordinariums- und Propriumsstücken, die jeweils diesen Namen auch verdienen. Feststehende Stücke sollten demnach in der Regel nicht strukturell, sondern materialiter festgelegt werden, die variablen Stücke dagegen in großer Variationsbreite aufgestellt werden. Das bedeutet Rückkehr zu einer Ordnung, die einer lebendigen Tradition verpflichtet ist, und Abkehr von Struktur- und Grundformmodellen im Bereich des Sonntagvormittagsgottesdienstes.

Das primäre Feld für Variation und Modernität sind offene Gottesdienstformen zu einem anderen Zeitpunkt als dem Sonntagvormittag.

Zum anderen gibt es aber auch kirchliche und kulturelle Faktoren, die in unseren Überlegungen nicht ausgeblendet werden dürfen. So sprechen beispielsweise die Vertretungsmöglichkeiten in der Gottesdienstleitung durch Lektoren und Prädikanten in Zeiten des Pfarrstellenabbaus zusätzlich für eine Rückkehr zu Ordnungen für den Sonntagvormittagsgottesdienst. Es wäre aber nicht klug, mit einer solchen Arbeit zu beginnen, bevor nicht die Faktoren beachtet sind, die einer Akzeptanz von solchen Ordnungen nach unserer derzeitigen Momentaufnahme im Wege stehen. Damit sind wir bei kirchlich- wie gesellschaftlich-kulturellen Faktoren.

Gewinnt man nämlich die Pfarrerinnen und Pfarrer nicht dafür, aus einem neuen Prozess der Erarbeitung von Ordnungen das Ergebnis als »ihren« Gottesdienst zu sehen, nach dem sie diesen gerne leiten, kann man das Unternehmen gleich sterben lassen. Das heißt, das Ordinarium muss überzeugen und die Variabilität des Propriums ausreichen. Dazu gehört auch, dass Pfarrerinnen und Pfarrer die ihnen dann verstärkt zukommende Rolle als ritueller Akteur auch annehmen und diese überzeugt und überzeugend ausfüllen.

Des Weiteren kann man Ordnungen, die als restaurativ und altertümlich angesehen und empfunden werden, in unserem derzeitigen kulturellen Umfeld nicht oder nur sehr schwer vermitteln. Das heißt, bei der derzeitigen Wertschätzung der Veränderung und des Modernen in unserer Kultur wird es ohne den Touch des Variablen und Modernen nicht gehen. Ein bisschen stehen wir hier vor der Quadratur des Kreises.

Lebensraum Kirchenraum

Wahrnehmungen aus einer neuen empirischen Untersuchung unter evangelisch Getauften

Ein Kirchenraum wird von den unterschiedlichsten Seiten her betrachtet. Aus Sicht der Theologie ist er ein Lebensraum im weitesten Sinne. Er ist bereits in seiner architektonischen Gestalt auf die in der jeweiligen Zeit bestmögliche und adäquate Vermittlung des Wortes Gottes und der Sakramente sowie auf die Bedürfnisse der Gemeinde ausgerichtet. Durch die Begegnung mit dem Wort Gottes und den Sakramenten wird ein Lebensraum eröffnet, der über das irdische Leben hinausreicht.

Gleichzeitig stehen Kirchen im Lebensraum der meisten Menschen. Zumeist prägen sie Orte und Stadtteile, sie sind kaum wegzudenken. Sie gehören zum natürlichen Lebensraum und stellen etwas Eigenes dar. Sie sind erkennbar als Orte des christlichen Gottesdienstes, des Gebets und der Ruhe. Wo sie offen sind, laden sie je nach Bedürfnis zum Besuch, zur Andacht oder zur Besichtigung ein. Auch der Besucher aus einem nichtchristlich geprägten Land erkennt, dass Kirchen zum Lebensraum der Menschen in Deutschland dazugehören, ja für viele einen Lebensraum bilden. Er kann wahrnehmen, dass die Kirchen mit verschiedensten Lebensäußerungen gefüllt sind.

In hohem Maße wird heute versucht, Menschen diesen Lebensraum in seinen verschiedenen Dimensionen zu erschließen. Da gibt es Kirchenführungen, musikalische Raumerschließungen, Kirchennächte und vieles mehr. Viele Raumtheorien, Raumkonzeptionen und auch theologische Konzepte bilden dafür den Hintergrund. Zu fragen ist allerdings, ob die Grundvoraussetzungen für diese handlungssteuernden Grundlagen auch empirisch nachweisbare Anhaltspunkte haben. Um empirische Wahrnehmungen soll es im Folgenden gehen.

In einer vom Gottesdienst-Institut der Evangelisch-Lutherischen Kirche in Bayern in Auftrag gegebenen, qualitativen empirischen Untersuchung sollten handlungsleitende Argumentationsmuster und Theorien aus dem Bereich des Gottesdienstes und dessen Umfeld auf ihre Plausibilität hin überprüft werden.[1] Der Auftrag ging an das Institut zur Erforschung der religiösen Gegen-

[1] Die Untersuchung wurde hauptsächlich von der für den Gottesdienst zuständigen Abteilung im Landeskirchenamt der Evangelisch-Lutherischen Kirche in Bayern finanziert, daneben vom Kirchenamt der Vereinigten Evangelisch-Lutherischen Kirche

wartskultur unter Leitung von Christoph Bochinger in Bayreuth. Er ließ evangelisch Getaufte in einer qualitativen Untersuchung nach »Ritualen, Sinngebung und Lebensgestaltung in der modernen Welt« innerhalb Bayerns befragen. In dem 2007 vorgelegten Abschlussbericht von Jeanett Martin sind dabei wesentliche Ergebnisse präsentiert worden[2], die hier durch Detailauswertungen der Interviews speziell zum Kirchenraum ergänzt werden.[3]

1. DIE BEDEUTSAMKEIT VON KIRCHEN

Bei den Befragten wurde wieder einmal überdeutlich, dass die Predigt für die evangelisch Getauften das Wichtigste am Gottesdienst ist. Auffällig ist allerdings, dass die Laien in den Interviews sehr viel mehr von Kirchengebäuden und Kirchenräumen erzählen als von Predigten. In ihren Ausführungen nehmen die Kirchen am Ort, aber auch im Urlaub breiten Raum ein.

1.1 Das allgemeine Hingezogensein zu Kirchen

Eine Befragte sagt: »Ich fahre unheimlich auf Kirchen ab. Mir geht das Herz auf, wenn ich in ein Dorf oder in eine Stadt komme, wo in meinen Augen eine schöne Kirche ist. Ich freue mich einfach an den Kirchtürmen, wenn ich über das Land fahre.« (E34,471) Besonders im Urlaub werden Kirchen ausgiebig besichtigt, Kirchen werden fotografiert, und wo eine Kirche »vergammelt« (E22,434) da findet man das traurig. Kirchen haben für viele Menschen eine Anziehungskraft, die weit über das Architektonische hinausgeht. Ein Befragter drückt das so aus: »In der Kirche sind Kräfte, mag es die Art des Baus sein oder die Gebete, die bis dato gebetet wurden, ich weiß es nicht, aber da ist schon eine mentale Kraft«. (E12,243)

Viele Vergleiche werden mit dem Kirchenraum gezogen, um das Besondere herauszustreichen. So sehr ein Konzertsaal für ein Konzert geeignet ist, gegenüber einer Kirche fällt er ab. (E9) Eine Hotelhalle kann einen auch beeindrucken, aber was ist sie schon gegen die eigene Kirche? (E35) Am nahes-

---

Deutschlands, vom Lehrstuhl für die Erforschung der religiösen Gegenwartskultur der Universität Bayreuth, sowie vom Gottesdienst-Institut der Evangelisch-Lutherischen Kirche in Bayern. In einer repräsentativen quantitativen Nachuntersuchung wurden die Ergebnisse überprüft. Die Gesellschaft für Markt-, Konsum und Absatzforschung, Nürnberg, führte diese durch und sponserte sie weitgehend.

[2] JEANNETT MARTIN, Mensch – Alltag – Gottesdienst. Bedürfnisse, Rituale und Bedeutungszuschreibungen evangelisch Getaufter in Bayern, Berlin 2007 (bayreuther forum Transit 7). Maßgeblich mitgearbeitet an dieser Untersuchung haben neben Jeannett Martin: Martin Engelbrecht, Konrad Müller und Dag Schumann. Es wurden 50 ausführliche Einzelinterviews in sechs ausgewählten Gemeinden in Bayern durchgeführt und ausgewertet.

[3] Wenn im Folgenden über den Forschungsbericht hinaus auf die Interviews zurückgegriffen bzw. aus ihnen zitiert wird, so wird die Kennnummer des jeweiligen Interviews in Klammern angegeben.

ten kommt ihr noch ein Bild aus der Natur. Eine Frau sagt: »So eine Kirche hat für mich so etwas ... wie ein riesiger alter Baum.« (E12,249)

Die Befragten reden in sehr unterschiedlichen Bildern und Zusammenhängen von Kirchenräumen und ihrer Nutzung durch sie selbst, sie reden von ihren Empfindungen und Stimmungen, sie geben religiöse und ästhetische Urteile ab. Dabei wird sichtbar, dass der Kirchenraum in vielen Beschreibungen als ein Lebensraum dargestellt wird, der sich deutlich von anderen absetzt.

Bevor ich mich dem Kirchenraum im Speziellen zuwende, möchte ich noch Einiges zur Bindung an das Kirchengebäude bemerken.

1.2 Bindung an die eigene Kirche

Auffällig ist, dass weit über den Kreis der Kirchgänger hinaus ein Kirchengebäude von hoher Bedeutung ist. Es stellt ein Symbol dar und es wird sogar von Menschen, die nie in den Gottesdienst gehen, nicht nur zum Ausdruck gebracht, dass sie erhalten bleiben sollen, sondern sogar, dass es wichtig ist, dass dort Gottesdienste gefeiert werden. Es wundert nicht, dass viele, die sonst keinen Bezug zur Gemeinde haben, bereit sind, für die Erhaltung der Kirche vor Ort und für ihre Ausstattung zu spenden.

Besonders bei den Kirchgängern wird die große Bindung an die eigene Kirche deutlich. So sagt beispielsweise ein junger Mann: »Wenn man irgendwo in einen Raum hereinkommt, da kann man nicht auf Anhieb sagen, ... man fühlt sich irgendwie gleich wohl oder nicht. Und ich finde, in [N.N.] kann man sich ... gut wohl fühlen.« (E21,268) Sehr oft finden sich Aussagen wie: »Meine eigene Kirche [ist] sehr, sehr schön.« (E24,180) Die eigene Kirche wird als »Raum zum Wohlfühlen« (E33,707) beschrieben.

Bei Festgottesdiensten, an Weihnachten und Ostern sowie auch bei Kasualien, wird bei denjenigen, die ihre Jugend an einem Ort verbracht haben, die Bindung an ihre frühere Ortskirche sichtbar. Auch nach der Heirat, bevor sie eigene Kinder haben, gehen viele im Familienkreis an Weihnachten in die »alte« Kirche. Die Hochzeit findet oft in der Kirche statt, in der auch die Konfirmation gefeiert wurde. (E18) In einem Interview wird berichtet, dass die Taufe des ersten Kindes nicht in der Ortsgemeinde, sondern in der »vertrauten« Kirche gefeiert wurde. (E38) Dabei wird in keinem Fall von der Bindung an den Pfarrer oder die Pfarrerin in der Heimatgemeinde gesprochen, sondern stets von der Kirche als Gebäude. Erst Anlässe wie die Integration eines Kindes in die Krabbelgruppe können zu einer Beziehung zur Kirche in der neuen Gemeinde führen.

Doch jetzt zum Raum selbst:

2. Der andere Raum

Zwei beispielhafte Äußerungen verdeutlichen das Empfinden, hier in einen Raum einzutreten, der sich deutlich von anderen Räumen unterscheidet: »Du trittst ein und bist plötzlich in einer anderen Welt. Vielleicht in einer längst vergangenen Welt. Das ist ... wie so eine Zeitmaschine, die mich jetzt in eine andere Welt bringt, und man geht zur Tür heraus, und Wuschwuschwusch geht es schon wieder los.« (E9,734-736) »Draußen ist es irgendwie unruhig, laut, und dann kommt man in die Kirche und dann ist irgendwie alles so abgeschirmt und ruhig. ... Das ist wie in einer anderen Welt.« (E35w 425, E35m 425) Unabhängig voneinander reden Menschen im Bezug auf den Kirchenraum von einer anderen Welt, von einer anderen Welt, in die sie aus den verschiedensten Gründen eintauchen.

2.1 Der Besuch zwischendurch

Häufig wird davon erzählt, dass man allein in die Kirche geht, unabhängig vom Gottesdienst oder von Veranstaltungen, die in ihr stattfinden. Das in den vorherigen Zitaten genannte Motiv der Ruhe ist dabei von großer Bedeutung. Die Kirche wird dezidiert als Ort des Rückzugs aus der Hektik des Alltags beschrieben. »Wenn ich einkaufen gehe, wenn ich einmal einen längeren Einkauf mache und zwischendurch dann eine Viertelstunde hineingehe, das ist öfters der Fall, als dass ich in den Gottesdienst gehe.« (E12,245) »Im größten Getümmel, wenn man irgendwo in eine Kirche geht und man hat Glück und man ist allein oder fast allein, [dann] ist es ja so ein Ort der seligen Ruhe. Ist ja unglaublich, wie man da so in einer anderen Welt ist, innerhalb von einer Sekunde von der Hauptverkehrsstraße zur Kirche.« (E9,630-632) Das: »Ich bin auch gerne allein in der Kirche« (E11,828) wird von vielen geschätzt. Dabei verhilft das in der Kirche sitzen zur inneren Ruhe (E45) oder es leitet zum meditieren an. (E34) »Wenn man sich dann einmal so hinsetzt, das ist irgendwie so, so abschalten und ... irgendwie so die Seele baumeln lassen.« (E35,418-420) Der Kirchenraum ermöglicht, in der Hektik des Alltags für eine kleine Zeit zur Ruhe, zu sich und manchmal auch zu Gott zu kommen[4].

Es wird deutlich, wie wichtig es ist, Kirchen offen zu halten. Auch außerhalb des Gottesdienstes ist der Kirchenraum ein Ort der Besinnung, des Rückzugs und des Gebets, in den man sich zurückziehen kann. Die offene Kirche wird begrüßt und genutzt. Der Kirchenraum wird qualifiziert als Ort intensiver religiöser Erfahrung und als Ort, an dem man endlich einmal zur Ruhe kommen und für sich sein kann.

---

[4] »Einfach einmal Ruhe zu haben zum Beten, ... da hilft mir die Kirche natürlich sehr, da in der Kirche selten jemand vorbeikommt, wenn ich dort bin.« (E47II,74).

2.2 Die Kirche als touristische Attraktion

Eine große Zahl der Befragten erzählt, dass sie an anderen Orten gerne Kirchen besuchen, vor allem im Urlaub. Da geht man, wie es eine Befragte ausdrückt, »zwangsläufig in den Dom oder in die Kirche ... das schaut man an.« (E35,418) Dabei kann das so ausufern, dass es den Partner oder die Kinder stört. Mein Lieblingszitat in diesem Zusammenhang ist: »Unsere Kleine schaut jede Kirche an, weil die Oma ihr einmal gesagt hat, wenn man das erste Mal in eine Kirche kommt, darf man sich etwas wünschen. Das heißt, wenn wir jetzt Richtung Italien fahren, ... dürfen wir nur über die Autobahn fahren, weil, wenn wir Abwege machen, dann kommen wir da also übermorgen an, weil da jede Kirche besucht werden muss.« (E12,126)

Andere Befragte haben andere Motive, Kirchen zu besuchen. Da ist zum einen die Betrachtung der Architektur und der Kunstwerke. Kirchen, so bringt das einer auf den Punkt, sind »richtige Kunststätten.« (E11,824) Dabei sind es die großen Kathedralen, die eine besondere Anziehungskraft ausüben. Es sind die schönen Glasfenster (E35, E45), die besonders faszinieren, der Altar oder die Malerei, ja einfach die Farben. Zum zweiten wird sehr oft die Atmosphäre beschrieben und geschätzt, dass diese »feierlich« und »schön« (E21,268) ist.

Zum dritten wird die religiöse Dimension ins Spiel gebracht. Dies zeigt sich nicht nur darin, dass auch manche Evangelische sehr gerne Kerzen anzünden. Auch die Tatsache, dass bereits Menschen seit vielen Generationen an diesem Ort gebetet und »sich eben ihre göttlichen Gedanken zurecht gezimmert haben« (E33,731), wird immer wieder angesprochen und ist von Bedeutung. Es ist ein Ort »zum sich Sammeln« (E33,611) mit dem »Flair ... des Mystischen.« (E17,409)

In einem Fall wird auch erzählt, dass Kirchenführungen dazu geführt haben, dass diese Person jetzt im Kirchenraum, insbesondere vor Kunstwerken, meditiert.

2.3 Die Kirche als Gottesdienstraum

Es fällt auf, dass die Kirchgänger durchgängig sagen: Meine Kirche ist schön. Sie beschreiben es als Glück, dass die Kirche, in der sie Gottesdienst feiern, so schön ist. (Insbesondere E4, E7, E10, E21, E24, E38, E12, E33, E34, Gk6) Diese Aussage gilt in gleicher Weise für moderne wie für neuere und alte Kirchen, für Dorfkirchen wie Kathedralen. Unabhängig von der objektiven Beschaffenheit des Raumes haben die Gottesdienst Feiernden offensichtlich eine tiefe Beziehung zu »ihrer« Kirche aufgebaut. Dabei wird dem Kirchenraum zum Teil eine so große Bedeutung beigemessen, dass beispielsweise vermutet wird, dass die Kinder aus einer konfessionsverschiedenen Ehe wegen des schöneren Kirchenraums lieber in den evangelischen Gottesdienst gehen. So ist der Kirchenraum für sie ein stimmiger Rahmen, der die Sinne anspricht und für Feierlichkeit sowie eine schöne Atmosphäre sorgt.

Die Form der Kirche und die Anordnung, wie man sitzt, werden dann auch jeweils individuell positiv gedeutet. So findet es einer gut, dass man in U-Form sitzt, so dass man die anderen noch sieht (E7), der andere, dass von jedem

Platz aus der Blick nach vorne führt (E34) oder dass das Runde das »Gefühl erweckt, dass man umarmt wird.« (E24,387)

Die Kirchgänger mögen ihre Glocken, und es ist wichtig, dort »Ruhe und Andacht« (E28,735) vorzufinden. Dankbar wird auch angenommen, dass es in der Kirche etwas zu sehen gibt wie die »wunderbare Holzdecke« (E22,234), die schöne Orgel oder die Fresken, die zur Betrachtung einladen. Dabei kann das Betrachten der Bilder im Gottesdienst das Wichtigste am ganzen Gottesdienst sein.[5]

Von hoher Bedeutung ist, dass der Kirchenraum im Gottesdienst nicht wie bei der Besichtigung an sich zu betrachten ist, sondern immer im Zusammenspiel mit der feiernden Gemeinde. Der stimmige Zusammenklang von Raum, feiernder Gemeinde und Gestalt des Gottesdienstes kann bis hin zu dem Empfinden führen: »Hier wohnt Gott.« (E18,207) Ein Beispiel mag dies verdeutlichen. Eine Frau berichtet von einem Gottesdienst in der Michaelskirche auf dem Schwanberg. Grundsätzlich sagt sie: »Kirchliche Rituale erfüllen nicht das Bedürfnis, zu mir zu kommen, es kommt nichts rüber.« (E18,195) Dieselbe Frau berichtet aber auch von einer Erfahrung bei einem Gottesdienst der Communität Casteller Ring in der St. Michaelskirche auf dem Schwanberg: »Die Liturgie war ... ausgeschmückter, ... der Rahmen war einfach ein anderer, so dass ich mich besser hineinversenkt habe. Da ist mehr geflossen.« (E18,207) Der Raum, die liturgietragende Gemeinschaft und die stimmige Gestaltung haben sich so verknüpft, dass alles gepasst hat.

Lediglich eine Person, ein häufiger und regelmäßiger Kirchgänger, sagt aus, dass das Gottesdiensterleben vom Kirchenraum für ihn unabhängig ist.[6]

2.4 Was mögen Menschen am Kirchenraum

Zuerst einmal ist von Bedeutung, dass hier ein Raum bereits vorhanden ist für das, was man will. Um zuhause den Raum für etwas Bestimmtes herzurichten, muss man immer Aufwand betreiben, den Tisch schön decken, Kerzen anzünden oder was auch immer. In der Kirche aber wartet ein fertiger Raum, der zur Ruhe, zur Besinnung, zur Betrachtung einlädt. Das heißt, diejenigen Menschen, die danach suchen, finden einen Lebensraum vor, der so ausgestattet ist, dass sie, ohne etwas machen zu müssen, gleich die Atmosphäre haben, die sie brauchen, um beispielsweise zu Ruhe und Andacht zu kommen.

Wie nicht anders zu erwarten, sind die Geschmäcker verschieden. Wer in einer Kathedrale zuhause ist, der beschreibt die Höhe und Weite dieses Rau-

---

[5] »Die Malerei und wie die Kirche ausgemalt war, das war für mich eigentlich immer das Interessanteste, das Wichtigste, ... so spazieren schauen können, da oben an der Decke und an den Wänden.« (E40,233) Für einen anderen sind die Bilder manchmal Predigtersatz: »Wenn die Predigt langweilig ist, ... dann gucke ich mir halt die Fresken an und sage: Mensch da, das ist toll ...«. (E10,248).

[6] »Ich könnte in jede Kirche gehen und das verändert das Erlebnis des Gottesdienstes nicht.« (E34).

mes als wohltuend (E8, E34, E38), wer in einer kleinen Kirche zuhause ist, der empfindet das Heimelige, das Bergende, als schön. (E7, E12, E24) Allgemein kommen aber die alten Kirchen viel besser weg als die neuen Kirchen. Vor allem die romanischen und gotischen Kirchen haben sehr viele Freunde. Während die Kirche am Tag nicht zu dunkel sein soll, wird sehr oft die Kirche am Abend, wenn es dunkel ist und Kerzen darin brennen, als besonders schön beschrieben. Hier wird auch von besonders dichtem religiösem Erleben berichtet. Der Raum, die verschiedensten Details darin, werden dann noch einmal ganz anders wahrgenommen.

2.5 Was mögen die Befragten nicht

In zwei Beurteilungen sind sich die evangelisch Getauften einig, sofern es nicht ihre eigene Kirche ist. Sie urteilen zum einen abwertend über moderne Kirchen. Sie sprechen in diesem Zusammenhang zumeist von Kühle und Nüchternheit und »Beton pur« schreckt besonders ab. Manche Architektur wird schlicht nur als seltsam abgetan. Durchgängig wird zum Ausdruck gebracht, dass man sich in diesen Kirchen nicht wohlfühlen kann. Und selbst wenn einer die Erfahrung gemacht hat, dass er sich in einer nüchternen, wenig ausgeschmückten modernen Kirche besser konzentrieren kann, so bevorzugt er dennoch eine alte Kirche.

Das zweite, worin weitgehende Einigkeit besteht, sind die Barockkirchen. Auch hier wird oft beklagt, dass diese überladen sind. Es stört das »bombastische«. Das ist scheinbar etwas für Katholiken und gegen das protestantische Empfinden.

3. Abschliessende Thesen

Über das hier zum Kirchenraum aus der Bayreuther Erhebung Dargestellte hinaus gibt es noch weitere Aspekte, die in die Diskussion einfließen sollten. Diese wurden in einer anderen Veröffentlichung aus dem Gottesdienst-Institut bereits analysiert und dargestellt.[7] Die Ergebnisse daraus fließen in die nachfolgenden Thesen mit ein.

1. Kirchen haben eine Anziehungskraft, die weit über das Architektonische hinausgeht.
2. Die Kirche vor Ort hat eine besondere Bedeutung. Sie stellt ein Symbol dar. Es ist wichtig, dass dort zur festgelegten Zeit Gottesdienste gefeiert werden und gebetet wird, auch für viele Menschen, die selbst keine Gottesdienste besuchen.

---

[7] Hanns Kerner, Der Gottesdienst. Wahrnehmungen aus einer neuen empirischen Untersuchung unter evangelisch Getauften in Bayern, Nürnberg 2007. Dieses Heft ist im Gottesdienst-Institut Nürnberg erhältlich. Einbezogen wurden auch die fertig gestellten, aber noch nicht veröffentlichten Forschungsergebnisse zu den Kasualien von Haringke Fugmann, die 2008 im Gottesdienst-Institut erscheinen werden.

3. Die Bindung an das Kirchengebäude ist oft größer als an Hauptamtliche und die Gemeinde.
4. Die Beziehung zur »eigenen« Kirche führt dazu, dass sie unabhängig von ihrer objektiven Beschaffenheit in der Regel als »schön« empfunden wird. Geistliche Erfahrung verbindet sich mit dem Raum und führt zu einer positiven Besetzung.
5. Das Hineinwachsenkönnen in den Kirchenraum ist für die religiöse Erziehung von Kindern und Jugendlichen von hoher Bedeutung.
6. Störungen der Grundgestaltung des Kirchenraums sind zu vermeiden. So sind beispielsweise das Ausstellen von gemeindebezogen Ereignissen in der Kirche oder die »Gestaltung einer Mitte« gut zu überlegen. Das Ausschmücken und das zusätzliche Gestalten sollten an der Funktion und Ausrichtung des Raums orientiert sein.
7. Auch wenn kein Gottesdienst stattfindet, wird der Kirchenraum als Ort der religiösen Erfahrung, der Begegnung mit Gott oder einfach als Raum der Stille wahrgenommen.
8. Wo eine Kirche offen ist, wird sie von vielen häufiger aufgesucht als der Gottesdienst.
9. Eine besondere Bedeutung gewinnen Kirchen im Urlaub. Sie erfreuen oft bereits durch ihren Anblick (Kirchturm). Das Besichtigen wird oft mit Momenten des Innehaltens verbunden.
10. Im Kirchenraum sollten die Besucher geistliche Impulse vorfinden, die über die Grundausstattung der Kirche hinausgehen. Auch Möglichkeiten zum Anzünden von Kerzen sollten vorhanden sein.
11. Der Kirchenraum wird dankbar als »fertiger« Raum angenommen. Er wird vorgefunden, und die ihn aufsuchenden Personen müssen nichts tun, um ihn herzurichten, um zur Ruhe, zur Stille, zu Gott oder zu sich selbst zu finden.
12. Im Gottesdienst bietet der Kirchenraum Orte, an denen die Augen hängen bleiben und sich eigene Gedanken und Empfindungen festmachen.
13. Der Kirchenraum stellt bei Kasualien einen stimmigen Rahmen dar, der die Sinne anspricht und zur Feierlichkeit und einer angemessenen Atmosphäre beiträgt.
14. Unbequemes Sitzen und Kälte stellen ein nicht zu unterschätzendes Hindernis für den Gottesdienstbesuch dar.
15. Eine besondere Ausschmückung bei den hohen Festen fördert die Festlichkeit.

Die Kirchenmusik

Wahrnehmungen aus zwei neuen empirischen Untersuchungen unter evangelisch Getauften in Bayern

Kirchenmusik nimmt eine selbstverständliche und unverzichtbare Rolle für die Kirchgänger ein. Musik ist für sie – welche Gottesdienstform sie auch immer bevorzugen – integraler Bestandteil des Gottesdienstes. Sogar bei denjenigen, die der Kirche hoch distanziert gegenüberstehen, finden sich Freunde der Kirchenmusik. (z.B. E35m, E35w, E39, E45)

Der Aussage: »Das wichtigste am Gottesdienst ist mir das Singen und die Musik« stimmen 12,1% der von der GfK Befragten voll und ganz zu.[1] Dabei ist auffällig, dass für mehr als doppelt so viele Frauen gegenüber den Männern die Musik von hoher Bedeutung im Gottesdienst ist. Vergleicht man dies mit der entsprechenden Frage nach der Bedeutung der Predigt im Gottesdienst, so bekommt zwar die Wichtigkeit der Kirchenmusik weniger als halb so viel Zustimmung wie die der Predigt[2], sie liegt aber deutlich vor der Bedeutung des Abendmahls für die evangelisch Getauften.[3] Diejenigen, die Gottesdienste häufiger besuchen, bewerten die Bedeutung der Musik höher als diejenigen, die seltener in den Gottesdienst gehen.[4] Ebenso erfährt Kirchenmusik von denjenigen, die traditionelle Gottesdienste gegenüber anderen Formen bevorzugen, signifikant höhere Zustimmung.[5]

Nach der Bayreuther Untersuchung hat Kirchenmusik im Gesamtsystem des Gottesdienstes, der gemeindlichen Angebote und des individuellen Mu-

---

[1] Auf einer fünfstufigen Skala ergab sich folgende Verteilung: »Stimme voll und ganz zu« 12,1%, »Stimme etwas zu« 26,5%, »Stimme weder zu noch nicht zu« 24%, »Stimme weniger zu« 23,2%, »Stimme gar nicht zu« 14,2%.

[2] Hier stimmen der Aussage »Das Wichtigste am Gottesdienst ist für mich eine gute Predigt« 47,8% voll und ganz, sowie 29,6% etwas zu.

[3] Vgl. Hanns Kerner, Der Gottesdienst. Wahrnehmungen aus einer empirischen Untersuchung, Gottesdienst-Institut Nürnberg 2007, 19f.

[4] So stimmen diejenigen, die häufig in den Gottesdienst gehen, zu knapp 60% der Aussage zu, dass ihnen das Singen und die Musik das Wichtigste im Gottesdienst ist ganz oder etwas zu, bei denjenigen, die einmal oder seltener im Jahr den Gottesdienst besuchen, sind es nur knapp 30%.

[5] Bei denjenigen, die den Sonntagsgottesdienst gegenüber anderen Gottesdienstformen bevorzugen, liegt die Zustimmung bei knapp 45%, bei denen, die offene Formen vorziehen, bei knapp 35%.

sikhörens unterschiedliche Funktionen. Dabei legt sich, aufgrund der Aussagen der Interviewten, eine Unterscheidung zwischen reiner Instrumentalmusik, wortgebundener Kirchenmusik (z.B. Motetten) und Gemeindegesang in der folgenden Darstellung nahe.[6]

Auffällig ist, dass es keinerlei generelle Kritik an der Kirchenmusik gibt. Kritik wird an den Stilformen, an den eingesetzten Instrumenten, an der Qualität und bezüglich der Vermittlung geübt. Kirchenmusik, welcher Art auch immer, gehört für die evangelisch Getauften unabdingbar zum Gottesdienst und zur evangelischen Kirche.

1. Bedeutung und Deutung von Kirchenmusik

In vielfältiger Weise wird die spirituelle und religiöse Dimension der Musik beschrieben. Dabei werden die Begriffe religiös und spirituell von den Befragten sehr unterschiedlich verwendet und verstanden. Die Aussagen über die Kirchenmusik beziehen sich nicht nur auf den Gottesdienst, sondern sie gehen weit darüber hinaus.[7]

1.1 Religiöse Interpretamente

Bei den Aussagen über die religiöse Dimension der Kirchenmusik haben wir es durchwegs mit Beschreibungen von Empfindungen oder mit Deutungen zu tun. »Kirchenmusik ist mit das Religiöseste, was man sich vorstellen kann. Von der Empfindung her. Da kann man wunderbar meditieren oder etwas denken und dann haben die Gefühle freien Lauf, während man zuhört, und das ist Seele auftanken.« (E33,629) Kirchenmusik hat »natürlich religiöse Dimensionen, und zwar ... nicht unbedingt nur textbezogen.« (E29,99) Es gibt eine allgemein religiöse Interpretation, die von Befragten in Bezug auf die

---

[6] Diese Systematisierung hat zwar wegen vorhandener Überschneidungen Schwächen, folgt aber dem Grundsatz, die Darstellungskategorien aus den Interviews heraus zu entwickeln. Die Musik bei Kasualien verdient eine besondere Betrachtung. Sie wird deshalb bei der Analyse der Kasualien eingehend behandelt und hier ausgespart.

[7] Soweit sich die Aussagen von Pfarrerinnen und Pfarrern auf ihr eigenes Gottesdiensterleben und ihre Erwartungen an den Gottesdienst beziehen, werden sie zusammen mit den Kirchgängern erfasst und nicht wie bei Gottesdienst und Predigt gesondert ausgewertet. Dies liegt daran, dass der professionelle Bereich in puncto Kirchenmusik anhand der Kontrastprofile von Kirchenmusikerinnen und Kirchenmusikern betrachtet wird. Allerdings muss bezüglich der Pfarrerinnen und Pfarrer das Urteil von Jeannett Martin festgehalten werden: »Aus unseren Interviews wird deutlich, dass die interviewten Pfarrer (anders als die meisten der Laien) zumeist eine bestimmte Form von Ästhetik bevorzugen, die mit kirchlichen Traditionen eng verknüpft ist. Fast alle formulieren eine Vorliebe für klassische bzw. geistliche Musik und beschreiben den ästhetischen Genuss, den sie aus dieser Art Musik für sich ziehen.« (Mensch – Alltag – Gottesdienst. Bedürfnisse, Rituale und Bedeutungsbeschreibungen evangelisch Getaufter in Bayern, Berlin 2007, 144).

Kirchenmusik vorgenommen wird, und unter anderem als »spirituell«, »mystisch« oder eine »ganz eigene Atmosphäre« schaffend beschrieben wird. (E45,1009–1011) Solche Aussagen finden wir sowohl bei Kirchgängern wie bei Befragten, die nie in den Gottesdienst gehen. Interessanterweise finden sich in diesem Bereich keine spezifisch christlichen Aussagen[8]; die Befragten machen die Erfahrung allerdings in kirchlichen Räumen und zum Teil auch im Gottesdienst, oder sie haben sie einmal gemacht. Beschrieben wird, dass die Musik gut tut, dass die Befragten mit der Musik mitgehen, bis hin zu der generellen Aussage, dass sie ihre Seele auftanken. (E24, E33) Genauso kann es vorkommen, dass eine Melodie auch nach dem Gottesdienst noch nachschwingt und für Wohlbefinden sorgt.[9]

Die Erwartungen an die Kirchenmusik können durch das, was im Gottesdienst erklingt, allerdings auch gestört werden. Dies verdeutlicht beispielsweise die klare Aussage, dass Instrumentalmusik im Gottesdienst als bloße Untermalung nichts zu suchen hat. (E38)

1.2 Profane und geistliche Musik

Allerdings kann die Grenze zwischen profaner und geistlicher Musik auch als fließend beschrieben und Musik überhaupt mit Inspiration und Sinnerleben verbunden werden.[10] So kann der Musik generell eine spirituelle Dimension zugeschrieben werden, unabhängig davon, welche Art von Musik das ist.[11]

1.3 Nicht-religiöse Interpretation von Kirchenmusik

Auf der anderen Seite wird aber auch beschrieben, dass Kirchenmusik, selbst wenn sie aktiv betrieben wird und ein Musiker das Requiem von Johannes Brahms spielt, diese deshalb noch lange nicht als religiös, geschweige denn christlich, empfunden wird (E14). Genauso gibt es Menschen, die einfach nur

---

[8] Lediglich ein Pfarrer beschreibt auf seiner Handlungsebene, dass die christlichen Inhalte durch die Kirchenmusik intellektuell vermittelt werden können. (E36).

[9] »Es kann auch ... einfach eine Melodie sein, die da gespielt wird, dass ich mich daran erfreue, also [dass sie] zum Beispiel in mir nachklingt, also dass ich summend und singend rausgehe aus dem Gottesdienst, fröhlich mich auf mein Rad schwinge ... und nach Hause fahre und wieder ... Kraft verspüre ...« (E36,332–334).

[10] »Also religiöse Musik: Ich kann es nicht streng trennen. Also ich würde sagen, mein Erfahrungshorizont in dem Zusammenhang, wo es ... Inspirationsquelle ist, wo es einfach belebend ist, wer ... tolle Musik hört, die eben toll gemacht ist, aber auch toll komponiert ist, da ist man hinterher ... high ...Und jetzt kann [man] sich fragen, was heißt, was bedeutet high sein? Total glücklich sein, wirklich sagen: meine Güte, die Welt ist schön, die Welt ist sinnvoll, irgendwo erlebbar, ohne dass man es ganz gut formulieren kann, warum erlebt man so viel Sinn, Sinnvolles?« (E19,109–111).

[11] »Ich wollte mehr Zeit mit der Musik verbringen, weil mir das einfach sehr viel an Spiritualität gegeben hat. Also das war einfach für ... mein Herz und für mein Hirn dann auch wichtig, dass ich da viel mache und dass ich da auch anfange zu forschen, was wichtig ist, was man unbedingt machen muss, wenn man Musik macht.« (E42,223).

gerne singen und das natürlich auch im Gottesdienst gerne tun. Sie deuten ihr Singen nicht religiös: »Ich singe gerne mit, aber es kommt nichts rüber dabei«. (E18,205) »Da kann der Chor dreimal Halleluja singen ... ich empfinde das nicht als religiös«. (E9,202) Das Singen und Hören christlicher Lieder und Gesänge kann, muss also nicht in spirituelle Dimensionen reichen. Wo diese nicht gesehen werden, wird Kirchenmusik lediglich als ästhetisch ansprechend beschrieben.

1.4 Die Kirchenmusiker/-innen

Für die Kirchenmusikerinnen und Kirchenmusiker steht die religiöse Dimension von Kirchenmusik außer Frage. So wird herausgestrichen, »dass Musik natürlich eine der ... intensivsten Ausdrucksformen der Religiosität ist.« (N3,94) »Ich finde, man kann das gar nicht trennen bei der Kirchenmusik; das Spirituelle und das Musikalische, das greift so ineinander, finde ich. Das ist eben eine ganz tolle Ausdrucksmöglichkeit, die die Musik eben für geistliche Inhalte« hat. (N4,40). In einem Fall wird die in der Kirchenmusik erfahrene Religiosität als Transzendenzerfahrung beschrieben: »Diese Transzendenzerfahrungen sind nicht alltäglich. Sie passieren, aber sie sind nicht vorher kalkulierbar. Die können im ganz normalen Gottesdienst passieren, wenn ... eine Musik einfach sich verselbstständigt. [Ich] würde so etwas auch ... immer als Geschenk empfinden. Nicht etwas, wo ich hingehe und einkaufe und sage, so, heute will ich diese Erfahrung machen. Geht nicht.« (E19,171-173)[12]

Diese Unverfügbarkeit religiösen Erlebens beschreiben zwei Kirchenmusiker am Beispiel des Stundengebets. Hieran verdeutlichen sie auch, dass geistliche Musik mehr ist als bloße Kunst. Die Dimension der Anbetung steht im Vordergrund.[13]

In Bezug auf das Ganze des Gottesdienstes wird von den Kirchenmusikerinnen und Kirchenmusikern zum Ausdruck gebracht, dass sie durch ihre musikalischen Ausdrucksmöglichkeiten eine Dimension religiösen Erlebens ansprechen können, die auch inhaltlich ein Mehr gegenüber dem darstellt,

---

[12] »Was ich bei Bachs h-Moll Messe schon erlebt habe, auch beim Zuhören und natürlich beim selber Singen sowieso, ist die Gewissheit, ... dass ... diese Wirklichkeit existiert. ... Und wenn wir zum Beispiel Taizégesang singen, kommt etwas ganz anderes rüber, aber auch etwas Transzendentes.« (E19,135-141).

[13] »Das ist natürlich dann schon enorm, solch ein Kirchenraum, ein sakraler Raum und Benediktinerabtei, dann so ein Vespergesang und dann zuhören. Das ist dann natürlich schon wieder mehr, ja, schon Anbetung, Hymnus. Aber das ist dann schon für mich wieder mehr als Kunst.« (E30,167) Ein anderer meint, »dass Liedersingen im Gottesdienst etwas anderes ist als unter der Dusche meinetwegen. Das ist letztlich alles gebetet.« (N3,104) »Tagzeitengebete, ... das ist eine Form, die ich als sehr kraftspendend empfinde.« (N3,340).

was durch andere Elemente bei den Kirchgängern im Gottesdienst angesprochen wird.[14] Was dieses Mehr genau ist, wird allerdings nicht gesagt.

2. INSTRUMENTALE MUSIK IM GOTTESDIENST

Instrumentale Musik wird von den Kirchgängern, die Traditionsformen bevorzugen, zuerst einmal mit der Orgel in Verbindung gebracht. Am Beispiel von hohen kirchlichen Festen wird dies besonders deutlich, wenn gesagt wird: »Kirche und Orgelmusik ... das gehört einfach dazu.« (E38,406-408)

2.1 Traditionsverhaftung

Am Sonntagvormittag wird Orgelmusik nicht nur erwartet, sondern sie wird geschätzt und gerne gehört, selbst von einer Frau, die sonst dem evangelischen Gottesdienst gegenüber sehr kritisch eingestellt ist.[15] Es wird als schön beschrieben, wenn man sie auf sich wirken lassen kann (E33,E21) und man akzeptiert die Qualität des Orgelspiels, auch wenn es nicht so virtuos ist,[16] freut sich aber, wenn sie »ausgesprochen gut« (E21,270) ist. Wenn die Orgel den Gemeindegesang begleitet, so wird eine Unterstützung des Gesangs und keine hohe Kunst erwartet.[17] Haften bleibt auch, wenn beispielsweise zur Orgel eine Trompete als weiteres Instrument eingesetzt wird. (E45,1009) Der Eindruck, den andere Instrumente zur Begleitung der Orgel hinterlassen, kann allerdings ambivalent sein.[18]

Falsch wäre es allerdings, wenn man aufgrund der Bevorzugung der Orgel schließen würde, dass die Sonntagvormittagsgottesdienstbesucher keine anderen Instrumente dort schätzen. Nur gut 25% aus diesem Kreis stimmen der Aussage »Ich mag keine modernen Musikinstrumente im Gottesdienst« zu,

---

[14] »Die Musik hat immer die Möglichkeit, noch einmal zusätzliche Ebenen mit einzubringen, die im Idealfall das Inhaltliche unterstützen.« (N3,136).

[15] »Orgel, ... das ist schon ... etwas Schönes, nicht? (E20,546).

[16] Ein hauptamtlicher Kantor, der an sich selbst hohe Ansprüche stellt, sagt dazu: »Ich gehe einfach in den Gottesdienst und fange auch nicht gleich da an, beim ersten Vorspiel oder was herumzunörgeln oder zu denken: Was ist das da oben? ... [Ich] meckere nicht da herum, von wegen hinterher: [Das] war schlechte Orgelmusik oder sonst etwas. Nein! Sondern alles ... ist für Gott.« (E30,159) So wie der Kantor es ausdrückt kann allerdings auch dahinter stehen, dass er es sich aufgrund einer bestimmten Ideologie selbst verbietet, Kritik zu üben.

[17] Anders schätzt das ein Organist ein, der der Gemeinde zutraut weiter zu singen, wenn er improvisiert: »Dann juckt es einem manchmal in den Fingern, dass man sagt: Mensch, jetzt bei der fünften Strophe, da improvisiere ich einfach noch dazu, die singen von alleine unten. Ich könnte auch aufhören, da singen die trotzdem weiter, ... oder die setzen wieder ein.« (E30,141).

[18] »Wir hatten eben vor einem halben Jahr einmal Orgel und Saxophon, und das war auch für meine Ohren ein wenig gewöhnungsbedürftig. ... warum jetzt einmal nicht? Nein, das kann man ja auch einmal sich anhören.« (N1,795).

während 61% sich dieser Meinung nicht anschließen. Auffällig ist, dass über 50% der Verwitweten moderne Musikinstrumente im Gottesdienst ablehnen. Dies betrifft insbesondere diejenigen, die häufig dorthin gehen.

2.2 Liebe zum Neuen

Während wir es also im Regelgottesdienstbereich vorwiegend mit Menschen zu tun haben, für die Orgel normal und positiv besetzt ist, sieht das im Bereich von Gottesdiensten in offener Form ganz anders aus. Hier wird die Orgel überwiegend nicht geschätzt, zum Teil sogar vehement abgelehnt. (E6) Die Instrumente, die Gemeindeglieder spielen, sollen auch im Gottesdienst erklingen, sodass nicht allein der Kantor und Organist das Musikalische im Gottesdienst bestimmen, sondern die in der Gemeinde vorhandenen Gaben insgesamt besser zur Entfaltung kommen. So wird dann auch von Gottesdiensten in offener Form berichtet, in denen »viel Musik« (E24,359) in Form der im Team vereinbarten Weise erklingt. Wo eine Band vorhanden ist, wird das im Bereich der offenen Formen begrüßt.[19]

2.3 Verknüpfung von Alt und Neu

Vor allem im Bereich der Hauptamtlichen und hoch engagierten Ehrenamtlichen findet sich eine Gruppe, die sowohl Orgelmusik als auch andere Formen der Instrumentalmusik bis hin zum Jazz im Gottesdienst schätzt.[20] Hier haben wir – wie in anderen Bereichen des Gottesdienstes auch – das Bemühen, Altes und Neues zu verbinden, in gleicher Weise wertzuschätzen und für jeden Geschmack im Gottesdienst etwas zu finden bzw. zu »bieten«.

Allerdings beobachten wir vor allem bei den interviewten Pfarrerinnen und Pfarrern auch starke Polarisierungen bezüglich des Orgelspiels. Auf der einen Seite wird beispielsweise der Gottesdienstort beim eigenen Gottesdienstbesuch nach der Qualität der (Orgel-)Musik ausgerichtet (E29), auf der anderen Seite wird konstatiert: »Also ich bin gar kein Freund der Orgel« (E36,288).[21]

---

[19] Für den Bereich des Sonntagsgottesdienstes gibt es dagegen insbesondere bei älteren Personen Vorbehalte gegen die Musik einer Band.
Für einen Pfarrer steht in diesem Bereich das Pragmatische im Vordergrund. Er fordert, dass eine gute Verstärkeranlage eingesetzt wird, damit man »nicht zugedröhnt wird von einer schlechten Anlage.« (E36,312).

[20] So führt beispielsweise ein Pfarrer an, wie wichtig die großen musikalischen Werke sind und wie wichtig sie für ihn sind. Aber er betont zugleich: »Es geht für mich aber auch im Kleinen, deshalb ist natürlich die Band auch sehr wichtig.« (E47II,244).

[21] »Die Musik spielt eine große Rolle. Die ist in der Regel in unseren Kirchen so, dass sie mir nicht gefällt. Also ich bin gar kein Freund der Orgel. ... Wenn Sie das bringen, dann bitte anonymisiert. ... Nein, [das] darf man ruhig sagen, ich ... gehe auch damit hausieren. ... Ich freue mich meinetwegen, wenn die ... Orgel, wenn sie schon spielt, mal etwas Beschwingtes spielt, nicht so bombastisch, [ein] bisschen etwas Verspieltes.« (E36,286-294).

2.4 Die Kirchenmusiker/-innen

Die befragten Kirchenmusikerinnen und Kirchenmusiker bevorzugen weitgehend traditionelle Kirchenmusik. »Das entspricht schon meinen Neigungen«. (N3,90) Wenn sie von moderner Musik sprechen, so meinen sie zumeist etwas ganz anderes als die Kirchgänger und auch etwas ganz anderes als die Pfarrerinnen und Pfarrer. Neue Musik geht hier, wo es definiert wird, in Richtung musikalische Avantgarde.[22]

Die Orgel hat bei den Kirchenmusikerinnen und Kirchenmusikern eine ganz herausragende Stellung, und sie berichten viel über ihre Orgelausbildung und ihr Orgelspiel. Hier haben sie im Gottesdienst auch große Gestaltungsmöglichkeiten. Sie sind in der Wahl der Musik zum Eingang und Ausgang sowie bei den Vor- und Nachspielen zu den Chorälen gefordert, Passendes auszuwählen.[23] Das ist ihre Domäne, in die sie sich nicht hineinreden lassen. Durchwegs orientieren sie sich am Kirchenjahr und versuchen, dem Charakter des Sonntags musikalisch zu entsprechen. Dabei geht es ihnen auch um die inhaltliche Dimension. So kann die Orgel für sie auch dazu dienen, verbale Aussagen, zum Beispiel aus der Predigt, aufzugreifen und zu vertiefen.[24]

Wo von einer Begleitung neuer Lieder gesprochen wird, liegt die Betonung darauf, dass diese zumeist sehr gut auf der Orgel gespielt werden können.[25] Unter dem Stichwort neue Lieder sind in der Regel diejenigen aus dem Gesangbuch im Blick.[26]

---

[22] »Wir machen schon auch moderne Sachen, aber halt eben avantgardistisch-modern, also jetzt ... keine U-Musik, moderne, sondern E-Musik, moderne.« (N4,283).

[23] »Was ich spiele, am Anfang und am Schluss, suche ich aus. Da bin ich zunächst einmal völlig frei. [Ich] denke natürlich darüber nach: Was passt vom Charakter; also wieder das Beispiel, dass ich in der Passionszeit den Gottesdienst nicht gerade mit dem strahlendsten Jubelstück beginne. Also da gucke ich schon darauf, was passt.« (N3,138).

[24] »Ich versuche auch immer zum Beispiel, was auch einmal mehr oder einmal weniger gelingt, wenn jetzt in der Predigt irgendetwas ist, wo man denkt, man könnte weiter darüber nachdenken, dass man das in dem Liedvorspiel vor dem Predigtlied eben ein bisschen einbaut, manchmal ein Zitat oder irgendetwas, dass die Leute das noch einmal erkennen und denken: Ach ja, stimmt.« (N4,88).

[25] »... das ist halt auch so eine eigene Technik. ... Also ich finde [es] ganz schlimm, wenn man so moderne Lieder genauso begleitet wie einen Choralsatz. Das machen ja manche Organisten. Dann wirkt es langweilig und blöd. ... Da muss man halt ein bisschen schauen, dass man das halt entsprechend begleitet. Dann klingt das auf der Orgel meistens auch ganz gut.« (N4,257).

[26] Nur ganz selten werden Lieder erwähnt, die darüber hinaus gehen wie z.B. »Wie schön dass du geboren bist« (N4,90), Taizégesänge (N3,382) oder »Kindergartenschlager«. (N4,255).

3. Konzertante Kirchenmusik

3.1 Textgebundene Musik

Ein besonderes Augenmerk verdient die textgebundene Kirchenmusik, etwa in Kantatenform. Der Text »zusammen mit der Musik, das ist so verdichtet, so komplett, also dichter kann man es einfach nicht machen.« (E33,102)[27] Ob das Werke von Johann Sebastian Bach, Ernst Pepping oder Hugo Wolf sind, es sind die traditionellen Stücke, von denen dieses tiefe religiöse Erleben berichtet wird. »Ich weiß nicht, wo oder wie ich es einordnen soll, aber ... da fühle ich mich ganz ... in dem Text und der Musik geborgen.« (E33,445) Der Text wird dabei zwar auch intellektuell erfasst, dies wird jedoch nicht als zentrale Dimension beschrieben. »Über die Sinne lässt sich das besser ... eingängig machen als wenn ich das über den Intellekt hereinhole.« (E33,406)[28] Dabei wirkt das Einüben im Chor vertiefend und führt zur existentiellen Auseinandersetzung mit dem entsprechenden Werk. »Das ist für mich tatsächlich ein spirituelles Erlebnis, Musik mitzugestalten, sich von den Aussagen auch tragen zu lassen, die Menschen in solchen musikalischen großen Werken (sic!) gemacht haben, das ist für mich ganz wichtig.« (E47II,244)

Daneben kann der Text auch zum Kriterium dafür werden, ob das Werk einen anspricht. (E9,204) Ist dies der Fall, so wird auch berichtet, dass der gesungene Text Anlass dafür war, in der Bibel den entsprechenden Text nachzulesen. (E33,645-647) Es gibt hier also ein Wechselspiel von Musik und Text, das nach Aussage eines Interviewten in die Kirche einen besonderen Klang hereinbringt.[29]

Während für einige der Interviewten die Textdimension die Deutung bestimmt und deshalb die Musik als religiös beschrieben wird, gibt es andere, für die der Text eine untergeordnete Rolle spielt. Hier wird ein vom Text unabhängiger ästhetischer Hörgenuss beschrieben.[30]

---

[27] »Wenn ich also ›Komm Jesu komm‹ singe und die Texte vertone ... also wenn eine Textvertonung mit einem geistlichen Inhalt ist ... da bin ich am nächsten an religiösen Gedanken.« (E33,96).

[28] Dabei kann dieses Erfassen über die Sinne sehr nachhaltig haften bleiben: »also es ist ein Psalmtext ... ich könnte es heraussuchen und könnte es nachlesen. Das hat mich vor Jahren unglaublich gepackt, weil da ... ist so ein gewisser religiöser Fundamentalismus, der da kommt, in Beziehung gerade mit der Musik.« (E33,404).

[29] »Diese geistlichen Texte, da sind schon tolle, oft tolle Vertonungen dabei. ...wenn man den Text auch wirklich liest und versucht zu empfinden und dann ist ja die Musik noch da. Und das ist vielleicht in der Kirche ... der besondere ... Klang. ... ›Komm Trost der Welt‹ und so wunderschöne Texte ... das berührt mich ganz stark, muss ich sagen ... in dem Augenblick empfinde ich etwas. Ich weiß nicht wo und wie ich es einordnen soll, aber das ist vor allen Dingen, ... da fühle ich mich ganz auch in dem Text und der Musik geborgen.« (E33,441-445).

[30] »Ich mag eigentlich gern Kirchenmusik, ... Orgelmusik und gregorianische Gesänge oder so, das höre ich mir schon gerne an.« Die Befragte genießt dies allerdings nach ihrer Aussage »losgelöst« von den darin enthaltenen inhaltlichen Botschaften.

3.2 Kirchenkonzerte allgemein

Weit über den Kreis der Kirchgänger hinaus, gehen Befragte in Kirchenkonzerte. Auch im Konzertbereich wird die Orgel hoch geschätzt. Unter einem »ich höre gerne Kirchenmusik« kann sich aber die ganze Breite des kirchenmusikalischen Spektrums verbergen, vom Oratorium bis zum Gospel, vom Konzert einer Band bis zum gregorianischen Gesang.

Diejenigen, die gerne kirchenmusikalische Konzerte hören, stellen in der Regel hohe Ansprüche an die Qualität. Sie urteilen in großem Maße nach ästhetischen Maßstäben. Dabei muss die kirchenmusikalische Aufführung nicht unbedingt live gehört werden. Vielmehr wird geistliche Musik von manchen wegen der besseren Qualität vor allem auf Tonträgern gehört.[31]

3.3 Kirchenmusiker/-innen

Auch bei den Kirchenmusikerinnen und Kirchenmusikern schlägt das Herz im Konzertbereich, besonders bei ihren eigenen Aufführungen. Begeistert berichten sie von Proben und von Konzerten, die sie geben oder in die sie gehen. Sie sind mit Leib und Seele Musiker. »Lust gehört natürlich auch dazu.« (E19,111) Dem entspricht, dass sie auch über die Liebe zur weltlichen Musik viel berichten und dort sehr unterschiedliche Vorlieben offenbaren, beispielsweise zu Carl Orff, zu Peter Iljitsch Tschaikowsky oder zu Richard Wagner.

Eine nebenamtliche Kirchenmusikerin hat auch noch eine eigene Konzertreihe außerhalb der Gemeinde. (N4)

4. Gesang im Gottesdienst

Im Bereich des Gemeindegesangs sind vier Fragenkreise anzusprechen: (1) Das Gemeinschaftserleben, (2) die emotionale Dimension des Singens, (3) das Verhältnis von altem und neuem Liedgut und (4) das Einüben von Liedern im Gottesdienst.

4.1 Das gemeinsame Singen

Singen wird als wohltuend, angenehm und befreiend beschrieben.[32] Dabei stellt sich in einer gut gefüllten Kirche mit kräftigem Gesang ein stärkeres Gemeinschaftserleben ein, als wenn ein paar Leute füreinander kaum wahr-

---

(E39,333-335) Dieses Phänomen wird auch aus dem Bereich der profanen Musik erzählt. So beschreibt ein Liebhaber von Country-Musik: »Wenn man es übersetzt, singen die eigentlich ... totalen Blödsinn. Aber, was mir daran gefällt, ist die Melodie. Der Text selber interessiert mich gar nicht.« (E43,986).

[31] S. auch unten 7.3.

[32] Singen, »das ist ein Wohlgefühl, ... ja, Konzentration auf etwas Angenehmes, weil das andere, alles andere ist ja ausgeschaltet, in dem Moment ... und befreiend.« (E24,215-217; ähnlich auch E33 und E38).

nehmbar singen.[33] »Ich freue mich, wenn eine Gemeinde ... herzerfrischend singt, also wo nicht die Lieder abgesungen werden, sondern wo man das Gefühl hat, die singen einfach gerne.« (E36,294) Gemeinsames Singen, bei dem man die anderen kräftig hört, ist positiv besetzt. »Ich mag Musik sowieso total gern. Das ist immer so [ein] Gemeinschaftsgefühl und das finde ich so klasse, wenn dann ... so viele Leute einfach miteinander singen. Das gefällt mir einfach total gut.« (E38,424) Der Gemeinschaftsaspekt beim Singen und die Liebe zum Gesang dürfen nicht unterschätzt werden.[34] Letztere kann sogar so weit gehen, dass eine Person, die selber nicht singen kann, sich zu einer Person setzt, von der sie weiß, dass sie gut singt, um sich an dem Gesang zu erfreuen.[35]

Als wichtig wird erachtet, dass man weiß, was gesungen wird. Dabei wird ein Liedblatt gerne angenommen (E48).

Damit gemeinsames Singen auch stattfinden kann, müssen die Lieder auch mitgesungen werden können. Die Aussage in der GfK-Umfrage »Die Pfarrer lassen immer so viele unbekannte Lieder singen«, finden in gleicher Weise Zustimmung wie Ablehnung. Daraus ist zu schließen, dass tatsächlich Lieder oft nicht mitgesungen werden können. Bei anderen Gottesdiensten sind etwas mehr Personen der Meinung, dass zu viele unbekannte Lieder gesungen werden, als beim Sonntagsgottesdienst.

4.2 Die emotionale Dimension gemeinsamen Singens

Gemeinschaftliches Singen bestimmter Lieder kann den Höhepunkt des Gottesdienstes darstellen. Besonders deutlich wird dies bei Festgottesdiensten, beispielsweise wenn in einer Gemeinde zum Abschluss der Christvesper »O, du fröhliche« oder zur Christmette »Stille Nacht« gesungen wird. Dabei kann die emotionale Beteiligung so hoch sein, wie bei einer Frau, die aussagt, wenn das gesungen wurde, »das war einfach der Hammer« (E38,192). Insbesondere, wenn bestimmte Lieder oder Gesänge zum Ritual gehören, ist die Erwartung hoch, dass sie auch vorkommen. Wenn sie fehlen, wird von Enttäuschung berichtet, die zum Fernbleiben vom Gottesdienst für einige Zeit führt (E38,192).

---

[33] »Wenn eine Kirche voll ist und wenn man dann miteinander singt, das klingt natürlich anders, wie wenn jetzt nur zwanzig Leute irgendwo sind, ... wenn alle gemeinsam so ein Lied singen, ... klingt es schöner.« (E38,230.496).

[34] Bei der Beschreibung wird dabei das Gemeinschaftserleben betont, z.B.: »wenn man dann solche Menschen trifft, mit denen man dann gemeinsam schwingen (sic!) kann, das ist schon ganz toll.« (E33,449).

[35] Für eine Kirchenmusikerin kann die Freude am gemeinsamen Gesang allerdings dadurch getrübt werden, dass die Organistin die Lieder zu langsam spielt oder ähnliches ihrer Musikalität Entgegenstehendes passiert. (E19).

Genauso kann ein Lied im Gottesdienst so tief gehen und ansprechen, dass man es sich für die eigene Beerdigung wünscht.[36]

Unabhängig davon, ob altes oder neues Liedgut gewählt wird, möchten die Kirchgänger Lieder singen, die ihnen gefallen und die sie mitsingen können.[37] Dazu gehört nicht nur, dass sie die Lieder kennen, sondern auch, dass die Tonlage passt. Die, bei traditionellen Liedern oft gewählte, hohe Stimmlage, wird als gesangshinderlich eingestuft. (E8)

4.3 Altes und neues Liedgut

4.3.1 Bevorzugung von traditionellem Liedgut

Die Frage, ob altes oder neues Liedgut bevorzugt wird, hat verschiedene Dimensionen. Denn weder der eine noch der andere Bereich ist klar abzugrenzen. Ganz deutlich wird allerdings, dass es die vertrauten Lieder und Gesänge sind, die die Kirchgänger im Regelgottesdienst schätzen, ja dass insbesondere in Festgottesdiensten sogar ganz bestimmte traditionelle Lieder und Gesänge erwartet werden. Der Bekanntheitsgrad der gesungenen Lieder und Gesänge wird hier zum Kriterium für das Mitsingen, und dieser hängt in hohem Maße davon ab, ob die Lieder und Gesänge früher erlernt wurden.[38] Zudem können die »alten Lieder« als Teil des Rituals empfunden werden[39], eine Abkehr von ihnen kann als ein Tribut an den Zeitgeist verstanden werden.[40] Auffällig ist, dass traditionelle Kirchenlieder auch von Personen geschätzt werden, die der Kirche sehr distanziert gegenüberstehen. (E35m, E35w)[41] Traditionelle Kir-

---

[36] »Es waren wunderschöne Lieder, die gesungen wurden, wobei ich zum Beispiel bei dem letzten Lied mir dann überlegt habe, dass ich es aufschreiben werde, dass ich gerne möchte, dass das bei meiner Beerdigung gesungen wird.« (E34,359).

[37] »Ich will gute Lieder singen, die mir gefallen und die ich mitsingen kann.« (E48,244).

[38] Interessant ist, dass eine Frau, die sich von der Kirche weit entfernt hat, lieber möchte, dass ihre Kinder diejenigen Gesangbuchlieder lernen, die sie selber kennt, als die katholischen ihres Mannes. (E44,431).

[39] »Und dann finde ich auch zum Beispiel immer so die eingefahrenen Gesänge, die halt immer wieder sich [wiederholen] ... ein gewisses Ritual ... gehört eben einfach dazu, nicht? Muss auch sein. ... Man kann das jetzt nicht alles revolutionieren, das wäre nicht richtig, nicht?« (E31,262).

[40] »Andererseits muss ich sagen, dass die Protestanten vollkommen verloren haben die Rituale des abendländischen Glaubens. Die kennen die fast gar nicht mehr, nicht? Die setzen sich halt hin, die alten Lieder werden nicht mehr gesungen ... und jetzt werden die Gesangbücher überarbeitet, damit es moderner klingt.« (E14,371-373) Den Grund dafür sieht der Befragte in den Machterhaltungsmechanismen der Kirchenleitung. (E14, 375).

[41] Wenn man aus der Kindheit »die ganzen Lieder dann kennt, weil doch irgendwie zum selben Kirchensonntag eigentlich immer eben, ich will nicht sagen genau die gleichen gesungen werden, aber ähnliche, da kennt man sie doch, oder von der Melodie her. Auf die gleiche Melodie sind dann andere Texte gemacht worden, nicht? ... Und ja, muss schon sagen, gefällt mir schon.« (E35m,653-657).

chenlieder scheinen für diese Menschen eine Brückenfunktion zu haben, sollte der Fall eintreten, dass sie wieder den Weg in den Gottesdienst finden. Der Bereich des Sonntagvormittagsgottesdienstes scheint nach Meinung vieler (auch Nichtkirchgänger) vorwiegend für das traditionelle Liedgut reserviert zu sein.[42]

4.3.2 Bevorzugung von neuem Liedgut

Im Bereich derer, die mit den traditionsgeprägten Sonntagsgottesdiensten nichts oder wenig anfangen können, sind allerdings die traditionellen Kirchenlieder wenig beliebt, sie werden gemieden und zum Teil ihre Dominanz angegriffen (E6m, E5m). Die Polemik gegenüber dem alten Liedgut geht sogar so weit, dass sie der »Musik aus dem dumpfen Nachmittelalter« oder der »Friedhofsmusik« (E14,428-430) zugeordnet werden. Hier, wie überhaupt im Bereich der neuen Gottesdienstformen, werden neue Lieder klar bevorzugt, zum nicht unerheblichen Teil aus dem Bereich der Anbetungs- und Lobpreislieder. Es sind »sehr sehr melodische Lieder, ... eben so gerade diese Anbetungsmusik.« (E8,340)[43] Zumeist wird bei offenen Gottesdienstformen auch im Musikalischen ein partizipatorisches Modell verfolgt, das die Beteiligung nicht dadurch gewährleistet sieht, dass Vertrautes gesungen wird, sondern das sich danach ausrichtet, was die Gottesdienst Feiernden selber einbringen können bzw. wünschen.[44] So können sich die musikalischen Potentiale in der Gemeinde entfalten und auch Neues kann seinen Platz finden.[45] Zum Teil wird auch ein musikalisches Gegenprogramm zum Sonntagsgottesdienst gefahren. Gesangbuchlieder sind dann verpönt.[46]

Insgesamt wird eine deutliche musikalische Trennlinie zwischen dem Gros der Kirchgänger aus dem Bereich der Regelgottesdienste und denen aus dem Bereich der alternativen Formen sichtbar.

4.3.3 Der Versuch, beides in den Gottesdienst zu integrieren

Die Brücke zwischen diesen beiden Erwartungshaltungen stellen wieder diejenigen Hauptamtlichen und hochengagierten Ehrenamtlichen dar, die sowohl

---

[42] So berichtet beispielsweise ein Interviewter von der Familie eines Freundes, die in der Gemeinde musikalisch sehr aktiv ist und das Gewohnte aufbrechen wollte. »... so Spirituals mehr oder weniger ... das kommt bei solchen, bei der Kirche wiederum nicht so gut an, weil die wollen natürlich mehr ihre alte Musik haben.« (E45,991).

[43] »Teilweise sehr sehr schöne Lieder. Also nicht jetzt so die Kirchenlieder, wie man sie sonst kennt. Auch mit hoher Stimmlage, sondern sehr sehr melodische Lieder. Ich finde eben so, gerade diese Anbetungsmusik« (E8,340). Dagegen sagt eine Pfarrerin: »Diese Anbetungslieder, ... also mir gefallen sie einfach nicht.« (N1,540).

[44] »Also wenn ... ich die Musik anders machen will, dann muss ich mich ja auch ... an dem ausrichten ...was die Leute einbringen können und wie weit die ... bereit sind mitzuarbeiten und da ... mitzugehen.« (E6,214-216).

[45] Vgl. E6,206-216, E24,359–369.

[46] »Es werden absolut keine Gesangbuchlieder gesungen.« (N2,46).

Altes als auch Neues gerne singen und hören, oder meinen, dass beides im Gottesdienst seinen Platz haben muss.[47] Sie möchten neue Lieder in den Sonntagsgottesdienst und Traditionsgut in die offenen Gottesdienstformen integrieren. Allerdings wird hier – und das ist bedeutsam – bei neuem Liedgut vor allem an Lieder und Gesänge des »Liederhefts für die Gemeinde« oder des Kirchentags gedacht, während beim Gros der Aussagen von Kirchgängern damit vorwiegend Anbetungs- und Lobpreislieder verbunden werden, die bei dem erstgenannten Kreis kaum in den Blick kommen.[48]

4.3.4 Das Qualitätskriterium

Aussagen zur Qualität der gottesdienstlichen Musik findet sich sowohl im Bereich derer, die modernes Liedgut mit Bandbegleitung bevorzugen, als auch bei den Sonntagvormittagskirchgängern auffällig selten.[49] Dagegen gehen Pfarrerinnen und Pfarrer wie auch Kirchenmusikerinnen und Kirchenmusiker stark auf die Qualität der Musik ein und legen dort in der Regel einen hohen Maßstab an. Während vor allem die traditionellen Kirchgänger die Qualität der im Gottesdienst zu Gehör gebrachten Kirchenmusik weitgehend als gegeben hinnehmen, ist sie für die Hauptamtlichen sehr wichtig. Hier wird befürchtet, dass bei Gottesdiensten, »wo der Organist beschissen spielt« (E47II,845), die Gemeinde abgestoßen wird.

4.3.5 Die Vermittlung traditionellen Liedguts

Während Kirchgänger vor allem von Empfindungen und Vorlieben in Bezug auf das Liedgut erzählen, finden sich bei den Pfarrern und Pfarrerinnen auch Urteile über die Vermittlungsmöglichkeiten der traditionellen Kirchenlieder. Dabei wird dies durchwegs als schwierige Aufgabe gesehen. Vor allem wo selber Vorbehalte gegen das traditionelle Liedgut vorhanden sind, werden nur sehr eingeschränkte Möglichkeiten der Vermittlung angenommen: »Die alten Kirchenlieder, die haben schon tolle Texte, da sind ... oft tolle Inhalte drin, aber es kommt einfach nicht rüber. ... Die Sprache ist so sperrig, die Melodien sind so schwierig und so altertümlich.« (E36,328-330) Trotzdem wird, auch

---

[47] Allerdings sind dort auch die Präferenzen verteilt. So sagt beispielsweise ein Pfarrer: »Auch die ganzen alten Choräle, also die meisten Lieder in unserem Gesangbuch würde ich wahrscheinlich, nun, ich würde sie nicht gleich herausschmeißen, weil ich weiß, dass sie alten Menschen und älteren Menschen auch gefallen, aber ... mir würde mehr modernes Liedgut und moderne Musik gut tun.« (E36,292).

[48] Lediglich einer der befragten Pfarrer, der eine Affinität zu diesem Liedgut hat, verknüpft neues Liedgut mit Anbetungs- und Lobpreisliedern. Dieser lässt dann allerdings ausschließlich aus den Liederbüchern »Feiert Jesus« bei den offenen Gottesdienstformen singen. (N2).

[49] Lediglich E8, E34 und E38.

wenn kein großer Zugang zu den Chorälen des Gesangbuchs gegeben ist, im gottesdienstlichen Bereich darauf geachtet, dass diese gesungen werden.[50]

Betrachtet man an diesem Punkt die Ergebnisse der GfK-Untersuchung zur Sprache der Gesangbuchlieder, so finden Kirchenmitglieder die Sprache der Gesangbuchlieder und Gesänge sehr viel weniger unverständlich und veraltet als Ausgetretene.[51] Je weniger Gottesdienste besucht werden, umso mehr sagen Menschen, dass die Texte veraltet sind. Bei denen, die jeden oder fast jeden Sonntag in den Gottesdienst gehen, findet sich diese Meinung nur bei etwas mehr als 12%[52]. Anderes gilt für diejenigen, die moderne Gottesdienstformen bevorzugen. Sie sind mehrheitlich der Ansicht, dass die Sprache der Gesangbuchlieder und Gesänge unverständlich und veraltet ist.[53]

4.4 Einüben von Liedern im Gottesdienst

Auch für den Bereich der Kirchenmusik gilt, dass die Kirchgänger nicht in den Regelgottesdienst gehen, um dort etwas einzuüben. Der Gottesdienst ist für sie nicht der Ort für pädagogische Maßnahmen. Es ist also eine Problemanzeige, dass die Einübung von neuem Liedgut durch den Kantor oder die Kantorin bzw. den Pfarrer oder die Pfarrerin auf wenig Gegenliebe stößt. Aktionen wie »Liedauswahl durch Zuruf« werden als unpassend eingestuft. (E38)

4.5 Singen als Kindheitserinnerung

Manche Befragte greifen bezüglich des Singens wieder auf ihre Kindheit zurück und berichten von Erlebnissen aus dieser Zeit. Die Kindheitserinnerungen sind hier sehr nachhaltig und prägen noch heute die Einstellungen. Einer Frau, die im Religionsunterricht traditionelle Kirchenlieder singen musste, wurde damit das Singen überhaupt so vergällt, dass sie Jahrzehnte nicht mehr gesungen hat.[54] In einem anderen Fall ist das Singen in der Kirche von der Kindheitserinnerung her absolut positiv besetzt.[55] Es wird deutlich, dass die

---

[50] »Wenn ich mir denke, was ich gerne höre oder was mich anrührt, das ist auch nicht unbedingt ein Choral – gebe ich ehrlich zu – aber ich sage: Ein Choral muss sein. Das machen wir.« (N1,738).

[51] Bei den Kirchenmitgliedern sind das 32,7%, bei den Ausgetretenen 55,6%. Bei den Kirchenmitgliedern widersprechen 47,6% dieser Ansicht, bei den Ausgetretenen nur 13,4%.

[52] Bereits bei denen, die ein- bis zweimal im Monat in den Gottesdienst gehen, sind 33,3% dieser Ansicht, bei denen, die einmal oder weniger im Jahr den Gottesdienst besuchen, sind es 43,1%, bei denen, die nie gehen 51,2%.

[53] 44,7% derjenigen, die andere Gottesdienstformen bevorzugen, vertreten diese Ansicht und nur 29,3% von diesen verneinen das.

[54] »Im evangelischen Religionsunterricht, ... da waren wir nur wenige ... und da mussten wir immer singen und da ... bin ich verstummt, da habe ich dann irgendwie überhaupt keine Lust mehr gehabt, da ›Du süßer Seelenbräutigam‹ zu singen oder so irgendetwas und dann habe ich eben nicht mehr gesungen.« (E1w,182-184).

[55] »Ich gehe jetzt mit meiner kleinen Schwester hin, irgendwie wo es ein bisschen heilig ist und wir singen dann da zusammen, können den Text kaum lesen, aber wir

Vermittlung von traditionellen Kirchenliedern im katechetischen Handeln der Kirche durchaus problematisch sein kann.

4.6 Kirchenmusiker/-innen

In besonderer Weise streichen Kirchenmusikerinnen und Kirchenmusiker heraus, dass es die Lieder und Gesänge sind, bei denen die Gottesdienstbesucher aktiv am Gottesdienstgeschehen beteiligt sind. Beim Singen gestaltet die Gemeinde, »auf die Gesamtdauer gesehen, doch einen beträchtlichen Anteil des Gottesdienstes mit.« Dabei, so wird betont, ist der Gesang »die ganzheitliche Form ... des Beteiligtseins am Gottesdienst.« (N3,94-96)

Der Gesang wird nicht nur hinsichtlich der Choräle und der neuen Lieder bedacht. Vielmehr nehmen Kirchenmusikerinnen und Kirchenmusiker in hohem Maße auch die liturgischen Gesänge in den Blick. Sie betrachten diese als Schatz der Kirche, den es zu bewahren und weiterzugeben gilt.[56] Dabei machen die Kirchenmusikerinnen und Kirchenmusiker sich auch viele Gedanken über die Vermittlungsmöglichkeiten der geprägten liturgischen Gesänge. (bes. N3,N4) Hier zeigt sich allerdings auch eine gewisse Ratlosigkeit.[57]

In der GfK-Umfrage findet die Aussage »Die Wechselgesänge von Pfarrer und Gemeinde finde ich überflüssig«, etwas mehr Ablehnung als Zustimmung.[58] Je häufiger Menschen den Sonntagsgottesdienst besuchen, umso mehr hängen Menschen an den Wechselgesängen.[59] Allerdings stehen gut ein Drittel (38,4%) derer, die jeden oder fast jeden Sonntag in den Gottesdienst gehen, den Wechselgesängen kritisch gegenüber. Während auf Seiten der Sonntagvormittagskirchgänger die Hälfte an den Wechselgesängen hängt, werden sie von denen, die bevorzugt in andere Gottesdienste gehen, mehrheitlich als überflüssig angesehen.[60]

---

zwei, wir machen das jetzt. Das hat auch so das Zusammengehörigkeitsgefühl irgendwie gestärkt.« (E18,259).

[56] »In diesen alten Gesängen findet ja irgendwo auch die Verbindung in der Gemeinschaft der Heiligen statt, die sich auch über die Zeiten hinweg erstreckt. Also mit den Vorfahren und den Nachkommen irgendwie die Verbindung zu schaffen, in der Hoffnung, dass die Nachkommen diese Gesänge ... auch noch singen werden; ja, das ist eine über die sichtbare Realität hinausgehende Dimension, die ja auch im Gottesdienst eigentlich zum Ausdruck kommen soll.« (N3,200-202) Ähnlich auch eine Kirchenmusikerin, die in der Liturgie »etwas weltweit Verbindendes« und »so eine Wiedererkennungsmöglichkeit jetzt gerade in der Zeit der Globalisierung« sieht. (N4, 349-351).

[57] So sinniert beispielsweise ein Kirchenmusiker darüber, dass es gut wäre, wenn Pfarrerinnen und Pfarrer öfters über die liturgischen Stücke predigen würden, stellt das aber aufgrund der hohen Fluktuation beim Gottesdienstbesuch im gleichen Atemzug wieder infrage. (N3).

[58] 36,1% der Befragten stimmten der Aussage zu, 38,6% lehnten sie ab.

[59] Während bei den regelmäßigen und häufigeren Kirchgängern mehr als 50% der Aussage nicht zustimmen, sind es bei den seltenen Kirchgängern nur 21,3%.

[60] Das sind 40,2% gegenüber 27,7%, die der Aussage nicht zustimmen.

Für andere musikalische Stile, etwa aus dem Bereich der Anbetungslieder, der Gospels oder der Taizégesänge, fühlen sich einige Kirchenmusikerinnen und Kirchenmusiker dagegen nicht zuständig oder sie praktizieren diese nur notgedrungen, weil es von ihnen verlangt wird.[61]

Ähnlich stark wie bei den Kirchgängern ist die emotionale Beteiligung im Bezug auf das Singen auch bei den Kirchenmusikerinnen und Kirchenmusikern, wenn berichtet wird: »Dann habe ich selbst mitgesungen an der Orgel, was man eigentlich nicht tun sollte, so einfach vor Freude, wie alles jetzt läuft ... um einen herum, das jubiliert. So habe ich das immer empfunden ... und da sagen auch die Leute: Mensch da der, heute ist er wieder voll drauf.« (E30,135)

Das Singen im Gottesdienst ist hochgradig religiös aufgeladen: »Mir geht es so, dass ich ... mich ganz irgendwie doch auf die Verbindung mit Gott ... ausrichten kann beim Singen.« (N3,100)

5. Bands im Gottesdienst

Insbesondere im Jugendbereich und bei Gottesdiensten in freier Form wird vom Einsatz von Bands und Musikgruppen berichtet. Dieser ist positiv besetzt. Die Musik wird dabei als »meistens sehr, sehr gut« (E8,338) beurteilt, die Lieder als »sehr, sehr schön«. (E8,340) Dabei wird bei den Teilnehmenden spezieller Gottesdienste auch als gut empfunden, dass Instrumente elektronisch verstärkt werden. (E6m,E8) Es wird auch deutlich, dass ein solcher Gottesdienst in hohem Maße von der Bandmusik leben kann.

Bei Pfarrern wird in diesem Zusammenhang der erhebliche organisatorische und zeitliche Aufwand des Auf- und Abbaus von Verstärkeranlagen und von Proben betont, allerdings auch, dass sich der Einsatz lohnt. (E47II, N2)

Die Musik wird im Bandbereich von ihrer Funktion her ähnlich beschrieben wie die traditionelle Kirchenmusik und zwar ebenfalls wieder vorwiegend im Erlebens- und Gefühlsbereich.

Dagegen wird berichtet, dass sich traditionelle Kirchgänger mit Bandmusik im Gottesdienst schwer tun.[62] Interessanterweise sagt dabei niemand, dass es ihn selbst stört, sondern es werden immer andere, vor allem ältere Perso-

---

[61] So führt beispielsweise einer aus: Bei Taizégottesdiensten »bin ich dabei, weil ich die musikalische Leitung des Musikteams übernommen habe. Wenn ich da jetzt nicht dienstlich beteiligt wäre, würde ich nicht hingehen. Das entspricht da nicht meinen Bedürfnissen.« (N3,388).

[62] »Also es gibt ja gerade nun ältere Menschen, die sich also ganz schwer tun, wenn dann ... was weiß ich, dann auch ein Jazz ist oder wenn die Jugend mit einer Band drin spielt oder [so] etwas, also da ... weiß ich, dass Menschen ganz große Probleme« damit haben. (E34,455-457) »... manchmal, dass vielleicht einer sagt: Das war aber heute ein wenig laut.« (N1,787).

nen angeführt, die das angeblich stört. Dabei ist es öfters die Lautstärke, die kritisiert wird.

Die befragten Kirchenmusikerinnen und Kirchenmusiker berichten alle, dass die Bands, die in Gottesdiensten der Gemeinde spielen, eine andere Leitung haben, und sie sich um diesen Bereich kaum kümmern müssen. Sie sollen höchsten »zusehen, dass das [im Gottesdienst] alles nebeneinander und miteinander funktioniert.« (N3,2)[63]

6. Chöre

Chöre sämtlicher Art, egal ob Kirchenchor, Posaunenchor, oder auch andere an die Kirchengemeinde gebundene Chöre, haben nicht nur für das Gottesdienstleben, sondern auch für die Gemeinde insgesamt eine herausragende Bedeutung.[64] In vielen Fällen wird erzählt, dass die Chöre besondere Gottesdienste mitgestalten.[65] (E3,E7,E21,E24,E33,E34,E38) Dies geschieht, gleich ob es sich um Posaunen- oder Kirchenchöre handelt, vorwiegend bei Festgottesdiensten.

Auffällig ist, dass die Befragten weniger von Aufführungen ihres Chores berichten als vielmehr von den Proben, der Gemeinschaft und von den Chorleiterinnen und Chorleitern.

6.1 Die Bedeutung der Chorarbeit für die Integration in die Gemeinde

Hervorstechend bei den Beschreibungen der Interviewten ist, welch große Bedeutung das Singen und Musizieren in einem Chor für die Bindung an Gemeinde und Gottesdienst hat. Durch das Singen im Gottesdienst gibt es feste Termine, an denen Gottesdienste mitgefeiert werden. Doch dabei bleibt es in der Regel nicht. Viele Mitglieder von Chören geben an, auch bei anderen Gelegenheiten in den Gottesdienst zu gehen. (E7,E21,E24,E33,E34) Darüber hinaus führt beispielsweise das Singen in einem Chor einer anderen Gemeinde bei dem Mann einer Befragten dazu, dass er auch in der anderen Gemeinde in den Gottesdienst geht. (E7) Die Bedeutung der Chöre für den Gemeindeaufbau und das Gottesdienstleben kann gar nicht hoch genug eingeschätzt werden. In einer der untersuchten Gemeinden hat sich der Chor zum Treffpunkt für Neuzugezogene entwickelt. Hier wird die Bedeutung für den Gemeindeaufbau anhand eines spezifischen Beispiels deutlich.

---

[63] Einer der Kirchenmusiker beschreibt, dass er sich bei Gottesdiensten, in denen die Band den Ton angibt, bereithält: »Wenn ich dabei bin, dann lasse ich mir im Grunde ... sagen, was ich übernehmen soll.« (N3,84).

[64] Posaunenchöre finden erstaunlicherweise eine verhältnismäßig geringe Erwähnung in den Interviews. Dennoch gilt für gemeindliche Posaunenchöre hinsichtlich des Gemeindeaufbaus ähnliches wie für Kirchenchöre.

[65] In einem Fall »gibt es einen Chor extra für diesen [Name]gottesdienst, der die Lieder erst einmal einübt und dann mit der Gemeinde zusammen singt.« (N2,52).

6.2 Die Person der Chorleitenden

Bei den Chorproben wird sichtbar, welch immense Bedeutung die Person hat, die den Chor leitet. Dynamik und Engagement springen auf die Beteiligung über, das schulmeisterlich Betuliche bremst.[66] Unterschiedlich beurteilt wird allerdings, wenn die Chorleitenden alles aus den Chormitgliedern herausholen wollen. Während es die einen »toll« finden, finden es die anderen »zu heftig«[67]. Als Problem wird auch von den guten Sängerinnen und Sängern gesehen, wenn zuviel vorausgesetzt wird. Auf der einen Seite soll etwas herauskommen. So wird auch akzeptiert, wenn Chorleiterinnen und Chorleiter Druck machen, dass vor einer Aufführung die Chorproben regelmäßig wahrgenommen werden.[68] Auf der anderen Seite wird von mehreren betont, dass das Singen im Chor vor allem Spaß machen muss.

6.3 Das persönliche Eingebundensein in die Gemeinschaft

Sehr motivierend für das Mitsingen ist, wenn die Chormitglieder in derselben Altersstufe sind und diese auch Geselligkeit untereinander pflegen (E21). So wird es geschätzt, wenn sich die mit dem Chor verbundene Gemeinsamkeit auch nach Chorproben und Auftritten fortsetzt[69]. Das gemeinsame Singen geistlicher Musik kann ein »sich wie ein roter Faden durch mein Leben ziehendes Ritual« (E34,98-100) sein, so dass nach einem Wohnortwechsel sofort wieder der Anschluss an einen Kirchenchor gesucht wird.

6.4 Prägung durch das Singen im Kinderchor

Tief eingegraben sind biografische Erinnerungen vom Singen in einem kirchlichen Kinderchor. Bei einer Befragten ist es so positiv besetzt, dass sie ihre Kinder auch wieder dorthin schickt.[70] Bei einer anderen Befragten ist die Erinnerung so lebendig, dass sie von einer Aufführung detailliert berichtet.[71]

---

[66] So berichtet beispielsweise eine Frau von einem Wechsel der Chorleitung von einer dynamischen jungen Frau zu einem Mann mit ganz anderer Verfasstheit: »... der hat einen ganz anderen Stil. Und da nimmt es mir etwas den Schwung. Das fällt schon schwer, wenn jemand so etwas ganz Gegenteiliges ist, vom Temperament her und von der Art, wie er es erarbeitet.« (E24,180).

[67] »Es war es ein bisschen zu viel Tobak, so gefordert zu werden.« (E24,178).

[68] Die regelmäßigen Proben stellen offensichtlich an mehreren Orten ein Problem dar. Dem wird zum einen dadurch Rechnung getragen, dass entweder projektbezogen gearbeitet wird, und dann eben eine Zeitlang keine Chorproben stattfinden oder ein vierzehntägiger Probenrhythmus angesetzt wird. (E21,E24).

[69] »Es ist auch noch ein geselliger Teil, weil wir uns danach, also ein paar Leute immer noch danach treffen und in eine Kneipe gehen.« (E21,222).

[70] »Ich war damals so im Kinderchor, [das] gab es bei uns im Dorf von der Kirche auch, wo man sich getroffen hat. Für mich war das etwas Schönes ... Miteinander [zu] singen und immer die gleichen Kinder [zu] treffen. Da hat man sich darauf gefreut. Ich bin da gerne hin[gegangen]. Und ich sehe ja, wie [die] zwei gerne hingehen und solange sie

6.5 Überspringen der Gemeindegrenzen

Im Bereich des Singens in Chören ist die Zugehörigkeit zu einer bestimmten Kirchengemeinde oder überhaupt zu einer christlichen Kirche nicht ausschlaggebend. So singt ein Interviewter im Chor der katholischen Nachbargemeinde (E21), eine Interviewte erzählt von ihrem Mann, der im Chor der evangelischen Nachbargemeinde heimisch ist (E7), ein weiterer ist zwar aus der Kirche ausgetreten, singt aber dennoch hoch engagiert sowohl in einem evangelischen wie in einem katholischen Kirchenchor. (E33) Je nach Neigung, Qualität und Ausrichtung suchen die Singenden an den Orten, an denen sie die Auswahl haben, den für sie passenden Chor.

6.6 Schlechte Chordarbietung als Störung des Gottesdienstes

Während die im Chor Singenden von ihrem Chor und ihren Auftritten nur Positives berichten,[72] kann eine misslungene Chordarbietung von Seiten der Kirchgänger als störend empfunden werden.[73] Auch wenn die Toleranzgrenzen bei den Gottesdienstbesuchern hoch zu sein scheinen, werden für manche die Grenzen des Erträglichen doch überschritten.

---

wollen, sollen sie es machen. Und wenn sie eines Tages sagen: Ich will da nicht mehr hingehen, okay, dann ... ich würde sie nicht zwingen.« (E3,100-102).

[71] An Weihnachten »haben wir dann so im Kinderchor immer den Quempas gesungen. ... Das ist eben immer vom Kinderchor aufgeführt worden, so aus verschiedenen Ecken von der Kirche kam das dann immer, und das war so der Abschluss vom Weihnachtsgottesdienst. Und das war halt auch immer so etwas, ja, ganz Ergreifendes. ... wir waren dann so in verschiedenen Ecken schon vorher postiert, also die einen halt vor dem Altar, die anderen in der Nähe von der Kanzel und dann welche auf der Empore. Und dann hat halt immer ein Teil des Kinderchores eine Strophe gesungen, und zum Schluss dann die ganze Gemeinde.« (E38,184-190).

[72] Eine Ausnahme bildet lediglich eine Beschreibung vom Weihnachtsgottesdienst. Dort wurde allerdings auch nicht der Auftritt als störend empfunden, sondern die überfüllte Kirche: »Was mich wahnsinnig fuchsig macht, ist ... die berühmte Weihnachtssingerei. Also wir haben ... hier ... in der Kirche am Heiligen Abend, Familiengottesdienst. Da kann man garantieren, dass die Plätze nie ausreichen. Da kommen sie alle plötzlich, da sagt man sich: Was ist mit denen los? ... Die Kantorei muss bis zum Schluss noch proben. Die Kirche ist proppevoll und dann haben sie vergessen, die Empore zu sperren, und alles sitzt voll und wir wissen nicht, wo wir uns hinstellen sollen. Na habe ich gesagt: Tut uns leid, wir müssen jetzt mal bisschen ... War ein Vater ... mit seiner ganzen Familie: »Wir sind extra zeitig gekommen, um hier in der Kirche [einen Platz zu bekommen] ... und da habe ich gesagt: Wissen Sie was, kommen Sie doch in zwei, drei Wochen wieder, da ist die Kirche leer, da können Sie sich hinsetzen wo Sie wollen. Wenn Sie wirklich zur Sammlung kommen, dann müssten Sie nicht gerade heute gekommen sein.« (E33,609-611).

[73] »Da war ich dann so enttäuscht, da war dann halt so ... [eine] musikalische Einlage und die fand ich so unmöglich und das hat mir dann irgendwie so alles verdorben. ... Also ich fand das eher ziemlich furchtbar, wie die gesungen haben ...«. (E38,414).

6.7 Kirchenmusiker/-innen

Mit viel Freude und Engagement berichten die Kirchenmusikerinnen und Kirchenmusiker von der Chorarbeit. Ihr Augenmerk liegt dabei naturgemäß auf dem Planungsbereich, auf der Chorleitung und der Durchführung.

Das Planen beginnt, wie nicht anders zu erwarten, oft schon Monate, zumindest aber einige Wochen vor dem Auftritt. Dabei wird nicht nur der Auswahlvorgang beschrieben, wie man die passenden Stücke sucht,[74] sondern auch, dass mit der zu probenden Musik gelebt wird.[75] Die Entscheidungen, was mit dem Chor gesungen wird, werden dabei stets als aus dem eigenen Ermessen heraus getroffen beschrieben. Als einen Grund dafür führt eine Kirchenmusikerin an: »Beim Chor glaube ich, da darf man gar nicht demokratisch denken, weil sonst gibt es intern leider Spannungen im Chor.« (N4,229)

Insbesondere, wenn Chorproben nicht so verlaufen sind, wie man sich das gewünscht hat, beschäftigt das die ganze Woche.[76] »Man lebt schon auf die nächste Probe hin.« (E30,123) Insgesamt überwiegt offensichtlich die Freude an der Chorarbeit die problematischen Erfahrungen.

---

[74] »Wenn der Chor dabei ist, dann geht das Monate vorher los. Dann muss ich nachschauen: Was ist das Proprium des Tages? Welche Texte sind dran? Was passt dazu? Welche Lieder passen? Das muss ich ja dann über einige Wochen hinweg mit dem Chor schon erarbeiten. ... Und dann kommt irgendwann das Gespräch mit der Pfarrerin oder dem Pfarrer, wo es sich einfach so eingespielt hat, dass ich dann mitteile, was mit dem Chor vorbereitet ist, und die Pfarrerin oder Pfarrer baut dann das Passende in den Gottesdienst ein. ... wobei bestimmte Sachen habe ich mir angewöhnt, einfach [zu setzen] ... Dass der Introitus des Tages dann vom Chor mit der Gemeinde im Wechsel gesungen wird, also da ... mache ich keine Experimente, sondern ich nehme wirklich das Proprium oder das Wochenlied, was dann mit dem Liedsatz im Wechsel auch zwischen Chor und Gemeinde gesungen wird, und eben passende Chorstücke, die dann beispielsweise das Orgelvorspiel ersetzen können.« (N3,42-52) Oder: »Wenn ich weiß, wir singen meinetwegen in sechs Wochen im Gottesdienst, dann schaue ich vorher nach, welche Texte sind da, welches Wochenlied und diese ganzen Sachen, welcher Psalm, und dann suche ich entsprechend ein Stück aus, was wir mit dem Chor dann einüben.« (N4,74).

[75] »Den Gewinn des Musizierens sehe ich schon in der Vorbereitung. Wenn ich eine Partitur lese, klingt die schon in mir. Und da erkenne ich da schon: da steckt ja so viel drin. ... Und dann geht das für mich in den Tag über. ... Dieser Rhythmus, ... der hat mich dann oft so den ganzen Tag über beschäftigt, dass die Kinder manchmal gesagt haben: Papa, hör doch auf. Das wird ja ein Ohrwurm, allmählich.« (E30,119).

[76] »Wenn es dann am Abend nicht so gelaufen ist, wie man es sich gedacht hat, ja, da war man ein bisschen deprimiert. ... da ... habe ich so den Chorleuten immer gesagt: Das setzt sich wie Kaffee. Nächste Woche geht das gleich viel besser. ... Dann spürt man schon die ganze Woche: Jetzt bin ich einmal gespannt, ob das geht, nächste Woche.« (E30,119–121).

Nicht immer einfach scheint es, sämtliche Chormitglieder, die gerne bei Konzerten mitsingen, auch zum Mitsingen im Gottesdienst zu bewegen.[77] Dabei ist es bei der Mehrzahl der befragten Kirchenmusikerinnen und Kirchenmusiker auch ein Anliegen, dass der Chor die liturgischen Stücke singt, wenn er im Gottesdienst ist.

7. Kirchenmusik im Privatbereich

Kirchenmusik findet nicht nur in Kirchen, Gemeindehäusern und Konzerthallen statt, sondern sie hat auch Bedeutung für die individuelle Frömmigkeit, vor allem zu Hause.

7.1 Singen von Kirchenliedern

Am weitesten verbreitet ist das Singen von Kirchenliedern in der Advents-[78] und Weihnachtszeit, insbesondere am Heiligen Abend. (E18, E34, G5m+w). Dabei wird in einem Fall beschrieben, dass die Bescherung immer nach demselben Ritual abläuft und auch jedes Jahr dieselben Lieder gesungen werden.[79] Dazu wird unter Umständen auch musiziert. Hier berichtet eine Interviewte, dass dies der einzige Tag im Jahr ist, an dem ihr Sohn noch Saxophon spielt, und dann spielt er Weihnachtslieder (E34). Zudem ist das Singen von Weihnachtsliedern mit Kindheitserinnerungen verwoben.[80]

Das Singen von geistlichem Liedgut ist in einem Fall Bestandteil einer christlichen Erziehung. Bei einem zur Freikirche tendierenden Elternpaar werden häufig Lieder aus diesem Umfeld mit dem Kind gesungen.[81]

---

[77] Unter den Sängerinnen und Sängern sind welche, »die sind dann bei den Konzerten auf jeden Fall da, bei den Gottesdiensten, wenn man mit Nachdruck darum bittet.« (N3,374).

[78] »... ritualartiges. Also, dass wir zum Beispiel versuchen, abends zusammen siebenundzwanzig Adventslieder zu singen ...«. (E18,90).

[79] In einem Fall wird erzählt, dass am Grab der verstorbenen Geschwister Weihnachtslieder gesungen wurden: »Also wenn wir den Weihnachtsbaum anzünden ... immer als erstes die Weihnachtsgeschichte lesen, dann immer ganz bestimmte Lieder singen, ... immer die gleichen.« (E34,230–232).

[80] »Haben dort ein Weihnachtsbäumchen hingebracht, haben dort unsere Weihnachtslieder vierstimmig gesungen, die vier Geschwister, die übrig waren und dieses Weihnachtsfest, dieses Ritual, Weihnachten auf dem Friedhof, spielte also eine ganz große Rolle für uns. Und wir sind also auch ... zu den Gräbern von allen Freunden, die auf dem Friedhof lagen, gezogen und haben unsere vierstimmigen Weihnachtslieder dort gesungen, also das hat einen ganz starken Eindruck für mich als Kind« hinterlassen. (E34,22).

[81] »Es war uns auf jeden Fall wichtig, dass unser Kind christlich erzogen wird. Das versuchen wir auch im Alltag umzusetzen, indem wir mit ihr beten oder christliche Lieder singen. Das gehört einfach zu unserem Leben dazu. ... Wir singen viel mit ihr und – ja, das ist uns wichtig.« (G5m,9).

7.2 Kirchenlied und Frömmigkeitsausübung

Gemeinsames Singen von Kirchenliedern findet sich im häuslichen Bereich über Advent und Weihnachten hinausgehend auch bei den Treffen eines Hauskreises. Hier ist das Singen von geistlichen Liedern integraler Bestandteil des Zusammenkommens (E8).

Das Singen von Kirchenliedern kann aber auch wesentlicher Bestandteil der individuell ausgeübten Frömmigkeitspraxis sein. So beschreibt eine Frau, dass es für sie zum Ritual geworden ist, auf einem Hochsitz im Wald alleine Kirchenlieder zu singen.[82] Auch ein Pfarrer, der jeden Morgen für sich allein vor seinem privaten Hausaltar (in seinem Schlafzimmer) eine zwanzigminütige Meditation ausübt, singt alleine verschiedene Gesänge (E48).

7.3 Hören von Kirchenmusik von Musikträgern

Auch von Menschen, die nicht in den Gottesdienst gehen, wird geäußert, dass sie sehr wohl Kirchenmusik hören. »Ich mag eigentlich gerne Kirchenmusik, ... Orgelmusik oder gregorianische Gesänge oder so, das höre ich mir schon sehr gerne an, aber das ist für mich eher losgelöst von einem Gottesdienst, dass ich das mache.« (E39,333-335)[83] Zudem wird von einem regelrechten Ritual berichtet, bei dem regelmäßig Sonntag für Sonntag Bachkantaten gehört werden.[84] Das Hören von Kirchenmusik von Tonträgern, im Radio oder Fernsehen[85] kann zu den lebensbegleitenden, bedeutsamen Ritualen gehören.

---

[82] »Ich habe einmal zur Konfirmation so ein kleines Büchlein ... geschenkt gekriegt und dann habe ich da einmal so darin herumgeblättert und habe mir gedacht, [es] sind eigentlich schöne Lieder drin und total schöne Texte. ... Ich habe mich da eigentlich nie so richtig intensiv [mit befasst] ... wenn man da so jung ist, da ... interessiert einen das eh nicht so ... und auf einmal denke ich mir, also es ist eigentlich doch schön ... ein paar kannte ich dann schon und wusste auch noch die Melodie und dann habe ich immer das Gesangbuch mit in den Wald genommen und habe mich auf einen Hochsitz gesetzt und habe die Lieder gelesen, also gesungen, die ganzen Strophen von eins bis sechzehn. Saß ich auf einem Hochsitz und habe gesungen. Ich weiß nicht, ob mich jemand gehört hat, es war mir dann auch wurscht ... aber es war schön, das habe ich richtig genossen und ... das habe ich ... so ein bisschen zu einem Ritual gemacht.« (E11,56-60) Diese Beschreibung wirft auch die Frage auf, warum die Form der evangelischen Meditation, bei gleich bleibender Melodie einen fortschreitenden Inhalt zu betrachten, hier in der persönlichen Frömmigkeit da ist, in den Gottesdiensten der Gesang eines Liedes in der Regel aber auf 3-5 Strophen beschränkt ist.

[83] Ein Befragter berichtet auch von seinen nicht christlich erzogenen Kindern, dass sie »natürlich« Kirchenmusik hören. (E33,743).

[84] »Ich habe einige Freundinnen, die ... jeden Sonntag ihre Bachkantate hören.« (E34,170).

[85] Auffällig ist, dass Radio und Fernsehen, möglicherweise bedingt durch die Grundfragestellung, in den Interviews nur eine geringe Rolle spielen.

8. Musik, Raum und Gemeinschaft

Sehr schön deutlich wird der Zusammenhang von Kirchenmusik, gelebter Gemeinschaft und Raum, wenn wir Berichte von Erfahrungen aus Kommunitäten ansehen. In »Taizé ... da bin ich eben zur Türe hereingekommen und abends, wir waren ganz müde von der Reise und dann war da so Taizégesang und die Kerzen vorne an, so ganz viele und da habe ich mir echt gedacht: hier wohnt Gott.« (E18,207) Ähnliche Erfahrungen werden vom Schwanberg berichtet, wo die Gregorianik dieselbe Wirkung hat wie anderenorts der Taizégesang. Es wird zum einen offensichtlich, dass sich mit bestimmten Orten bestimmte Musikstile verbinden.[86] Die Erwartung, dort auch das Gewohnte anzutreffen, ist hoch. Vielleicht ist deshalb die Bewertung der Orgel im Regelgottesdienst und die anderer Instrumente bei offenen Gottesdienstformen so positiv. Sie gehen jeweils eine Symbiose ein und sind konstitutiver Bestandteil des jeweiligen Rituals.

Zum anderen wird deutlich, was es bewirkt, wenn eine Gemeinschaft in dem zu ihrer Frömmigkeitsausübung passenden Raum den Gesang trägt. Es wird als stimmig empfunden, wie und was hier gesungen wird. Die Mitfeiernden können sich auch im Gesang in die Gemeinschaft integrieren lassen. Die Bedeutung einer den Gesang tragenden Gruppe ist nicht hoch genug einzuschätzen.

9. Kirchenmusiker/-innen zwischen Job oder Berufung

Die befragten Kirchenmusiker und Kirchenmusikerinnen sind zuerst einmal mit Leib und Seele Musiker bzw. Musikerinnen. Darin stimmen sie überein. In Bezug auf ihr Verhältnis zu ihrem Arbeitgeber Kirche zeigen sich aber deutliche Unterschiede zwischen ihnen. Hier finden sich zwei völlig unterschiedliche Grundhaltungen und Berufsauffassungen. Sie markieren in deutlicher Weise Distanz und Nähe zur verfassten Kirche.

9.1 Kirchenmusik als Berufung

Bei der ersten Grundhaltung wird der Beruf als Berufung verstanden: »die Kirchenmusik, ich sehe das als Berufung an und Aufgabe, nämlich Gottes Lob

[86] Anders sieht dies allerdings aus, wenn die Teilnahme an den Stundengebeten nicht freiwillig ist. So berichtet ein Mann von seiner Zivildienstzeit in einer Kommunität auf der einen Seite durchaus positiv von den Stundengebeten, auf der anderen Seite empfand er die Regelmäßigkeit und den sanften Druck zur Teilnahme als störend und manchmal als unnötige Unterbrechung des Arbeitsprozesses. (E21).

zu verkündigen.« (E30,117)[87] »Ich habe hier eine Aufgabe ... durch die Kirchenmusik Gottes Wort hier an die Kurgäste oder an die Einheimischen wieder hinein zu bringen. (E30,222) Hier wird auch Freude ausgedrückt, diesen Beruf ausüben zu dürfen.[88] Dabei wird eine hohe Verantwortlichkeit für den Gottesdienst insgesamt übernommen.[89]

Diese Grundhaltung bestimmt auch das Verhältnis zu den Pfarrerinnen und Pfarrern sowie zum Gottesdienst. Hier wird der gemeinsame Dienst als Partnerschaft in der Verkündigung gesehen. Dem Pfarrer kommt das Wort zu, dem Kirchenmusiker die verschiedenen kirchenmusikalischen Ausdrucksformen. Dabei wird empfunden, dass Kantor und Pfarrer »wesensverwandt« (E30,77) sind. Diese Grundhaltung bewirkt im gegebenen Fall offenkundig, dass die Aufgaben auch klar verteilt sind[90] und mehr von Harmonie als von Spannungen berichtet wird. Hier sieht es der Kirchenmusiker auch als seine Aufgabe an, die Lieder mit Ausnahme des Predigtliedes selber herauszusuchen, was allerdings nicht unbedingt dem Selbstverständnis der Mehrheit der Pfarrerinnen und Pfarrer entspricht.[91]

---

[87] »Dieser Beruf, das ist für mich eine Art Berufung, habe ich dann später erkannt. Denn mein Konfirmationsspruch ... ist: Herr ich habe lieb die Stätte deines Hauses im Ort, da deine Ehre wohnt.« (E30,111).

[88] »Also diese Freude am Tun in dem Augenblick. Nicht nur wie jeder jetzt meinetwegen, ach morgen schon wieder die gleiche Fließbandarbeit. Nein! Jeder Sonntag ist anders geprägt ... in der Liturgie und im Gottesdienst sowieso. Und es hat für mich immer Spaß gemacht. Ich bin nie an die Orgel gegangen, oder in den Gottesdienst: Oh, nicht schon wieder! ... sondern ich bin freudig immer hingegangen.« (E30,141-145).

[89] »Ich versuche den Gottesdienst, auch das Wochenlied, all das irgendwie zusammen zu schweißen mit dem Chor und die Orgel einzubeziehen. Gut, dann hat man so ein festes Paket und das wird jetzt an dem Sonntag ... aufgeschnürt.« (E30,133).

[90] »Ich hatte das Glück immer, dass meine Pfarrer immer gesagt haben: suchen Sie ... alle Lieder heraus. Liturgisch wissen Sie, was läuft, Psalmen und so weiter. Sie können Vorschläge machen, was der Chor wann singt und so. Nur das Lied nach der Predigt, das behalten sie sich vor, ... die Pfarrer, das ist klar.« (E30,131).

[91] So berichten diese beispielsweise: »Wenn ich weiß, wo ich hin will, kann ich im Prinzip am Mittwoch die Lieder festlegen.« (E47II,783) »Am Donnerstag müssen die Lieder herausgesucht werden. Da gebe ich mir sehr viel Mühe und denke mir manchmal: Außer mir merkt das niemand.« (N1,103) »Die Lieder werden dazu [zur Predigt] herausgesucht und dann parallel eben dem Mesner und dem Organisten per Email weiter verschickt.« (N2,181-183).
Auch einer der Kirchenmusiker betont: »Für mich ist es schlichtweg einfacher, wenn ich mir die Lieder geben lasse, denn wir haben hier [Anzahl] Pfarrerinnen und Pfarrer. Und wenn ich da jedem hinterherlaufen müsste, dann würde das ein wenig umfangreich werden.« (N3,74) Eine andere Kirchenmusikerin meint dagegen: »Mir liegt eigentlich sehr daran, dass man zusammen vorbereitet, weil ich finde das gar nicht schön, wenn man einfach nur die Lieder vorgepflanzt kriegt. ... Ich finde [es] ... unideal ..., wenn man da freitags ein Fax bekommt, wo einfach fertig darauf steht, was gesungen wird. » (N4,68.76).

9.2 Kirchenmusik als Job

Die zweite Grundhaltung sieht den Beruf der Kirchenmusiker bzw. des Kirchenmusikers als Job.[92] Für eine Kirchenmusikerin ist dieser sogar für ihre persönliche musikalische Entfaltung bremsend, da er ihre musikalische Freiheit und ihr musikalisches Erleben einschränkt.[93] Wie hier der »Job« erfüllt wird, hängt in hohem Maße von der Person und dem Engagement der Pfarrerin bzw. des Pfarrers ab.[94] Diesen kommt eine immense Bedeutung zu: »Ich spüre ganz deutlich, der Pfarrer, der es macht, wie sehr steht er drin, und dann kann ich auch darauf einsteigen ... anders, wenn er nicht drinsteht und ich habe das Gefühl, das wird einfach abgehakt, ... dann bringe ich auch keine Energie hinein und dann stößt es mich ab, dann bin ich eiskalt und dann spiele ich meine Sache herunter und das war es dann auch.« (E19,229-231).[95] Engagement und Authentizität der Pfarrerin bzw. des Pfarrers und nicht die versammelte Gemeinde werden dann zum Maßstab des Handelns.

Wo Kirchenmusik als Job verstanden wird, scheint auch das Konfliktpotential besonders groß zu sein, und es wird an vielen Punkten angesprochen. Dabei werden insbesondere ein selbstherrlicher Umgang von Pfarrerinnen und Pfarrern mit der Liturgie sowie deren unzureichende liturgische und hymnologische Bildung angeprangert.[96]

---

[92] Eine innere Beziehung zur Kirche fehlt: Die ganzen letzten Jahre war für mich Kirche ... zwar Arbeitgeber, aber nicht so, dass mir spirituell sehr viel daran gelegen wäre. ... Oft habe ich mich natürlich gefragt, was soll das Ganze noch? Aber gut, der Beruf, in dem man halt ist, der ist es halt und das macht man halt. Da habe ich mir nicht überlegt, höre ich dann auf, weil mir die Kirche nichts mehr sagt? Und die Musik ist allemal immer noch da.« (E19,369-371).

[93] »Ich habe ja nicht die Freiheit, dieses oder jenes zu spielen, sondern ich muss das Vorgegebene spielen, wenn der Ablauf abgesprochen ist.« (E19,179).

[94] »so altmodisch das klingt, aber ich erwarte vom Pfarrer ein Stück Energie, die er da hinein gibt, ... ein Stück Authentizität.« (E19,249).

[95] Eine andere Kirchenmusikerin führt aus: »Es gibt oft auch Pfarrer, wo ich einfach das Gefühl habe, die erzählen etwas, aber ich habe das Gefühl, die sind nicht authentisch und ich glaube ihnen nicht, dass sie das selber glauben. ... Bei manchen Pfarrern habe ich einfach das Gefühl, die meinen das absolut ernst, und dann kann das also auch einmal eine schlechte Predigt sein, ... darauf kommt es jetzt gar nicht an, sondern dass man denkt, der steht dahinter, was er sagt.« (N4,122-126) Bei einem als nicht authentisch eingeschätzten Pfarrer versucht sie, an dem Sonntag, an dem er Dienst tut, nicht zu spielen.

[96] »Es gibt oft Zwistigkeiten zwischen Pfarrern und Kirchenmusikern, weil Pfarrer einfach weniger liturgische Ausbildung haben, eindeutig weniger, und trotzdem eben doch das Sagen haben. ... Ganz, ganz wenige Pfarrer kennen das Gesangbuch. ... die kennen meistens ein Zehntel der Lieder nur und die meisten Lieder, wo ich auch denke, das sind ... so Meilensteine, ... kennen die gar nicht, überhaupt noch nie gehört, ... deshalb werden halt auch immer wieder dieselben Lieder gesungen. ... Wenn jetzt ein Pfarrer zu seiner Predigt irgendetwas aussucht, da wird natürlich, wenn er das Gesangbuch durchblättert und da lauter völlig unbekanntes Zeug sieht, wird er das nicht auswählen, sondern das, was er kennt.« (N4,507-519).

Ökumene und Spiritualität

Gemeinsam Segnen im säkularen Raum

Ökumenische Benediktionen

Benediktionen sind in.[1] Hat eine Bank umgebaut, ist eine Straße fertig gestellt, bekommt die Feuerwehr ein neues Löschfahrzeug, werden Pfarrerinnen und Pfarrer eingeladen, einen Segen zu spenden. Nach einer Durstphase in den 1960er und 1970erJahren haben Segensfeiern wieder Konjunktur. Das Verlangen nach dem Zuspruch des Segens scheint in demselben Maß zu wachsen, wie die Kirchlichkeit in der Bevölkerung abnimmt. Das Bedürfnis des säkularen Menschen nach dem kirchlichen Segen für sich und alles Mögliche scheint keine Grenzen zu kennen. Das gilt gesteigert für ethisch umstrittene Projekte. Je heftiger die öffentliche Diskussion um ein fragwürdiges Projekt ist, umso mehr wünschen sich die Besitzer oder Betreiber eine kirchliche Segensfeier. Ein gutes Beispiel ist der Münchner Großflughafen. Hier wurde die Problematik und Ambivalenz dieser Forderungen gut sichtbar. Während der Münchner Kardinal zusammen mit dem Landesbischof den wegen der ökologischen Belastungen in die Diskussion geratenen Flughafen in ökumenischer Eintracht einweihte, feierten Flughafengegner ebenfalls einen ökumenischen Gottesdienst. Gegenseitig warf man sich vor, den Gottesdienst zu missbrauchen. So umstritten kann Segen sein. Der Riss geht dabei durch die Konfessionen, und die ethische Einschätzung sowie die jeweiligen Interessen dominieren das Verhalten. Die Schwierigkeiten liegen allerdings nicht vorwiegend in einem konfessionsübergreifenden Dissens bei ethisch umstrittenen Segensfeiern. Es gibt auch – ebenfalls nicht an die Konfession gebunden – einen Dissens darüber, wie mit einem säkularisierten Segensverständnis umgegangen werden muss. Hier stehen die Kirchen immer häufiger vor Vorstellungen, die mit christlichem Segensverständnis nur noch rudimentär zu tun haben.

Als Beispiel soll ein postmodernes Szenarium aus der Oberpfalz in der Nähe Regensburgs dienen. Eine Umgehungsstraße soll eingeweiht werden.

---

[1] Vgl. z.B. Dorothea Greiner, Segen und Segnen. Eine systematisch-theologische Grundlegung, Stuttgart ^{2}1999; Matthew Fox, Der große Segen. Umarmt von der Schöpfung. Eine spirituelle Reise auf vier Pfaden durch sechsundzwanzig Themen mit zwei Fragen, München 1991; Christian Eyselein, Segnet Gott, was Menschen schaffen? Kirchliche Einweihungshandlungen im Bereich des öffentlichen Lebens (Calwer theologische Monographien C 20), Stuttgart 1993.

Die Kommunalpolitiker wenden sich an den katholischen Pfarrer und die evangelische Pfarrerin mit der Bitte um die Einweihung dieser Umgehungsstraße. Sie stoßen bei beiden auf offene Ohren, bis sie vortragen, wie sich das Ganze abspielen soll. Es ist nämlich auch die Gestaltung der Feier und die Rolle der beiden kirchlichen Akteure genau geplant worden. Für beide soll ein schwarzes, offenes BMW-Cabrio bereitgestellt werden, mit dem sie segnend die Strecke abfahren sollen. Der katholische Pfarrer soll dabei aus dem fahrenden Auto die Straße mit Weihwasser besprengen, der evangelischen Pfarrerin ist der Part zugedacht, dabei aus der Bibel zu lesen und Segensformeln zu sprechen. Zum Entsetzen der kommunalen Planer lassen sich weder Pfarrer noch Pfarrerin auf diesen Vorschlag ein. Sie schlagen eine ökumenische Segensfeier an festem Ort vor und führen diese dann auch gemeinsam durch. Auch hier sehen wir einen ökumenischen Konsens, nun allerdings in der Abwehr von Vorstellungen einer säkularisierten Gesellschaft, die sich vom biblischen Segensverständnis weit entfernt hat.

In den meisten Gebieten Bayerns werden heute ökumenische Segensfeiern von der politischen, kommunalen und Wirtschaftsseite gewünscht. Wohl gibt es noch eine Ahnung oder Rudimente eines Wissens, was kirchliche Segensfeiern bedeuten. Das Wissen darum aber, dass es unterschiedliche Formen des segnenden Handelns in beiden Kirchen gibt, ist verschwommen und letztlich für diejenigen, die eine Benediktion erbitten, nicht entscheidend. Erst wenn es dann um die konkrete Planung geht, können unterschiedliche Segensverständnisse, eine differierende Praxis und anders gefällte theologische Grundentscheidungen sichtbar werden. Es gibt nämlich nach wie vor auch konfessionelle Unterschiede im Verständnis der Benediktionen.

Hier entscheidet sich, wie die ökumenische Segensfeier gestaltet werden kann, ja ob sie überhaupt stattfmdet. Es ist also unabdingbar, Gemeinsamkeiten und Differenzen im Verständnis der öffentlichen Benediktionen zwischen der evangelisch-lutherischen und der römisch-katholischen Kirche genau zu benennen und herauszuarbeiten. Denn nur innerhalb dessen, was Konsens ist, kann auch sinnvollerweise gemeinsam gehandelt werden. Bevor nun aber Möglichkeiten und Grenzen gemeinsamen Segnens entfaltet werden, erfolgt in einem ersten Teil eine Begriffsklärung und die Darstellung der gemeinsamen Basis im Segensverständnis.

1. Begriffsklärung

Hinsichtlich der Benediktionen ist ein sehr unterschiedlicher Sprachgebrauch im evangelischen und im katholischen Bereich festzustellen, teilweise gibt es auch noch regionale Sprachunterschiede.[2] Dadurch tauchen oft Missverständ-

---

[2] Vgl. Hanns Kerner/Elmar Nübold (Hrsg.), Ökumenische Segensfeiern. Eine Handreichung, Paderborn/Stuttgart [2]1998, 8.

nisse auf, die leicht vermieden werden könnten. Um nur die signifikanten Unterschiede zu nennen: Im evangelischen Raum spricht man von Segnungen, wenn Menschen für einen besonderen Dienst auf Dauer »eingesegnet« werden. Im katholischen Bereich werden diese Handlungen zumeist Weihe genannt.[3] Findet eine Segensfeier anlässlich der Indienstnahme einer Umgehungsstraße statt, so wird dies im katholischen Bereich als Segnung bezeichnet, die evangelische Kirche benutzt hier den Begriff Einweihung. Werden Dinge für den gottesdienstlichen Bereich in den Dienst genommen wie ein Altar, eine Patene, ein Kelch, Glocken oder eine Orgel, so wird konfessionsübergreifend von Weihe gesprochen. Aber bereits bei der Einweihung (evang.) oder Segnung (röm.-kath.) von kirchlichen Gebäuden ist die Sprachdifferenz wieder greifbar.[4] Dazu kommt davon abweichend auch noch ein volkstümlicher Sprachgebrauch, der sich wiederum vom kirchlichen unterscheidet, wenn beispielsweise um eine Fahnenweihe gebeten wird. Um diese Sprachverwirrungen nicht fortzusetzen, wird im Folgenden zumeist der Begriff Benediktion als Sammelbegriff für all diese Handlungen kirchlichen Segnens, Widmens und Weihens verwendet.

2. Die theologischen Voraussetzungen für gemeinsame Benediktionen

Gemeinsam ist heute beiden Konfessionen der Ausgangspunkt des Verständnisses von Benediktionen in der Bibel. 398-mal erscheint als zentraler Begriff im Alten Testament das Verbum berek bzw. das Substantiv beracha. Schon diese Häufigkeit weist darauf, dass wir es mit einem alttestamentlichen Zentralbegriff zu tun haben. Wir begegnen einem doppelten Bedeutungsspektrum. Berek bezeichnet zuerst das Segnen Gottes. »Die Wirkung des Segens besteht in Lebenserhaltung und Lebensentfaltung.«[5] Gott ermöglicht es durch seinen Segen, dass Leben gedeiht und weitergegeben wird. Inhaltlich ist der Segen gefüllt als shalom; er bedeutet Verbundenheit mit Gott und Solidarität mit Mitmensch und Schöpfung.[6] Im dinglichen Bereich wird die in der Natur und im Schaffen der Menschen wirkende Schöpfermacht und Güte Gottes erkannt.

Dem Segnen Gottes entspricht – und das ist die andere Bedeutung der Beracha – der Lobpreis Gottes durch den Menschen. Durch berek geschieht vom Menschen her Anerkennung, Annahme und Widerspiegelung der von Gott her

---

[3] Benediktionale. Erarbeitet von der Internationalen Arbeitsgemeinschaft der Liturgischen Kommissionen im deutschen Sprachgebiet, Studienausgabe für die katholischen Bistümer des deutschen Sprachgebietes, hg. v. den Liturgischen Instituten Salzburg/Trier/Zürich, Freiburg i.Br. u.a. 1991, 14, Nr. 11.

[4] Gottes Segen und die Segenshandlungen der Kirche. Ein Votum des Theologischen Ausschusses der Arnoldshainer Konferenz, Neukirchen-Vluyn 1995, 22f.

[5] Eyselein, Segnet Gott (s. Anm. 1).

[6] Vgl. a.a.O., 61f.

erfahrenen Beracha. Die Komponente des Lobens, der lobenden Danksagung, muss also bedacht werden, um mit Benediktionen schriftgemäß umzugehen. »Die beiden Bedeutungsstränge von *brk* als ›segnen‹ und ›loben‹ stehen [dabei] nicht unverbunden nebeneinander, sondern in sachlichem Zusammenhang, der zu beachten ist.«[7] Durch Gottes Segen wird der Mensch in ein neues Beziehungsverhältnis zu Gott und damit zu sich und zu seiner Umwelt gestellt. Wer in den Dialog des Segens eintritt – und Segen hat immer dialogischen Charakter –, erklärt sich und seine Welt als von Gott abhängig, zugleich aber auch als von ihm angenommen. Damit erfährt der Gesegnete sich selbst, aber auch seine Umwelt neu, da er sie ebenfalls als von Gott gesegnet erfasst. Segen führt in diesem Sinn zu einer gläubigen »Transsignifikation«[8], einer Wandlung der Bedeutungs- und Sinnzusammenhänge der Wirklichkeitserfahrung (vgl. 1Tim 4,4).

Im Neuen Testament haben wir im Wortfeld eulogein, das 68-mal vorkommt, gleichfalls die doppelte Bedeutungsrichtung. Gott segnet (28-mal), der Mensch lobt, preist, rühmt (40-mal). Wird bereits im Alten Testament das Segensverständnis nicht allein vom Wortfeld berek eingefangen, so gilt dies für eulogein im Neuen Testament noch viel mehr. Verwiesen sei hier zum einen auf das Wortfeld eucharistein, das sich mit eulogein in seiner Bedeutung bei der Tischbenediktion überschneidet. Eucharistein bedeutet im jüdisch-hellenistischen Sprachgebrauch zumeist »Dank an Gott«. Zumeist steht es im Zusammenhang mit der Speiseberachot bzw. den Abendmahlsworten Jesu. Zum anderen ist auf doxazein zu verweisen, das an zahlreichen Stellen des neuen Testaments das Sprechen einer beracha meinen dürfte.[9]

Im Zentrum neutestamentlichen Segensverständnisses steht Jesus Christus. Sein Heilswirken bestimmt die christliche Deutung des Segens. Zentral ist, dass Jesus Christus der Segen in Person ist (Apg 3,26). Er ist unser Segen. Betrachten wir etwa Gal 3 oder Apg 3,26, so sehen wir in der Person Christi die starke gegenseitige Durchdringung von Segen und Rettung gegeben. In ihm gesegnet sein heißt: teilhaben am Leben Gottes, an seiner Heiligkeit. Gottes Segen in Christus ist »Segen seines Geistes« (Eph 1,2). Diesen Segen in Fülle werden erst die »vom Vater gesegneten« (Mt 25,34) in der Vollendung »erben« (1Petr 3,9). Somit enthält das christliche Segensverständnis auch eine trinitarische und eschatologische Dimension.[10] Der Segen zielt auf die Vollendung des Alls, die in der Überwindung des Fluches am Kreuz ihren Anfang genommen hat.

Bedeutsam für unsere Segenspraxis ist aber auch das leider nur an wenigen Stellen im Neuen Testament ausgeführte Handeln Jesu in diesem Bereich. Er übernahm die uralte Segensgeste des Auflegens der Hände (Gen 48,14) als

---

[7] A.a.O., 62.

[8] Der Begriff wird im Sinne von Edward Schillebeeckx verwendet.

[9] Vgl. EYSELEIN, Segnet Gott (s. Anm. 1), 62f.

[10] Vgl. a.a.O., 87.

er die Kinder segnete (Mk 10,16ff. par.). Auch das Heben der Hände, das beim Priestersegen üblich war (Lev 9,23) wird erwähnt, als der Auferstandene von seinen Jüngern Abschied nahm (Lk 24,54f.). Dazu kommt die Danksagung beim Speisungswunder (vgl. Mt 14,19ff.) und beim letzten Abendmahl (vgl. Lk 24,30ff.). Prägend ist aber nicht nur die Übernahme einer Segenspraxis durch Jesus von Nazareth, sondern auch deren Infragestellung. Er verdeutlicht, dass auch der Entzug von Gaben als Segen erfahren werden kann (vgl. Mt 19,2).[11]

Festhalten können wir als Grundkonsens ökumenischen Segensverständnisses: »Immer wird der Segen gegeben, nie nimmt ihn sich der Empfänger selbst, noch ist er per se vorhanden.«[12] Segnen hat »Verheißungscharakter und von daher die Sprachform der Möglichkeit, die Gottes Absicht, das Heilsgut zu gewähren, unterstellt«[13].

Bei allem segnenden Handeln berücksichtigen wir: Segen ist Gabe Gottes, die wir unter der Bedingung göttlichen Gewährens anderen zusagen. Nur insofern ist er wirkendes Wort. Die Wirksamkeit des Segens und der Glaube sind unlösbar miteinander verbunden. Im Lobpreis identifiziert der Mensch Segen und bezieht ihn auf seinen Geber zurück, so ist die Folge der Lobpreis. So ist der Segen ein Raum, der abgesteckt ist von Empfangen, Annehmen und Lob. Das Segensgeschehen ist also auch ein dialogischer Vorgang zwischen Gott und Mensch. Gott schenkt seinen Segen, als Antwort darauf preist ihn der Mensch. Doch der Lobpreis Gottes schließt auch die Bitte um weiteren Segen ein und geht ausdrücklich in eine solche Bitte über und gibt somit für Gott Anlass zu weiterer Segensmitteilung, die wiederum zum Lobpreis führt. Benediktionen umfassen also einen Prozess, der nicht nur den verbalen und zeichenhaften Segenszuspruch, sondern auch den Lobpreis, die Bitte und die Fürbitte einschließt.

Wir haben heute also eine breite gemeinsame theologische Grundlage für ökumenische Benediktionen. Es gibt jedoch an verschiedenen Punkten unterschiedliche Entfaltungen und Akzentsetzungen, zum Teil auch ein Weiterwirken von Traditionen, die es nötig machen, neben dem Gemeinsamen auch die Differenzen zu benennen.

---

[11] Vgl. a.a.O., 94f.
[12] A.a.O., 65.
[13] A.a.O., 66.

3. Möglichkeiten und Grenzen gemeinsamer Benediktionen

3.1 Die Feier der Glaubenden bzw. die Feier in der heutigen Gesellschaft

Benediktionen sind Zeichen des Heils, sichtbare Zeichen für unsichtbare Gnade und damit Zeichen des Glaubens. Deshalb schreibt Reiner Kaczynski im Handbuch für Liturgiewissenschaft zu Recht: »Der Glaube des Menschen an die Macht Gottes und an das durch Christus im Heiligen Geist gewirkte Heil ist unverzichtbare Voraussetzung für eine sinnvolle und fruchtbare Feier der Benediktionen. Nur dem Glaubenden können die Benediktionen ... bezeugen, daß die Welt gesegnet ist. Nur der gläubige, auf Gott vertrauende und auf die erlösende Macht Christi hoffende Mensch läßt sich in die Fürbitte der Kirche aufnehmen und ist dafür bereitet, mittels der kirchlichen Benediktion den Segen Gottes zu erfahren. Nur wo Glaube lebendig ist, haben daher Benediktionen Sinn und Bedeutung. Wo dagegen der Glaube fehlt und der Sinn christlichen Bittgebets nicht verstanden, seine Berechtigung nicht anerkannt wird, ist die Feier von Benediktionen wertlos; wo man von den Benediktionen automatische Wirkungen erwartet, besteht der Vorwurf des Aberglauben und der Magie zu Recht.«[14]

Wir kommen auf unser Beispiel der Benediktion einer Umgehungsstraße in der Oberpfalz zurück. Wir hatten dort bereits gesehen, dass die praktisch-theologischen Kriterien und die Gemeinde- bzw. politische Wirklichkeit nicht unbedingt kongruent sind. Hier wurde von der politischen Seite ein Ritus vorgeschlagen, der sich auf eine symbolische Segenshandlung und die pure Zuschauerhaltung der Teilnehmenden beschränkt, wenn Pfarrerin und Pfarrer die Strecke im Cabrio agierend abfahren. Bezeichnenderweise haben Pfarrer und Pfarrerin nur einer Benediktion zugestimmt, bei der die Versammelten auch aktiv mitfeiern können. Nur sind diejenigen, die an einer Benediktion teilnehmen, wirklich eine Gemeinschaft von Glaubenden, die auch in den Lobpreis Gottes einstimmen kann? Oder haben wir es nicht zu einem Großteil mit Zeitgenossen zu tun, denen das Szenario der politischen Verantwortlichen viel mehr entspricht? Haben wir es nicht mit einem Bündel von Erwartungen und Vorstellungen zu tun, die zum Teil weit entfernt von dem sind, was nach kirchlicher Lehre unter Benediktion verstanden werden kann?

Der freie liturgische Buchmarkt hat sich dieser Problemsituation weitgehend angepasst. Die Modelle, die dort angeboten werden, um der veränderten Situation Rechnung zu tragen, weisen folgende Merkmale auf:

1. Es wird nicht davon ausgegangen, dass hier eine Feier von Glaubenden stattfindet, sondern die einer gemischten Versammlung, die zu einem spezifischen Anlass zusammenkommt.

[14] Reiner Kaczynski, Die Benediktionen, in: Ders. u.a., Sakramentliche Feiern II (GdK 8), Regensburg 1984, 233-274, hier 244f.

2. Der Anlass wird als missionarische Chance verstanden und zumeist an einem Beispiel aufgewiesen, was Segen ist.
3. Der Lobpreis Gottes tritt zurück oder verschwindet ganz. Der Zuspruch des Segens, die Bitte und zum Teil auch die Fürbitte werden betont.[15]

Das bedeutet: Liturgie und Verkündigung werden der säkularen Situation angepasst. Verständlicherweise fällt die glaubende Antwort auf das Segenshandeln Gottes im Lobpreis aus. Das ist konfessionsübergreifend festzustellen und findet sich auch in der ökumenischen Benediktionspraxis. Was die mögliche missionarische Dimension von Benediktionen betrifft, ist festzuhalten, dass die Balance zwischen theologisch verantworteter und an die Situation angepasster Feier verlassen ist, wenn der Gemeindebezug aufgegeben wird. Ohne glaubende Christen können Benediktionen nicht sinnvoll gefeiert werden. Dabei reicht es für evangelische Theologie auch nicht aus, wenn bei der Person, welche die Benediktion spricht, der Glauben vorhanden ist. Im Benediktionale wird behauptet, dass durch dessen Glauben »ein magisches Missverständnis grundsätzlich ausgeschlossen«[16] ist. Das leuchtet auf evangelischer Seite nicht ein, denn es geht um mehr. Die feiernde Gemeinde ist konstitutiv für jeden Gottesdienst. Gemeinsame Benediktionen sind für Evangelische erst dadurch möglich geworden, dass die kommunitäre Dimension der Segensfeier bei der erneuerten Theologie der Benediktionen in der katholischen Kirche wiederentdeckt wurde. Sobald sie auch nur andeutungsweise im überkommenen Sinn als von den Menschen abgekoppelte, vom Pfarrer allein vollzogene Handlung missverstanden werden kann, tauchen alte Bedenken wieder auf. Das säkulare Umfeld darf also nicht zu einer Verfälschung des Gottesdienstes führen. Vielmehr ist es Aufgabe der beteiligten Christen, durch ihre aktive Mitfeier die anderen Teilnehmer so gut wie möglich in den Vollzug der liturgisch gestalteten Feier mit hineinzunehmen und ihnen auf diese Weise etwas vom Sinn der Benediktion zu erschließen.

Auch für ökumenische Benediktionen gilt also: Sie müssen grundsätzlich gottesdienstliche Feiern sein. Nach dem 2. Vatikanischen Konzil sollen sicher auch die Benediktionen »alle Gläubigen ... zu der vollen, bewußten und tätigen Teilnahme an den liturgischen Feiern ... [führen], wie sie das Wesen der Liturgie selbst verlangt«. Benediktionen müssen, wie Gerhards und Becker zu Recht betonen, »in ihrer liturgischen Struktur so angelegt sein, dass sie die theologische Dimension auch tatsächlich vermitteln«[17].

---

[15] Vgl. z.B. CHRISTIANE BUNDSCHUH-SCHRAMM (Hrsg.), Ich will mit dir sein und dich segnen. Segensfeiern und Segensgesten, Ostfildern 1999, und BIRGIT MÜLLER (Hrsg.), Segensworte und Segensgesten. Gestaltungsvorschläge für Segenshandlungen in Gottesdiensten und anderen (Gemeinde-) Ereignissen (Materialhefte der Beratungsstelle für Gestaltung von Gottesdiensten und anderen Gemeindeveranstaltungen 72), Frankfurt 1994.

[16] Benediktionale (s. Anm. 3), 14, Nr. 10.

[17] ALBERT GERHARDS/HANSJAKOB BECKER, Mit allem Segen seines Geistes gesegnet. Zur theologischen Bestimmung der Benediktionen, in: ANDREAS HEINZ/HEINRICH RENNINGS

3.2 Begleitende Zeichen bei Benediktionen

Kommen wir noch einmal zu unserem Oberpfälzer Szenario zurück. Was steht hinter der Vorstellung, dass der katholische Pfarrer die neue Umgehungsstraße abfährt und mit Weihwasser besprengt? Wie verstehen die Teilnehmenden den symbolischen Akt der Besprengung mit Weihwasser? Bleibt nicht spätestens dann, wenn die gläubige und katholisch sozialisierte Gemeinde nicht vorausgesetzt werden kann, letztlich nur noch ein magisch verstandener Akt übrig? Auch wenn heute die Besprengung mit Wasser als Zeichen der Tauferinnerung von evangelischer Seite als durchaus sinnvoll und glaubensstärkend gesehen werden kann, bleibt die Forderung, dass das Zeichen immer vom deutenden Wort begleitet werden muss, um nicht missverstanden zu werden.

Leichter ist es bei den Zeichen der Handauflegung und beim Kreuzzeichen. Der mit Segensworten verbundene Segensgestus des Ausbreitens oder Auflegens der Hände ist in den Ordnungen beider Kirchen vorgesehen und orientiert sich an Jesus selbst (vgl. Mk 10,16 par). Genauso gehört die Handlungsgebärde in der Form des Kreuzzeichens zur Benediktion. Sie selbst wie auch der Schlusssegen werden in beiden Kirchen zumeist mit dieser Segensgeste verbunden.[18] Sie verdeutlicht, dass »das Kreuz des Herrn ... Höhepunkt allen Lobpreises, die Quelle allen Segens und die Ursache aller Gnade«[19] ist. So ist auf der einen Seite festzuhalten, dass sich zwar gläubige Menschen mit diesen Zeichen die »Zuwendung Gottes sichtbar ... machen und sein Heilshandeln ins Gedächtnis ... rufen«[20], aber auf der anderen Seite die Gefahr eines magischen Missverständnisses bei all denen gegeben ist, denen die Bedeutung dieser Zeichen nicht klar ist.

3.3 Die Benediktion von Dingen

In unserem Oberpfälzer Setting stellt sich die ohnehin zwischen den Konfessionen kontroverse Frage der Benediktion von Gegenständen verschärft und überdeutlich. Was verbindet der säkulare Mensch mit der Benediktion einer Umgehungsstraße?

Wir haben vorhin schon gehört, dass Dinge nicht an sich gesegnet sind. In ihrer Bezogenheit auf den Menschen und im Umgang mit den Dingen jedoch gibt Gott Segen. Es ist also nicht Ziel der Benediktionen, Dinge zu verwandeln oder den Teufel aus ihnen auszutreiben. Auch ist es ökumenischer Konsens, magische Vorstellungen zu vermeiden. Die Mitfeiernden sollen verstehen, dass es um die Segnung der Menschen geht, auch dann, wenn im katholischen

---

(Hrsg.), Heute segnen. Werkbuch zum Benediktionale, Freiburg u.a. 1987, 15-32, hier 26. Vgl. dazu auch EDUARD NAGEL, Nicht jede Feier ist Liturgie. Vonn neuentdeckten alten und von erfunden neuen Ritualen, in: BENEDIKT KRANEMANN u.a., Gott feiern in nachchristlicher Gesellschaft. Die missionarische Dimension der Liturgie, Stuttgart 2000, 9-15.

[18] Vgl. KERNER/NÜBOLD, Ökumenische Segensfeiern (s. Anm. 2), 11.

[19] Benediktionale (s. Anm. 3), 19, Nr. 28.

[20] KERNER/NÜBOLD, Ökumenische Segensfeiern (s. Anm. 2), 11.

Bereich nach dem Benediktionale beispielsweise gebetet wird: »segne diese Kerzen«[21], »diese Buchhandlung«[22] oder »dieses Schiff«[23].

Trotz des Konsenses in Bezug auf das Hingeordnetsein der gesegneten Dinge auf den Menschen, sehen wir im Bereich der Realbenediktionen in der Praxis der evangelischen Kirchen und der römisch-katholischen Kirche erhebliche Differenzen.

Nach katholischem Verständnis werden die Dinge, wenn sie der Mensch segnet, nicht erst in Beziehung mit Gott gebracht, »vielmehr macht er durch sein Segnen ausdrücklich, daß die Dinge mit Gott in Beziehung stehen ... Sachbenediktionen haben den Sinn, die Transparenz der Dinge auf Gott hin zu verdeutlichen. So gereichen die Dinge dem Menschen ›zum Segen‹.«[24]

Im evangelischen Bereich werden sämtliche direkten Realbenediktionen abgelehnt, die außerhalb des gottesdienstlich-kultischen Bereiches liegen oder bei denen der direkte Bezug zum Menschen nicht unmissverständlich deutlich wird. Zwar wird anerkannt, dass im Benediktionale der römisch-katholischen Kirche der Lobpreischarakter der Benediktionen zum Tragen kommt, die expliziten, bereits exemplarisch genannten Sachsegnungen bleiben aber ein Dorn im Auge und nicht mitvollziehbar. Im gottesdienstlichen Bereich gehen beide Kirchen allerdings einen sehr ähnlichen Weg. Da es im Alten Testament eine Weihe von Dingen zum Zweck des Gottesdienstes gibt, finden wir zu entsprechenden Anlässen wie der Weihe eines Altars oder einer Glocke auch liturgische Formulare in der lutherischen Agende IV – in Form und Inhalt sehr ähnlich wie im Benediktionale.[25] Weihe wird dabei in der evangelischen Kirche als Dedikation verstanden.

Evangelische Theologie betont, dass in der Bibel durch Menschen hauptsächlich Personen gesegnet – also Personalbenediktionen durchgeführt werden, weil sich Gottes Wort ausschließlich an den Menschen richtet, der es vernehmen soll. Realbenediktionen sind mit Ausnahme des sakralen Bereiches genauso wenig biblisch begründet wie Tiersegnungen, spezielle Wetter- und Gesundheitssegnungen. Weil jedoch die nichtmenschliche Kreatur und die Dinge der Welt unter Gottes bewahrendem Handeln stehen und dem Men-

---

[21] Benediktionale (s. Anm. 3), 225, Nr. 48.

[22] A.a.O., 322, Nr. 73.

[23] A.a.O., 367, Nr. 88.

[24] Vgl. Gerhards/Becker, Mit allem Segen seines Geistes gesegnet (s. Anm. 17), 20.

[25] Vgl. Benediktionale (s. Anm. 3), 140ff., Nr. 27 und 160ff., Nr. 31 mit Agende für Evangelisch-lutherische Kirchen und Gemeinden, Band IV. Ordination und Einsegnung, Einführungsverhandlungen, Einweihungshandlungen, hg. v. der Kirchenleitung der Vereinigten Evangelisch-Lutherischen Kirche Deutschlands (VELKD), Ausgabe Bayern, Hannover 1987, 141ff. und 156ff. Zur Geschichte der Glockenweihe vgl. Andreas Heinz, Die Bedeutung der Glocke im Licht des mittelalterlichen Ritus der Glockenweihe, in: Alfred Haverkamp unter Mitarbeit von Elisabeth Müller-Luckner (Hrsg.), Information, Kommunikation und Selbstdarstellung in mittelalterlichen Gemeinden, München 1998, 41-69.

schen anbefohlen sind, wird der evangelische Christ jene Dinge zwar nicht segnen, aber sie in seine Bitte um Gottes Segen einschließen. Exemplarisch geschieht dies in dem Tischgebet: »Segne, Vater, diese Speise, uns zur Kraft und dir zum Preise.«

Es mag für katholische Augen so aussehen, als hätten die Evangelischen eine Phobie, dass Realbenediktionen und die Besprengung von Gegenständen mit Weihwasser magisch verstanden werden könnten. Dieser Verdacht ist nicht falsch. Und gerade angesichts des fortschreitenden Verlustes des Gottesdienstcharakters von öffentlichen Benediktionen verstärkt sich diese Phobie wieder. Man muss zu diesem Punkt das Fazit ziehen: Genauso wenig wie es für die katholische Kirche möglich ist, bei ökumenischen Benediktionen gemeinsam Sakramente zu spenden, ist es für evangelische Kirchen nicht möglich, direkte Realbenediktionen mitzutragen. Ökumenische Segensfeiern müssen also ohne Sakramente und ohne explizite Realbenediktionen auskommen.

3.4 Das Wort Gottes

Gehen wir wieder zu unserem Oberpfälzer Szenario. Die Pfarrerin sollte während der Fahrt im Cabrio aus der Bibel lesen und Segensformeln sprechen. Richtig erkannt haben die Politiker offensichtlich, dass das Wort Gottes zu einer Benediktion dazugehört. Sowohl im Benediktionale wie in Agende IV ist die Schriftlesung eines der konstitutiven Elemente bei der Feier einer Benediktion.[26] Dabei will die Schriftlesung selbst schon Segenshandlung sein, denn alles wird nach 1Tim 4,5 »geheiligt durch Wort Gottes und das Gebet«. Allerdings kann es offensichtlich nicht so gehen, wie von den Kommunalpolitikern vorgeschlagen. Sonst wären wir im Reich der beschwörenden Formeln gelandet. Dahinter steht aber auch das Bild vom weihwassersprengenden katholischen Pfarrer und dem evangelischen Kollegen bzw. der Kollegin, der die Verkündigung überlassen wird. Diese Vorstellung ist nämlich leider oft keine Karikatur, sondern landauf, landab anzutreffen. Hier ist es nötig, von dieser Rollenverteilung wegzukommen, denn Schriftlesung und Verkündigung haben in der katholischen Kirche bei Benediktionen denselben Stellenwert. Elmar Nübold schreibt dazu: Durch »die Verkündigung des Gotteswortes [wird] die anschließende Segnung eingeordnet in das Wirken Gottes in der Heilsgeschichte und die Segnung als Fortsetzung des Heilswirkens Gottes in unserer Zeit deutlich«[27]. Die Homilie ist dann der Ort, in der die Benediktion auch den säkularisierten Zeitgenossen erschlossen wird, nicht die Liturgie. In der Homilie muss auf die Situation eingegangen werden. Die Einstellungen der Anwesenden sollten einbezogen und von der Schrift her beleuchtet werden. Hier

---

[26] Vgl. Benediktionale (s. Anm. 3), 18, Nr. 25 und Agende für Evangelisch-lutherische Kirchen und Gemeinden, Band IV (s. Anm. 25), 19f., 28f., 37ff., 52f., 61f. u.ö.

[27] Elmar Nübold, Die Schriftlesung in den Segnungsfeiern, in: Heute segnen (s. Anm. 17), 116-127, hier 119.

liegt der Ort zur Wahrnehmung einer missionarischen Chance. Die Homilie ist gleichsam die Schaltstelle zwischen der feiernden gläubigen Gemeinde und den Teilnehmenden, die in keiner der beiden Kirchen aktiv am Glaubensleben teilhat bzw. überhaupt nichts mit ihnen zu tun hat. Bei ökumenischen Segensfeiern sollte nach dem Benediktionale darauf geachtet werden, dass »je der Vertreter einer Kirche bzw. Religionsgemeinschaft ... an der Verkündigung beteiligt ist«.[28] Dies sollte allerdings nicht zu Doppelungen oder gar zwei Ansprachen führen. Im Dienst der Feier muss hier ökumenisches Proporzdenken zurücktreten. Die Wortverkündigung sollte auch nicht schwerpunktmäßig bei einer Konfession angesiedelt werden, sondern für eine gerechte und wechselnde Verteilung dieses Parts gesorgt werden. Derjenige, der nicht die Wortverkündigung übernimmt, sollte im liturgischen Bereich stärker in Erscheinung treten.

4. Die Gestaltung von ökumenischen Segensfeiern

Welche Folgen hat nun das Gesagte für die Gestaltung von ökumenischen Segensfeiern? Sieht man die Unterschiede an, so sollte der bewährte Grundsatz in Anwendung kommen, »über das heute von den beiden Kirchen als ökumenisch möglich Angesehene nicht hinauszugehen, und zwar auch dann, wenn es sich um die Sichtweise nur einer Konfession handelt«.[29] Es kann nur das gemeinsam gefeiert werden, was auch gemeinsam verantwortet wird.

Das bedeutet für Evangelische, dass sie akzeptieren, dass sämtliche Handlungen, die von katholischer Seite den Sakramenten zugeordnet werden, nicht gemeinsam gefeiert werden. Hier betrifft es insbesondere die Feier der Eucharistie und die Krankensalbung.

Umgekehrt ist nötig, dass die katholische Seite es akzeptiert, dass Realbenediktionen bei gemeinsamen Segensfeiern nicht durchgeführt werden. Zudem wird von ihr gefordert, nur eindeutige begleitende Zeichen in der Handlung zu verwenden.

Insgesamt ist aber deutlich geworden, dass die Gemeinsamkeiten im Verständnis der Benediktionen sehr viel stärker sind als die Unterschiede. Es gibt eine solide Basis für gemeinsam verantwortete und durchgeführte Benediktionen. Von beiden Konfessionen wird es als konstitutiv angesehen, dass Benediktionen gottesdienstliche Feiern sind, bei denen »alle Christen ... zur Danksagung eingeladen«[30] sind. Auf eine aktiv mitfeiernde Gemeinde wird Wert gelegt.

---

[28] Benediktionale (s. Anm. 3), 20, Nr. 35.

[29] Kerner/Nübold, Ökumenische Segensfeiern (s. Anm. 2), 9.

[30] Christian Grethlein, Andere Handlungen (Benediktionen und Krankensegnung), in: Hans-Christoph Schmidt-Lauber/Karl-Heinrich Bieritz (Hrsg.), Handbuch der Liturgik, Leipzig/Göttingen 1995, 959–970, hier 963.

Die gemeinsamen Grundelemente der Feier sind in beiden Konfessionen der Lobpreis, die Lesungen, die Wortverkündigung, das Segensgebet, die Bitte und die Fürbitte. Dabei werden die Akzente je nach Anlass und Art der Benediktion anders gesetzt. So liegt beispielsweise bei der Einweihung eines Kindergartens der Akzent bei Lobpreis und Segensbitte, bei einem ethisch umstrittenen Projekt bei der Fürbitte. Wo ein Dissens auftritt, sind im Regelfall weniger konfessionelle Differenzen zu konstatieren als vielmehr eine unterschiedliche politische Einschätzung.

Die Worte begleitende Zeichen sind auch in den lutherischen Kirchen stärker beachtet und in Gebrauch genommen worden als in früheren Jahren. Das Besprengen mit Wasser ist als verdeutlichendes Zeichen der entsprechenden Worte ebenso in ökumenischen Benediktionen möglich geworden wie es der Segensgestus der erhobenen Arme, die Handauflegung und das Kreuzzeichen bereits seit langem sind.

Die gemeinsame Feier von Benediktionen hat somit eine breite Grundlage und einen weiten Gestaltungsraum. Die liturgisch Handelnden sind auf der auf gezeigten Basis in der Lage, das Segenshandeln Gottes in vielfältiger Form zu vermitteln.

Zwischen Lust und Frust

Ökumenische Feiern aus der Sicht von Teilnehmenden

Die Vielfalt ökumenischer Feiern[1] ist ein Zeichen lebendiger Ökumene. Sehr oft werden diese Feiern aus der Sicht der Kirchenleitungen oder aus dem Blickwinkel der Pfarrer und Pfarrerinnen betrachtet. Die Ansichten der Teilnehmenden werden zumeist in Konfliktbereichen wahrgenommen, insbesondere bei der Forderung nach einer gemeinsamen Feier der Eucharistie. Es gibt allerdings sehr viel mehr zu betrachten. Deshalb sollen hier Einstellungen, Motivationen und Erwartungen von Teilnehmenden an ökumenische Feiern angesehen werden. Das reiche empirische Material aus Gottesdienstuntersuchungen wird herangezogen, um eine Skizze von denjenigen Faktoren zu zeichnen, die für ökumenische Feiern von Interesse sind.[2]

---

[1] Insbesondere Gemeindegottesdienste (z.B. Gottesdienst am Buß- und Bettag; Tauferinnerungsgottesdienste), regelmäßige wiederkehrende Feiern (Weltgebetstag, Woche für die Einheit, Semestereröffnung, Schulanfangsgottesdienst, etc.), Feiern zu besonderen Anlässen (z.B. Einweihungen, gesellschaftliche Anlässe wie Stadtteilfest, Katastrophe oder Amoklauf, Gottesdienste in Krankenhäusern, Alten- und Pflegeheimen, Behinderteneinrichtungen, etc.) oder gemeinsame Tagzeitengebete und Andachten.

[2] Dabei werden sowohl spezielle Untersuchungen wie auch relevante Ergebnisse aus allgemeinen Untersuchungen zum Gottesdienst herangezogen. Vgl. zum Folgenden: Wolfgang Huber u.a. (Hrsg.), Kirche in der Vielfalt der Lebensbezüge. Die vierte EKD-Erhebung zur Kirchenmitgliedschaft, Gütersloh 2006; Marcus König, Wir haben die Herrlichkeit Gottes gesehen. Woran Gläubige in Wien heute die Qualität einer Sonntagsmesse festmachen, Diss. Wien 2004; Jürgen Körnlein, Gottesdienst in einer komplexen Welt. Eine praktisch-theologische Untersuchung von Gottesdiensten im Zusammenspiel kirchlicher und gesellschaftlicher, individueller und kollektiver Faktoren, Diss.theol. Neuendettelsau 1999; Konferenz der Evangelischen Liturgiekommissionen in der Schweiz, Ökumenische Gottesdienste. Antwort auf die Umfrage 2001 http://www.liturgiekommission.ch/Dokumente/Oekumenische%20Gottesdienste.pdf); Hanns Kerner, Wie viel Ordnung braucht der Sonntagsgottesdienst? Ergebnisse zweier empirischer Untersuchungen, in: Ders. (Hrsg.), Zwischen Heiligem Drama und Event. Auf dem Weg zu einer zukunftsfähigen Agende, Leipzig 2008, 7-21; Ders., Predigt in einer polyphonen Kultur. Wahrnehmungen aus einer neuen empirischen Untersuchung unter evangelisch Getauften, in: Ders. (Hrsg.), Predigt in einer polyphonen Kultur, Leipzig 2006, 7-27; Detlef Pollack, Gottesdienst in der modernen Gesellschaft. Religionssoziologische Beobachtungen und Deutungen, in: Reinhold Morath/Wolfgang Ratzmann (Hrsg.), Herausforderung: Gottesdienst, Leipzig 1997, 47-

Allerdings kann aufgrund des vorliegenden empirisch erhobenen Materials nur eine flächige Skizze erstellt werden. Dabei werden nur jene ökumenischen Feiern fokussiert, die dezidiert als solche angekündigt und durchgeführt werden. Daneben gibt es den großen Bereich von Gottesdiensten, die durch die Zusammensetzung der Teilnehmenden ökumenisch sind. So sind beispielsweise Gottesdienste in Studierendengemeinden oder Krankenhäusern immer insofern ökumenische Feiern, als sich dort Menschen verschiedener Konfession einfinden. Diese nach kirchenamtlicher Lesart konfessionellen Feiern werden nicht weiter in die Betrachtung einbezogen.

1. Motive, ökumenisch Gottesdienst zu feiern

Ganz eindeutig ist, dass Menschen an ökumenischen Feiern nur dann teilnehmen, wenn sie das Bedürfnis haben, dorthin zu gehen. Dabei steht jede ökumenische Feier wie jeder Gottesdienst in Konkurrenz zu vielen anderen Möglichkeiten, die Zeit zu nutzen. Wer lieber schön essen geht, wird dies genauso tun wie derjenige, der joggen möchte etc., wenn ihm das wichtiger ist als die ökumenische Feier. Wer also die Option »ökumenische Feier« wählt, der erwartet von ihr mehr als von anderen Dingen, die er bzw. sie zur selben Zeit machen könnte.

Ein zentrales Motiv ist dabei, etwas Positives für sich selbst aus der Feier herauszuziehen. Jeannett Martin hat das sehr schön mit »Selbstsorge« umschrieben.[3] Dabei kann es schon völlig ausreichend sein, wenn konstatiert wird: »Zusammen beten, singen und feiern tut gut.«[4] Die positive Gemeinschaftserfahrung über Grundäußerungen christlichen Glaubens ist – wie bei anderen Gottesdiensten auch – ein starkes Motiv für eine Teilnahme. Die sehr oft anzutreffende unbestimmte Aussage: »Das tut mir gut« weist auf Schichten inneren Erlebens, die in der Regel nicht näher beschrieben werden, vielleicht auch weil sie sich exakter Beschreibung entziehen.

63; Benjamin Rossner, Das Verhältnis junger Erwachsener zum Gottesdienst. Empirische Studien zur Situation in Ostdeutschland und Konsequenzen für das gottesdienstliche Handeln, Leipzig 2005; Jeannett Martin, Mensch – Alltag – Gottesdienst. Bedürfnisse, Rituale und Bedeutungszuschreibungen evangelisch Getaufter in Bayern, Berlin 2007; Paul M. Zulehner/Markus Beranek/Sieghard Gall/Marcus König, Gottvoll und erlebnisstark. Für eine neue Kultur und Qualität unserer Gottesdienste, Ostfildern 2004.

[3] »Mit dem Bedürfnis nach Selbstsorge bezeichnen wir jene formulierten Sinnstrukturen und Handlungsmuster, bei denen die Sorge um das eigene Individuum, sein körperliches, psychisches und seelisches Wohlergehen im Vordergrund stehen. Dabei handelt es sich in der Regel um als wichtig erachtete, im individuellen Leben verankerte Handlungsstrategien bzw. Haltungen, die der situationsbezogenen Alltags-, wie auch der langfristigen Lebensbewältigung dienen.« (Martin, s. Anm. 2, 62)

[4] Konferenz der Evangelischen Liturgiekommissionen in der Schweiz, (s. Anm. 2), 3.

Folgende Aussage einer Interviewten birgt eine weitere Dimension. »Dies [das ökumenischen Gottesdienst feiern, H.K.] ist eine bereichernde Erfahrung für alle, die glauben.«[5] Die ökumenische Feier stellt einen positiv gefüllten Erfahrungsraum für Glaubende dar. In der Gemeinschaft der Glaubenden verschiedener Konfession erfahren Christinnen und Christen eine Bereicherung. So wird beispielsweise gesagt: »In einem ökumenischen Gottesdienst wird sichtbar, hörbar, erlebbar, dass die Kirche eine auf die Welt hin offene Gemeinschaft ist, dass sie anders, größer, fantasievoller ist, als wir es gewohnt sind.«[6]

Für Menschen, die sich als christlich verstehen, sich aber nicht konfessionell gebunden fühlen, bilden ökumenische Gottesdienste eine Möglichkeit, ihrer Einstellung gemäß Gottesdienst zu feiern.[7] Auch hier wird die Gemeinschaftserfahrung als persönlicher Gewinn eingestuft.

2. Ökumenischer Gottesdienst als Symbol

Die ökumenische Feier stellt ein Symbol für die Einheit der Christen dar. Obwohl auf kirchenoffizieller Ebene der Einheit einiges im Wege steht, verstehen sich viele Kirchenmitglieder in erster Linie als Christinnen und Christen und erst in zweiter Linie als evangelisch, katholisch oder orthodox. Für sie zeigt sich die Einheit der Christen primär im gemeinsamen Gottesdienst. Genauso wie der Gottesdienst nach Meinung der Befragten innerhalb der Konfessionen ein Symbol für die Kirche darstellt,[8] so wird er nun zum Symbol der Einheit. Auf der Vollzugsebene, also im gemeinsamen Singen, Beten und Hören auf die Heilige Schrift, bildet sich eine Einheit ab, die Konfessionsgrenzen überschreitet. Gerade für viele Menschen in konfessionsverbindender Ehe ist es wichtig, dass diese Einheit sichtbar gemacht wird. Da die meisten von ihnen überhaupt keine Schwierigkeiten damit haben, in den Gottesdienst der anderen Konfession zu gehen und sie diesen oft nach Nähe zur Wohnung, nach vermuteter Qualität der Predigt oder nach der Kirchenmusik auswählen,[9] ist es oft nicht der spirituelle Bedarf, der den Wunsch nach einer ökumenischen Feier oder gar den Besuch derselben auslöst. Vielmehr soll die geglaubte Einheit de-

---

[5] Ebd.

[6] Ebd.

[7] Vgl. Markus Etscheid/Peter Thomas, Wie ticken Jugendliche? Die neue Sinus–Jugendstudie, in: Das Baugerüst 61 (2009), 78.

[8] Vgl. z.B. Hanns Kerner, Lebensraum Kirchenraum. Wahrnehmungen aus einer neuen empirischen Untersuchung unter evangelisch Getauften, in: Ders. (Hrsg.), Lebensraum Kirchenraum. Das Heilige und das Profane, Leipzig 2008, 9 und 14f.

[9] Dies ergibt eine Durchsicht der Interviews, die das Institut zur Erforschung der religiösen Gegenwartskultur an der Universität Bayreuth 2005/2006 durchgeführt hat. Im Folgenden werden Interviewzitate aus der Untersuchung mit Bayreuth, Interviewnummer, Redesequenz angegeben.

monstrativ sichtbar gemacht werden. Auch der Wunsch nach einer gemeinsamen Eucharistiefeier stellt für die meisten eher ein Symbol als ein existentielles Bedürfnis dar. Sicher gibt es Menschen, die in ihrer Kirche und deren Feierformen tief verwurzelt sind, in einer konfessionsverbindenden Ehe leben und gemeinsam Eucharistie feiern wollen. Festzuhalten ist hier aber, dass die meisten dann einfach gehen, wenn sie wollen und sich von den kirchenrechtlichen Regeln nichts vorschreiben lassen.[10] Zudem muss man auf evangelischer Seite konstatieren, dass der Wunsch nach Empfang des Abendmahls auch im konfessionellen Gottesdienst nicht gerade sehr hoch ausgeprägt ist.[11] Wird das gemeinsame Abendmahl im ökumenischen Gottesdienst eingefordert, so wird damit in erster Linie der Wunsch nach gemeinsamer und sichtbarer Glaubenspraxis artikuliert.

3. ERWARTUNGEN AN DIE ÖKUMENISCHE FEIER

Grundsätzlich zeigen die Gottesdienstuntersuchungen, dass es bei den Teilnehmenden zwei Gruppen gibt: Die einen bevorzugen freie, »moderne« Formen der Gottesdienstfeier, die anderen wünschen sich traditionsgeprägte, die sonntäglichen Feierformen aufgreifende Gottesdienste. Während es auf der einen Seite relativ wenig Raum für Traditionsgut gibt, ist auf der anderen Seite kaum Raum für Ungewohntes.

3.1 Die offene Variante

Eine Frau beschreibt die in ihrer Gemeinde praktizierte Form einer ökumenischen Feier:

»Für unsern ökumenischen Gesprächskreis haben wir uns dann eben so eine Andachtsform ... selber zusammengestellt, was mir ganz gut gefallen hat. Da war also viel Musik drin. ... Von einem Tisch konnte man den Psalm sich nehmen, der für einen an diesem Tag irgendwie eine Bedeutung gehabt hat. ... Wir haben am Boden ... die Kreismitte ... geschmückt ... mit Blumen, mit einem Kreuz, mit Teelichtern. Und dann haben wir zu dem Psalm etwas dazu sagen können. Wir haben es begründen können oder nicht, haben auch ... etwas Persönliches einbringen können, wenn es uns so war. Es war halt günstig, weil es ein kleiner, vertrauter Kreis war. Wir haben also gewusst: das bleibt drinnen. ... Es gab immer ein oder zwei Leute, die einen Bibeltext gesucht haben, über den wir sprechen wollten, nachdenken wollten, und ein, zwei Leute, die sich ... um die Musik gekümmert haben, zwei um den Schmuck ... und zwei um das Essen danach.«[12]

---

[10] Ein Drittel [im Chor] sind Katholiken ... Die gehen auch selbstverständlich ohne jemanden ... zu fragen ... hier zum Abendmahl mit« (Bayreuth, E33,256).

[11] Vgl. ROSSNER, s. Anm. 2, 352-356 und HANNS KERNER, Der Gottesdienst. Wahrnehmungen aus einer empirischen Untersuchung unter evangelisch Getauften in Bayern, Nürnberg 2007, 19-21.

[12] Bayreuth, E24,357-369.

3.1.1 Gemeinschaft

Immer wieder drücken Befragte aus, wie wichtig ihnen Gemeinschaft in Gottesdienst und Andacht ist. Dabei kann unter Gemeinschaft ganz Unterschiedliches verstanden werden. Auch bei offenen Gottesdienstformen kann dies unterschiedlich sein. Die gewünschten Gemeinschaftsformen sind in hohem Maße davon abhängig, wie gut sich Menschen untereinander kennen.

Für Gottesdienstformen im offenen Bereich ist typisch, dass diese in vielen Fällen am Liebsten im vertrauten Kreis gefeiert werden, bevorzugt unter Gleichgesinnten, am Besten auch noch unter Gleichaltrigen.[13] In der obigen Beschreibung wird deutlich, dass die vertraute und gewachsene Gemeinschaft derer, die diese ökumenische Andacht feiern, ihre Form erheblich mitbestimmt. Für das Reden über den Bibeltext, für das Austauschen von persönlichen Erfahrungen und Ansichten, ist es hilfreich (und für viele Voraussetzung), dass man sich kennt und weiß, dass das Gesprochene im vertrauten Kreis bleibt. Beteiligung im Sinn von sich mit seiner eigenen Person einbringen ist für viele nur dann möglich, wenn man die anderen kennt. Das ist auch für den Bereich Interaktion so festzuhalten. Wenn sich beispielsweise eine körperliche Berührung nahe legt, etwa bei einer gegenseitigen Segnung, oder wenn ein meditativer Tanz angeleitet wird, so wird das im vertrauten Kreis zumeist gerne mitgemacht,[14] dagegen abgelehnt, wenn man sich fremd ist. Selbst im Bereich des geselligen Beisammenseins nach der gottesdienstlichen Feier steigt die Teilnahmebereitschaft, wenn man sich kennt.

3.1.2 Bibel

Das Teilen der Bibel ist ein zentraler Bestandteil ökumenischer Feiern. In offenen Formen variiert die Verkündigung erheblich. Hier steht seltener eine Predigt im Vordergrund als bei den traditionsgeprägten Feiern. Sie wird ersetzt durch Formen des Bibelgesprächs, Anspiele oder Bibeltalks. In obigem Beispiel haben wir gleich zwei Formen des Umgangs mit biblischen Worten. Zuerst kann man sich einen Psalmvers aus mehreren heraussuchen. Dann kann man, wenn man möchte, den anderen Anwesenden sagen, warum man sich genau dieses Psalmwort herausgesucht hat. In einer nächsten Phase der Feier wird ein Bibeltext verlesen, über den jeder nachdenkt und über den er/sie sich dann mit den anderen austauschen kann.

3.1.3 Gestaltungsbeteiligung

Typisch für Feiern in offener Form ist auch, dass sich die Feiernden in der Vorbereitung, Durchführung und Nachbereitung einbringen und ihren Gaben, Fähigkeiten oder Neigungen gemäß bestimmte Aufgaben übernehmen. Dabei erfahren wir, dass Menschen, die offene Feierformen bevorzugen, das zumeist

---

[13] Die oft beschworene missionarische Ausrichtung dieser Feiern wird deutlich überschätzt.

[14] Vgl. Kerner, Gottesdienst (s. Anm. 11), 28f. und 32.

gerne tun. In dem oben angeführten Beispielinterview wird zuerst einmal der Raum so hergerichtet, dass er der Feierform nach Meinung der Beteiligten entspricht. Wie so oft bekommt der Kreis eine gestaltete Mitte, in der Blumen, Kreuz und Teelichter stehen, zumeist kommen sonst auch noch Tücher dazu. Im Gegensatz zum traditionsgeprägten Gottesdienst verlangt die offene Form sehr oft einen anderen Raum als den vorhandenen Kirchenraum bzw. dessen Umgestaltung.

Der für offene Gottesdienstformen bedeutsame Bereich der Musik ist im obigen Interview nur andeutungsweise behandelt. Zwei Personen kümmern sich um die Musikauswahl. In ökumenischen Feiern wird in der Regel darauf geachtet, dass Lieder ausgesucht werden, die bei den beteiligten Konfessionen bekannt sind. In diesem Bereich gibt es inzwischen mehr gemeinsam vertraute neue als traditionelle Lieder. Hier lernen Teilnehmende auch gerne aus dem Liedgut der anderen Konfession etwas kennen.[15] Charakteristisch für offene Formen ist auch, dass sich Teilnehmende, die an der Planung beteiligt sind, soweit vorhanden mit ihren musikalischen Gaben einbringen, etwa durch das Spielen eines Instrumentes.

Ökumenische Feiern sind oft eingebettet in einen Austausch, der über das Gottesdienstliche hinausgeht. In dem Interview ist es ein gemeinsames Essen, das sich an die Feier anschließt. Hier gibt es viel Bereitschaft, sich um Essen und Trinken zu kümmern, da ein geselliges Zusammensein Gemeinschaft noch einmal anders Ausdruck verleiht und bestärkt.

3.2 Die traditionsgeprägte Variante

»Ein ökumenischer Gottesdienst hat einerseits einen genügend vertrauten Rahmen, damit jede und jeder sich zu Hause fühlen kann, andererseits wird er immer das eine oder andere fremde Element enthalten und mich daran erinnern, dass Gott immer der ganz andere bleiben wird.«[16]

Für den Großteil der Teilnehmenden an ökumenischen Feiern ist ein vertrauter Rahmen wichtig. Dieser kann sehr unterschiedlich aussehen. Am häufigsten wird eine Schnittmenge aus beiden Traditionen in Form von Wort- und Predigtgottesdiensten vorgenommen. Als Alternative nimmt wechselnd jeweils die eine Konfession die andere in ihre Feierform mit hinein. Wichtig aus Sicht der Teilnehmenden ist, dass sie Vertrautes vorfinden und wissen, was als Nächstes kommt. Ihrem hohen Ritenbedürfnis muss Rechnung getragen werden. Dabei muss der Wunsch nach stabilem Ritus nicht nur bei katholi-

---

[15] Dabei muss allerdings darauf geachtet werden, dass das Kennenlernen im Vollzug geschieht. Viele Menschen sind dagegen allergisch, dass ihnen im Gottesdienst etwas wie in der Schule beigebracht wird. (Vgl. HANNS KERNER, Die Kirchenmusik. Wahrnehmungen aus zwei neuen empirischen Untersuchungen unter evangelisch Getauften in Bayern, Nürnberg 2008, 22).

[16] KONFERENZ DER EVANGELISCHEN LITURGIEKOMMISSIONEN IN DER SCHWEIZ, (s. Anm. 2), 3.

schen oder orthodoxen Christen in Betracht gezogen werden, sondern ebenso bei der Mehrzahl der evangelischen.[17] Dass bei ökumenischen Feiern in einem gewissen Rahmen auch Fremdes innerhalb des vertrauten Ritus erwartet wird, wird beispielhaft in obigem Interviewzitat deutlich, wenn dort von dem Sich-zu-Hause-fühlen im vertrauten Rahmen geredet wird.

Betrachtet man nun die Erwartungen an einen Gottesdienst in Traditionsformen genauer, so sind es vor allem fünf Dinge, die es näher zu betrachten lohnt, die Predigt, das Bedürfnis zur Ruhe zu kommen, das Gebet um die Einheit, die Musik und die Art der gewünschten Gemeinschaft.

3.2.1 Predigt

Im Zentrum der Erwartungen steht bei einer traditionell geprägten ökumenischen Feier die Predigt. Das gilt für evangelische[18], wie katholische Christen[19] ähnlich. Predigt ist in hohem Maße positiv besetzt. Von den Predigenden wird aber nicht nur eine »gute Predigt« erwartet, sondern auch, dass ihnen die Einheit der Christenheit ein Bedürfnis ist. Schönwetterreden werden äußerst misstrauisch betrachtet und nähren die Rede von der Unglaubwürdigkeit von Pfarrerinnen und Pfarrern. Insbesondere da, wo sich praktische Folgerungen aus dem Gesagten ergeben würden, gleichzeitig aber deutlich gemacht wird, dass dies »noch nicht« geht, produzieren Predigten Ärger und Verdruss.

Die Hochschätzung der Predigt sollte nicht zu dem Trugschluss verführen, in der ganzen Feier wortreich zu sein. Wortlastigkeit von Gottesdiensten wird von vielen beklagt.

3.2.2 Ruhe

Für viele Gottesdienstteilnehmer ist das Zur-Ruhe-Kommen ein oft geäußerter Wunsch. Dabei ist es für die meisten die Liturgie, die dieses ermöglicht. So sagt beispielsweise ein Befragter: »Man ist ja oft so unruhig über irgendetwas und sagt da: Ich kann mich jetzt da einmal versuchen, ein bisschen zurückzunehmen und einmal [die] Augen [zu] schließen und einfach einmal Ruhe zu geben.«[20] Hier kommt zum Ausdruck, wie stark Liturgie einen Raum öffnet, der zur Ruhe kommen lässt. Im liturgischen Geschehen wünschen viele noch besondere Momente der Stille. Insbesondere bei Gebeten wird von vielen eine Aneignungsstille eingefordert.

---

[17] Nach einer repräsentativen Umfrage der GfK-Nürnberg unter evangelisch Getauften in Bayern 2007 bevorzugen 60,5% der Befragten traditionskontinuierliche Gottesdienste gegenüber offenen Formen. Vgl. auch Kerner, Gottesdienst, (s. Anm. 11), 13-15.

[18] Die Umfragen im evangelischen Bereich zeigen dies unisono.

[19] Vgl. Paul M. Zulehner/Marcus König, Heilige Messe – erlebnisstark. Zur spirituellen Qualität des Gottesdienstes, in: Arbeitsstelle Gottesdienst 21 (2007) 41f.

[20] So ein aus der evangelischen Kirche Ausgetretener, der ökumenisch engagiert ist (Bayreuth, E33,587).

3.2.3 Gebet um die Einheit

Ein zentraler Punkt in einer ökumenischen Feier ist das Gebet um die Einheit der Christen. Hinsichtlich der Erwartungen an eine ökumenische Feier gehört es zu den Selbstverständlichkeiten und ist oft auch hoch emotional besetzt. Es stellt auch in traditionsgeprägten Feiern einen Ort für die Gestaltungsbeteiligung Mehrerer dar. Nicht selten bildet es für die Feiernden den Höhepunkt des Ökumenischen Gottesdienstes.

3.2.4 Musik

Hohe Erwartungen werden auch an die Musik gestellt. Im traditionsgeprägten Bereich wird die Orgel zumeist als Bestandteil des Ritus gesehen und deshalb auch erwartet. Im Bereich des Gesangs werden mit Ö gekennzeichnete Lieder aus dem Gotteslob bzw. dem Evangelischen Gesangbuch gewählt. Aufgrund der positiven Erfahrung einer Bereicherung des gottesdienstlichen Lebens durch die Übernahme von Liedern aus einer anderen Tradition, besteht eine ungewöhnlich große Offenheit gegenüber nicht vertrautem Liedgut. Da viele Kirchenchöre ökumenisch zusammengesetzt sind, sind diese bei besonderen ökumenischen Feiern gerne gesehen.

3.2.5 Gemeinschaft

Auch bei ökumenischen Feiern im traditionsgeprägten Rahmen wird Gemeinschaftserleben erwartet. Auch hier können gemeinschaftliche Veranstaltungen bzw. Geselligkeit vor und nach der Feier stark gewünscht sein. Während der Feier wird Gemeinschaft aber vor allem in gemeinsamem Tun erfahren. Dabei kann bereits das Zusammen-nach-vorne-Schauen als Gemeinschaftserfahrung beschrieben werden. Das gemeinsame Singen und Beten, das Aufstehen, Knien und Hinsetzen, drücken diese noch klarer aus.

3.2.6 Fremdheitserfahrungen

In dem einleitenden Zitat zur tradionsgeprägten Feier wurde nicht nur die Erwartung nach einem vertrauten Rahmen zum Ausdruck gebracht, sondern gleichzeitig auch die, das eine oder andere fremde Element anzutreffen. Während in konfessionellen Gottesdiensten bei den traditionsorientierten Teilnehmern ein hohes Maß von Stabilität und Wiedererkennbarkeit gefordert wird, ist dies bei ökumenischen Feiern etwas anders. Hier wird das Fremde eher toleriert und manchmal auch als Bereicherung erfahren.

3.2.7 Zumutungen

Fremdheitserfahrung kann aber auch eine Zumutung darstellen. Dabei kann eine Tradition in der einen Konfession völlig unhinterfragt praktiziert werden und in einer anderen auf heftigen Widerstand treffen. So ist beispielsweise bei Evangelischen oft eine Phobie gegen Weihrauch oder die Besprengung mit Weihwasser zu konstatieren. Grundsätzlich sollte in der ökumenischen Feier zuerst einmal alles vermieden werden, was von einer Seite abgelehnt wird.

Nun gibt es allerdings auch Zumutungen, die unabhängig von konfessionellen Prägungen vorhanden sind. Dabei werden die als Zumutung empfundenen Vollzüge individuell sehr verschieden erlebt. So hat beispielsweise eine Befragte oft Probleme, beim Vaterunser »und vergib uns unsere Schuld, wie auch wir vergeben unseren Schuldigern« zu sagen: »Weil das kann ich einfach nicht, manchen Leuten alles vergeben«.[21] Ein anderer kann im Glaubensbekenntnis nicht alles mittragen und spricht deshalb selektiv mit.[22]

Krass wird die Zumutung für manche offensichtlich, sobald es um Interaktionen und körperliche Berührung geht. Sie wollen im Gottesdienst nicht etwas machen, das sie nicht gerne tun, sprich, sie wollen ihre Handlungshoheit behalten. So möchten einige einfach keinen Friedensgruß austauschen[23], andere wollen partout nichts auf einen Zettel schreiben.

Während man sich beim Sprechen des Vaterunsers und des Glaubensbekenntnisses zurückziehen kann und einfach die entsprechenden Passagen nicht mitspricht, ist dies beim Friedensgruß anders. Selbst wenn sich einer entziehen möchte, ist der soziale Druck so groß, dass man doch mitmacht.[24] Kriterium dafür, was man zumutet, könnte sein: Solange die Mitmachhoheit des Einzelnen gewahrt bleibt, wie beim Vaterunser oder beim Glaubensbekenntnis sollte daran festgehalten werden. Sobald aber ein direkter oder indirekter Zwang entsteht, sollte man Abstand von der Handlung nehmen.

3.3 Ökumenische Großereignisse

Bei ökumenischen Großereignissen stellen die ökumenischen Feiern in der Regel das Zentrum dar. In Form und Inhalt werden sie nach Proporz zusam-

---

[21] Bayreuth E38,467.

[22] »Ich spreche auch zum Beispiel das Glaubensbekenntnis nicht vollständig mit, weil ich sage: Ich glaube an und an und glaube es nicht, dann käme ich mir als Verräter vor, ich persönlich. Jetzt sage ich mir: Na gut, ich lasse es weg, aber ich lasse den anderen ... ihren Glauben.« (Bayreuth E33,262-266).

[23] Ein Beispiel mag dies verdeutlichen: »Ich schalte immer ab, wenn es darum geht, seinem Banknachbarn die Hand zu geben und Friede sei mit dir zu wünschen. Das kann ich einfach nicht. Also das ist mir so fern und das will ich irgendwie nicht. Ich mache es dann zwar manchmal trotzdem, aber wenn mir dann jemand die Hand gibt, dann merke ich dann bei mir, das ist jetzt nicht unbedingt aufrichtig. Ich kann das nicht zu jemandem Wildfremden sagen. Na, ich mache es halt, weil man es in der Kirche scheinbar so macht. Aber das gefällt mir einfach überhaupt nicht. ... Dabei bin ich total offen, aber wenn ich es will. Es ist etwas Aufgesetztes daran, aber ich schaffe es trotzdem nicht, mich zu wehren und zu sagen: Das mache ich nicht« (Bayreuth, E38,473).

[24] Die Tatsache, dass der Friedensgruß eingeübt ist und in mancher Tradition selbstverständlich praktiziert wird, ändert nichts daran, dass sich ihm viele am liebsten entziehen möchten.

mengestellt, egal ob das Tagzeitengebete[25], Feiern in neuer Gestalt oder die »Großgottesdienste« sind.

Die Großfeiern bilden ein eigenes Genre. Am Beispiel des 2. Ökumenischen Kirchentages in München kann man dabei deutlich sehen, dass Mischformen aus den verschieden konfessionell geprägten Gottesdiensten und zusätzlich aus dem innovativen und dem traditionsgeprägten Bereich so zusammengestellt werden, dass jede der beteiligten Konfessionen ohne Anstoß teilnehmen kann. Im Fall von München fließen Kirchentagstradition und Katholikentagstradition ineinander, in anderen Fällen sind es oft lokale Traditionen, die verknüpft werden. Für Großereignisse, die »Bühnengottesdienste« inszenieren, mag eine solche Zusammenstellung taugen, im Gemeindebereich bevorzugen die meisten Teilnehmenden entweder eine neue oder eine traditionsgeprägte Form. Die Vermischung von Alt und Neu wird vorwiegend bei den planenden Pfarrerinnen und Pfarrern vorangetrieben, die Vorliebe der Teilnehmenden wird dabei nur selten getroffen.[26]

4. FRUSTRATIONEN

Bei ökumenischen Feiern muss speziell auch damit gerechnet werden, dass Menschen kommen, die eine ökumenische Frustrationsgeschichte mit sich herumtragen. Die Kirchen bieten ihnen nicht, was sie möchten oder aber sie haben Dinge, die früher möglich waren, wieder zurückgeschraubt. So wird auch in der Schweizer Umfrage konstatiert: »Die Antworten spiegeln etwa gleichviel Erwartungen wie Frustration. Die Umfrage bestätigt weitgehend, dass ein Graben zwischen der Praxis in den Gemeinden und den offiziellen Stellungnahmen der Kirchen besteht.«[27] Dabei sind es vor allem drei Felder, die in hohem Maße für Frustration und Verärgerung führen: Zum einen sind es die Vorgaben der Amtskirchen, die das ökumenische Miteinander regulieren und regeln wollen. Dann sind es einzelne Pfarrerinnen und Pfarrer vor Ort, die persönlich nicht ökumenisch eingestellt sind und bremsen, wo sie können.[28] Zum dritten ist es das Problemfeld Eucharistiefeier/Abendmahl, das immer wieder in den Vordergrund drängt.

Im letzten Bereich wird allerdings auch deutlich, dass amtskirchliche Regelungen nur bedingt von Bedeutung sind. Bei konfessionsverschiedenen

---

[25] Vgl. gemeinsam weitergehen. Lieder und Gesänge zur Ökumene, hg. v. 2. ÖKUMENISCHEN KIRCHENTAG MÜNCHEN E.V, München 2010, 168-195.

[26] Vgl. KERNER, Gottesdienst, (s. Anm. 11).

[27] KONFERENZ DER EVANGELISCHEN LITURGIEKOMMISSIONEN IN DER SCHWEIZ, (s. Anm. 2), 3.

[28] Dabei sind die Pfarrerinnen und Pfarrer hinsichtlich der Ökumenischen Feiern von hoher Bedeutung: »Die ökumenische Praxis ist in erster Linie anhängig von den Verantwortlichen vor Ort, von deren Engagement oder umgekehrt von deren Desinteresse.« (ebd.).

Paaren fragen die Meisten nicht mehr danach, was die Kirchenleitungen verbieten, sondern sie nehmen einfach an der Eucharistie- bzw. Abendmahlsfeier teil.[29] Versuche der Kirchenleitungen, Ersatzhandlungen für die gemeinsame Eucharistie- bzw. Abendmahlsfeier anzubieten, wie dies beim Zweiten Ökumenischen Kirchentag in München in Form der Artoklasia geschehen ist, werden das Problem sicher nicht lösen, sondern schaffen eher Illusionsräume.

5. Fazit

Es muss festgehalten werden, dass es *die* Erwartungshaltung von Teilnehmenden bei ökumenischen Feiern nicht gibt. Mit den Vorlieben, in welcher Gestalt Gottesdienst jeweils in der eigenen Konfession gefeiert werden, muss auch bei ökumenischen Feiern gerechnet werden. Je kleiner und vertrauter die Gruppe von Menschen ist, die zur Feier kommen, umso besser kann man sich auf sie einstellen. Je größer die Teilnehmerzahl ist, umso wichtiger ist es, die Teilnehmenden in diejenigen liturgische Vollzüge mit hineinzunehmen, die einer größeren tragenden Gruppe vertraut sind.

Es wird deutlich, dass das im jeweiligen Kontext Vertraute von hoher Bedeutung ist. Gemeinsame Schnittmengen in der Gottesdiensterfahrung sind zu berücksichtigen, vertraute Lieder und Gesänge, gemeinsam gesprochene Gebete u.U. auch Handlungen sind gegenüber Ungewohntem vorzuziehen. Allerdings ist auch dem Bedürfnis Rechnung zu tragen, dass man sich für sein eigenes Glaubens- und Gottesdienstleben aus der anderen Tradition gerne anregen lässt.

Immer ist zu berücksichtigen, dass auf Seiten der Teilnehmenden von Gott etwas erwartet wird, nämlich, dass das gemeinsame Hören, Singen und Beten tatsächlich zu mehr Einheit führt.

---

[29] So ein Ergebnis der Bayreuther Befragung.

Ökumene und Gottesdienstgestaltung

Die Weichenstellungen für ökumenische Gottesdienste auf der ersten Weltkirchenkonferenz in Stockholm 1925

Mit jeder Spaltung der Kirche ist als Folge die getrennte Feier der Gottesdienste verbunden. Zugleich passt sich die gottesdienstliche Form auch den Bedürfnissen der betroffenen Menschen im sich abspaltenden Teil an. Was passiert aber, wenn nun der umgekehrte Prozess eintritt, wenn sich Kirchengemeinschaften wieder aufeinander zubewegen zur Einheit hin? Wenn wieder gemeinsame Gottesdienste gefeiert werden, wie sehen diese aus? Welche Spezifika haben sie, welche Inhalte und Formen? Welche Grenzen sind ihnen gesteckt?

Nun ist dies ein sehr weites Feld, auf das ich mich hier an einem folgenträchtigen Punkt begebe. Es ist bemerkenswert, dass bei der ersten wie bei der bisher letzten Weltkirchenkonferenz in unserem Jahrhundert (Stockholm 1925 und Vancouver 1983) gleichermaßen die Gottesdienste als Herzstück der Versammlungen und als eigentliches Einheitsband empfunden wurden.[1] Die gemeinsame gottesdienstliche Feier, das Miteinander in Gebet, Lied und Bekenntnis, scheint die Teilnehmerinnen und Teilnehmer an den großen wie kleinen ökumenischen Konferenzen einander näherzubringen als jeder Dialog.

Umso erstaunlicher ist es, dass die gemeinsamen Gottesdienste bei großen ökumenischen Zusammenkünften zwar eine lange, aber dennoch unbekannte Geschichte haben. Um die Besonderheiten, Möglichkeiten und Grenzen dieser Gottesdienste besser zu verstehen ist es meines Erachtens nötig, zu den Anfängen der weltweiten Ökumene der Kirchen in unserem Jahrhundert zurückzublicken. Ich betrachte hier die Gestaltung der gemeinsamen Gottesdienste und die sich ergebenden Weichenstellungen für die Zukunft. Dabei beschränke ich mich auf das gottesdienstliche Leben bei der 1. Weltkonferenz für praktisches Christentum in Stockholm, wobei ich auch die Planungen und die Verschiedenartigkeit der gottesdienstlichen Formen und Inhalte in den Blick nehme.

---

[1] Vgl. für Stockholm bes. Nathan Söderblom, Kristenhetens möte i Stockholm, Stockholm 1926, 167ff., für Vancouver bes. Laurentius Klein, Gottesdienst in Vancouver, in ÖR 33 (1984) 105-116.

1. Die Planung der Gottesdienste und Andachten für die Weltkirchenkonferenz in Stockholm

Auf jeder der Vorbereitungssitzungen der Stockholmer Weltkirchenkonferenz von Oud Wassenaer (Oktober 1919) bis Farnham Castle (Juni 1925) waren gemeinsame Gottesdienste, Gebete und Lieder eine Selbstverständlichkeit.[2] Vergebens sucht man allerdings Hinweise auf eine Diskussion über gemeinsame Gottesdienste und deren Gestaltung. Es ist auch in keinem der Protokolle etwas darüber aufgezeichnet, wer die Gottesdienste und Andachten in Stockholm planen und vorbereiten sollte. Nirgends ist etwas darüber vermerkt, wie denn diese Gottesdienste aussehen sollten.[3] Eine erstaunliche Feststellung angesichts der Tatsache, dass es keine Vorlagen und Erfahrungen gab, die man einfach für Stockholm hätte übernehmen können! Es musste hier Neuland betreten werden.

Stillschweigend bzw. nur auf mündlicher Vereinbarung beruhend und ohne jegliche inhaltliche Vorgabe wurde die Gestaltung der gottesdienstlichen Feiern den schwedischen Gastgebern überlassen. Liest man allerdings die Protokolle der Vorbereitungssitzungen der schwedischen Delegation, so erlebt man die nächste Überraschung. Auch hier ist kein Wort über die Vorbereitung der Gottesdienste auf der Weltkirchenkonferenz zu lesen![4] D.h., es wurde unter Vermeidung jeglicher öffentlicher Diskussion über Form und Inhalt geplant – dies allerdings minutiös! Ich kann mir das nur so erklären, dass man die heiklen Probleme, die mit den gemeinsamen Gottesdiensten verbunden waren, genausowenig diskutieren wollte wie Lehrfragen. Eine Gottesdienstpraxis in vielfältigen Formen wurde wie eine Selbstverständlichkeit vorausgesetzt.

Der schwedische Erzbischof und spiritus movens der Weltkirchenkonferenz hatte die Planung der Gottesdienste ganz an sich und einen kleinen Kreis von Vertrauten gezogen. Diese brachten ungeheuer viel Mühe und Kraft in die Vorbereitungsarbeiten ein. Neben dem Eröffnungs- und Schlussgottesdienst

---

[2] Als im Streit um die Kriegsschuldfrage der kritischste Punkt der Vorbereitungskonferenz in Genf 1920 erreicht war, wurde ein gemeinsames Vaterunser gebetet, wobei die fünfte Bitte besondere Betonung erfuhr. So sollten die Zerstrittenen durch das Gebet auch ihre Gemeinsamkeiten erfahren. Vgl. Hanns Kerner, Luthertum und Ökumenische Bewegung für Praktisches Christentum, Gütersloh 1983, 53.

[3] Vgl. dazu die ungedruckten Protokolle in der Ökumenischen Sammlung in der Universitätsbibliothek Uppsala und die gedruckten Protokolle, die bei Kerner, a.a.O. 322f. aufgeführt sind.

[4] Vgl. die maschinenschriftlichen Protokolle in der Ökumenischen Sammlung der Universitätsbibliothek Uppsala, bes. das »Protokoll fört vid den svenska delegationens för Allmänkyrkliga Världskongressen för Liv och Arbete i Stockholm 1925 konstituerande sammanträde i Stokyrkoförsamlingens kyrkorådssal torsdagen den 20 november 1924«, wo die Verteilung und die Diskussion sämtlicher anderer Arbeitsaufgaben dokumentiert sind.

wurden ein Gedenkgottesdienst, ein gemeinsamer Abendmahlsgottesdienst, ein Musikgottesdienst, acht Morgengebete mit Abendmahl, Andachten zu Beginn der Sitzungen, eine Reihe von Vaterunserpredigten sowie am »Tag des Dienstes« (Sonntag, 23. August 1925) weitere 41 Gottesdienste in verschiedenen Sprachen und nach unterschiedlichen Riten geplant. Ein eigens für die Konferenz hergestelltes Liederbuch »Communio«[5] und die Einladungen von herausragenden Predigern aus den verschiedenen Kirchengemeinschaften (für die täglich um ein Uhr stattfindenden Vaterunserpredigten und die Gottesdienste am »Tag des Dienstes«) machten die aufwendigsten Vorbereitungsarbeiten nötig. Doch auch die durchdachten liturgischen Ausgestaltungen der Gottesdienste und das vielfältige Nebeneinander der verschiedenen Formen geistlichen Lebens sind größtenteils – wie nachher deutlich werden wird – das Ergebnis eines Konzeptes, das Nathan Söderbloms Programm der evangelischen Katholizität weitgehend entspricht.

Er ging davon aus, dass Menschen, durch das Wirken Christi und den Heiligen Geist gerufen, zusammengehören und über die Konfessionsgrenzen hinweg die echte Kirche bilden. In die Ökumene sollte jede Kirchengemeinschaft ihre besonderen Charismen einbringen, u.a. auch in ihrem gottesdienstlichen Leben, dabei aber zugleich ihre vollständige Selbstständigkeit behalten. Für selbstverständlich hielt es Söderblom, die gottesdienstlichen Ausdrucksformen des Glaubens der anderen Gemeinschaften zu achten und an deren besonderen Gaben teilzuhaben.[6]

Durch die Entscheidung, die Planung des gottesdienstlichen Lebens auf der Konferenz den Gastgebern zu überlassen, wurde für viele ungewollt ermöglicht, dass *eine* Grundkonzeption zur annähernden Verwirklichung kommen konnte. Der brennende Wille, zur Einheit in der versöhnten Verschiedenheit zu kommen, bestimmte diese Männer und ihre Planungen. Naturgemäß erlangte allerdings die Gottesdiensttradition der Schwedischen Lutherischen Kirche (mit einer gewissen Liebe zu anglikanischen Formen[7]) ein besonderes Gewicht. Dies alles wird deutlicher, wenn wir das gottesdienstliche Leben auf der Konferenz nun genauer betrachten.

---

[5] Anfang 1924 war vereinbart worden, dass dieses die schwedische Delegation sowohl zusammenstellen als auch finanzieren sollte (vgl. Universal Christian Conference agreement between Swedish Committee. Secretary Atkinson and Dr. Ramsay, Universitätsbibliothek Uppsala, Ökumenische Sammlung).

[6] Söderbloms Programm der Evangelischen Katholizität kann hier natürlich nicht entfaltet werden. Vgl. dazu Nathan Söderblom, Evangelisk katolicitet, in: E. Lehmann u.a., Enig kristendom, Stockholm 1919, 65-126: Kerner (s. Anm. 2) 33-36; Wolfram Weisse, Life and Work. Entstehung, Entwicklung und theologische Grundproblematik der Bewegung für Praktisches Christentum. Habil. theol. Heidelberg 1988, 81-84.

[7] 1922 war die Abendmahlsgemeinschaft zwischen der Church of England und der Schwedischen Kirche vereinbart worden; vgl. Bengt Sundkler, Nathan Söderblom. His Life and Work, Lund 1968, 315.

2. Das gemeinsame Gebet und Bekenntnis

Die Gebetspraxis der verschiedenen Kirchengemeinschaften stellt wohl das Zentrum der gottesdienstlichen Annäherung dar. Hatten einige Delegierte schon während der jahrelangen Vorbereitungen zur Konferenz die gemeinschaftsbildende Kraft des Gebets erfahren, so sollte dies in Stockholm eine Fortsetzung finden. Schon seit Genf waren die Kirchen zum Gebet für die Einheit und das Gelingen der Konferenz aufgefordert worden. Mehrere Gebetstexte wurden verschickt, immer unter der Maßgabe, dass sie nach den eigenen Bedürfnissen und Verhältnissen abgeändert werden sollten.[8]

In Stockholm selbst gab es ein reiches gemeinsames Gebetsleben unter den Delegierten. Jeder Konferenztag begann um 9.30 Uhr mit dem Morgengebet[9]. Hier wie bei den Gottesdiensten traten die Teilnehmer trotz verschiede-

---

[8] Folgende Fürbitten sind als gottesdienstliches Gebet vorgeschlagen worden:
»Allmächtiger Gott, lieber himmlischer Vater!
Wir sagen Dir Lob und Dank, Du Gott der Liebe und des Friedens, daß Du uns unseren Heiland und Herrn gesandt hast, damit Er unser Friede sei und uns mit Dir versöhne in Einem Leibe durch das Kreuz!
Wir bitten Dich:
Laß Deine Kirche in aller Welt einiger werden im Geist und in der Tat!
Herr, erhöre uns!
Laß die Christenheit wieder lernen, um des Glaubens willen etwas zu wagen und laß sie tiefer eindringen in den Geist Jesu Christi!
Herr, erhöre uns!
Laß die Liebe der Jünger Jesu zu allen Menschen wachsen und zunehmen!
Herr, erhöre uns!
Laß Leidenschaften und Vorurteile schwinden und laß Friede und Brüderlichkeit gestärkt werden!
Herr, erhöre uns!
Laß uns klarer erkennen, welches Dein Wille ist und das Ziel Jesu Christi mit der Menschheit in unsern Tagen!
Herr, erhöre uns!
Laß Deinen Segen über allem sein, was dazu hilft, daß Dein Reich komme!
Herr, erhöre uns!
Herr, erbarme Dich unser!
Christe, erbarme Dich unser!
Herr, erbarme Dich unser!
Du ewiger und barmherziger Gott, führe die Menschen durch Deinen heiligen Geist zu dem höheren Leben, das in Dir beschlossen ist! Laß das ängstliche Harren der Kreatur frei werden von dem Dienst des vergänglichen Wesens zu der herrlichen Freiheit der Kinder Gottes – durch Jesum Christum, unsern Herrn! Amen!
Adolf Deissmann, Die Stockhomer Weltkirchenkonferenz. Vorgeschichte, Dienst und Arbeit der Weltkonferenz für Praktisches Christentum 19.-30. August 1925. Amtlicher Deutscher Bericht, 752 stellt dieses Gebet an das Ende seines Berichtsbandes und signalisiert damit, dass es auch weiterhin im Gebrauch bleiben sollte.

[9] Diese eine knappe halbe Stunde dauernden Andachten wurden stets von einem Delegierten mit einem Gebet begonnen, eine kurze Schriftauslegung folgte, Lieder sang

ner Gebetstraditionen und -formen[10] zusammen vor Gott, um sich von ihm leiten zu lassen. Leider sind nur sehr wenige Gebete erhalten. Inhaltliche Schwerpunkte bildeten die Bitten um den Heiligen Geist, um die rechte Nachfolge und um das baldige Kommen Christi. Besonders erwähnenswert sind der Aufruf zu einem Bußgebet für die Versäumnisse der Christen in den sozialen und wirtschaftlichen Fragen wie auch die Gedanken über das Gebet zur Einheit.[11]

Von vornherein betete man das Vaterunser in der jeweiligen Muttersprache. Gerade das Gebet des Herrn, das auch öfters thematisiert wurde, stellte, obwohl man in mehrerlei Sinn verschiedene Sprachen sprach, ein besonderes Einheitsband dar. Als einen Höhepunkt und als Angeld auf eine künftige Einheit auch in Lehrfragen empfanden es viele Teilnehmer der Konferenz, als der Patriarch von Alexandria, Photios, beim Schlussgottesdienst im überfüllten Dom von Uppsala das Nicänum auf griechisch betete. Wie auch beim gemein-

---

man aus Communio in adorando et serviendo oecumenica. Gesangbuch für die Weltkonferenz für Praktisches Christentum, Stockholm 1925; vgl. Deissmann, a.a.O., 19.

[10] Vom traditionellen Kollektengebet der schwedischen Kirche für den Sonntag Rogate, das nicht kirchenjahreszeitgemäß im Eröffnungsgottesdienst verwendet wurde, über das stille Gebet, das Fürbitten-, Dank-, Lob- und Bittgebet, ist hier alles zu finden, vom Nachbeten eines Gebetes aus dem 16. Jh. bis zur Neuformulierung; vgl. Deissmann. a.a.O., 110, 224, 249, 597f. und 655.

[11] Das Bußgebet, das der Franzose Elle Gounelle als Paraphrase von Psalm 130 sprach, lautete:

»Aus der Tiefe rufe ich, Herr, zu Dir, Herr, höre meine Stimme!« Von dem Weh, von der Buße, von den sozialen Forderungen der Menschheit redet diese Stimme.

Hier handelt es sich nicht nur um einige schwere Sünden, sondern um ein Riesenverbrechen. Was ihr hört, ist nicht die gewöhnliche Klage einer verlorenen Seele, sondern ein furchtbarer Schrei aus der Hölle.

»Laß Deine Ohren merken auf die Stimme meines Flehens!« Dir, der Du allein sie bannen kannst, lege ich die Not der sozialen Frage aufs Herz, im Namen Christi und der Massen.

»So Du willst, Herr, Sünden zurechnen ...«

unsere kirchlichen Sünden, die Sünden der Arbeitgeber und Arbeitnehmer, unsere Schande, unseren Hochmut, unsere Kriege!

»Herr, wer wird bestehen?«

Welcher Mensch, welche Kirche, welche Volksschicht, welche Nation könnte je bestehen? Aber

»bei Dir ist Vergebung!«

die Vergebung für die Einzelseelen, aber auch das Heil für die Gesamtheit. Bei Dir allein! Es geht um Deine göttlich Ehre!

»Ich harre des Herrn«, ich harre, ich, die schuldbeladene Kirche, harre, in unendlicher Nacht zitternd und kniend, auf den Herrn und seinen Gesalbten. Meine Seele hofft und wartet auf das obsiegende Wort. Sie reckt sich der Morgenröte entgegen ...

»Meine Seele wartet auf den Herrn, von einer Morgenwache zur anderen, von einer Morgenwache zur anderen«» (Deissmann, a.a.O., 205).

Zum Gebet »Omnes unum. Alle Eins!« vgl. bes. a.a.O., 321ff.

samen Beten des Apostolicums in einem der anderen Gottesdienste wurde hier die gemeinsame Glaubensgrundlage vor Gott und den Menschen bekannt. Nicht umsonst streicht Nathan Söderblom in seiner Beschreibung der Konferenz dieses Moment der gottesdienstlichen Gemeinschaft als »Ausdruck ... einer Glaubensgemeinschaft zwischen der orthodoxen und der evangelischen Christenheit« und als »Prophetie für die Einigung der Christenheit in der Lehre«[12] heraus.

3. Das Band der Musik und des Gesangs

Eine »Communio in adorando et serviendo oecumenica« sollte durch das solchermaßen betitelte Gesangbuch geschaffen werden, das auf Initiative von Nathan Söderblom seit Anfang 1924 vorbereitet wurde. Zusammen mit dem zu dieser Zeit führenden schwedischen Hymnologen, Emil Liedgren, der die Hauptarbeit für dieses ökumenische Gesangbuch leistete, und Otto Olsson wurde dabei eine Vorlage geschaffen, die noch heute vorbildlich ist und für die Annahme und Rezeption von Liedern aus anderen Kirchengemeinschaften von immenser Bedeutung war. Jedes Lied und jedes liturgische Stück ist im vierstimmigen Satz und in mindestens drei Sprachen abgedruckt[13]. Viele Übersetzungen und Chorsätze wurden unter großer internationaler Beteiligung erst geschaffen.[14] Zwar erhielt die lutherische Liedtradition durch den Herausgeberkreis ein Übergewicht, doch dies nahm dem Gesangbuch nichts von seiner ökumenischen Weite. Mit der Einteilung der Lieder in die Rubriken adoratio, fiducia und communio ist zudem angedeutet, wie sich die drei Herausgeber das geistliche Leben auf der Weltkirchenkonferenz vorstellten. Dieses Liederbuch avancierte zum Herzstück der Konferenz. Das hatte zum einen den Grund, dass es sehr häufig benutzt wurde. In jeder Sitzung, in jeder Andacht, in jedem Gottesdienst sang man daraus. Besonders eindrucksvoll war für die Delegierten sicher auch, dass am kritischsten Punkt der Konferenz die

---

[12] Nathan Söderblom, Kristenhetens möte i Stockholm, Stockholm 1926, 212f.

[13] So finden wir griechische, lateinische, deutsche, englische, französische und skandinavische Texte (meist schwedisch oder norwegisch), wobei die modernen Sprachen natürlich häufiger waren. Man konnte davon ausgehen, dass jeder Konferenzteilnehmer jedes Lied in einer ihm geläufigen Sprache mitsingen konnte; vgl. Kerner (s. Anm. 2) 195.

[14] Vgl bes. Communio (s. Anm. 9), 155-159 und Kerner (s. Anm. 2), 195f. Vom griechischen »Fos hilaron« aus dem dritten Jahrhundert, über mittelalterliche Hymnen der römischen Liturgie wie das »Veni Creator spiritus« des Hrabanus Maurus bis hin zum »Gloria Patri« aus der Bayerischen Agende von 1854 erschließt sich der breite Strom der liturgischen Tradition der Christenheit. Unter den Chorälen finden sich auch auffallend viele deutsche Lieder, wie Luthers »Ein feste Burg«, Paul Gerhards »O Haupt voll Blut und Wunden« und »Befiehl du deine Wege«, Nicolais »Wachet auf, ruft uns die Stimme«, Tersteegens »Gott ist gegenwärtig« oder Zinzendorfs »Herz und Herz vereint zusammen«.

Verhandlungen unterbrochen und ein Lied gesungen wurde, um sich wieder auf das Gemeinsame zu besinnen. Zum anderen ermöglichte das Gesangbuch tatsächlich, dass die Delegierten Gott »einmütig mit einem Mund« loben konnten (Röm 15,6). Das geistige Klima der Konferenz wurde durch dieses gemeinsame Lob entscheidend mitbestimmt.

Wie entscheidend das Singen auf der Weltkirchenkonferenz für die Annahme ökumenischen Liedguts sein würde, empfand damals schon Friedrich Heiler ganz richtig: »All die Lieder der communio oecumenica haben für jene, die sie mit ganzem Herzen in Stockholm gesungen haben, eine besondere Weihe erhalten. Sie sind fortan nicht mehr landeskirchliche Lieder, sondern ökumenische Lieder, die in den Besitz der gesamten Christenheit übergegangen sind.«[15] Heute sind bei uns 23 der 60 Lieder aus »Communio« allein für den Stammteil unseres neuen Gesangbuches vorgeschlagen.[16]

Doch auch an anderer geistlicher Musik war die Weltkirchenkonferenz reich.[17] Nur zwei Beobachtungen will ich hier weitergeben. Direkt vor Beginn des Eröffnungsgottesdienstes der Konferenz am 19. August 1925 in der Stockholmer Kathedrale (Storkyrkan) spielte dort Otto Olsson das »Credo Symphoniacum«, eine Vertonung des Nizänischen Glaubensbekenntnisses.[18] »Credo in unum Deum ... et in unum Dominum Jesum Christum ... et unum sanctam catholicam et apostolicam ecclesiam«. Auch die Orgel wurde vom Anfang der Konferenz an eingebunden in den Versuch, die Glaubensgemeinschaft bewusst zu machen und zu verstärken.

Bedeutsam ist auch, dass die Organisatoren gleichermaßen hervorragende und international bekannte Künstler eingeladen wie auch bevorzugt Werke ausgesucht hatten, die zum gemeinsamen Gut geistlicher Musik über alle Konfessionsgrenzen hinweg zählen. So spielte z.B. bei einem Musikgottesdienst, in dem ausschließlich Werke von Johann Sebastian Bach aufgeführt wurden, das Königliche Orchester, der Chor und die Solisten waren das beste, was Schweden zu bieten hatte[19]. Hier konnte unter anderem deutlich werden,

[15] Friedrich Heiler, Stockholm, in: Christliche Welt 40/41 1925, 869.

[16] Vgl. Evangelisches Gesangbuch. Vorentwurf. hg. v. den Gesangbuchausschüssen der Evangelischen Kirche in Deutschland und des Bundes der Evangelischen Kirchen in der Deutschen Demokratischen Republik, 1988 mit Communio (s. Anm. 9).

[17] Vgl. K. Büttner. Gottesdienste und kirchliche Kunst bei der Weltkirchenkonferenz in Stockholm, 318-328 (erhalten in der Ökumenischen Sammlung der Universitätsbibliothek Uppsala).

[18] Vgl. Deissmann (s. Anm. 8), 101 und Heller (s. Anm. 16), 867.

[19] Nach dem Präludium in h-Moll, das Musikdirektor Oskar Lindberg an der Orgel spielte, wurden die Kantaten »Freue dich, erlöste Schar« und »Gott, der Herr, ist Sonne und Schild« aufgeführt. Die Leitung des Chors hatte Musikdirektor David Åhlén, als Solisten sangen Ebba Nyström, Sara Kvarnström und John Johansson (vgl. Life and Work. Daily Bulletin of Universal Christian Conference at Stockholm 7 vom 25.8.1925, 3 und Büttner [s. Anm. 181], 325).

welche geistliche Tiefe die evangelische Christenheit gerade in ihrer Musik in die weltweite Ökumene einzubringen vermag.

4. Die Gottesdienste auf der Weltkirchenkonferenz

Eine ungeheure Vielfalt an Formen und liturgischem Reichtum spiegeln die 74 (!) Gottesdienste wider, die während der zehn Konferenztage gefeiert wurden. Predigt-[20], Beicht-[21] und Abendmahlsgottesdienste[22] machten deutlich, dass die Organisatoren bei dieser ersten Weltkirchenkonferenz nicht alles auf den Wortgottesdienst beschränkten, wie das bereits 1937 in Oxford der Fall war. Zudem ließ man nicht nur den einzelnen Kirchengemeinschaften Raum, Gottesdienste nach ihrem Ritus zu feiern, sondern organisierte neben feierlichen Hochmessen auch Open-air-Gottesdienste (Friluftsgudstjänsten)[23], einen Gedenkgottesdienst nach orthodoxem Ritus oder den bereits erwähnten Musikgottesdienst.

Eine eingehende Analyse all dieser Gottesdienste ist hier nicht möglich. So konzentriere ich mich zum einen auf die Frage, wie es sich auf die Gestaltung auswirkt, dass wir es hier mit ökumenischen Gottesdiensten zu tun haben. Zum anderen halte ich es für lohnend, zwei Formen zu betrachten, die in der ökumenischen Bewegung seither am meisten diskutiert sind, nämlich die gemeinsame Feier des Abendmahls und den politischen Gottesdienst.

4.1 Die ökumenischen Gottesdienste

Neben den vielen Gottesdiensten, die die einzelnen Kirchengemeinschaften unter Einladung anderer Mitchristen feierten, gab es dezidiert ökumenische Gottesdienste. Ich nehme hier besonders den Anfangs- und Schlussgottesdienst in den Blick. Dort waren sämtliche Konferenzteilnehmer anwesend und folglich musste der Verschiedenheit Rechnung getragen werden, wenn die

---

[20] Der Alltag war geprägt von Predigtgottesdiensten. Jeden Morgen um 8 Uhr und um 13 Uhr fanden diese in der Jakobskirche (Jakobskyrkan) statt. Das Programm der Vaterunserpredigten, die jeweils um 13 Uhr begannen, ist bei Deissmann (s. Anm. 8), 20, Anm. 23, wiedergegeben.

[21] Mit einem Beichtgottesdienst mit dem finnischen Bischof Max von Bonsdorff als Liturgen begann das Programm am Sonntag, den 23. August 1925. Im Programm der Konferenz war dieser Gottesdienst als Vorbereitungsgottesdienst für das Heilige Abendmahl« ausgedruckt worden.

[22] Neben dem großen gemeinsamen Abendmahlsgottesdienst im Dom von Stockholm am 23. August und bei weiteren Abendmahlsfeiern in den Kirchen verschiedener Kirchengemeinschaften, die zur selben Zeit stattfanden, wurde achtmal während der Konferenz zum Abendmahlsgottesdienst in die Englische Kirche eingeladen, wo nach anglikanischem Ritus gefeiert wurde.

[23] An drei Orten im Stockholmer Hagapark wurden diese Gottesdienste am Sonntagnachmittag (23.8.1925) gefeiert (vgl. Life and Work. Daily Bulletin of Universal Christian Conference at Stockholm 4, vom 22.8.1925, 2).

Fremdheitserfahrung nicht gegenüber dem Gemeinschaftserlebnis überwiegen sollte.

Ein Grundgestaltungsprinzip ist die Mitvollziehbarkeit für alle. Dem diente zum einen, dass die Gottesdienstordnungen mehrsprachig verteilt wurden. Neben den drei Hauptkonferenzsprachen englisch, deutsch und französisch wurden die Texte auch schwedisch und lateinisch abgedruckt, zum Teil auch griechisch. Jeder Gottesdienstteilnehmer konnte zu jedem Zeitpunkt inhaltlich den Gottesdienst mitvollziehen. Dem diente auch der gemeinsame Gesang, dessen Voraussetzung oben bereits beschrieben wurde.

Nicht unterschätzt werden darf das Bild, das sich dem Auge bot. Beginnend mit dem feierlichen Einzug der verschiedenen geistlichen Würdenträger in ihren unterschiedlichen und zum großen Teil prächtigen liturgischen Gewändern, wurde auf der einen Seite die Vielfalt deutlich, auf der anderen Seite war aber *jede* Kirchengemeinschaft sichtbar repräsentiert. In diesem Rahmen ist auch die Vielzahl der Liturgen und Prediger zu sehen. Die Öffnung der Kanzeln für die Prediger aus sämtlichen Kirchengemeinschaften ist ein Kennzeichen dieser und sämtlicher folgenden Ökumenischen Konferenzen. Wenn hier Vertreter von allen anwesenden Kirchengemeinschaften zum Verkündigungsdienst kamen, fand sich im Verlauf der gesamten Konferenz auch auf dieser Ebene jeder Delegierte irgendwo im Gottesdienst wieder und repräsentiert.

Ein weiteres Grundprinzip in der Gestaltung der Gottesdienste lag in der Auswahl der liturgischen Stücke. Eingebettet in eine feste Grundform, zumeist die der schwedischen Hochmesse, wurden Elemente aus anderen liturgischen Traditionen eingefügt. Vor allem wurde dabei auf Traditionsgut aus der Zeit vor den Kirchenspaltungen zurückgegriffen, das auch in der Regel lateinisch oder griechisch verlesen, gebetet oder gesungen wurde. Dabei handelt es sich vor allem um Texte, die die Gemeinschaft erbitten und fördern sollten. Als Beispiel nenne ich einen Text aus dem 11. Jahrhundert, der im Eröffnungsgottesdienst gesungen und im Schlussgottesdienst von Söderblom vor seiner Predigt kniend gebetet wurde[24]:

»Veni, Sancte Spiritus!
Reple tuorum corda fidelium,
Et tui amoris in eis ignem accende:
Qui per diversitatem linguarum cunctarum gentes
In unitate fidei congregasti!
Halleluja! Halleluja!«

Ebenso finden wir neben den der Kirchenjahreszeit entsprechen den Lesungen und Gebeten inhaltlich gezielt für die Konferenz ausgewählte Texte

---

[24] Vgl. DEISSMANN (s. Anm. 8), 110 und 728. Dort ist auch jeweils der zitierte Text abgedruckt.

(z.B. Joh 17,15-26[25] und das Kollektengebet für den Sonntag Rogate im Eröffnungsgottesdienst)[26]. So ist festzuhalten, dass die ökumenischen Gottesdienste ein ganz spezifisches Gepräge erhalten haben: Alle sollen sie unter Überwindung der sprachlichen Barrieren durch mehrsprachiges Singen und Beten und das Mitlesen von Übersetzungen mitfeiern können. Die Inhalte sind in hohem Maße auf den Anlass abgestimmt. Die vorherrschende Liturgie des Gastgeberlandes ist durch das gottesdienstliche Gut anderer Kirchengemeinschaften angereichert, auf Traditionsgut aus der Zeit vor den Kirchenspaltungen wird sehr gerne zurückgegriffen. Besonders in der Predigt kommen im Verlauf der Konferenz alle Kirchengemeinschaften zu Wort.

4.2 Die Abendmahlsfeier im gemeinsamen Gottesdienst

Sieben Mal wurden die Delegierten und die Stockholmer Bürger morgens zu einer Abendmahlsfeier nach anglikanischem Ritus in die Englische Kirche eingeladen.[27] Als herausragendes Ereignis sahen allerdings sowohl der Kreis der Hauptverantwortlichen der Konferenz[28] als auch die ökumenische Geschichtsschreibung[29] den Abendmahlsgottesdienst in der Engelbrekts-Kirche an, der nach der schwedischen Liturgie gefeiert wurde.[30] Doch wie er für die einen höchster Ausdruck der Einheit in Christus über die Konfessionsgrenzen hinweg war, war er für die anderen der deutliche Aufweis der Grenzen der Gemeinschaft. Die Organisatoren haben hier – ihrem Abendmahlsverständnis entsprechend – alle eingeladen. Söderblom und seine Mitstreiter haben sich nicht der auch damals vorhandenen Forderung gebeugt, nur dann gemeinsam das Heilige Mahl zu feiern, wenn die Kirchengemeinschaften sich so nahe gekommen sind, dass sie auch eine Abendmahlsgemeinschaft vereinbart haben. Doch eines zeigt sich in Stockholm ganz deutlich, wo nicht nur die Delegierten der orthodoxen Kirchen und der Altkatholischen Kirche dieser Feier

---

[25] Dieser Text spielte bereits in Genf eine große Rolle, als es um die Frage ging, ob nur die protestantischen oder sämtliche Kirchen eingeladen werden sollten; vgl. KERNER (s. Anm. 2) 52.

[26] Vgl. a.a.O., 104 und 110.

[27] Vgl. Life and Work. Daily Bulletin of Univeral Christian Conference at Stockholm Nr. 2 vom 20.8.1925, 4 und Nr. 5 vom 21.8.1925, 4.

[28] Vgl. bes. SÖDERBLOM (s. Anm. 12), 190-198, wo er eine ganze Reihe von schriftlichen Eindrücken von Teilnehmern zitiert. Er selbst schreibt: »För den som skriver dessa rader var högmässan Mötets höjdpunkt ... Mitt innerligaste och starkaste intryck var den andliga enheten, som uppenbarade sig för mig i sin heligaste och mest monumentala form vid denna nattvardsgång« (a.a.O., 190 und 194).

[29] Vgl. RUTH ROUSE/STEPHEN CHARLES NEILL, Geschichte der Ökumenischen Bewegung 1517-1948. Bd. 2, Göttingen 1973, 183. Allein die Tatsache, dass in Stockholm zur selben Zeit 36 weitere Gottesdienste unter Beteiligung von Delegierten stattfanden, zeigt, dass der Abendmahlsgottesdienst in der Engelbrekts-Kirche nicht die herausragende Stellung haben konnte, wie dies Rouse/Neill vermitteln wollen.

[30] Vgl. zum Ablauf DEISSMANN (s. Anm. 8), 340 und SÖDERBLOM (s. Anm. 12), 190-192.

fernblieben[31]: Aus einer gemeinsamen Abendmahlsfeier in einer so ungeklärten Situation entwickelt sich keine gemeinsame Abendmahlspraxis. Wenn überhaupt, kommt es auch im Nachhinein nur zu punktueller Mahlgemeinschaft. So waren die Abendmahlsgottesdienste in Stockholm wohl in ihrer Intention, aber nicht in ihrem Vollzug ökumenisch. Denn hier waren Kirchengemeinschaften, mit denen man auf der Konferenz und in der Zukunft eine Ökumenische Gemeinschaft pflegen wollte, von vornherein von deren Selbstverständnis her ausgeschlossen (Orthodoxe, Altkatholiken, Altlutheraner). Was Gemeinschaftsband sein sollte, blieb für viele Scheidewand.

4.3 Der Gedenk- bzw. Solidaritätsgottesdienst

Ein besonderes Augenmerk verdient auch noch der Gedenkgottesdienst für den vier Monate vor der Konferenz verstorbenen Patriarchen Tychon von Moskau am 23. August um 21.00 Uhr in der Gustav-Wasa-Kirche. Zweierlei ist hier wert, hervorgehoben zu werden: Zum einen die Gottesdienstform. Hier, wo sich die Konferenzteilnehmer einmütig zusammenfanden, kam es zu einer eigentümlichen Stilmischung. Unter der Leitung des Patriarchen von Alexandrien, Photios, und unter Assistenz sämtlicher anwesender orientalischer Bischöfe, wurde diese Gedenkfeier in weiten Stücken vom griechisch-orthodoxen Ritus geprägt. Die »zeremonielle Feierlichkeit«[32], aber auch der Gebrauch des Lichts und der Gesang des Doppelchores nahmen die feiernde Gemeinde trotz des adaptierten Raumes in den Reichtum der orthodoxen Liturgie mit hinein. Andererseits wurde schon bei der feierlichen Einzugsprozession »der geistlichen Würdenträger aller auf der Konferenz vertretenen Völker«[33] deutlich, welch starken Raum Einschübe aus dem gottesdienstlichen Leben anderer Kirchengemeinschaften erhalten sollten. Zu diesem Einzug spielte Otto Olsson das Prélude funèbre von Emil Sjögren. Auch die hervorgehobene Stellung der beiden Predigten ist hier zu nennen.[34] Es mag sein, dass gerade bei einem Gottesdienst nach orthodoxem Ritus die Stilvermischung und die Stilbrüche besonders auffallen. Man wird dies auch sehr unterschiedlich empfinden. Zuerst einmal erscheint es positiv, wenn ein ökumenischer Gottesdienst auf ein gemeinsames Teilhaben an dem Reichtum des gottesdienstlichen Lebens der verschiedenen Traditionen hin angelegt ist. Wenn man allerdings erfährt, dass dieser Gedenkgottesdienst so konzipiert wurde, dass man »aus der Liturgie sorgfältig alles herausgelassen hatte, was für einen

---

[31] Vgl. HEILER (s. Anm. 16), 869.

[32] A.a.O., 870.

[33] DEISSMANN (s. Anm. 8), 389.

[34] Zu diesem Gottesdienst vgl. a.a.O., 389-393: BÜTTNER (s. Anm. 18) 326; SÖDERBLOM (s. Anm. 12) 202-208: PAUL SANDEGREN, Ekumeniska mötet i Stockholm. Om dess uppkomst, idésammanhang och innehåll, Uppsala o.J. [1926], 105f.

protestantischen Christen anstößig sein könnte«[35], so ist doch anzufragen, ob diese Form der Beschränkung auf Dauer wirklich näher bringen kann.

Noch ein zweites ist bei diesem Gedenkgottesdienst zu betrachten: Er war hochpolitisch. Inhaltlich stellt er eine geschlossene Demonstration und einen »entsetzten Protest« der versammelten Kirchen gegen die bolschewistische Kirchenpolitik in Russland dar. Patriarch Tychon, der über ein Jahr in Einzelhaft saß, wird als Symbolgestalt geehrt: »als Vertreter der ungezählten Schar derer, die durch große Trübsal gehen mußten«. Es besteht keinerlei Scheu, das Handeln der russischen Regierung an den Pranger zu stellen, der sich als »wilder Sturm von Grausamkeit, Gotteslästerung, Unterdrückung von Glauben und Freiheit«[36] äußert. Parallelen zu den Christenverfolgungen in der Alten Kirche werden gezogen. So stellt dieser Gedenkgottesdienst einen Solidaritätsakt mit der durch die russische Regierung an der Teilnahme gehinderten Russischen Kirche dar, zugleich auch eine vehemente Anklage der Zustände in Russland vor der Weltöffentlichkeit. Hier manifestierte sich auch etwas von dem Glauben der Organisatoren, dass der Gottesdienst in besonderem Maße Ort der Solidaritätsbekundung und Fürbitte, aber auch der Benennung von Unrecht ist.

5. Das Erbe von Stockholm

Das umfangreiche gottesdienstliche Leben auf der ersten Weltkirchenkonferenz ist beeindruckend und an vielen Punkten für die Zukunft prägend. Der ganze Reichtum der vielfältigen gottesdienstlichen Ausdrucksformen der Schwedischen Kirche von der Hochmesse bis zum Open-air- oder Musikgottesdienst bildete eine tragfähige Grundlage für die gemeinsamen Gottesdienste. Und doch waren diese anders als die Gottesdienste der Schwedischen Kirche sonst. Das lag daran, dass die Verantwortlichen ausgehend von Söderbloms Konzept prinzipielle Grundentscheidungen getroffen hatten und diese dann auch weitgehend realisierten.

5.1 Das Additions- und das Traditionsprinzip

Im Sinne einer Teilhabe an den Charismen der verschiedenen Kirchengemeinschaften sollte man sich in den gemeinsamen Gottesdiensten von den liturgischen Schätzen der Schwesterkirchen bereichern lassen. Die Gottesdienstordnung wurde von einer, zumeist der gastgebenden Kirche übernommen. Bei der Ausgestaltung kamen allerdings viele Elemente aus der Gottesdienstpraxis anderer Kirchengemeinschaften zum Zug, und sie fügten sich in

---

[35] »Och när man nu under den alexandrinske patriarkens ledning i en modern västerländsk kyrka firade en gudstjänst till hans minne, hade man omsorgsfullt ur liturgien uteslutit alit, som kunde vara stötande för en protestantisk kristen«; Sandegren. a.a.O., 106.

[36] Deissmann (s. Anm. 8), 391.

der Regel sehr gut in die vorgegebene Gottesdienstordnung ein. Auffallend ist, dass Zeitgenössisches, gleich aus welcher Kirche, so gut wie keinen Raum bekam[37]. Das Traditionsgut der Kirchengemeinschaften wurde bevorzugt[38] und auch sehr vieles aus der Zeit vor den Kirchenspaltungen ab dem 16. Jahrhundert verwendet. Es gab kein Ringen um eine zeitgemäße Form der ökumenischen Gottesdienste, sondern sämtliche Kreativität wurde in die Komposition möglichst zeitloser Gottesdienste gesteckt. Auch heute könnten der Eröffnungs- oder der Schlussgottesdienst der Stockholmer Konferenz in dieser Form schön und einer großen ökumenischen Konferenz als durchaus entsprechend empfunden gefeiert werden. Dieses archaisierende Moment hat ja bis in die Lima-Liturgie hinein ihr Recht in der Ökumene behauptet.

Ein anschauliches Bild für dieses Addieren der Traditionen und traditioneller Momente im gemeinsamen Gottesdienst ist, dass zumeist eine ganze Reihe von Liturgen amtierte; jeder von ihnen trug sein feierliches, traditionelles Gewand, und sie gaben zusammen ein schönes Bild ab. Aber keiner legte die alten Kleider ab, um sich ein neues, gemeinsames Gewand anzuziehen.

5.2 Die Konfliktvermeidungsstrategie

Bereits im Vorfeld der Konferenz wurde es vermieden, die gemeinsamen Gottesdienste zu thematisieren. Dieses Konfliktfeld sollte inhaltlich überhaupt nicht zur Sprache kommen. Zwangsläufig musste man sich auf das – glücklicherweise vorhandene – Geschick der schwedischen Organisatoren verlassen. Auf die Dauer konnte das keine Lösung sein, auch wenn Stockholm selbst hier noch weiter Nachahmung fand. Auf der Konferenz nahmen die Verantwortlichen ganz bewusst davon Abstand, gottesdienstliche Stücke zu verwenden, die inhaltlich oder von der Form her bei einer der beteiligten Kirchengemeinschaften Anstoß hätten erregen können. Keinem sollte im Gottesdienst etwas zugemutet werden, was er nicht mitvollziehen konnte.[39] Hierzu gehört auch die Tatsache, dass zeitlich parallel zu dem gemeinsam gedachten Abendmahlsgottesdienst in der Engelbrekts-Kirche auch Gottesdienste nach den Ordnungen der teilnehmenden Kirchengemeinschaften angeboten wurden. Die Grenzen der gemeinsamen Gottesdienste wurden somit bedacht und respektiert. Die Einladung zu einem ökumenischen Abendmahlsgottesdienst führte in Stockholm zu keinerlei Komplikationen. Dass sie allerdings vielen zu weit ging, zeigt bereits die Weltkirchenkonferenz in Oxford 1937, wo kein Abendmahlsgottesdienst mehr ins Programm aufgenommen wurde.[40]

---

[37] Eine Ausnahme bildete nur das Gastgeberland im Bereich der Musik. Hier kamen auch eigens für die Konferenz entstandene Kompositionen zum Zug.

[38] Dies ist u.a. auch beim Gesangbuch »Communio« sehr schön zu sehen.

[39] Selbstverständlich kam dennoch kaum einer um seine Fremdheitserfahrungen herum.

[40] Vgl. Rouse/Neill (s. Anm. 30), 246.

Am Gedenkgottesdienst für den Patriarchen von Moskau, Tychon, ist deutlich zu sehen, dass in Stockholm auch sehr handfeste politische Anklagen innerhalb der Gottesdienste zu Wort kommen konnten. Hier war nach Ansicht der Organisatoren der richtige Ort, Unrecht vor Gott und den Menschen zu benennen.[41] Der Gottesdienst hatte somit eine immens politische Dimension. Auffallend ist allerdings, dass die politische Artikulation in der Hauptsache an einem Punkt geschah, der die Konferenzteilnehmer sonst wenig berührte. Angesichts der offenen Kriegsschuldfrage und der Völkerbundproblematik, die die Teilnehmer zutiefst beschäftigten, wäre ein Bittgottesdienst für den Frieden und die Versöhnung der Völker sehr viel naheliegender gewesen. Hier war aber soviel Sprengkraft enthalten, dass man einen solchen Gottesdienst unterließ. Es war sehr viel einfacher, auf die Greueltaten der Bolschewiken hinzuweisen; denn zum einen war man sich in der Verurteilung der Russischen Revolution und ihrer Folgen für die Russische Kirche einig, zum anderen erforderte es von keinem der Beteiligten ein Umdenken und bedingungslose Versöhnungsbereitschaft mit dem ehemaligen Kriegsgegner.

5.3 Die Betonung und Verstärkung des Gemeinsamen

Das gemeinsame Gebet war, wie auf ökumenischen Zusammenkünften davor (und danach), organisches Einheitsband und nicht mit Problemen belastet. Dieses versuchten die Organisatoren zu nutzen und über die gemeinsame Gebetspraxis die Erfahrung der Einheit und Gemeinsamkeit zu verstärken. Ein Mittel war die auffallende Häufigkeit des gemeinsamen Gebets, besonders des Vaterunsers, das jeder in seiner Sprache betete. Zudem erhielten gerade die altkirchlichen Symbole, allen voran das Nicänum, eine herausragende Stellung. Man wird sicher auch von einer geschickten »Inszenierung« sprechen dürfen, wenn der Patriarch von Alexandria, Photios, beim Schlussgottesdienst das Nicänum in griechischer Sprache betete. Doch auch das war lediglich Ausdruck der Grundüberzeugung der Organisatoren, dass im Gebet die vorhandene Einheit der durch den Heiligen Geist Berufenen offenbar wird.

Gemeinschaftsbildend waren auch die mehrsprachig gedruckten Gottesdienstordnungen, die es jedem ermöglichten, die Gottesdienste von Anfang bis Ende mitzufeiern und mitzuvollziehen. Als von unschätzbarem Wert erwies sich das Gesangbuch »Communio« für das geistliche Leben der Konferenz. Nicht nur in den Gottesdiensten, sondern auch bei vielen anderen schönen oder kritischen Stationen der Konferenz sang man miteinander daraus. So manches Lied wurde ausgehend von Stockholm zum Allgemeingut auch für andere Kirchengemeinschaften. »Communio« fand nicht nur in der Bewegung für Praktisches Christentum weiter Verwendung, sondern kam auch sehr

[41] Vgl. SÖDERBLOM (s. Anm. 12), 207. der diesen Gottesdienst als nötige Hilfeleistung des Westens für die bedrohte russische Kirche ansah.

schnell bei Faith and Order in Gebrauch[42], so dass es zum Gesangbuch der Ökumenischen Bewegung vor dem 1. Weltkrieg wurde. Ein gemeinsames Gesangbuch ist heute aus keiner ökumenischen Weltversammlung mehr wegzudenken.[43] Auf die Elemente der Einheit wurde gerade in der Verschiedenheit besonders geachtet![44]

---

[42] Vgl. HERRMANN SASSE, Die Weltkonferenz für Glauben und Kirchenverfassung. Deutscher Amtlicher Bericht über die Weltkirchenkonferenz in Lausanne 3.-12. August 1927. Berlin 1929, 91 und 516.

[43] Im jetzigen Gesangbuch des Ökumenischen Rates der Kirchen »Cantate Domino« sind noch elf Lieder aus »Communio« enthalten.

[44] Interessant und für überdenkenswert halte ich die Parallelen in unserer heutigen ökumenischen Situation in Deutschland im Vergleich zur Stockholmer Konferenz. Auch heute haben wir eine gemeinsame Gebets- und Andachtspraxis sowie einen Austausch und die Übernahme von Liedgut. Weitgehend ausgeschlossen ist die Feier eines gemeinsamen Abendmahls und auf die Reflexion und das Gespräch über den ökumenischen Gottesdienst wird in den Gemeinden weitgehend verzichtet.

Gottesdienstliche Spiritualität

In dem weiten Feld christlicher Spiritualität stellt der Gottesdienst einen Kristallisationspunkt dar. An ihm scheiden sich die Geister. Für manche bildet er das Zentrum ihrer Glaubenspraxis. Sie feiern Sonntag für Sonntag Gottesdienst. Für die meisten getauften Christinnen und Christen ist er aber ein Randphänomen. Sie können – zumindest was den Gottesdienst am Sonntagmorgen betrifft – gut ohne Gottesdienst leben.[1]

Darin spiegelt sich ein Grundproblem, das jede Betrachtung gottesdienstlicher Spiritualität schwierig macht. Auf der einen Seite gibt es kirchliche Determinanten, die Spiritualität wesentlich prägen. So ordnet die auf Schrift, Bekenntnis und Tradition gründende Theologie dem Gottesdienst und gottesdienstlicher Spiritualität eine zentrale Rolle im geistlichen Leben zu und entwickelt entsprechende normative Setzungen. Auf der anderen Seite gibt es individuelle und gesellschaftliche Faktoren, die dem zum Teil völlig entgegenlaufen und eine Marginalisierung des Gottesdienstes bewirken können. Zumindest aber machen sie deutlich, dass es auch christliche Spiritualität ohne den Sonntagsgottesdienst gibt. In der Praxis durchmischen sich die kirchlichen, individuellen und gesellschaftlichen Einflüsse so, dass oft nicht mehr nachvollziehbar ist, woher welcher Einfluss kommt. So entsteht gottesdienstliche Spiritualität im Spannungsfeld von kirchlichem Handeln und Kultur in den unterschiedlichsten Ausformungen. Im Einzelnen ist oft schwer auseinander zu halten, ob sie mehr theologie-, mehr kultur- oder mehr milieubezogen ist. Angesichts dieser Durchmischung von Determinanten gottesdienstlicher Spiritualität kann es deshalb auch nicht wundem, dass Gottesdienst zu verschiedenen Zeiten und an unterschiedlichen Orten mit vielfältigen Ausdrucksformen, Riten, Bräuchen, Handlungen und Elementen gefeiert wird.

---

[1] Bei Kasualien wie der Beerdigung wäre anderes zu sagen. Der vorliegende Beitrag konzertiert sich aber vorwiegend auf den Gottesdienst am Sonntagvormittag und auf neuere Gottesdienstformen.

1. DIE ZUSAMMENGEHÖRIGKEIT VON GEISTLICHEM UND LITURGISCHEM LEBEN

Grundlegend für die Betrachtung gottesdienstlicher Spiritualität ist die Wahrnehmung des sachlichen Zusammenhangs zwischen geistlichem und liturgischem Leben.[2] Gottesdienstliche Spiritualität wurzelt in der im Alltag gelebten Glaubenspraxis und führt dieser neue Impulse zu. Diese Wechselbeziehung von Gottesdienst in der ausgegrenzten Zeit und im Alltag lässt sich von den ersten Anfängen der Kirche bis in die jüngsten Entwicklungen neuer Gottesdienstformen hinein festmachen. Bei sämtlichen Überlegungen zur gottesdienstlichen Spiritualität ist darüber hinaus auch zu bedenken, dass sie untrennbar mit der persönlichen Frömmigkeit und dem individuellen Lebensstil verwoben ist.[3]

Bereits ein Blick in die Frühzeit des Christentums zeigt, wie gottesdienstliches Leben und die sonstige Lebensgestaltung in ihren vielfältigen Facetten aufeinander bezogen sind. In die Betrachtung gehören dabei die praxis pietatis im persönlichen, nicht öffentlichen Bereich, sowie die nach außen deutlich sichtbaren Glaubensäußerungen. So ist es entscheidend für das gottesdienstliche Leben, ob die Feiernden regelmäßig beten, die Schrift lesen, spenden oder fasten. Die jeweilige private Frömmigkeitspraxis und der öffentliche Gottesdienst in den Gemeinden korrelieren.

Mit gottesdienstlicher Spiritualität und Praxis direkt verknüpft sind die nach außen deutlich sichtbaren Glaubensäußerungen, seien sie nun missionarisch oder diakonisch.[4] Aus der im Gottesdienst geglaubten persönlichen Christusbegegnung erwächst eine Bewegung, das Empfangene weiterzusagen und weiterzugeben (vgl. 1Kor 9,16f.). Parallel dazu gibt es eine stark ethische Ausrichtung. Gottesdienstlich wird dies durch die soziale Dimension des Abendmahls betont, wenn beispielsweise der Zusammenhang von Eucharistiefeier und Sättigungsmahl (Did 14) sichtbar wird. Zudem ist auch die Verknüpfung von Gottesdienst und diakonischem Handeln wie die Hilfeleistungen flit Arme (Apol. 67,1) oder die Versorgung der Witwen und Waisen bereits ein Hauptmerkmal der frühen Christenheit. In der Ausrichtung auf den wiederkommenden Herrn wollte die Wahrheit auch getan werden (Joh 3,21).

Im Lauf der Geschichte waren es vor allem die Reformbewegungen in der Kirche, die den Zusammenhang von gottesdienstlichem Leben, persönlicher

---

[2] Vgl. HANS BERNHARD MEYER, Liturgie und Spiritualität. Eine Problemskizze, in: DERS., Zur Theologie und Spiritualität des christlichen Gottesdienstes. Ausgewählte Aufsätze, hg. v. REINHARD MESSNER/WOLFGANG G. SCHÖPF, Münster 2000, bes. 233ff.

[3] Vgl. MANFRED SEITZ, Evangelische Spiritualität – Den Glauben leben, in: Den Glauben leben – Evangelische Spiritualität. Hilfen zum Verständnis und Anregungen für die Praxis, hg. im Auftrag des Landessynodalausschusses VON RENATE SEITZ/SIEGFRIED HANSELMANN, 1994, 24f.

[4] Vgl. SISSI GEORG RIEFF, Diaconia and Christian Worship, in: PÄIVI JUSSILA (Hrsg.), See How They Love One Another, Genf 2002, 67-73 (= LWF Studies 2002).

Frömmigkeitsübung, Mission und diakonischem Handeln immer wieder herausgestellt haben. In jüngerer Zeit sind es auch im evangelischen Bereich geistliche Gemeinschaften wie die verschiedenen Diakonissenmutterhäuser oder kommunitare Gemeinschaften, die gottesdienstliches Leben, persönliche Frömmigkeit, missionarisches Handeln und diakonischen Einsatz vorleben. Dabei stellt der Gottesdienst den Kristallisationspunkt und das Herzstück in der Ausrichtung auf Gott dar.

Bei den neueren Gottesdienstformen des ausgehenden 20. Jahrhunderts wird ein bestimmter Aspekt christlicher Lebensführung oft besonders betont. In der Feierabendmahlbewegung oder in ökumenischen Gottesdiensten, die sich an der sogenannten Lima-Liturgie ausrichten, wird beispielsweise die ethische Dimension des Abendmahls sichtbar. Verschiedenste Gottesdienstformen haben sich vor allem im Zusammenhang mit dem Konziliaren Prozess für Gerechtigkeit, Frieden und Bewahrung der Schöpfung herausgebildet, die eine Zusammengehörigkeit von Gottesdienst und ethischem Handeln auf andere Weise deutlich machen (z.B. Friedensgebete, Gottesdienste zur Bewahrung der Schöpfung, Dekadegottesdienste). Daneben gibt es im missionarischen Bereich vielfältige neue Gottesdienstformen, welche die Bekehrung und die Sendung zur Weitergabe des Evangeliums betonen (Willow-Creek-Gottesdienste). Im diakonischen Bereich wird besonders bei Gottesdiensten anlässlich von Katastrophen die Zusammengehörigkeit von Wort und Tat augenfällig (11. September 2001, Flutkatastrophen). Auch wenn bei den genannten Beispielen bestimmte nicht in die Breite der Kirche gehende Äußerungen einer praxis pietatis jeweils sehr stark betont werden, kann hier ein konstitutives Merkmal gottesdienstlicher Spiritualität, nämlich seine Verwobenheit mit der alltäglichen Glaubenspraxis und Glaubensäußerung, gut betrachtet werden.

Problematisch ist allerdings bei sämtlichen der zuletzt genannten Beispielen, dass sich hier nicht nur Frömmigkeitshaltungen, sondern auch milieuspezifische oder gesellschaftspolitische Überzeugungen artikulieren können, die mit einer christlichen praxis pietatis nichts zu tun haben müssen. So wird vielerorts weder im herkömmlichen Sonntagsgottesdienst noch in gesellschaftlich oder politisch ausgerichteten Gottesdiensten sichtbar, dass hier mehr als eine bestimmte Meinung verbreitet und geteilt wird. Gottesdienst kann also auch instrumentalisiert werden und oft werden ihm Funktionen übertragen, die eigentlich in andere Bereiche der Gemeindearbeit hineingehören.

2. Die Abbildung von Frömmigkeit in gottesdienstlicher Spiritualität

Grundsätzlich kann eine Wechselwirkung von Frömmigkeit und der Form, in der Gottesdienst gestaltet wird, konstatiert werden. Da christlicher Gottesdienst – abgesehen von manchen Fehlformen in der Geschichte – immer gemeinschaftlich gefeiert wird, bilden sich die bestimmenden Glaubensinhalte und -formen der jeweiligen Gemeinschaft auch im gottesdienstlichen Leben ab. Dabei werden im Lauf der Geschichte und in den verschiedenen Regionen, Zeiten und Konfessionen, in denen das Christentum lebt, unterschiedliche Akzente gesetzt.[5] Aufgrund dieser gelebten Frömmigkeit ergeben sich die verschiedensten Betonungen, da jeweils andere biblische Kernverheißungen und Erkenntnisse frömmigkeitsbestimmend sein können. So kann die Taufe im Zentrum der Frömmigkeit stehen oder das Abendmahl oder andere aus der biblischen Botschaft gewonnene Frömmigkeitsträger.

Ist beispielsweise das Taufbekenntnis zentraler Ausdruck christlicher Spiritualität wie in der frühen Christenheit, so findet das einen anderen gottesdienstlichen Niederschlag als die Fokussierung auf die Bußfrömmigkeit des Mittelalters. Dabei ist zu beachten, dass sich ein ganzer Komplex von Handlungen, Symbolen, Riten und Bräuchen mit einer solchen Frömmigkeitsentwicklung und -dominanz verbindet. Ist christliches Leben auf die Taufe hin ausgerichtet und lebt es aus ihr heraus, so drückt sich das gleichermaßen in der Taufliturgie wie in unterschiedlichsten Formen gemeindlicher Frömmigkeitsäußerung aus. Bei der Ausgestaltung des Kirchenraumes, in welcher der Ort der Taufe besonders betont wird, etwa im Bau von Baptisterien, findet diese Zentrierung einen Ausdruck, ebenso in der reichhaltigen Ikonographie, in der die Heilsbedeutung der Taufe veranschaulicht wird. Die gemeindliche Katechese, der »Vorgottesdienst« und die Einübung der persönlichen praxis pietatis sind auf die Taufe hin ausgerichtet.[6] Tauferinnerung findet im Gottesdienst, in der Katechese und in der persönlichen Frömmigkeitsübung wie der Bekreuzigung im Namen des dreieinigen Gottes statt. Eine Vielzahl von gottesdienstlichen rituellen Akten ranken sich um das Taufgeschehen, damit die Heilsbedeutung in den verschiedensten Dimensionen ausgeleuchtet wird.[7] Das hat seine bekenntnismäßigen Dimensionen etwa in der Abrenuntiatio und dem korrespondierenden Tauf-(Glaubens-)Bekenntnis. Verschiedene Symbole wie das Anlegen des weißen Taufkleides, die Chrisamsalbung, die Übergabe einer brennenden Kerze oder die Bezeichnung mit dem Kreuz unterstreichen

[5] Vgl. Herman A. J. Wegman, Liturgie in der Geschichte des Christentums, Regensburg 1994, 48ff.

[6] Die Verdeutlichung einer neuen Identität durch den Taufnamen streicht das noch einmal besonders heraus.

[7] Vgl. Rudolf Roosen, Taufe lebendig. Taufsymbolik neu verstehen, Hannover 1990, 9ff.

und versinnlichen das Taufgeschehen. Um den eigentlichen Taufakt rankt sich ein reiches Vergegenwärtigungs- und Erlebnisfeld.

In der Geschichte der Kirche sind es wiederum vor allem die Reformbewegungen, deren erneuerte Spiritualität zu gottesdienstlichen Veränderungen geführt hat. So sehen wir beispielsweise selbst innerhalb der reformatorischen Neubildungen aufgrund unterschiedlicher Abendmahlstheologie und -frömmigkeit verschiedene gottesdienstliche Grundprägungen. Der oberdeutsche Gottesdienst entsprang einer anderen – durch eine exklusive Wortzentrierung gekennzeichneten – Frömmigkeit als die lutherische Messe. Die Hochschätzung des Wortes Gottes gab den reformatorischen Gottesdiensten ein anderes Gesicht, als es die römische Messe zeigte. Die Rechtfertigungslehre bildete sich zum Teil selbst in einzelnen liturgischen Stücken ab. So zeigt auch die Reformation, dass sich veränderte Gewichtungen in der christlichen Theologie und Lebensgestaltung gottesdienstlich erheblich bemerkbar machen.

Heute scheint jeder Frömmigkeitstypus in unserer aufgegliederten und sich ständig verändernden religiösen Vielfalt bevorzugte Gottesdienstformen zu kreieren und zu pflegen. Im traditionsverhafteten Milieu mit einer hochkirchlichen Neigung findet man den liturgisch reich aus- und durchgestalteten Messgottesdienst, im charismatischen Bereich zumeist in moderner Gestaltung gefeierte Lobpreisgottesdienste oder im Bereich der Frauenbewegung sinnenorientierte Kreisgottesdienste. Die Liste ist bei allein mehr als einhundertfünfzig verschiedenen Gottesdienstformen im evangelischen Bereich Deutschlands beliebig erweiterbar.[8] Es scheint, als ob gemeinschaftlich gelebte Formen von Religion immer dann zu neuen Gottesdienstformen führen, wenn dies nicht durch kirchliche Verordnungen und Regelungen unterbunden wird.[9] So entfaltet sich heute gemeinschaftliches geistliches Leben oft in Segmenten christlicher Frömmigkeit,[10] feiert in dieser Prägung und eigener Ausgestaltung und in faktischer Begrenzung auf die Gleichgesinnten Gottesdienst

[8] In meiner Typologie unterscheide ich bei den neuen Gottesdienstformen acht Hauptlinien: 1. Das partizipatorische Grundmodell von Gottesdienst (z.B. Feierabendmahl), 2. das pädagogische Modell (z.B. Familiengottesdienste), 3. das politische Modell (z.B. Friedensgebet, 4. Das missionarische Modell (z.B. Go special), 5. das an die liturgische Tradition anknüpfende Modell (z.B. Thomasmesse), 6. das kontemplative Modell (z.B. Stille Zeit), 7. Das charismatische Modell (z.B. Gottes Lobpreis) und 8. das individuellen Bedürfnissen Rechnung tragende Modell (z.B. Segnungsgottesdienste).

[9] Dabei taucht natürlich auch das Problem auf, dass Gottesdienstformen entstehen, hinter denen keine feiernde Gruppe steht. Sie werden vielmehr angenommenen Bedürfnissen entsprechend kreiert. Hierzu muss deutlich gesagt werden, dass Liturgie kein Instrument darstellt, um jedwede Bedürfnisse des Menschen zu stillen. Sie will ihn vielmehr vor den lebendigen Gott stellen.

[10] Oft stehen als Hauptmotive die neue Nähe oder die Glaubensentschiedenheit dahinter, was besonders bei manchen Typen von Haus- und Frauenkreisen deutlich sichtbar wird.

und fördert dadurch auch die weitere Segmentierung. Die »Gemeinschaft mit der Kirche aller vergangenen und kommenden Zeiten«[11] wird dabei oft durch eine Sympathiegemeinschaft ersetzt. Darin wird ein ekklesiologisches Problem deutlich sichtbar. Der von den meisten Kirchen gewünschte Königsweg einer gemeinsamen, für alle lebbaren Liturgie bleibt eine Utopie, da Frömmigkeit immer auch eigene Wege zu Gott sucht und Vielfalt hervorruft.

3. Die Vielfalt gottesdienstlicher Spiritualität

Nun ist die Vielfalt an spirituellen Angeboten heute ungeheuer groß und kaum überschaubar.[12] Doch das ist nichts Neues. Bereits die frühe Christenheit lebte in einer von religiösem Pluralismus geprägten Welt, in der sich verschiedene religiöse Spiritualitäten gegenüberstanden, einander durchdrangen oder sich verschmolzen. Kennzeichen christlicher Spiritualität ist dabei, wie bereits ausgeführt, von vornherein die Verknüpfung der am Werktag gelebten Frömmigkeit mit der gemeinsamen gottesdienstlichen Feier am Sonntag in der Konzentration auf Jesus Christus.

Dabei ist es allerdings notwendig, sich vor jeglichen uniformen Bildern zu hüten. Zu unterschiedlich stellt sich das Christentum in seinen spirituellen Ausprägungen und seinen Gottesdiensten bereits in der frühesten Zeit dar. Von dem Augenblick an, in dem schriftliche Zeugnisse zu gottesdienstlichen Fragen und Elementen und Abläufen vorliegen, wird auch die Vielfalt sichtbar.[13] Doch nicht die vorfindliche Kultur derer, die für die Kirche gewonnen worden waren, war von Bedeutung für die gottesdienstliche Spiritualität, sondern ein ganzes Bündel von Faktoren kam und kommt hier jeweils zusammen.

---

[11] Gerhard Ruhbach, Evangelische Spiritualität – Überlegungen und Kriterien, in: ders. Theologie und Spiritualität. Beiträge zur Gestaltwerdung des christlichen Glaubens, Göttingen 1987, 129.

[12] Das macht bereits ein Blick auf den Buchmarkt deutlich. So weist allein die Online–Buchhandlung Amazon bei dem Stichwort »Spiritualität« mehr als 1200 derzeit lieferbare deutschsprachige Bücher nach, englischsprachig sind es mehr als 8400. Dabei ist festzustellen, dass der Zusammenhang von Spiritualität und Gottesdienst im deutschen Bereich weitgehend vernachlässigt wird. Er wird allenfalls in der katholischen Liturgik sowie bei gottesdienstlichen Sonderformen, z.B. bei Frauenliturgien, bedacht. Im englischen Sprachraum gibt es dagegen eine breite Beschäftigung mit gottesdienstlicher Spiritualität (vgl. z.B. Donna M. Cole, Liturgical Ministry. A Practical Guide to Spirituality, San Jose 1996; Paul L. Cioffi/William P. Sampson, Gospel Spirituality and Catholic Worship. Integrating Your Personal Prayer Life and Liturgical Experience, New York/Mahwah 2001; Austin Fleming, Preparing for Liturgy. A Theology and Spirituality, Chicago [2]1997; Susan J. White, The Spirit of Worship. The Liturgical Tradition, Maryknoll, New York 1999; Patricia Wilson-Kastner, Sacred Drama. A Spirituality of Christian Liturgy, Minneapolis 1999).

[13] Vgl. Michael Meyer-Blanck, Liturgie und Liturgik. Der Evangelische Gottesdienst aus Quellentexten erklärt, Gütersloh 2001, 65ff.

In Zeiten des Kampfes gegen Häresien besteht eine andere Neigung zu Purifikationen als beispielsweise in Phasen staatskirchengeleiteter Entscheidungen über die Gestalt des Kultus. Einer Hauskirche entspricht eine andere Spiritualität und Gottesdienstgestalt als einer Kathedrale. Einer hierarchisch gegliederten Kirche entsprechen andere Partizipationsformen als einer kongregationalistisch vom Laientum geprägten Kirche. Die Rahmenbedingungen, unter denen Menschen miteinander Gottesdienst feiern, wirken zwangsläufig auch auf die gottesdienstliche Spiritualität ein.

Im Lauf der Geschichte haben sich mit den drei großen Konfessionen auch drei Haupttypen gottesdienstlicher Spiritualität herauskristallisiert. Sie sind zugleich Niederschlag von Gottesdienstpraxis als auch das Ergebnis dogmatischer und kirchlicher Festlegungen. Zugleich prägen sie aber auch die Spiritualität der in den jeweiligen Formen Feiernden. So ist im *ersten* Haupttypus, der orthodoxen Spiritualität, die Feier der »Göttlichen Liturgie« Ziel- und Angelpunkt der Frömmigkeit. Die Feiernden sind einbezogen in ein überirdisches Drama, in dem himmlischer und irdischer Gottesdienst miteinander verschmelzen, Zeit und Ewigkeit sich berühren und Gott und Mensch sich vereinen. Die Gemeinde feiert zusammen mit den Lebenden und den Toten, den Engeln und den Heiligen. Eingebettet ist der Gottesdienst in das häusliche Gebet und das Fasten.[14] Wichtige spirituelle Hilfen haben die Glaubenden in den Ikonen, die »gleichsam Fenster im Irdischen darstellen], durch das die Strahlen der Ewigkeit einen Menschen erreichen«.[15] Gottesdienst ist so eingebunden in einen gleichbleibenden Traditionsstrom und läuft einer unveränderlichen Theologie und Frömmigkeitspraxis entsprechend immer gleich ab. Faktisch haben wir es aber auch in der Orthodoxie mit verschiedenen Traditionsströmen und Veränderungen in der Liturgie zu tun. Dahinter steht jeweils eine unterschiedliche gottesdienstliche Spiritualität. In seiner Verzahnung mit dem Gebetsleben (»Betet ohne Unterlaß«, 1Thess 5,17), der Ikonenverehrung und dem Gebrauch von dinglichen Symbolen korrespondiert dem Gottesdienst eine spezifische, vom Westen deutlich unterschiedene Theologie, ein anderes Amtsverständnis, eine abweichende Gemeindepraxis und somit eine eigene Spiritualität.[16] Deren Ziel ist die Theosis, die »Teilhabe am göttlichen Leben der Heiligsten Dreifaltigkeit« (Vladimir Losskij).[17]

Dem *zweiten* Haupttypus, dem katholischen Gottesdienst, liegt eine auf die Sakramente ausgerichtete Spiritualität zugrunde.[18] Im sakramentalen

---

[14] Vgl. Hans-Martin Barth, Spiritualität, Göttingen 1993, 21f. (= Bensheimer Hefte 74).

[15] A.a.O., 26.

[16] Vgl. Karl Christian Felmy, Die orthodoxe Theologie der Gegenwart. Eine Einführung, Darmstadt 1990, 133ff.

[17] Zit. nach a.a.O., 142.

[18] Dabei ist auch das Wort Gottes mit einbezogen, da auch die geistliche Lesung ein spiritueller und sakramentaler Vorgang ist.

Handeln der Kirche finden göttliches Handeln und menschliche Antwort zueinander. In besonderer Weise geschieht dies in der liturgischen Feier der Eucharistie, die »der Höhepunkt [ist], dem das Tun der Kirche zustrebt, und zugleich die Quelle, aus der all ihre Kraft strömt« (II. Vaticanum, SC 59).[19] In vielfältiger Weise wird den Glaubenden in Symbolen, Worten und Handlungen das Geheimnis des Glaubens aufgeschlossen. Mit allen Sinnen wird die sakramental vermittelte Zuwendung Gottes personal angeeignet. So ist katholische Spiritualität analog zur Orthodoxie im Gottesdienst auch mit Riechen und Schauen verbunden. Im Gottesdienstraum finden die Augen viele Punkte, auf die sich ihre Verehrung richten kann, sei es ein Tabernakel, ein Madonnenbild[20] oder ein Heiligengrab. Katholische Spiritualität bedient sich unterstützender Hilfsmittel, wie Rosenkranz beten. Auf ihrem Weg zum »heiligmäßigen« Leben sind die Heiligen und Märtyrer in ihrer je überlieferten Spiritualität Vorbilder für die Glaubenden und erfahren so auch die entsprechende Verehrung.

Im Lauf der Geschichte wurde der katholische Gottesdienst durch römische Zentralisierungsmaßnahmen aus der Vielfalt der Formen weltweit immer stärker vereinheitlicht. Da römisch-katholische Spiritualität trotz der vielen verschiedenen Akzentsetzungen, z.B. durch die Orden, immer an die Kirche und ihre Ordnungen gebunden ist, stellt dies ein nicht zu unterschätzendes Einheitsband dar.

Dem *dritten* Haupttypus, dem evangelischen Gottesdienst lutherischer oder reformierter Prägung, korrespondiert eine wortorientierte, an der Wortverkündigung ausgerichtete Frömmigkeit. »Auch gottesdienstliche Zeit ist Bibelzeit.«[21] Der primär wortbezogenen Spiritualität entspricht eine starke Betonung des Wortes im Gottesdienst. Die zentrale Stellung der evangelischen Predigt ist genauso Ausdruck dafür wie das verbreitete Verständnis des Sakramentes als Mittel der Verkündigung. Auch wenn nach evangelischem Verständnis Gott dem Menschen im Gottesdienst in Wort *und* Sakrament dient, wird evangelischer Gottesdienst oft ohne Abendmahl gefeiert.[22] Der Mensch antwortet Gott in Gebet und Lobgesang. Der Musik kommt im evangelischen Gottesdienst gegenüber den anderen Gottesdiensttypen ein besonderes Gewicht zu, insbesondere dem evangelischen Kirchenlied. Dieses stellt auch sehr oft eine enge Verbindung zwischen häuslicher und gottesdienstlicher Spiritua-

---

[19] Vgl. Barth, Spiritualität, 32-44, s. Anm. 14

[20] Marienfrömmigkeit prägt oft die gottesdienstliche Spiritualität auf unterschiedlichste Weise mit.

[21] Gerhard Voss, Art. Kirchenjahr. Ökumenische Aspekte, in: LThK 6, 18.

[22] Es muss allerdings ganz deutlich gesagt werden, dass seltener Abendmahlsempfang nicht automatisch mit geringer Wertschätzung dieses Sakramentes verbunden ist. Im Gegenteil kann er Ausdruck einer Glaubenshaltung sein, die dem Heiligen nur entsprechend vorbereitet begegnen möchte.

lität her, etwa wenn auswendig gelernte Liedverse gebetet oder meditiert werden.

In besonderer Weise ist der evangelische Gottesdienst offen für Veränderung (semper reformandus), er muss sich ständig an Bibel und Bekenntnis überprüfen lassen. Zudem kann er in besonderer Weise Aktuelles aufgreifen. In seinen vielfältigen Formen will der Gemeindegottesdienst den Menschen für den Alltag zurüsten und sein Leben als Christin bzw. Christ unter den Segen und Zuspruch des Wortes Gottes stellen.

Nun wurde besonders im letzten Jahrhundert durch ökumenische Kontakte, durch Austausch und gemeinsame Gottesdienste verschiedener Kirchen manches aus anderen Kirchen aufgegriffen, das inzwischen die eigene Tradition bereichert oder ergänzt. So erklingen beispielsweise in einer katholischen Messe Kernstücke evangelischer Kirchenmusik, die evangelische gottesdienstliche Spiritualität weitertragen, im reformierten Gottesdienst werden orthodoxe Gesänge laut und im lutherischen Gottesdienst wird das Christuslob aus der katholischen Tradition gesprochen. Da dieser Austausch nie flächendeckend, sondern regional unterschiedlich verläuft und auch im Gottesdienstbereich die Ungleichzeitigkeit[23] beträchtlich ist, werden auch die real gefeierten Gottesdienste immer vielfältiger.

In diesem Zusammenhang sollte noch erwähnt werden, dass es Frömmigkeitsrichtungen in verschiedenen Konfessionen gibt, die, sofern sie in identischen gesellschaftlichen Milieus wurzeln, über die Konfessionsgrenzen hinweg untereinander mehr Gemeinsamkeiten aufweisen als mit den etablierten Gottesdienstformen der eigenen Konfession, was etwa bei Teilen der charismatischen Bewegung oder im Bereich der Frauenliturgien gut zu sehen ist. So wird konfessionsübergreifende Gemeinsamkeit in der gottesdienstlichen Spiritualität besonders deutlich.

4. Kernelemente gottesdienstlicher Spiritualität

Die Faktizität der Vielfalt stellt zwangsläufig die Frage nach dem Kern des christlichen Gottesdienstes. Ein Blick in die Geschichte zeigt, dass der christliche Gottesdienst im jüdischen Gottesdienst (Aufnahme von alttestamentlicher Lesung, Predigt, Gebet, Lobgesang und Segen) wurzelt. Von Anfang an werden aber eigene Akzente gesetzt. Herzstück christlichen Gottesdienstes ist die Feier des Herrenmahls als »Ort und Kristallisationskem für die sich sammelnde Gemeinde«.[24] An ihr wird die Christuszentriertheit der gottesdienstlichen Spiritualität deutlich. Im gemeinsamen Mahl haben alle Getauften Anteil

[23] Die gesellschaftlichen, kulturellen und religiösen Abläufe waren auf der Erde wohl schon immer ungleichzeitig. Heute hat sich aber trotz oder in Folge der Internationalisierung, Mobilität und Globalisierung die Ungleichzeitigkeit insbesondere auf die kleinen Einheiten gelegt.

[24] Ferdinand Hahn, Gottesdienst III, in: TRE 14 (1985), 35.

am Heil. Sie nehmen sich untereinander als Gemeinschaft wahr. Sie stärken sich für ihre Alltagsverantwortung. Sie richten sich auf den himmlischen Gottesdienst aus, den sie einst mitfeiern dürfen. Auch die anderen gottesdienstlichen Kernelemente wie die Lesungen biblischer Texte[25] und das Gebet in der Gemeinschaft (vgl. Apg 2,42) greifen diese Aspekte auf. Dazu entfaltet sich eine auf die Taufe bezogene christliche Spiritualität, die sich auch eigene Formen sucht.

Im sonntäglichen Gottesdienst gruppiert sich um die Kernelemente Eucharistie, Wort Gottes und Gebet in verschiedensten Formen und in unterschiedlicher Auswahl eine Vielzahl von anderen Elementen. Das Schweigen, der Lobpreis, der Bußakt, das Beten vor Bildern, die Wahrnehmung der Verkündigung der Kunstgegenstände und des Raumes, die Lieder, der Segen: vielfältige gottesdienstliche Ausdrucksformen kommen zu den Kernelementen dazu.[26] Ebenso werden rituelle Handlungen ausgeführt wie die Salbung (vgl. Did 8) oder der Friedenskuss (vgl. Apol. 65,2) bzw. heute eher das Handgeben beim Friedenswunsch. Die menschlichen Ausdrucksmöglichkeiten wie das Sprechen, das Singen oder das Gehen sowie die Gestaltungsformen wie das Sich-Bekreuzigen, das Händefalten oder das Knien sind integraler Bestandteil sich im Gottesdienst ausdrückender Spiritualität.[27] Da jedoch die verschiedenen gottesdienstlichen Elemente, Handlungen und Ausdrucksformen unterschiedlich verstanden und ausgeführt werden können, gibt es immer Klärungsbedarf.

Angesichts der Vielfalt der gottesdienstlichen Feierformen bestand und besteht in den Kirchen ein breites Interesse, dass bei gruppenübergreifenden Gottesdienstformen festgelegt ist, was unverzichtbar zum Gottesdienst gehört, was fakultativ ist und welches Grundverständnis zugrunde liegt. So wird zumeist neben dem Ablauf geregelt, welche gottesdienstlichen Elemente in Form

---

[25] Vgl. SANDRA M. SCHNEIDERS, Heilige Schrift und Spiritualität, in: BERNARD MCGINN u.a. (Hrsg.), Geschichte der christlichen Spiritualität, Bd. 1, Würzburg 1993, 30ff.

[26] Sehr überzeugend hat JAKOB BAUMGARTNER in einem anderen Zusammenhang die Grundelemente des Gottesdienstes aus einem anderen Betrachtungswinkel heraus zusammengestellt. Es sind: Die Ritualität, das Stimmungshafte, das Festliche, die Totalsprache, das Formbewusstsein, die Traditionsgebundenheit, die Lebensnähe und die Einfachheit. In: Verhältnis von Liturgie und Volksfrömmigkeit, HID 40 (1986), 21-24. Daneben gibt es die vom menschlichen Verhalten ausgehenden Zuweisungen, wie Hören, Essen, Beten, Schweigen, Lobpreisen, Bekennen oder Segnen.

[27] Besondere Geistesgaben der Gemeindeglieder können zur Entfaltung kommen, werden zum Teil aber im Gottesdienst eingeschränkt (z.B. die Glossolalie, 1Kor 14,1-25), da auf das für die gesamte Gemeinschaft Förderliche und Mitvollziehbare Wert gelegt wird. Ähnliches gilt für besondere körperliche Ausdrucksformen, die in manchen neuen Liturgieformen großes Gewicht bekommen haben wie der Tanz im Gottesdienst (vgl. z.B. GEREON VOGLER, Spiritualität und Tanz, in: DERS. u.a., Tanz und Spiritualität, Mainz 1995, 109ff.) oder die Begleitung des Gebets durch Gebärden (vgl. z.B. ANSELM GRÜN, Gebetsgebärden, Münsterschwarzach 2000).

und Wortlaut feststehen sollen und welche nicht.[28] Aufgrund der im Lauf der Geschichte gewachsenen Tatsachen geschieht dies nicht für die gesamte Christenheit, sondern innerhalb von Konfessionen, Glaubensgemeinschaften, Regionen und Nationalkirchen auf jeweils unterschiedliche Weise. Der biblisch umfassend zu verstehende Einheitsbegriff (vgl. z.B. Eph 4; 1Kor 11) wird somit faktisch immer partikular angewandt.

Die Auswahl und Festlegung der gottesdienstlichen Kernelemente und der fakultativen bzw. regelmäßig wiederkehrenden Stücke sind natürlich von großer Bedeutung für die jeweilige Gottesdienstgestalt und dadurch auch für die Spiritualität, die diesen Gottesdienst prägt bzw. die er fördert. Wird beispielsweise die Eucharistie sonntäglich gefeiert, und die Liturgie ist wie in der katholischen Kirche auf einen regelmäßigen Kommunionempfang aller ausgerichtet, so ergibt sich eine andere Spiritualität des Abendmahls als in den Ostkirchen, in denen zwar die Priester regelmäßig Brot und Wein empfangen, die Mitfeiernden aber nur selten. Noch einmal anders stellt es sich dar, wenn die Feier des Abendmahls in der Regel nur zu ganz besonderen Gelegenheiten vorgesehen ist, wie in manchen evangelischen Kirchen und Gemeinden.[29] So stellt die Auswahl und die Festlegung der Form und Abfolge der einzelnen gottesdienstlichen Elemente in den verschiedenen konfessionellen oder sonstigen überregional festgelegten Gottesdienstordnungen ein Mittel zur spirituellen Einheit innerhalb eines bestimmten Rahmens dar. Mit dem Kirchenjahr wird dem säkularen Lebens- und Arbeitsrhythmus ein geistlicher Lebenszyklus an die Seite gestellt. Im Laufe eines Jahres durchschreiten die sonntäglich Gottesdienst Feiernden die Heilsgeschichte. Für die Feiernden wird hier neben ihrer gläubigen Gestaltung der geschenkten Zeit im Alltag ein Raum geöffnet. Glaubensgestaltung weist hier in vielfältiger Erinnerung an die Heilstaten Gottes über die Lebenszeit hinaus. Die Geschichte des Heils wird zum Gegenstand der Betrachtung. So stellt das Kirchenjahr einen wesentlichen Faktor gegen Vereinseitigungen und ein Korsett dar, eine an der Heilsgeschichte ausgerichtete Spiritualität zu fördern.

In besonderer Weise wird gottesdienstliche Spiritualität auch durch die Musik und insbesondere durch das Singen geprägt. Psalmen, Hymnen und Lieder werden seit der frühen Christenheit gesungen (vgl. Kol 3,16; Eph 5,19; Jak 5,13). Die menschliche Singstimme artikuliert auf eigene und tiefe Weise Lob, Bitte, Klage, Dank und Verkündigung. Hier findet Spiritualität einen direkten Ausdruck. Die Formen sind in Geschichte und Gegenwart sehr ver-

---

[28] Wird beispielsweise das Abendmahl bußbezogen nur selten gefeiert, so ist es eingebettet in eine aufwendige Vorbereitung und wird mit der Beichte verbunden, Ist es von der Osterfreude her geprägt, so steht der sonntägliche Empfang im Zentrum. Beides führt zu unterschiedlichster Abfolge und Auswahl der gottesdienstlichen Elemente.

[29] Zur Bedeutung der sonntäglichen Abendmahlsfeier für die kirchliche Spiritualität vgl. Wolfhart Pannenberg, Christliche Spiritualität, Göttingen 1986, 42f.

schieden.[30] So wird etwa der orthodoxe Gottesdienst vom liturgischen Gesang geprägt, der evangelische Gottesdienst primär vom Gemeindegesang und der Orgelmusik. Die Musik ist dabei jeweils ein Faktor, der eine bestimmte Spiritualität mitprägt. Gleichzeitig drückt sich aber auch eine bestimmte Spintualität in einer spezifischen musikalischen Ausformung aus. So hat beispielsweise die Erweckung in Deutschland im 19. Jahrhundert in ihren Liedern eine andere Spiritualität eingefangen als die Taizé-Gesänge oder die Kirchentagsbewegung in der zweiten Hälfte des 20. Jahrhunderts. Gerade diese Verbindung von Spiritualität und Musik trägt aber auch ein nicht lösbares Problem in sich. Musik verbindet nicht nur, sondern trennt auch. Bestimmte Formen von Musik und Gesang werden manchmal für den gottesdienstlichen Gebrauch als ungeeignet empfunden. Die jeweils ausgeübte Musik kann bewirken, dass Menschen sich mit ihrer eigenen Spiritualität nicht auf den jeweiligen Gottesdienst einlassen können oder wollen und ihm auch deshalb fernbleiben. Umgekehrt ist die Musik oft in besonderer Weise Trägerin gottesdienstlicher Spiritualität.[31] Hier wird deutlich, dass gottesdienstliche Spiritualität sowohl mit Gemeinschaftsstiftung als auch mit Abgrenzung zu tun hat.

5. DER AUSTAUSCH GOTTESDIENSTLICHER SPIRITUALITÄT MIT AUSSERCHRISTLICHER KULTUR UND RELIGION

Nicht unterschätzt werden darf die stete Korrelation von gottesdienstlicher Spiritualität und religiöser außerchristlicher Kultur sowie der Volksfrömmigkeit. Von Anfang an fließen Elemente aus anderen Religionen in den christlichen Gottesdienst, allerdings zumeist in einer christlichen Umdeutung. Besonders beim Übertritt zum Christentum nehmen viele Menschen einiges aus dem vertrauten kultischen Zeichensatz ihrer bisherigen Religion mit. An Feiertagen oder an Heiligenfiguren ist dies gut abzulesen. Hinter manchem Heiligenkult wird heute die Verehrung von Ahnen, von alten Gottheiten oder von Heroen erkennbar. In vielen Kunstwerken und selbst im Namen mancher Kirchen wie Santa Maria sopra Minerva in Rom wird ersichtlich, wie sich die Verehrung einer Göttin oder eines Gottes auf die im christlichen Gottesdienst verehrte Größe übertragen kann. Auch der christliche Gottesdienst integriert immer wieder Elemente aus dem religiösen Zeichensatz der Menschheit.

Nicht selten führt die Mitnahme oder Aufnahme anderer religiöser Traditionen dazu, dass sich neben der »eigentlichen« Liturgie der Kirchen ver-

[30] Vgl. CHRISTOPH ALBRECHT, Die gottesdienstliche Musik, in: HANS-CHRISTOPH SCHMIDT-LAUBER/KARL-HEINRICH BIERITZ, Handbuch der Liturgik. Liturgiewissenschaft in: Theologie und Praxis der Kirche, Leipzig/Göttingen 1995, 510ff.

[31] Ähnliches wie zur Musik könnte zu dem gestiegenen Bewusstsein für Raum und Körper sowie Tanz und Bewegung ausgeführt werden.

schiedenste Bräuche in der Volksfrömmigkeit herausbilden. Diese werden dann oft selbst wieder in das gottesdienstliche Feiern aufgenommen oder als die liturgische Handlung begleitende Zeichen praktiziert wie etwa das Reiswerfen an der Kirchentür bei der Trauung, das einen fernöstlichen Fruchtbarkeitsritus aufgreift. Letztlich gibt es in der Geschichte des Christentums ein ständiges Hin und Her zwischen Aufnahme und Abwehr von Glaubensgut aus anderen Religionen und von Volksfrömmigkeit. Oft wird dabei versucht, eine sich sehr am Rande christlicher Theologie befindliche Spiritualität, die in einer bestimmten Breite praktiziert wird, in »vertretbare« Bahnen zu lenken.

Neben der christlichen Umdeutung und Integration der unterschiedlichen Frömmigkeiten in den Gottesdienst gibt es aber auch das Nebeneinander von christlichem Gottesdienst und Volksfrömmigkeit.[32] So kann es dazu kommen, dass die kirchliche Liturgie sich von der Spiritualität der Gemeindeglieder so weit entfernt, dass diese andere Formen der gottesdienstlichen Praxis suchen. Heute ist diese Suchbewegung weit verbreitet. Daneben gibt es das Phänomen, dass es in der Volksfrömmigkeit liturgieergänzende und liturgieverwandte Elemente gibt, die im Gottesdienst ihre vormalige Stellung verloren haben. Dennoch gibt es Menschen, die darauf nicht verzichten wollen.[33] Auch daran wird ersichtlich, dass der Gottesdienst zwar ein zentraler, aber nicht der einzige prägende Faktor für die christliche Spiritualität ist.

In den heutigen westlichen Gesellschaften sehen wir eine ähnliche Wechselbeziehung von Gottesdienst und Volksfrömmigkeit bei den unzähligen spirituellen Neubildungen, die sich aus verschiedensten alten und neuen Kulten speisen. Ob Germanen, Kelten oder Indianer, ob fernöstliche Anleihen vorwiegend buddhistischer und hinduistischer Spielarten, der Markt ist riesig. Vom Ansatz her gibt es eine vermeintlich undogmatische Religiosität, die sich des Reichtums an Riten und Symbolen verschiedenster Quellen bedient. Faktisch sieht das allerdings zumeist anders aus. Hier setzen sich bei gemeinschaftlichen Feiern bestimmte Inhalte und Formen durch.[34]

---

[32] Ein geschichtliches Beispiel ist die Germanenmission. Der lateinische Gottesdienst wurde hier in eine völlig andere Kultur gesetzt, er stellte eine geheimnisvolle Sonderwelt dar und »die meisten Frömmigkeitsformen im Volk liefen ... neben der Liturgie her« (ROLAND BACHLEITNER, Auseinanderentwicklung von Liturgie und Volksfrömmigkeit, in: HlD 40 [1986], 5).

[33] Vgl. BALTHASAR FISCHER, Liturgie und Volksfrömmigkeit, in: LJ 17 (1967), 133-143.

[34] Die verschiedensten religiös aufgeladenen Kulte, die sich vorwiegend am Markt orientieren und der Wirtschaft zuarbeiten mit ihren ästhetischen Inszenierungen der Alltagswelt und des Marktes, werden hier nicht näher betrachtet, gehören aber ebenfalls in dieses Feld; vgl. ARNO SCHILSON, Die Inszenierung des Alltäglichen und ein neues Gespür für den (christlichen) Kult?, in: DERS./JOACHIM HAKE (Hrsg.), Drama »Gottesdienst«. Zwischen Inszenierung und Kult, Stuttgart u.a. 1998, 49ff.

Ein besonderes Feld stellt dabei die gegenseitige Durchdringung verschiedener religiöser Spiritualitäten dar.[35] Bei interreligiösen Gebeten, die in Westeuropa überwiegend in christlichen Kirchen stattfinden, hören Menschen gemeinsam zentrale Texte aus verschiedenen Religionen. Sie erleben unterschiedliche rituelle Handlungen. Sie beten vertraute Gebete aus ihrer Tradition, dazu aber auch völlig fremde Gebete aus anderen Religionen. Dahinter verbergen sich die unterschiedlichsten Motivationen und Erfahrungen. So können positive Erfahrungen mit der Spiritualität einer anderen Religion ebenso dahinter stehen wie eine Theologie der Religionen oder aber das Bedürfnis nach Harmonie und Ausgleich etc.: »Wir haben alle denselben Gott.« Der Wille zur Verständigung unter den Glaubenden verschiedener Religionen oder auch das Zusammenleben mit einem Menschen anderer Religion bilden oft den Hintergrund für eine Spiritualität, die auf der einen Seite im christlichen Glauben verwurzelt bleiben mag und dort auch weiterhin ihren Lebensnerv haben kann, auf der anderen Seite aber die Zentrierung auf den dreieinigen Gott aufgegeben hat.

Bedeutsam ist hier auch die Mystik. Sie weist Gemeinsamkeiten in den Religionen auf. Unterschiede, die sie genauso sichtbar machen könnte, werden in der Regel nicht gesehen.[36] So entsteht eine synthetische Spiritualität, die Gott in vielfältiger Weise verehren will. Hier sind die Kirchen zu Klärungen aufgerufen, die über die Unterscheidung von interreligiösem und multireligiösem Gebet hinausgehen müssen.[37] Die Christuszentriertheit christlicher gottesdienstlicher Theologie mit ihren anamnetischen, vergegenwärtigenden und eschatologischen Komponenten darf nicht zugunsten einer allgemeinreligiösen Feierspielart aufgegeben werden.

---

[35] Vgl. z.B. die »Neue Spiritualität«, wie sie Michael von Brück beschreibt: Neue Spiritualität und christliche Frömmigkeit, in: Joachim Mehlhausen (Hrsg.), Pluralismus und Identität, Gütersloh 1995, 169ff.

[36] Vgl. Klaus Berger. Was ist biblische Spiritualität?, Gütersloh 2000, 228-241. Sehr gut sieht man an der Zusammenstellung von Gebeten aus verschiedenen Religionen durch Herwig Wagner, wie nahe Gebete aus anderen Religionen christlichen Gebetstexten sein können: Zu Gott hin. Gebetstexte aus anderen Religionen. Einführung und theologische Reflexion, in: ders. (Hrsg.), Spiritualität. Theologische Beiträge, Stuttgart 1987, 95ff.

[37] Die Unterscheidung von interreligiösem Gebet, bei dem die verschiedenen Religionen gleichberechtigt miteinander beten, und dem multireligiösen Gebet, bei dem Angehörige verschiedener Religionen am Gottesdienst einer Religion teilnehmen, ist sinnvoll (vgl. Multireligiöses Beten, hg. v. Landeskirchenrat der Evang.-Luth. Kirche in Bayern, München 1992), das Problem, in was die Teilnehmenden bei ihrem Beten einstimmen und wer dann auch immer der Adressat ist, bleibt ungelöst.

6. Die Zeitgebundenheit gottesdienstlicher Spiritualität

Gottesdienst lebt in der Zeit. Die Geschichte des christlichen Gottesdienstes ist eine Geschichte der Anpassung und Abstoßung, voller Wandel selbst in der Kontinuität. Gottesdienstliche Spiritualität ist von theologischen, kirchlichen Entwicklungen abhängig, aber auch vom Lebensumfeld, von den politischen Gegebenheiten und den herrschenden Zeitströmungen. Die gesellschaftlichen Verhältnisse bestimmen eben sämtliche lebensprägenden Faktoren mit. Da gibt es auch kein Halten vor der Kirchentür. Christliche Spiritualität ist immer zeitgebunden und dem permanenten Wandel unterworfen.[38] Veränderungen entwickeln sich dabei meistens schleichend und sind nicht leicht greifbar. Oft wird der Wandel erst in der Rückschau klar erkennbar und dann wieder korrekturfähig.

So gibt es beispielsweise in der Zeit der Aufklärung das Postulat, dass das vernunftmäßig gesprochene Wort das Entscheidende ist. Für Liturgie mit den geprägten, auf den ersten Blick nicht verständlichen Wendungen, für Lieder mit fünfzehn Strophen, in denen biblische Sachverhalte meditiert werden, für gemeinsam auswendig gesprochene Gebete, für das alles ist kein Platz mehr. Die Gedanken sollen bei den klaren Ausführungen zur Sache bleiben und durch nichts abgelenkt oder übertönt werden. Wenn Gottesdienst »zeitgemäß« sein soll – und dies wird von ihm zu manchen Zeiten in der Geschichte gefordert –, dann ist die Anpassung an den Zeitgeist vorprogrammiert.

Daneben gibt es aber auch die Abgrenzung der herrschenden gesellschaftlichen Kräfte gegenüber dem Christentum, die gottesdienstliche Spiritualität selbst in einem ursprünglich christlich geprägten Land zu einer Randerscheinung werden lässt. Der Zeitgeist will dann keinen Raum für Gottesdienst lassen. So können Zeitumstände extreme Veränderungen der gottesdienstlichen Spiritualität hervorrufen. An vielen Brennpunkten der Geschichte des 20. Jahrhunderts wie im deutschen Nationalsozialismus oder im russischen Kommunismus sehen wir die Propagierung und breite Durchsetzung einer säkularen Religion. Dabei werden oft vorchristliche Kulte reanimiert. Gegen die kirchliche Lehre und Praxis werden Kulte einbezogen, die christlich geprägte Feierformen ablösen sollen.[39] Christlicher Gottesdienst orientiert sich in solchen Zeiten zumeist entweder an traditioneller Liturgie oder an gottesdienstlichen Elementarformen. Dem in der Gesellschaft herrschenden Zeitgeist wird die gottesdienstliche Spiritualität der Kirche gegenübergestellt, die

---

[38] Blickt man beispielsweise allein auf den Wandel des christlichen Ehe- und Familienbildes, der auch seine gottesdienstlichen Niederschläge gefunden hat, so wird dies augenfällig.

[39] So scheint beispielsweise die Jugendweihe in der ehemaligen DDR die Konfirmation weitgehend abgelöst zu haben.

sich entweder auf das als wesentlich Gesehene beschränkt[40] oder an das anknüpft, was die Generationen zuvor auch schon durch harte Zeiten begleitet hat.[41] Wie groß die Ausdünnung, ja geradezu Austrocknung gottesdienstlicher Spiritualität dann allerdings auch in der Breite und unter den Bedingungen des gegenchristlichen Umfeldes sein kann, ist an der ehemaligen DDR deutlich abzulesen.

Auf der anderen Seite kann sich gottesdienstliche Spiritualität gerade in für die Kirche schweren Zeiten in besonderer Weise verdichten.[42] So wird beispielsweise in ganz anderer Tiefe erfasst, was Martyrium bedeutet. Die Verehrung von Märtyrern ist dann eine stringente Konsequenz. Von diesen Verdichtungsphasen können durch das liturgische Gedächtnis der Kirchen auch nachfolgende Generationen zehren. Das über die aktuelle Situation Hinausgreifende, die Raum und Zeit transzendierende Gottesbeziehung, das Ewigkeitstaugliche wird zur entscheidenden Größe.[43]

In den letzten Jahrzehnten hat sich vor allem in vielen evangelischen Kirchen das Postulat Raum verschafft, dass christlicher Gottesdienst zeitgemäß zu sein habe.[44] Hinter dieser vielschichtigen Forderung steht der Wunsch nach Aufnahme zeitgenössischer Musik, Lieder, Texte, Sprache, Symbolik und Ausdrucksformen. Die Spiritualität vieler Menschen – so wird behauptet – passe nicht zu den traditionellen Gottesdiensten. So wie sich Glauben in der Zeit äußert und bewährt, so müsse auch der Gottesdienst in Form und Inhalt der Zeit entsprechend und für alle verständlich sein. In Abgrenzung von einer »von oben ›verwaltete[n]‹ Liturgie«[45] wird hier die Freiheit in der Formgebung christlichen Feierns postuliert. Dabei wird richtig gesehen, dass Traditionselemente und -formen, die nicht eingeübt und somit zumeist auch der persönlichen Spiritualität fremd sind, ausgrenzend wirken können. Genauso ist keine Kulturform menschlicher Ausdrucksmöglichkeit im Gottesdienst von vornherein auszuschließen. Selbstverständlich haben hier auch die verschie-

---

[40] Vgl. Wolfgang Herbst (Hrsg.), Evangelischer Gottesdienst. Quellen zu seiner Geschichte, Heidelberg ^{2}1992, 235f.

[41] Der Liturgie kommt dabei ein besonderes Gewicht zu. Wo sie in ihrem Reichtum selbst in ganz kleinen Kreisen weiter praktiziert wurde, ist sehr viel mehr christliche Spiritualität erhalten geblieben als in liturgiearmen Regionen.

[42] Dies wird beispielsweise beim gemeinsamen Sprechen des Glaubensbekenntnisses in der »Bekennenden Kirche« besonders deutlich.

[43] Vgl. Hanns Kerner, Die Suche nach Gott und die Gestalt unseres Gottesdienstes – Zur Zeitgemäßheit gottesdienstlicher Musik, Sprache und Gestaltung. in: MLLKB I (2002), 4ff.

[44] Dahinter steht die Erkenntnis, dass traditionelle Formen, in denen nicht gelebt wird, den Zugang zum Gottesdienst erschweren oder auch verwehren. Zugleich wird hier aber auch davon ausgegangen, dass es vorwiegend die Form ist, die Menschen davon abhält, Gottesdienst zu feiern. Der Zusammenhang von Gottesdienst und praxis pietatis wird hier oft ausgeblendet.

[45] Anton Rotzetter, An der Grenze zum Unsagbaren. Für eine zeitgemäße Gebetssprache in der Liturgie, Ostfildern 2002, 120.

denen Musik- und Sprachstile sowie unterschiedlichste Ausdrucks- und Gestaltungsformen ihr Recht. Nur – die Zeitgemäßheit kann kein entscheidendes Kriterium sein.

Spiritualität wächst durch Wiederholungen, sie lebt von regelmäßiger Glaubenspraxis. Ob es das Gebet, die Bibellese oder der Gottesdienst ist, hier sind Aspekte der Jetztzeit und des Zeitübergreifenden miteinander in Korrespondenz, manchmal auch in Konkurrenz. Die Bedeutung des Ritus für diesen Wechsel von Aktuellem und Ewigem darf nicht zu gering gesehen werden. Liturgie bietet Raum für das der Zeit Entsprechende. Sie hat Orte, an denen die Tagesaktualität ihren Ausdruck findet. Sie hat aber auch Elemente, die darüber hinaus weisen und die Aktualität in einen größeren Zusammenhang in dem Geschehen zwischen Gott und Mensch stellt. Ein nach bestem Wissen zeitgemäß gestalteter Gottesdienst kann mindestens genauso ausgrenzend wirken wie ein traditionell liturgischer, wenn er über das Zeitgebundene nicht hinausweist.

Es gibt zeitgebundene Feierformen, in denen bestimmte Aspekte gottesdienstlichen Feierns aufgrund einer spezifischen Spiritualität hervortreten. So gibt es beispielsweise in den 70er und 80er Jahren des 20. Jahrhunderts die Feierabendmahlbewegung, in der sich Abendmahlsfrömmigkeit mit einer politischen Bewegung verbunden hat. In den 1990er Jahren existieren andere Versuche, das gemeinschaftsstiftende Moment des Abendmahls für alle nachvollziehbar zu feiern. Die zentrale Erfahrung von Gottes zuwendender Liebe sollte in immer neuer Weise miteinander geteilt werden.[46] An diesen Beispielen inzwischen nur noch marginal weiterexistierender gottesdienstlicher Aufbrüche wird einiges deutlich: Das Postulat, dass sich gottesdienstliche Spiritualität von Feier zu Feier immer in neue Formen gießen kann, ist eine Illusion. Wo Menschen etwas regelmäßig feiern, entwickeln oder haben sie dafür auch immer geprägte Formen. Diese tragen auch zeitlose bzw. überzeitliche Elemente in sich. Denn christliche Spiritualität und damit auch ganz dezidiert gottesdienstliche Spiritualitat weist in dem Beziehungsgeschehen zwischen Mensch und Gott immer über den menschlichen Beziehungs-, Sprach- und Erlebnisraum hinaus.

7. Die Konkurrenzsituation für gottesdienstliche Spiritualität

Gottesdienstliche Spiritualität steht nicht nur in Konkurrenz zu säkularen oder anderen religiösen Spiritualitäten, sondern auch innerhalb des christlichen Spiritualitätsspektrums gibt es Formen, die ohne Gottesdienst auskommen, für die er marginal oder rein medial vermittelt ist.

---

[46] Vgl. Christoph von Lowtzow, Mit lieblosen Gottesdiensten Gottes Liebe feiern?, Stuttgart 1990.

Eine nicht unerhebliche Anzahl der Getauften lebt ohne oder mit nur sehr sporadischen gottesdienstlichen Kontakten. Christsein hat für sie nicht unbedingt etwas mit Gottesdienst zu tun. Am häufigsten ist dabei eine exklusive Gotteserfahrung in der Natur. Das »Ich erlebe Gott in der Natur« wird dabei oft gegen einen gemeinschaftlich in der Kirche gefeierten Gottesdienst gesetzt. Die individuelle Frömmigkeitsausübung ist hier in keine real anwesende Gemeinschaft eingebunden. Dabei wird das Gebet oft an wiederkehrenden Orten still gesprochen, manchmal auch wie im süddeutschen Raum vor einem Marterl oder Wegkreuz. Auswendig gelernte Psalmen und Lieder sind bei dieser Form der Frömmigkeit von hoher Bedeutung. Gottesdienst geschieht bewusst allein und am selbst gewählten Ort.

Sehr groß ist auch die Gruppe der Erwachsenen, die sich selbst als Christinnen und Christen sehen, mit der Kirche und ihrer gottesdienstlichen Praxis aber nur bei besonderen Lebenssituationen, vorwiegend bei Kasualgottesdiensten in Kontakt kommen. Diese haben eine hohe Bedeutung für sie. Diese sogenannte Kasualfrömmigkeit ist sehr vielschichtig. Sie kann eingebunden sein in christliche Lebensführung oder auch nur aufpunktuelle religiöse Begleitung aus sein. Jedenfalls spiegelt sich in der Kasualfrömmigkeit eine (Glaubens-) Haltung, die eine gottesdienstliche Begleitung und Zurüstung an zentralen Lebenspunkten braucht, aber scheinbar eben nur dort.

Andere empfinden den Gottesdienst als spirituelles Erfahrungsfeld für zu flach. Sie suchen die Gottesbegegnung »in der Tiefe«. Dabei werden oft ganz dezidiert Gottesdienst und vermeintlich tiefer gehende geistliche Erfahrungsfelder gegenübergestellt. Ob beispielsweise im Bibliodrama oder bei ignatianischen Exerzitien, wird hier christliche Vorstellungswelt existentiell unter der Einbeziehung der Persönlichkeit erschlossen, angeeignet und artikuliert. In zumeist punktueller und auf einen festgelegten Zeitraum beschränkter Begegnung mit biblischen Inhalten wird die Spiritualität in besonderer Weise geprägt und ausgerichtet. Gottesdienst kann dies durchaus einmal ergänzen, wird aber in der Regel gegenüber diesen dichten Erfahrungen gering geschätzt.

Eine sehr große Gruppe von Menschen nimmt Gottesdienst nur über Medien wahr. Viele Kranke haben überhaupt keine andere Möglichkeit, Gottesdienste mitzufeiem als über Fernsehen oder Radio. Andere wollen nur über diese Medien vermittelt Gottesdienst feiern, also nicht in einer physisch anwesenden Gemeinschaft. Sie nehmen an einem irgendwo stattfindenden Gottesdienst über ein Medium teil, fühlen sich eingebunden in die Gemeinschaft der Glaubenden und haben Raum, ihren eigenen Bedürfnissen Rechnung zu tragen. Sie können die Lesungen in ihrer Bibel mitlesen, die Lieder mitsingen, in die Gebete einschwingen, ihren Glauben bekennen, sie haben aber auch die

Freiheit aufzustehen, um- oder auszuschalten. Ähnliches gilt für Internet- oder SMS-Gottesdienste.[47]

Bei allen drei genannten Fällen sind Spiritualitäten entstanden, die sich von traditioneller gottesdienstlicher Spiritualität weit entfernt haben. Für keine von ihnen ist die Feier der Sakramente von großer Bedeutung, bzw. sie hat keinen Raum. Die sakramentale Vergewisserung, in der Gott dem Menschen dient, fehlt. Die Gemeinschaft in Christus wird von einer konkret anwesenden Gemeinde gelöst. Hieran wird die Verschiebung von einer gottesdienstlich in der Gemeinschaft gelebten Spiritualität hin zu Formen deutlich, in denen individuelle Bedürfnisse und Frömmigkeitsgestalten im Vordergrund stehen. Zugleich wird deutlich, dass hier ein Vermittlungsproblem der Kirchen sichtbar wird. Denn gottesdienstliche Spiritualität hat auch eine Dimension der Einübung, der lehrhaften Vermittlung[48] und des Einschwingens in eine Gemeinschaft, die in geordneter Weise miteinander das Geheimnis des Glaubens feiert.

---

[47] Interessant ist, dass jugendliche Teilnehmer an einem SMS-Gottesdienst zwar auf der einen Seite schätzen, dass sie den Gottesdienst da mitfeiern können, wo sie gerade sein wollen, auf der anderen Seite ihnen aber die Gemeinschaft der vielen Mitfeiernden sehr wichtig ist und bei vielen auch ein Geborgenheitsgefühl aufkommt.

[48] So musste schon Paulus die Gemeinde in Korinth ermahnen, das Herrenmahl so zu feiern, dass es zum Nutzen aller war (vgl. Apg 11,17.34). Ihr fehlten der kulturelle Hintergrund und das Verständnis für dessen gottesdienstlichen Charakter. Was für zum Christentum gekommene Juden auf Grund ihrer mitgebrachten religiösen Vorstellungen selbstverständlich war, konnte für Menschen anderer religiöser Herkunft schwer ergründbar und nicht mitvollziehbar sein (Apg 15,1-35 und Gal 2,1-21). Die Bedeutung von Hinführung und Einführung in die zentralen gottesdienstlichen Handlungen war also schon von Beginn an notwendig. Damit ist noch nicht die Frage nach der Einheit des christlichen Gottesdienstes berührt, sondern zuerst einmal nur die Angemessenheit der Feier.

Praxis der Kindertaufe in der evangelischen Kirche

Theologische, liturgische und katechetische Aspekte

Evangelische Taufpraxis ist im Umbruch. War die Säuglingstaufe seit der Reformation sowohl bei Lutheranern wie bei Reformierten der Normalfall, so werden heute auch viele Kleinkinder, Jugendliche, insbesondere im Konfirmandenalter, und auch Erwachsene getauft. Es besteht eine Tendenz zu immer späterer Taufe. Die enge Verknüpfung von Geburt und Taufe wird zunehmend seltener. Trotz dieser Ausdifferenzierung bleibt allerdings die Kindertaufe die zahlenmäßig bei Weitem überwiegende. Und für sie spricht Vieles, auch wenn sich von der evangelischen Theologie her insbesondere seit der zweiten Hälfte des 20. Jahrhunderts die Waagschale mehr zur Erwachsenentaufe hin neigt.

1. Warum lassen heute Menschen ihre Kinder taufen?

In zwei großen empirischen soziologischen Untersuchungen, die wir von unserem Institut aus in Auftrag gegeben haben, sind wir der Spur nachgegangen, warum Eltern ihre Kinder taufen lassen wollen.[1] Dabei haben sich vor allem drei Tendenzen gezeigt. Die erste ist die Konvention. Befragte halten es einfach für »selbstverständlich«, dass das Kind getauft wird, »das gehört einfach dazu«. Eine Frau sagt beispielsweise: »Also, eigentlich war es klar, dass wir es machen. Von vornherein eigentlich. Also wir haben es nicht länger überlegt, ob wir das machen.«[2] Hinter dieser Konvention stehen wiederum verschiedene Motive. Zum einen ist es bei manchen Eltern so, dass die Taufe für sie persönlich relevant ist, bei anderen ist es der Partner oder die Partnerin oder irgendein Verwandter, der für die Entscheidung zur Taufe ausschlag-

[1] Vgl. zum Folgenden: Haringke Fugmann, Von Wendepunkten und Zeremonienmeistern. Die Kasualtheorie seit den 1970er Jahren im Lichte zweier neuer empirischer Untersuchungen, masch. Nürnberg 2008, 161-191, und ders.: Die Taufe. Wahrnehmungen aus zwei neuen empirischen Untersuchungen unter evangelisch Getauften in Bayern, Gottesdienst-Institut Nürnberg 2008.

[2] Fugmann, Taufe (s. Anm. 1), 9.

gebend ist, bei wieder anderen ist es ihr Lebensumfeld, also die gesellschaftliche Konvention.

Die zweite Spur ist aus der Angst geboren. Hier erzählen Menschen davon, dass sie Angst haben, dass ihr Kind einmal in der Schule oder im Beruf Nachteile haben könnte. Da sie für ihre Kinder nur das Beste wollen, lassen sie diese vorsichtshalber taufen.

Die dritte Spur hängt mit der Erziehung zusammen. Manche Eltern möchten, dass ihre Kinder christlich erzogen werden. Da ihre Kinder mit der Taufe Glieder der Kirche sind und darum auch alle Angebote christlicher Unterweisung nutzen können, ist für diese Eltern die Taufe etwas Notwendiges.

Wenn von dem liturgischen Geschehen der Taufe erzählt wird, dann sehr elementar. Eine Frau erklärt beispielsweise: »Da wird irgendetwas erzählt und dann zum Taufspruch eine kleine Predigt gehalten. Die Patin oder der Pate gehen dann mit an den Taufstein. Wasser, ein Sprüchlein, dass sie getauft sind und dann war es das eigentlich.»[3]

Wenig erfahren wir inhaltlich, was Menschen tatsächlich mit der Taufe verbinden. »Theologische Inhalte spielen ... für die Mehrheit der Interviewten keine erwähnenswerte Rolle.«[4] Das mag enttäuschend sein. Deutlich wird aber, dass es der großen Mehrzahl der Befragten wichtig ist, dass ihr Kind getauft und Mitglied der Kirche wird. Auffällig ist, dass Kinder aus intakten Ehen von zwei Christen fast durchwegs getauft werden, bei Alleinerziehenden und Ehen mit einem andersgläubigen Partner bzw. einer andersgläubigen Partnerin nur etwas mehr als ein Viertel.[5] Dieses Beispiel zeigt, dass sich der Zusammenhang von Taufe und Familie nicht bestreiten lässt.

Doch nun zum Taufverständnis der evangelischen Kirchen.

2. Das Taufverständnis der evangelischen Kirchen

Evangelisches Taufverständnis geht von der biblischen Überlieferung aus. Das macht es bereits vielfältig. Es wurzelt aber auch im reformatorischen Denken und in den Traditionen der christlichen Kirche seit ihren Anfängen mit all ihren Akzentsetzungen und Wandlungen bis heute. Das macht es noch vielfältiger. Ich nähere mich heute dieser Vielfalt etwas vereinfachend. Dabei ist es wichtig zu wissen, dass die evangelischen Kirchen in Europa in einem theologischen Konsensdokument, nämlich der Leuenberger Konkordie, 1973 eine gemeinsame Taufauffassung formuliert haben. Als gemeinsames Verständnis des Evangeliums ist dabei festgehalten, dass die Taufe »im Namen des Vaters, des Sohnes und des Heiligen Geistes mit Wasser vollzogen« wird. »In ihr

---

[3] Fugmann, Kasualtheorie (s. Anm. 1), 4.

[4] Fugmann, Kasualtheorie (s. Anm. 1), 189.

[5] Vgl. Petra-Angela Ahrens/Gerhard Wegner, Analysen zum Taufverhalten der evangelischen Bevölkerung in Deutschland, masch. (Sozialwissenschaftliches Institut der Evangelischen Kirche in Deutschland), Hannover 2006, 3ff.

nimmt Jesus Christus den der Sünde und dem Sterben verfallenen Menschen unwiderruflich in seine Heilsgemeinschaft auf, damit er eine neue Kreatur sei. Er beruft ihn in der Kraft des Heiligen Geistes in seine Gemeinde und zu einem Leben aus Glauben, zur täglichen Umkehr und Nachfolge.«[6] Innerhalb dieses gemeinsam gesteckten Rahmens verbleiben allerdings unterschiedliche Akzentsetzungen, auf die ich hier nur am Rand eingehen kann. Als lutherischer Theologe unterstreiche ich vorwiegend den lutherischen Akzent.

Dabei behandle ich zuerst die zentralen theologischen Aspekte der Kindertaufe, zeige dann anhand einer Taufagende, wie sie praktisch durchgeführt wird, und biete abschließend einige katechetische Gesichtspunkte.

2.1 Theologische Aspekte

Um die theologischen Aspekte deutlich zu machen, ist es nötig, die verschiedenen Zentralpunkte anzusprechen, die nach evangelischem Verständnis für die Kindertaufe sprechen. Dabei blende ich aufgrund der mir vorgegebenen Themenstellung bewusst diejenigen Aspekte und Argumente aus, die stärker dafür sprechen, erst im Erwachsenenalter zu taufen.

2.1.1 Die sakramentale Vermittlung der Heilsgabe Gottes

In der Kindertaufe wird ein zentraler evangelischer Glaubensinhalt besonders deutlich. Es ist allein Gott, der Heil schenken kann. Seine Gnade geht jeglichem menschlichen Glauben und Handeln voraus. Wie lässt sich das besser verdeutlichen als in der Taufe eines passiven Säuglings, bei dem von aktivem Hinzutreten und Bekennen natürlich keine Rede sein kann? Gott schenkt dem Menschen voraussetzungslos das Heil in Christus. Dieser reine Geschenkcharakter der göttlichen Zuwendung kommt in dem gnadenvermittelnden Geschehen der Kindertaufe zum Ausdruck.

Die Vermittlung der Taufgnade geschieht durch Wort und Zeichen. In der Tradition der evangelischen Kirche gehört zu einem Sakrament die Weisung, in diesem Fall der Taufbefehl in Matthäus 28,19, wo es heißt: »Geht hin und macht alle Völker zu Jüngern: Tauft sie auf den Namen des Vaters und des Sohnes und des Heiligen Geistes.« Zum anderen gehört zum Sakrament das Zeichen, in diesem Fall das Übergießen mit Wasser oder das Eintauchen in dasselbe. In dieser sakramental vermittelten Verheißung gründet dann der Glaube. In der Taufe wird eine lebensverändernde Kraft wirksam. Das ganze Leben kann sich auf dieses Grunddatum beziehen, denn die in der Taufe geschehende Zuwendung Gottes zu einem Menschen ist bleibend. Ein Mensch kann in seinem Leben immer neu daran anknüpfen und darauf zurückkommen.

In der neuen Orientierungshilfe der EKD zur Taufe von 2008 wird betont, dass die Taufe nach dem Zeugnis des Neuen Testaments nicht geeignet ist, »eine aktive Antwort des Glaubenden zu sein, denn das Neue Testament be-

---

[6] http://1kg.ja1b.dei1kdocuments/1kgdoc_de_31.pdf.,3.

zeugt, dass jeder Täufling sie wie Jesus von Nazareth mit sich passiv geschehen lässt. Darum kann sich kein Mensch taufen. Aber auch das Zum-Glauben-Kommen ist keine aktive Tat des Menschen, sondern jeder empfängt, wie gerade das Beispiel des Paulus zeigt, seinen Glauben passiv. Diese passive Dimension eines Geschehens am Täufling verbindet die Taufe mit der Passion Christi. Im Geschehen der Taufe ist Gott der aktive, der das Heil schenkt. ... es liegt eine Verbindung der Taufe mit der Schwelle der leiblichen Geburt nahe, weil sie der Eintritt in das neue Leben mit Gott ist.«[7]

2.1.2 Die Sündenvergebung

Im Neuen Testament wird die Taufe als Herrschaftswechsel angesehen. An die Stelle der Macht des Bösen, der Sünde und des Todes tritt nun Christus. Nicht irgendeine Weltmacht oder irgendeine Ideologie soll uns beherrschen, indem sie unser Denken und Handeln prägt, sondern die Kinder werden durch die Taufe in den Herrschaftsbereich von Jesus Christus hineingenommen. Deshalb haben früher auch die Eltern und Paten stellvertretend für den Täufling die Absage an den Teufel bzw. das Böse gesprochen.

Viele Stellen im Neuen Testament nennen Taufe und Sündenvergebung in einem Atemzug. Dabei wird allerdings nicht beschrieben, wie das vonstatten geht, sondern es kommt den biblischen Zeugen auf das »Dass« der Sündenvergebung an (vgl. 1Kor 6,11; Röm 3,25; Apg 2,38).

Im Gefolge Augustins und Luthers ist insbesondere die Befreiung von der Erbsünde immer eines der Hauptargumente für die Kindertaufe gewesen.[8] Kinder werden in sündhafte Zusammenhänge geboren und sind schuldhaften Verfehlungen ausgesetzt und von ihnen mitgeprägt. Die Taufe führt aus dieser Verfangenheit heraus. Gottes Heil bricht in die sündhafte Welt ein und verändert sie. Die Getauften haben Anteil daran, dass Jesus am Kreuz die Sünde besiegt und den Tod überwunden hat (vgl. Röm 6,4-6; Kol 2,12).

Nun wissen wir natürlich, dass auch Getaufte sündigen. Das künftige Heil wird zwar immer wieder im irdischen Leben der Getauften wirkmächtig, aber eben nicht immer. Martin Luther bezeichnet die Taufe als Beginn eines täglichen Sterbens und Auferstehens, das erst mit dem Ende des irdischen Lebens zu seinem Abschluss kommt.[9]

2.1.3 Das Hineingenommensein in den Leib Christ

Mit der Taufe wird ein Kind in die Kirche eingegliedert. Diese Aufnahme in die Kirche ist jedoch nicht nur ein rechtlicher Akt, sondern vor allem ein

---

[7] Die Taufe. Eine Orientierungshilfe zu Verständnis und Praxis der Taufe in der evangelischen Kirche, vorgelegt vom Rat der Evangelischen Kirche in Deutschland, Gütersloh 2008, 22.

[8] Allerdings rückt man in diesem Zusammenhang heute doch verstärkt von Luthers Ansicht der Heilsnotwendigkeit der Taufe ab, vgl. ULRICH KÜHN, Art. Taufe VII. Dogmatisch und ethisch, in: TRE 32, 729.

[9] Taufsermon 1519, Katechismen 1929.

geistlicher. Nach biblischem Zeugnis ist die Taufe mit der Gabe des Heiligen Geistes verbunden. Nach 1Kor 12,12f. werden die Christen durch den einen Geist in den Leib Christi hineingetauft. Sie werden, wie es in 1Kor 12 ausgeführt ist, zu verschiedenen Gliedern am Leib Christi. In der Metapher, dass alle Getauften »Christus als Gewand angezogen haben«, wird das sehr schön plastisch. Dabei werden sie allerdings nicht uniform, sondern erhalten durch den Heiligen Geist unterschiedliche Gaben und Kräfte. Nach 1Petr 4,[10] leuchten ihre Gewänder in den verschiedenen Farben der bunten Gnade Gottes.

Mit der Aufnahme in die Kirche werden die Getauften in die eschatologische Heilsgemeinde eingegliedert. So haben sie bereits Anteil an den Kräften der kommenden Welt (vgl. 2Kor 1,2; 5,5; Röm 8,23). Von dem dennoch geschehenden Rückfall in die Sünde habe ich ja bereits gesprochen. Deutlich wird aber gerade durch den Hinweis auf die eschatologische Dimension der Taufe, dass die in ihr gründende »Zusage der Lebensgemeinschaft« mit ein Grund für die Feier der gesamten Kirche ist.

2.2 Die Liturgien der Kindertaufe

Aufgrund der unterschiedlichen Traditionen der in der EKD zusammengeschlossenen Kirchen gibt es verschiedene Agenden, die die Feier der Kindertaufe ordnen. Die Neueste ist die 2000 erschienene Agende für die Evangelische Union, die – ähnlich wie das Evangelische Gottesdienstbuch – einen neuen Typus von Agende darstellt. Sie nennt sich Taufbuch und bietet verschiedene Grundformen mit vielen Ausformungsvarianten, wobei zwischen der Taufe eines Kindes und eines älteren Kindes im Gemeindegottesdienst sowie einem selbstständigen Taufgottesdienst mit Taufe mehrerer Kinder unterschieden wird.[11] Ein Jahr davor ist die Agende der Reformierten Kirchen in Deutschland erschienen.[12] Hierin finden sich ebenfalls zwei Ordnungen der Kindertaufe. Die erste steht in Kontinuität zur bisherigen Ordnung, die zweite ist einem Formular der Kirche von Schottland nachgebildet und zeichnet sich durch ökumenische Offenheit aus. Die Taufe soll, noch strikter als in der unierten Agende angeordnet, grundsätzlich im Sonntagsgottesdienst stattfinden, und es soll »im liturgischen Vollzug der Taufe deutlich gemacht werden, dass das Geheimnis der Taufe die Verbindung des Täuflings mit dem für ihn in den Tod gegangenen Herrn und die Einfügung in seine Gemeinde ist.«[13] Ich

---

[10] Taufe EKD (s. Anm. 7), 30.

[11] Taufbuch. Agende für die Evangelische Kirche der Union. Band 2, im Auftrag des Rates hg. v. der Kirchenkanzlei der Evangelischen Kirche der Union, Berlin 2000, 36-80. Sehr treffend sind diese Ordnungen bei August Jilek, Die Taufe, in: Hans-Christoph Schmidt-Lauber/Karl-Heinrich Bieritz (Hrsg.), Handbuch der Liturgik, Göttingen 1995, 319-323, beschrieben.

[12] Reformierte Liturgie. Gebete und Ordnungen für die unter dem Wort versammelte Gemeinde, im Auftrag des Moderamens des Reformierten Bundes erarbeitet und herausgegeben von Peter Bukowski u.a., Wuppertal/Neukirchen-Vluyn 1999.

[13] A.a.O., 303.

werde jedoch nur an einigen interessanten Stellen auf diese beiden Agenden eingehen können. Anhand der Liturgie der Kindertaufe in den lutherischen Kirchen Deutschlands werde ich die oben skizzierten Kernpunkte vertiefen. Dabei werden die Akzentsetzungen sichtbar, die heute bei der Liturgie der Kindertaufe im Vodergrund stehen.

Da in der VELKD-Agende[14] drei verschiedene Formen der Kindertaufe vorgeschlagen werden, die unterschiedliche Akzente setzen, skizziere ich kurz deren jeweilige Besonderheit.

2.2.1 Charakteristika der Ordnungen zur Kindertaufe in der VELKD-Agende

In der ersten Form des Kindertaufgottesdienstes wird, wie auch in den Vorläuferagenden, zwar an Luthers Taufbüchlein angeknüpft, eine deutliche Akzentverschiebung ist dennoch festzustellen. Es wird nämlich die Notwendigkeit des künftigen Glaubens des oder der Getauften viel stärker betont. So werden die Tauffragen folgendermaßen eingeleitet: »In der Taufe nimmt Gott dieses Kind als sein Kind an, befreit es von der Macht des Bösen und schenkt ihm ewiges Heil. Er will, dass wir dieses Geschenk im Glauben ergreifen und festhalten. Dabei ist das Kind auf die Hilfe seiner Eltern und Paten angewiesen.«[15] Vor dem Glaubensbekenntnis unterstreicht der Pfarrer bzw. die Pfarrerin, dass das Kind mit Hilfe der Eltern und Paten in diesen Glauben hineinwachsen soll und dabei auch deren Fürbitte gefragt ist. Auf diese Form gehe ich später noch im Detail ein.

Die zweite Form der Ordnung der Kindertaufe »setzt bewusst bei der Situation der Familie und damit bei der Schöpfungsordnung ein und führt hin zur Taufe.«[16] In der Liturgie werden deshalb Gedanken eingeflochten, die bisher der Taufpredigt vorbehalten waren. So kann es in der Hinführung heißen: »Ein kleines Kind in Händen zu halten, ist Grund genug, Gott dankbar zu sein. Wir dürfen das Wunder der Schöpfung neu spüren. Dieses Kind ist jetzt schon eine eigene, unverwechselbare Person. Auch wenn es noch ganz auf seine Eltern angewiesen ist ...« [17] usw. Hier wird stärker als in der ersten Ordnung der Tatsache Rechnung getragen, dass hier ein Kind und kein Erwachsener getauft wird. Zudem wird beispielsweise durch verbale Deutungen von Zeichen versucht, das Taufgeschehen für die jungen Familien, die damit nicht so vertraut sind, besser zu erschließen.

Daneben gibt es zum dritten Vorschläge für Taufen von Kindern im Sonntagsgottesdienst. Hier gibt es jetzt unter anderem auch den Vorschlag, den Hauptgottesdienst ein paar Mal im Jahr ganz als Taufgottesdienst zu gestalten.

---

[14] Agende für Evangelisch-Lutherische Kirchen und Gemeinden. Bd. III: Die Amtshandlungen, Teil 1: Die Taufe, hg. v. der KIRCHENLEITUNG DER VEREINIGTEN EVANGELISCH-LUTHERISCHEN KIRCHE DEUTSCHLANDS, Ausgabe Bayern, Hannover 1988.

[15] A.a.O., 26.

[16] A.a.O., 19.

[17] A.a.O., 52.

Dabei soll das Sakrament der Taufe als Grunddatum christlicher Existenz aus dem Bereich des Privaten einer Familienfeier wieder herausgeholt und in das Zentrum des Gemeindelebens gestellt werden. Zudem tritt bei der Taufe im Sonntagsgottesdienst das Abendmahl dazu.

2.2.2 Bedeutungszuschreibungen anhand einer Taufordnung

Exemplarisch gehe ich eine Taufordnung entlang, in diesem Fall der ersten Ordnung der VELKD-Agende, um zu verdeutlichen, wie sich die theologischen zu den liturgischen Entscheidungen zueinander verhalten.

(1) Eröffnung

Nach Einzug, Eingangslied und Begrüßung leitet der Pfarrer/die Pfarrerin den Taufbefehl mit dem Hinweis ein, dass die Kirche nach dem Willen Christi und im Vertrauen auf seine Verheißung tauft. Wie in sämtlichen evangelischen Taufordnungen nimmt der Taufbefehl Mt 28,18-20 eine zentrale Rolle ein.[18] Er wird ergänzt durch ein Wort aus dem Johannesevangelium: »Also hat Gott die Welt geliebt, dass er seinen eingeborenen Sohn gab, damit alle, die an ihn glauben, nicht verloren werden, sondern das ewige Leben haben« (Joh 3,16). »Dieser Text bringt die Verheißung, die dem Glauben gegeben ist, zum Ausdruck. Beide Texte miteinander machen den engen Zusammenhang von Taufe und Glaube deutlich.«[19] Joh 3,16 ersetzt dabei Mk 16,16: »Wer da glaubt und getauft wird, der wird selig werden; wer aber nicht glaubt, der wird verdammt werden.« Mt 16,16 sollte die Heilsnotwendigkeit der Taufe unterstreichen. Diese Veränderung zeigt die theologische Verschiebung an, dass die Taufe zwar geboten, aber nicht unbedingt zum Heil notwendig ist.[20]

Im weiteren Ablauf kommt es nun zum ersten nichtverbalen Zeichen, nämlich zur Bezeichnung des Kindes mit einem Kreuz (obsignatio crucis). Dieses kann entweder nacheinander an Stirn, Brust und beiden Schultern geschehen oder aber nur auf der Stirn. Die Bezeichnung wird von Deuteworten begleitet. Alternativ werden zwei interpretierende Texte vorgeschlagen: »Nimm hin das Zeichen des Kreuzes. Du gehörst Christus dem Gekreuzigten« oder: »Ich zeichne dich mit dem Kreuz. Jesus Christus hat dich erlöst.«[21] Hier wird verdeutlicht: Weil Jesus dich am Kreuz erlöst hat, gehörst du zu ihm. Mit dem Hinweis auf die in Christus bewirkte Erlösung verbindet sich zugleich das Hineingenommenwerden in die gesamte Christusgeschichte, für die das Kreuz pars pro toto steht. Mit der Bezeichnung des Kindes durch das Kreuz

---

[18] In der Reformierten Agende wird der Taufbefehl mit »Einsetzungsworte« bezeichnet (309). Diese werden folglich ohne weiteres Bibelwort allein gesprochen.

[19] VELKD-Taufagende (s. Anm. 14), 112.

[20] Nach der unierten Agende kann das Kinderevangelium (Mk 10,13-16) als zweite die Kindertaufe begründender Text nach dem Taufbefehl gelesen werden, Taufbuch (s. Anm. 11), 37. Die Stellung des Kinderevangeliums ist in den verschiedenen Ordnungen überhaupt sehr variabel.

[21] A.a.O., 23.

wird sichtbar gemacht, dass es in den Herrschaftsbereich Jesu Christi eingetreten ist.[22]

In dem anschließenden Gebet wird um Befreiung von der Macht des Bösen gebetet und darum, dass das Kind zum Glauben geführt wird. Wir finden hier in einem Gebet noch einen Anklang an einen Exorzismus, der bei Luther die Taufhandlung eingeleitet hat und in den Vorläuferagenden auch vorhanden war. Jetzt ist er nur noch in der Ordnung für die Taufe von Erwachsenen zu finden. Dieser Anklang lautet: »Und weil du dieses Kind dir zum Eigentum gewählt hast, so befreie es von der Macht des Bösen.«[23] Bei einem Kleinkind ist klar, dass nicht das moralisch Böse gemeint sein kann, sondern das Unterworfensein unter die Erbsünde. Sieht man, wie stark »das Leben des einzelnen von überpersonalen Strukturen geprägt wird und in verhängnisvolle Schuldzusammenhänge, in den Kreislauf von Haß, Aggression und Destruktion verstrickt ist«[24], so ist mit Peter Cornehl zu fordern, ein dezidiert exorzistisches Element nicht aus der Ordnung herauszunehmen bzw. es zu verstecken, sondern situationsgemäß und zeitbezogen zu interpretieren, denn »der Kern der Sache ist unverzichtbar.«[25]

Falls der erste Teil des Taufgottesdienstes im Vorraum oder an der Kirchentür stattgefunden hat, folgt jetzt der Einzug in die Kirche.

(2) Verkündigung

Wenn nun wieder ein Lied gesungen wird, so ist in erster Linie an ein Tauflied gedacht. Dabei haben evangelische Tauflieder in der Regel nicht nur die Funktion des Lobpreises, sondern sie sind zugleich Lehrlieder.

Auch wenn die Gesamtliturgie der Taufe als Predigt verstanden werden kann, ist ein spezieller Verkündigungsakt selbstverständlich. Neben biblischen Perikopen wird hier sehr oft ein Taufspruch, also ein einzelnes auf den Täufling und seine Taufe bezogenes Bibelwort ausgelegt. Die Predigt konkretisiert die Bedeutung der Taufe für die Anwesenden und erschließt einzelne Aspekte. Sehr oft enthält sie Momente der Tauferinnerung, nicht selten führt sie zu den Fragen an die Eltern und Paten hin.[26]

Diese nun folgenden Tauffragen können an Eltern und Paten getrennt oder gemeinsam gestellt werden. Die Tauffragen zielen auf die Verpflichtung, die mit der Taufe und dem Patenamt verbunden ist. Mit den Fragen soll auch noch einmal der Zusammenhang zwischen Glauben und Taufe zum Ausdruck

---

[22] »So stellt das Kreuz, mit dem der Täufling bezeichnet wird ..., die Übereignung an Christus dar«, VELKD-Taufagende (s. Anm. 14), 13.

[23] A.a.O., 24.

[24] Peter Cornehl, Art. Taufe VIII. Praktisch-theologisch, in: TRE 32, 735f.

[25] A.a.O., 736.

[26] Während die VELKD-Taufagende keine vorgefertigten Verkündigungstexte bietet, finden sich solche sowohl im Taufbuch (s. Anm. 11), 98-101, wie auch in der Reformierten Liturgie (s. Anm. 12), 310f.

kommen.[27] Wenn das zu taufende Kind erfahren soll, was in der Taufe an ihm geschehen ist, dann braucht es dazu die Hilfe der Angehörigen. Vor Gott und der versammelten Gemeinde sollen sich diese zu ihrer Verantwortung bekennen. Mit der Antwort auf die Tauffragen sagen Eltern und Paten zu, dass sie diese übernehmen wollen.

Hier wird ganz deutlich: Die evangelischen Kirchen halten es für unabdingbar notwendig, dass die getauften Kinder zum persönlichen Glauben hingeführt werden. Dass Eltern und Paten ihren Willen dazu erklären, ist Bedingung für die Gewährung einer Kindertaufe. Die Taufe von kleinen Kindern soll gewährt werden, wenn evangelische Christen die Taufe ihres Kindes wünschen, wenn sie ihren Willen erklären, ihr Kind bzw. ihr Patenkind christlich zu erziehen, an ihrem Glaubensleben teilhaben zu lassen und für es zu beten.

Auf ein Segenswort an bzw. ein Segensgebet für Eltern und Paten folgt dann das Kinderevangelium. Bereits in der Einleitung wird hier der Bezug zur Kindertaufe hergestellt: »Hört, wie Jesus Christus die Kinder zu sich ruft und sie segnet.«[28] Der Segen, den Jesus den Kindern gegeben hat, wird in der Folge auch für den Täufling erbeten. Pfarrer, Eltern und Paten legen diesem die Hand auf und sprechen gemeinsam das Vaterunser als Segensgebet.[29]

(3) Taufe

Am Ende des darauf folgenden Liedes gehen Pfarrer, Eltern und Paten, gegebenenfalls auch noch Geschwister mit dem Täufling zum Taufstein. Dort wird zuerst gemeinsam das Glaubensbekenntnis gesprochen. In ihm soll nach den es einführenden Worten wieder die Zusammengehörigkeit von Taufe und Glauben zum Ausdruck kommen. Nach dem Einführungstext in der Agende geht es dabei um »einen dreifachen Bezug«: Erstens ist das Credo »Darstellung des Glaubens der Kirche«, zweitens wird das Bekenntnis in der Hoffnung gesprochen, »dass das getaufte Kind denselben Glauben ergreifen und mit ihm die Gabe der Taufe annehmen wird«, und drittens ist das Credo »die Basis für eine christliche Erziehung des Täuflings«.[30] In einem alternativen zweiten Einführungstext ist jedoch die traditionelle Formulierung enthalten, dass die Eltern und Paten stellvertretend für das Kind den Glauben bekennen. In der Agende der Unierten Kirchen kann das Glaubensbekenntnis auch die Funktion der Absage an das Böse bekommen.[31]

---

[27] Vgl. VELKD-Taufagende (s. Anm. 14), 19.

[28] A.a.O., 27.

[29] In der Agende der UEK wird das Vaterunser »nicht mehr als Segensgebet gebraucht, sondern ausschließlich als Gemeindegebet im Zusammenhang mit den Fürbitten oder den Abendmahlsgebeten« (Taufbuch, 25).

[30] VELKD-Taufagende (s. Anm. 14), 16.

[31] Dann wird das Credo folgendermaßen eingeleitet: »Bei der heiligen Taufe bekennen wir uns mit der gesamten Christenheit zu dem dreieinigen Gott und sagen der Macht des Bösen ab. Darum sprechen wir gemeinsam das apostolische Glaubensbekenntnis.« (Taufbuch, 40).

Nach dem Glaubensbekenntnis kann eine »Betrachtung des Taufwassers« eingefügt werden. Diese ist zumeist dem Sintflutgebet nachgebildet, das Martin Luther in seine Taufagende eingefügt hat. So heißt es beispielsweise: »Die Sintflut brachte Gottes Gericht über die Sünde der Menschen. Noah aber fand Gnade und wurde errettet aus der Flut. So soll im Wasser der Taufe alles, was uns von Gott trennt, untergehen. Aus dem Wasser der Taufe wird der neue Mensch auferstehen, der mit Christus leben soll.«[32]

Nun folgt die Taufhandlung. Der Name des Täuflings wird laut und vernehmbar vor Gott und der Gemeinde genannt, und anschließend wird er unter dreifacher Begießung des Kopfes mit Wasser im Namen des Vaters und des Sohnes und des Heiligen Geistes getauft. In den reformierten Kirchen heißt die Taufformel: »Ich taufe dich auf den Namen des Vaters und des Sohnes und des Heiligen Geistes.«[33] (In der lutherischen und unierten Tradition wird durch das »Ich taufe dich im Namen« die Vollmacht des im Namen der Kirche taufenden Pfarrers bzw. der taufenden Pfarrerin betont. Die agendarisch vorgegebene Tauformel gehört jeweils zum Kernbestand des Taufaktes und darf sprachlich jeweils nicht verändert werden.)

Unter Handauflegung wird der Täufling sodann gesegnet: Dazu spricht der Pfarrer bzw. die Pfarrerin: »Der allmächtige Gott und Vater unseres Herrn Jesus Christus, der dich von neuem geboren hat durch das Wasser und den Heiligen Geist und dir alle deine Sünde vergibt, der stärke dich mit seiner Gnade zum ewigen Leben.«[34] Hier sind sowohl der Herrschaftswechsel durch die neue Geburt wie auch die Sündenvergebung und die Aufnahme in die endzeitliche Gemeinschaft angesprochen. Nach der Ordnung der Unierten Kirchen kann nach dem Taufvotum mit Handauflegung eine Salbung folgen.[35]

Fakultativ kann dann noch eine Taufkerze entzündet und mit einem Deutewort übergeben werden.[36] Christus, das Licht der Welt, soll für den Täufling zum Licht des Lebens werden. In Gemeinden, in denen das Wester-

---

[32] VELKD-Taufagende (s. Anm. 14), 58; ähnlich Taufbuch (s. Anm. 11), 41.

[33] Reformierte Liturgie (s. Anm. 12), 314. Mit Taufe auf den Namen Jesu wird die älteste Bezeichnung der christlichen Taufe aufgegriffen, vgl. Georg Kretschmar, Die Geschichte des Taufgottesdienstes in der alten Kirche, in: Karl Ferdinand Müller/Walter Blankenburg (Hrsg.), Leiturgia. Handbuch des evangelischen Gottesdienstes. Bd. 5: Der Taufgottesdienst, Kassel 1970, 34. Zum Befund der Taufe in den frühen Gemeinden bezüglich »Im Namen« oder »auf den Namen« vgl. Udo Schnelle, Taufe II, in: TRE 32, 665f.

[34] VELKD-Taufagende (s. Anm. 14), 31. Alternativ kann gesprochen werden: »Der all mächtige Gott und Vater stärke dich durch seinen Heiligen Geist, erhalte dich in der Gemeinde Jesu Christi und bewahre dich zum ewigen Leben.« (a.a.O., 32); ähnlich auch im Taufbuch (s. Anm. 11), 43.

[35] Vgl. Taufbuch (s. Anm. 11), 42f.

[36] Vgl. VELKD-Taufagende (s. Anm. 14), 32.

hemd/Taufkleid/der Taufschleier überreicht wird, wird dieses bzw. dieser dem Täufling aufgelegt und dazu ein Votum[37] gesprochen.

(4) Sendung
Wo dies gewünscht wird, können nun die Familie oder auch ein Elternteil allein gesegnet werden. Diese Handlung verbindet eine Danksagung mit dem fürbittenden Segen für die Familie bzw. den Elternteil.

Das Gebet vor dem allgemeinen Segen besteht aus zwei Teilen, nämlich der Danksagung für die Taufe des Kindes und der Fürbitte für den weiteren Weg des Kindes in der Gemeinschaft der Familie und der Gemeinde. Seine Funktion ist es, noch einmal zurückzublicken auf das Geschehene, um dann mit der Bitte bereits den Segen für alle im Gottesdienst vorzubereiten. Die Tauffeier endet mit dem trinitarischen Segen.

(In den Unierten Kirchen wird vor der Segnung noch die Eingliederung in die Gemeinde bedacht. Das Kind wird in der Gemeinde willkommen geheißen und die Gemeinde an ihre Verpflichtung gegenüber dem Täufling erinnert.[38] In den reformierten Kirchen werden sowohl die Eltern wie die Gemeinde noch einmal daran erinnert, welche Verantwortung sie mit der Taufe des Kindes übernommen haben. Die Eltern müssen versprechen, dem Kind die Bedeutung der Taufe zu erschließen, es im christlichen Glauben zu unterweisen und »es durch Gebet und euer eigenes Beispiel einführen in das Leben und den Gottesdienst der Kirche.«[39] Die Gemeinde wird ebenfalls gefragt, ob sie ihre Verantwortung für den Täufling übernehmen will. Am Ende sprechen alle gemeinsam: »Wir wollen einander stärken im Glauben, festigen im Gebet, ermutigen zum Dienst.«[40])

2.3 Katechetisches Handeln

Wenn Sie sich nun die Erwartungen von evangelisch Getauften wieder ins Gedächtnis rufen, die ich eingangs skizziert und sie mit den Ausführungen verglichen habe, die ich zur Theologie und Liturgie der evangelischen Kirchen gemacht habe, wird deutlich, dass große Aufgaben im katechetischen Handeln der Kirchen vor uns stehen. Dabei müssen wir uns aber bewusst machen, dass hier zwei völlig verschiedene Logiken aufeinandertreffen: »die kirchlich-institutionelle und die familiär-biografische. [...] Die Konfliktlage, die sich daraus ergibt, tritt in pastoralen Alltagssituationen offen zu Tage.«[41] Jeder, der Taufgespräche führt, kennt das.

---

[37] »Nimm hin das weiße Gewand als Sinnbild der Gerechtigkeit Christi. Alle, die auf Christus getauft sind, haben Christus angezogen.« (ebd.) Hierdurch soll das Vorher und Nachher der Taufe veranschaulicht werden.

[38] Vgl. Taufbuch (s. Anm. 11), 44f.

[39] Reformierte Liturgie (s. Anm. 12), 320f.

[40] A.a.O., 321.

[41] LUTZ FRIEDRICHS, Kasualpraxis in der Spätmoderne. Studien zu einer Praktischen Theologie im Übergang. Arbeiten zur Praktischen Theologie 37, Leipzig 2008, 20f.

Ein Beispiel, woran das Gesagte schnell deutlich wird: Diejenigen, die ihr Kind taufen lassen wollen, haben oft eine ganz andere Vorstellung vom Patenamt als die Kirche. Zum Beispiel wird ein Pate dann als derjenige gesehen, der für das Kind da ist, falls den Eltern etwas zustoßen sollte. An Hinführung zum Glauben wird da überhaupt nicht gedacht. So wundert es nicht, dass es viele Überlegungen und Impulse gibt, wie die lebensbestimmende Bedeutung der Taufe über den Taufakt hinaus vermittelt werden kann. Drei solcher Versuche stelle ich Ihnen kurz vor:

2.3.1 Taufbegleitung im Handeln der Kirchen

Im Taufbuch der Evangelischen Kirchen der Union wird die Taufe in einen Taufweg eingezeichnet. Sie ist ein einmaliges Ereignis mit einem festen Datum, aber sie bedarf sowohl der Hinführung wie der Weiterführung. In der Agende heißt es: »Nach einer (verbindlich zu machenden) Vorbereitungsphase (Taufseminar, Taufgespräche, Pateneinweisung) können am Taufsonntag die Eltern sowie die Paten zur ›Taufkommunion‹ eingeladen werden. In der Folgezeit bieten Gesprächskreise für junge Eltern, gottesdienstliche Taufanamnesen (Beichte, Taufgedächtnis in der Osternacht, miterlebte Taufen) und Zusammenkünfte der Konfirmanden-Eltern Hilfe und Geleit für die häusliche Praxis Pietatis, in die das als Säugling getaufte Kind hineinwachsen soll.«[42] An diesem Bündel von Impulsen wird deutlich, dass hier die Taufe wie schon in der Alten Kirche im Sinne eines Weges der Stationen der Vorbereitung, der Einübung und der Befestigung gesehen wird. Die Vorbereitung zielt auf die Eltern und die Paten, die auch in der Phase der Hinführung des Kindes zum Begreifen der Taufe weiter mit Impulsen von der Kirche begleitet werden. Dazu kommt dann später für das Kind auch noch die Taufkatechese in der Schule und im Konfirmandenunterricht.[43] Zu diesem sinnvollen Programm muss allerdings gesagt werden, dass es in den wenigsten Gemeinden so praktiziert wird, da die Ressourcen dazu fehlen.

2.3.2 Tauforientierter Gemeindeaufbau

Ein sehr umfassendes Konzept, die Taufe nicht nur ins Zentrum des Gemeindelebens zu stellen, sondern über sie Menschen auch aktiv in das Gemeindeleben einzubinden, hat das Gemeindekolleg der VELKD entwickelt.[44] Dazu findet sich ein Bündel von Maßnahmen, die jeweils mit konkreten Ausarbeitungen für die vorgeschlagenen Einheiten versehen sind. So werden Konzepte für Taufvorbereitungsseminare für Eltern in der Gemeinde oder in Evangeli-

---

[42] Taufbuch (s. Anm. 11), 20.

[43] Ähnlich, aber nicht so ausführlich werden die die Taufe begleitenden Schritte in der VELKD Taufagende (s. Anm. 14), 17f. vorgeschlagen.

[44] Reiner Blank/Christian Grethlein (Hrsg.), Einladung zur Taufe – Einladung zum Leben. Ein Konzept für einen tauforientierten Gemeindeaufbau. Entwickelt im Gemeindekolleg der VELKD, Stuttgart 1993.

schen Erwachsenenbildungseinrichtungen an die Hand gegeben, genauso wie für die Taufvorbereitung im Kindergarten. Hinweise für die Gestaltung von Taufgottesdiensten, Taufen in der Osternacht oder im Familiengottesdienst sollen verschiedene Dimensionen der Taufe erschließen. Zur Tauferinnerung werden Tauferinnerungsbriefe zum 1., 2., 3. und 4. Tauftag vorgeschlagen, dazu ein Tauferinnerungsgottesdienst für Vierjährige. Für vielfältige Formen der Tauferinnerung in verschiedenen Gottesdiensten, aber auch im Kindergarten wird Praxismaterial an die Hand gegeben, das vor Ort leicht umsetzbar ist. Das Ganze wird jeweils vom Kirchenvorstand begleitet und verantwortet. Dieses Projekt zeigt, wie sehr die Notwendigkeit der steten Hinführung zur Taufe in den lutherischen Kirchen gesehen wird, der nur punktuelle Einsatz dieser Materialien aber auch, dass zwischen Anspruch und Wirklichkeit eine große Lücke klafft.

In der neuen Orientierungshilfe der EKD zur Taufe werden die oben genannten Impulse aufgegriffen und sowohl eine umfassende Taufkatechese wie auch häufige Tauferinnerungen gefordert.[45]

2.3.3 Arbeit mit Konfirmanden

Am intensivsten wird mit Konfirmandinnen und Konfirmanden zur Taufe gearbeitet. Neben den kognitiven Einheiten dazu werden Formen der Tauferinnerung praktiziert. Da inzwischen auch in den meisten Konfirmandenkursen ein Kind ist, das noch nicht getauft ist, erleben und reflektieren die Konfirmandinnen und Konfirmanden die Taufe eines Gleichaltrigen, den sie gut kennen. Die Taufe wird dann zumeist mit einer Tauferinnerung für die Taufgemeinde verbunden, zu der auch die Konfirmandinnen und Konfirmanden gehören. In die neuen Konfirmationsagenden sind viele Überlegungen und Gestaltungsvorschläge für die Taufe von Konfirmanden eingeflossen.[46]

Eine Form der Tauferinnerung wird wohl allen Konfirmandinnen und Konfirmanden mitgegeben. Von Martin Luther wird da erzählt, der oft, wenn er in Glaubenszweifel gekommen war, vor sich auf geschrieben hat: »Ich bin getauft.« Und das hat ihm die große Verheißung Gottes immer neu vor Augen geführt. Eine lebenslange Rückkehr zur Taufe stellt das Verhältnis zu Gott wieder auf die Füße.

---

[45] Taufe EKD (s. Anm. 7), 39-61. Auch in der praktischen Theologie wird dies vehement vertreten, vgl. z.B. Christian Grethlein, Art. XIV. Taufe, in: Ders./Günter Ruddat (Hrsg.), Liturgisches Kompendium, Göttingen 2003, 322ff.

[46] In der gemeinsamen Konfirmationsagende der VELKD und der EKU finden sich ausführliche und hilfreiche Hinweise zur Vorbereitung der Taufe sowie zur Liturgie. Es werden Grundformen der Taufe von Konfirmanden mit Gestaltungshinweisen vorgegeben, dazu Texte zur Auswahl, Liedvorschläge und Praxisbeispiele (vgl. Konfirmation. Agende für evangelisch-lutherische Kirchen und Gemeinden für die Evangelische Kirche der Union, neu bearb. Ausgabe, Berlin u.a. 2001, 36-68).

Die Wiedergewinnung der Beichte im kirchlichen Leben

Dieses Thema umgreift den gesamten Lebensbereich einer Kirche, deren Lebensbezüge von der Vergebung Gottes geprägt sind. Prägnante Gestalt gewinnt der lebensstiftende Prozess der Umkehr des Menschen und seiner Annahme durch den dreieinigen Gott in der Beichte. In unserer Kirche wird sie vorwiegend in verbindlichen Gemeinschaften, in der Sonderseelsorge sowie nach wie vor bei den Kirchentagen und in Verbindung mit Taizé praktiziert. In unseren Gemeinden führt sie im allgemeinen ein Schattendasein.

Eine Neuerschließung der Beichte für das kirchliche Leben, über die genannten Kreise hinaus, erfordert ein breitangelegtes Nachdenken – über den Vollzug in der Seelsorge und Liturgie hinaus auch in kybernetische, homiletische, aszetische und katechetische Fragestellungen hinein.

Eine nötige Beschränkung liegt in der ausschließlichen Behandlung der Beichte als einem abgrenzbaren Kommunikationsgeschehen, das – hier in lutherischer Tradition definiert – stets dezidiert das Bekenntnis eines Beichtenden und den Zuspruch der Vergebung der Sünden durch eine die Beichte hörende Person beinhaltet, und zwar in Form der Einzelbeichte und partiell auch noch der Allgemeinen Beichte. Es gibt zwar, viele Formen der Vergegenwärtigung und Vergewisserung der Sündenvergebung, beispielsweise in Taufe und Tauferinnerung, beim Feiern des Heiligen Abendmahls, beim Hören der Predigt wie auch im Gespräch, beim Lesen der Bibel oder im Gebet. Doch hierauf wird im folgenden ebensowenig eingegangen wie auf Formen der Herzensbeichte, der Versöhnungsbeichte und auf seelsorgerliche und liturgische Formen, die als »so etwas wie Beichte« beschrieben werden.

Die praktisch-theologischen Erwägungen zur Beichte geschehen auf dem Hintergrund der evangelisch-lutherischen Kirchen in Deutschland.

1. Die Beichte im kirchlichen Leben

1.1 Die Beichte im Gefüge von Theologie, Kirche und Gesellschaft

Hierzu fünf Thesen:

Zum einen: In der Beichte spiegelt sich die *Bewegung des Evangeliums* wider. Der glaubende Mensch wendet sich im Vertrauen auf Gottes Barmherzigkeit an ihn. Er folgt dem Ruf Jesu zur Umkehr, bekennt seine Schuld, die er sich durch den von ihm vollzogenen Beziehungsabbruch aufgeladen hat und bittet um Vergebung. Die von Gott zugesagte Vergebung wird ihm zugesprochen, die heilmachende und heilbringende Gegenwart Gottes in seinem Leben neu angesagt. Es geschieht eine Befreiung zum Leben in der Gebundenheit an den dreieinigen Gott.

Zum zweiten: In der Beichte spiegelt sich der *Inhalt des Evangeliums* wider. In ihr geschieht die Teilhabe am Kreuz Christi, indem wir unsere Sünden bekennen, und die Teilhabe an der Auferstehung Christi, indem wir die Vergebung unserer Sünden empfangen. In der Vergegenwärtigung des Leidens und Sterbens Jesu Christi für unsere Sünde werden uns der Ernst und die Tiefe des Heilsgeschehens für uns (pro nobis) und die Größe der Gnade Gottes bewußt.

Zum dritten: Die Beichte ist eine *Ausdrucksgestalt*, in der Kirche aktuell Wirklichkeit ist. Hier wird Menschen evangeliumsgemäß Vergebung zugesprochen und auf diese Weise die von Christus am Kreuz gestiftete, Versöhnung bezeugende Kirche gegenwärtig realisiert. Durch Handauflegung wird die Verleiblichung des Wortes zeichenhaft und spürbar unterstrichen. Der Mensch ist in die kirchliche Lebensgemeinschaft wieder eingegliedert.

Zum vierten: Die Beichte hat eine *gesamtgesellschaftliche Funktion*; sie kann die Verarbeitung gesellschaftlich verwurzelter Schuld verändern. Dabei sind zwei Aspekte zu unterscheiden. Zum einen neigen Gesellschaften grundsätzlich dazu, Schuld durch die politischen und rechtlichen Konsequenzen, die dem Beschuldigten drohen, zu funktionalisieren. Schuld wird in der öffentlichen Diskussion gerne als Machtmittel für private und politische Interessen mißbraucht. Zum anderen lebt jeder eingebunden in gesamtgesellschaftliche Zusammenhänge, die ihn manchmal notwendig schuldig werden lassen bzw. der Schuld eine neue Dimension verleihen.

In der Beichte wird die Schuld, die einen Menschen belastet, ernstgenommen und öffentlichen Maßstäben entzogen; sie wird nicht bagatellisiert oder weggeredet. aber auch nicht dramatisiert, sondern in die Koordinaten des Evangeliums, in die Geschichte Gottes mit dem Menschen, eingezeichnet.

Zum fünften: Die Beichte *eröffnet neue Horizonte und korrigiert falsche Hoffnungen*. »Wem Gott vergibt, dem nimmt er die Last seiner Vergangenheit ab. Die Vergebung bereinigt aber nicht nur das, was geschehen ist; sie bestimmt auch die Zukunft ... Die Vergebung will sich umsetzen in neues Leben.«[1] Das vergegenwärtigt die Beichte immer neu. In keinem der neuen Anfänge aber »ist die Fülle des göttlichen Lebens endgültig und unzweideutig gegeben. Jeder Neuanfang weist über sich hinaus auf die ewige Vollendung, in der Gottes Handeln mit der Welt zu seinem Ziel kommt.«[2]

Neben diesen grundsätzlichen theologischen Erwägungen gibt es aber auch noch ganz praktische Gründe für eine Beschäftigung mit der Beichte

[1] ADOLF SPERL, Der schuldige Mensch und der vergebende Gott: ThPr 19 (1984), 314.
[2] Ebd.

zum jetzigen Zeitpunkt. Die lange auf Eis gelegte Arbeit an der Neufassung der Ordnung des kirchlichen Lebens unserer Kirche ist wieder aufgenommen worden. Im neuen Gesangbuch sind ein breitangelegter, gemeindekatechetischer Teil sowie viele Gebete und liturgische Formen vorgesehen, in denen die Beichte eine bedeutendere Rolle als bisher spielt. Dazu steht die Arbeit an einer erneuerten Beichtagende der VELKD kurz vor dem Abschluss, in der ebenfalls Akzente in Hinsicht auf eine breitere Beichtpraxis gesetzt werden. In diesem Prozess der Neuordnung der Beichte sollten praktisch-theologische Erwägungen mit den vorfindlichen kirchlichen Rahmenbedingungen und Realitäten zusammengebracht werden. Die derzeit gültigen Rahmenbedingungen fasse ich kurz zusammen:

1.2 Die Beichte in der Ordnung des kirchlichen Lebens

Innerhalb der VELKD wurden die Rahmenbedingen für die Beichtpraxis in unseren Gemeinden in den 50er Jahren fixiert, in einer Zelt, in der die Beichte richtiggehend eine »Mode«[3] oder eine »Marotte des Zeitgeistes«[4] schien und es so aussah, als ob die Beichte bald allgemein zum festen Bestandteil der praxis pietatis eines evangelischen Christen gehören würde.[5] Hier ist festgeschrieben:

(1.) Die Beichte ist keine Nebensache, sondern eine zentrale Handlung. Gott hat das Amt der Schlüssel gestiftet, damit die Kirche ihren großen Schatz, nämlich die frohe Botschaft von der Vergebung

---

[3] Thomas Kronholz, Beichte ohne Gott? Stolzenau-Weser 1958, 7.

[4] So Hans Schomerus, zit. nach Laurentius Klein, Evangelisch-lutherische Beichte. Lehre und Praxis, Paderborn 1961 (= KKTS 5), 237, Anm. 69.

[5] Synoden riefe zur Praxis der Einzelbeichte auf (vgl. Klaus Harms, Die Einzelbeichte: MPTh 42 [1953] 374f.; Adolf Wischmann, Evangelische Beichte: ELKZ 6 [1952], 297), wie sie in großer Breite in Communitäten und Bruderschaften, aber auch in Studentengemeinden, Schülerbibelkreisen und bei vielen Gruppen des CVJM ausgeübt wurde (Vgl. Klein [s. Anm. 4], 224-229). Doch nicht nur in Kreisen, in denen das verbindliche Leben des christlichen Glaubens betont wurde, sondern auch bei so punktuellen Ereignissen wie dem Deutschen Evangelischen Kirchentag fand die Einzelbeichte außerordentliche Beachtung. Besonders bei dem Frankfurter Kirchentag von 1956 drängten sich die Teilnehmer »in Scharen zur Beichte« (a.a.O., 229; vgl. auch Heinz Joachim Held, Buße und Beichte in der liturgischen und seelsorgerlichen Praxis unserer evangelischen Kirche: Buße und Beichte im Glauben und Leben unserer Kirchen und ihre Bedeutung für die Erneuerung und Heiligung der Christen, hg. v. Kirchenamt der EKD, Frankfurt/Main 1987 [= Beiheft zur ökumenischen Rundschau 51], 112) und er wurde als »Durchbruch zur Beichte« (Walter Uhsadel, Evangelische Beichte in Vergangenheit und Gegenwart, Gütersloh 1961 [= Handbücherei für Gemeindearbeit 121], 3) eingeschätzt. In der Schlussresolution dieses Kirchentages hieß es unter anderem: »Ihr Pfarrer, könnt ihr Beichte hören? Tut es endlich, wir bitten euch um Christi Willen« (zit. nach: Hildegard Höfliger, Die Erneuerung der evangelischen Einzelbeichte. Pastoraltheologische Dokumentation zur evangelischen Beichtbewegung seit Beginn des 20. Jahrhunderts, Freiburg 1971 [= ÖBFZPhTh 61], 25).

der Sünden, austeilt.[6] Vergebung schafft neue Gemeinschaft mit Gott und untereinander. Dem Christen, der sich ja »nicht selbst die Sünde vergeben kann, will ... das Amt der Schlüssel« zurechthelfen; entweder mit dem Trost der Vergebung oder mit der Mahnung zur Umkehr, wenn die Vergebung der Sünden versagt werden muss.

(2.) Einzelbeichte und gemeinsame gottesdienstliche Beichte werden gleichwertig nebeneinandergestellt. Sie sollen sich ergänzen und gegenseitig korrigieren.

(3.) Die Beichte soll als eigenständige Handlung ihren Platz im kirchlichen Leben haben, nicht nur als Vorbereitung zum Abendmahl. Dennoch bleibt In der Ordnung des kirchlichen Lebens über die Zielsetzung der eigenständigen Beichthandlung hinaus die traditionell enge Verbindung zum Abendmahl festgeschrieben, wenn es heißt: »Niemand wird zum Tisch des Herrn gehen wollen, ohne sich zu prüfen und recht zu bereiten.«[7]

(4.) Die Vergebung der Sünden ist »Hauptstück« und »Mitte der Seelsorge«. Somit wird die Einzelbeichte ins Zentrum der Seelsorge gerückt.

(5.) Die Beichte soll in der Regel von einem ordinierten Geistlichen abgenommen werden; grundsätzlich kann aber jeder Christ unter der Voraussetzung der Wahrung des Beichtgeheimnisses die Beichte hören und die Vergebung der Sünden zusprechen.

(6.) Im Rahmen der Kirchenzucht ist vor der Wiederaufnahme in die Gemeinschaft eine Beichte vorgeschrieben.[8]

Diese Ordnung gilt heute noch unverändert, obwohl die kirchliche Gemeindepraxis diese Ausführungen offensichtlich zu einem historischen Dokument mit geringer Praxisrelevanz hat werden lassen und obwohl selbst die kirchenleitenden Organe der VELKD Leitlinien verabschiedet haben, die sich von dieser Ordnung sehr weit entfernt haben.[9] Auf der anderen Seite aber bilden die in der kirchlichen Lebensordnung niedergelegten Grundsätze in hohem Maße die Grundlage für die Neuentwürfe zum Textteil des Gesangbuchs und zur revidierten Beichtagende. Auch bei der Generalsynode der VELKD in Malente 1990 wurde an erster Stelle bei den Inhalten, die zuvor-

---

[6] Als zentraler biblischer Text wird Mt 18,15-20 angeführt; vgl. Ordnung des Kirchlichen Lebens der Vereinigten Evangelisch=Lutherischen Kirche Deutschlands, Berlin 1956; Hamburg 1974; zit. nach: Martin Lindow (Hrsg.), Recht und Verlautbarungen der Vereinigten Evangelisch–Lutherischen Kirche Deutschlands, Hannover 1989, 200, Hannover 1989, 250, 11.

[7] A.a.O., 250, 13

[8] A.a.O., 250, 23 und 25.

[9] Ich nenne hier nur die Leitlinien »Christliche Seelsorge heute« von 1978, in der die Beichte überhaupt keine Rolle spielt.

derst zu behandeln wären, die Beichte genannt.[10] In der 1990 im Entwurf erschienen Agende und Handreichung für den »Dienst an Kranken«[11] nimmt die Beichte einen scheinbar selbstverständlichen Raum ein. Dabei greifen die genannten Ausarbeitungen stets in hohem Maße auf die Vorlagen aus den 1950er- und 1960er-Jahren zurück und gehen nur geringfügig darüber hinaus. Stehen wir also vor einem »krampfhaften Wiederbelebungsversuch«, die Beichte auf dem »Weg organisatorischer Maßnahmen wiedereinzuführen«[12]? »Verbirgt sich dahinter das Wunschdenken einiger Theologen?«[13], die an den Schalthebeln der amtskirchlichen Macht sitzen und die gesellschaftliche und individuelle psychische Situation des heutigen Menschen nicht berücksichtigen? Stehen wir vor einem erneuten Versuch der Repristination der Rahmenbedingungen für die Beichte und schreiben wir die Diskrepanz zwischen der kirchlichen Lebensordnung und der Gemeindewirklichkeit weiter fort oder gehen wir auf eine grundlegende Erneuerung der Beichte zu? Oder wird es diese gar nicht geben? Ich stelle diese Fragen bewusst so plakativ, damit sie haften bleiben, wenn ich mich nun den verschiedenen Aspekten zur Wiedergewinnung der Beichte zuwende.

2. Poimenische Aspekte zur Wiedergewinnung der Beichte

Die heutige Praxis der Beichte ist wesentlich von der Beichtbewegung der 1950er-Jahre geprägt, und ihre Argumente sind in den zahlreichen Veröffentlichungen, die kontinuierlich für eine intensive Beichtpraxis warben und werben, bis heute bestimmend. Genauso ist die heftige Kritik an der Beichte vom Ende der 1960er-Jahre ohne die von der Institution gestützte Beichtbewegung nicht zu verstehen, und die Auswirkungen dieser Kritik haben immer noch einen erheblichen Einfluss auf viele heutige Seelsorgelehren und die Seelsorgepraxis. Bevor wir uns also der heutigen Situation und der Frage nach den Möglichkeiten einer Wiedergewinnung der Beichte in der Seelsorge zuwenden, blicken wir exemplarisch in die jüngste Geschichte der Poimenik zurück; exemplarisch deshalb, weil sich ähnliche Entwicklungen hinsichtlich der Beichte auch in den anderen Handlungsfeldern der praktischen Theologie vollzogen haben.

---

[10] Lindow (s. Anm. 6), 200-15, 7.

[11] Dienst an Kranken. Entwurf der Agende für evangelisch-lutherische Kirchen und Gemeinden, Band III, Teil: Dienst an Kranken. Im Auftrag der Kirchenleitung erarbeitet vom Liturgischen Ausschuss der Vereinigten Evangelisch-Lutherischen Kirche Deutschlands, Hannover 1990 (= reihe gottesdlenst 17), 32f.

[12] Zit. nach Ernst Bezzel, Frei zum Eingeständnis. Geschichte und Praxis der evangelischen Einzelbeichte, Stuttgart 1982 (= CThM 10), 199.

[13] Zit. nach a.a.O., 200.

2.1 Die Beichte in der Seelsorge nach dem 2. Weltkrieg

2.1.1 Die Beichte als Zentrum der Seelsorge

Ein Hauptmerkmal der Beichtbewegung nach dem zweiten Weltkrieg ist, dass sie die Beichte als »Mitte der Seelsorge«[14] sieht. Wirkliche Seelsorge, so meinten viele, gebe es »nur in Verbindung mit der Privatbeichte«. »Umgeben vom Schutz der Versöhnung« (Thurneysen) sollte das seelsorgerliche Gespräch stattfinden; die Koordinaten, in denen es vonstatten gehen sollte, waren die Sünde des Menschen und die Gnade Gottes. Was in der Predigt der ganzen Gemeinde verkündigt wird, wird nun einem einzelnen in spezieller Weise zugesprochen. Der neu gewonnenen Gemeinschaft mit Gott korrespondiert ein erneutes Hinführen in die christliche Gemeinschaft. Grundsätzlich finden wir in dieser Beichtbewegung eine theologische Zielbestimmung der Seelsorge, die sich von säkularer Anthropologie und der Psychotherapie deutlich absetzt.

In der breit geführten Auseinandersetzung mit der Psychotherapie wurde zwar die Nützlichkeit entsprechender Fachkenntnisse konzediert,[15] gleichzeitig aber die Überlegenheit der Beichte herausgestrichen.[16] In der »Biblische[n] Psychotherapie« mit der Beichte als ihrem Kern würden wir »uns ... als Kinder Gottes in unserer eigenen Bestimmung finden«[17].

Mit der Vorrangstellung der Beichte im seelsorgerlichen Handeln war eine Betonung des Amtes verbunden. Und da »jeder evangelische Christ ... das verbriefte Recht auf Beichte«[18] habe, seien die Amtsträger verpflichtet, für diesen Dienst entsprechend aus gebildet bereitzustehen, und sie sollten auch eine eigene Beichtpraxis haben.[19] Den Beichtwilligen wollte man die Beichthandlung transparent machen. Vor allem um sie vor der Willkür der Beichtiger zu schützen, kam eine ganze Flut von Ordnungen zur Einzelbeichte heraus.[20] Um zur Beichte hinzuführen und eine Hilfestellung zu geben, erschienen auch eine Reihe von Anleitungen zur Gewissenserforschung, meist

---

[14] Uhsadel (s. Anm. 5), 42.

[15] Vgl. Adelheid Rensch, Zum Gespräch zwischen Psychotherapie und Seelsorge: MPTh 45 (1956), 295ff., 367ff. und 427ff.

[16] Vgl. Kronholz (s. Anm. 3), 54-61.

[17] A.a.O., 35.

[18] Oskar Planck, Evangelisches Beichtbüchlein, Stuttgart 1956, 23.

[19] »Der Psychotherapeut als Psychoanalytiker muß selbst analysiert sein. Der Pfarrer als Seelsorger muß selbst Vergebung erfahren haben« (Dietrich Ritschl, Psychotherapeut oder Pfarrer?: MPTh 44 [1955], 313).

[20] Die Ordnung der Beichte. Im Auftrag der Evangelischen Michaelsbruderschaft herausgeben von Karl Bernhard Ritter/Wilhelm Stählin, Kassel 31952, 21f.; Max Lackmann, Wie beichten wir? Ein Handbuch zur Unterweisung über die lutherische Einzelbeichte für Pfarrer und Gemeinden, Gütersloh 1948, 94f.; Allgemeines Evangelisches Gebetbuch der Evangelischen Studentengemeinden in Deutschland, hg. v. Hermann Greifenstein/Hans Hartog/Frieder Schulz, 1955, 200; Uhsadel (s. Anm. 5), 56-58; Max Thurian, Evangelische Beichte, München 1958, 133-137; Allgemeines evangelisches Gebetbuch, hg. v. Hermann Greifenstein, Hamburg 1955, 165-174.

in Form von Beichtspiegeln.[21] Das seelsorgerliche Handeln der Kirche sollte so in der geordneten Beichthandlung ihren Zielpunkt finden. Neben dieser ritualisierten Beichtform gab es allerdings auch stets freie Formen.

Für die Beichtbewegung nach dem zweiten Weltkrieg charakteristisch sind auch der Rückbezug auf die Heilige Schrift und auf die evangelische Beichttradition. Durchgängig stellten die Schriften zur evangelischen Beichte einige Bibelstellen zentral heraus, und zwar Mt 16,18f. und Mt 18,15-20 sowie Joh 20,21-23, wo es jeweils um die Vollmacht, zu binden und zu lösen, geht.[22] Alle Beichtpraxis sollte in »gesunden biblischen Bahnen«[23] bleiben.

Als Garanten für eine »dem Evangelium gemäße Beichtlehre« wurden die Reformatoren, allen voran Martin Luther ins Feld geführt,[24] daneben Confessio Augustana, Art. 11 und 25, sowie die Beichte betreffende Abschnitte aus den anderen Lutherischen Bekenntnisschriften.[25]

Ganz dezidiert wurde zudem auf die Befürworter einer evangelischen Einzelbeichte aus dem 19. und der ersten Hälfte des 20. Jahrhunderts zurückgegriffen.[26] Gleichsam als Charakteristikum der Beichtbewegung nenne ich einige weitverbreitete Zitate, die in der Beichtliteratur immer wieder auftauchen und die herausragende Bedeutung der Beichte unterstreichen. Von Martin Luther: »Euangelium nihil aliud est quam absolutio« (»Das Evangelium ist nichts anderes als die Lossprechung«. WA 15,485), oder: »Darumb ich daher zur Beichte ermahne, so tue ich nichts anderes, als daß ich ermahne, ein Christ zu sein«[27] und von Dietrich Bonhoeffer, der vom Durchbruch »zur ech-

---

[21] Lackmann, (s. Anm. 20), 94f.; Edith Thomas, Beichtbüchlein für evangelische Christen, Kassel 1951, 26-29; Thurian, (s. Anm. 20), 123-132.

[22] Vgl. z.B. Gunther Backhaus, Ego te absolvo. Evangelische Beichte – Ja oder Nein? Wuppertal/Barmen 1957 (=Das Gespräch 8), 16-25; Kronholz (s. Anm. 3), 14-29.

[23] Adolf Köberle, Der Herr über alles. Beiträge zum Universalismus der christlichen Botschaft, Hamburg 1957, 216.

[24] Besonders Luthers Aussagen im Großen Katechismus mit der darin enthaltenen »Eine kurze Vermahnung zu der Beicht« (1529; BSLK, 725-733) der Abschnitt: »Wie man die Einfältigen soll lehren beichten« (1531; BSLK, 517-519) aus dem kleinen Katechismus wurden eingehend rezipiert. Neben Luther als Hauptautorität führte man aber auch andere Reformatoren (vgl. Georg Prater, Der evangelische Weg zur Erneuerung der Privatbeichte, Berlin 1957 (= Kirche in dieser Zeit 17], 10ff.), besonders Calvin (vgl. Thurian (s. Anm. 201, 146-149) als Befürworter einer regelmäßigen Beichtpraxis an.

[25] Vgl. Ernst Kinder, Beichte und Absolution nach den lutherischen Bekenntnisschriften: ThLZ 77 (1952), 543-550; Oskar Planck, Evangelisches Beichtbüchlein, Stuttgart 1956, 23; Böhme, Wolfgang, Die Evangelische Beichte, Offenbach 1950, 5ff.

[26] Aus dem 19. Jahrhundert griff man besonders auf Claus Harms, August Vilmar oder Wilhelm Löhe zurück (vgl. Thomas [s. Anm 211, 10-13), aus dem 20. Jahrhundert knüpfte man vor allem an die Impulse der Michaelsbruderschaft sowie an Dietrich Bonhoeffer an (vgl. Böhme [wie Anm. 25], 5ff.).

[27] Zur Rezeption Luthers vgl. Thomas (s. Anm. 21), 6-9; Kurt Frör, Gesetz und Evangelium in der Beichte: Dank an Paul Althaus, hg. v. Walter Künneth/Wilfried Joest,

ten Gemeinschaft des Kreuzes Jesu Christi« und zur Bejahung unseres Kreuzes in der Beichte sprach. In ihr »erfahren wir das Kreuz Jesu als unsere Rettung und Seligkeit. Der alte Mensch stirbt, aber über ihn hat Gott gesiegt. Nun haben wir teil an der Auferstehung Christi und am ewigen Leben«[28].

2.1.2 Die Marginalisierung der Beichte in der Seelsorge

Wir haben in der Seelsorgelehre einen Bruch mit der Beichte zu konstatieren, der sich in Ansätzen bereits in den 1950er-Jahren andeutete (Trillhaas, Tillich) und sich Ende der 1960er-Jahre vertiefte. Bezeichnend ist hier das Konstatieren einer völlig veränderten gesellschaftlichen Situation mit veränderten geistigen Strömungen, die sich mit den Stichworten: Betonung des autonomen Gewissens, Freiheit und Institutionenkritik skizzieren lassen.[29] Diesen veränderten Rahmenbedingungen habe man sich zu stellen; dies geschah unter verstärkter Aufnahme oder Übernahme humanwissenschaftlicher Methoden und sehr oft auch der jeweils damit verbundenen Anthropologie. Die Beichte galt bei den sich mehrenden Kritikern als nicht wiederbelebbar, da ihre bisherige Begründung als »unrealistisch« und ohne »Sitz im Leben«[30] empfunden wurde. Der Mensch lebe in einer »völlig veränderten psychischen Situation«[31], der eine wie oben dargestellt verstandene Beichte nicht entspreche. Die in der Seelsorgelehre bisher nahezu einmütig vertretene Ansicht, dass die Beichte das Ziel des seelsorgerlichen Gesprächs sei, wurde nun polemisch »als eine romantisch-pathetische Forderung ohne jeden Wirklichkeitsgehalt bezeichnet«[32]. Wo man die Beichte wieder einführen möchte, müsse man sich fragen, »ob nicht klerikalistische Tendenzen im Hintergrund stehen, die nicht den leidenden Menschen und seine Schwierigkeiten im Auge haben, sondern das an Sozialprestige sehr zurückgesunkene Amt, dem damit eine Autoritätsaufwertung zukommen soll«.[33] Die Speerspitzen der Angriffe bildeten die Forderungen, jeweils zu überprüfen, ob nicht ein krankhaftes Verhalten zugrundeliege, wenn ein Mensch zur Beichte komme, bzw. die völlige Ablehnung des

---

Gütersloh 1958, 26ff.; UHSADEL (s. Anm. 5), 16-24; HARMS, Einzelbeichte (wie Anm. 5), 375ff.; DERS., Die Evangelische Beichte, Bielefeld 1954 (=Leben und Wahrheit 9), 10-17; ADOLF KÖBERLE, Der Herr über alles. Beiträge zum Universalismus der christlichen Botschaft, Hamburg 1957, 208-210; ADOLF WISCHMANN, Evangelische Beichte: ELKZ 6 (1952), 297; WOLFGANG BÖHME, Beichtlehre für Evangelische Christen, Stuttgart 1956, 7; DERS., Evangelische Beichte (s. Anm. 25), 5ff.; THURIAN (s. Anm. 20), 138-146.

28 BONHOEFFER, Ethik, 134; zur Rezeption Bonhoeffers vgl. z.B. BÖHME, Evangelische Beichte (s. Anm. 25), 5.

29 Vgl. PETER GERLITZ, Beichte: Praktisch Theologisches Handbuch, hg. v. GERT OTTO, Hamburg ^{2}1975, 80ff.

30 A.a.O. S. 80. Die folgenden Ausführungen beziehen sich in erster Linie auf die herausstechende Kritik Joachim Scharfenbergs.

31 JOACHIM SCHARFENBERG, Seelsorge und Beichte heute: WzM 24 (1972), 87.

32 A.a.O., 89.

33 Ebd.

Gebrauchs der Absolutionsformel.[34] Bezeichnend ist auch der Einsatz von Fallbeispielen, um die Unsinnigkeit der Beichte besonders bei psychisch Kranken herauszustreichen.[35] Joachim Scharfenberg brachte Kritik und Zielvorstellung auf den Punkt: »Der Mensch unserer Tage sucht offensichtlich nicht den Beichtvater einer abgelebten patriarchalischen Struktur, sondern den offenen und bereiten Partner zu einem Gespräch, das ihm seine Freiheit erschließt und neue Möglichkeiten der Konfliktlösung in ihm aufdeckt«[36]. Dem entsprach das Wunschbild des Pfarrers als eines psychologisch geschulten Beraters, der als offener und gesprächsbereiter Partner zur Verfügung steht.[37]

Obwohl auch in dieser Zeit die Beichte in verbindlichen Gemeinschaften verstärkt gepflegt wurde, gab man ihr nur eine Überlebenschance, wenn die Form der geheimen Beichte in die »Gestalt der selbstkritischen Gruppenaussprache«[38] übergeführt würde.

Charakteristisch für all diese Kritik ist, dass die theologischen Kategorien, die man mit »verloren und gerettet« umschreiben könnte, völlig aus dem Blickfeld geraten und durch das Schauen auf die Lebenswirklichkeit, die existentiellen Einbindungen des Menschen und auf den Kommunikationsbezug der Vergebung ersetzt werden. An die Stelle von confessio und absolutio coram deo tritt der Dreischritt »sich aussprechen – sich annehmen – sich eingliedern«[39]. Der Begriff Beichte wird nun gänzlich unscharf; wo der Begriff gebraucht wird, verbirgt sich dahinter oft nur noch das Sündenbekenntnis, und dies meist im Sinn von »sich aussprechen«. Beichte und Beratung werden ununterscheidbar, sie bieten den Raum, etwas loszuwerden, sich etwas vom Herzen zu reden. Danach soll der Ratsuchende »sich wieder selbst bejahen«[40] können. Ziel des Gespräches ist es, ihm »die Sozialität wiederzugeben, ihn wieder gemeinschafts- und gemeindefähig zu machen«[41] und ihn in die Freiheit zu führen[42]. Dazu kam dann auch noch der Vorwurf, dass die Beichte »für das soziale und politische Verhalten des Christen schädlich«[43] sei; beratende Lebenshilfe und therapeutisch orientierte Gespräche, oft auch in Gruppen, traten an ihre Stelle.

---

[34] Vgl. a.a.O., 88-90. Scharfenberg greift hier Siegmund Freuds Kritik an der Absolutionsformel auf und sieht in ihrer Ablehnung eine Notwendigkeit in der Nachfolge Jesu, der auch das Alte, Überlebte angegriffen und beseitigt habe.

[35] Vgl. a.a.O., 88; die Wirkungsgeschichte des hier angeführten Fallbeispiels war erheblich.

[36] A.a.O., 90.

[37] Vgl. GERLITZ (s. Anm. 29), 90; BEZZEL (s. Anm. 12), 194ff.

[38] SCHARFENBERG (s. Anm. 31), 90.

[39] A.a.O., 88.

[40] Ebd.

[41] Ebd. GERLITZ geht sogar so weit, dass hier die »Beichte ... die Voraussetzung für die Wiedergutmachung« wird (a.a.O., 93).

[42] So HAENDLER, zit. nach a.a.O., 89.

[43] GERHARD HAGE, Beichte und Absolution: Das missionarische Wort 29 (1979), 189.

2.2 Die Beichte in der Seelsorge heute

2.2.1 Die Hauptströmung: Seelsorge ohne Beichte

Die meisten Seelsorgekonzeptionen der letzten Jahre konzentrieren sich auf die rechte Zuwendung zum Menschen unter besonderer Berücksichtigung seines Denkens, seiner Sprache und seiner Situation. Die Glaubenshilfe, das Bezeugen und die christliche Vergewisserung treten zurück zugunsten von Lebenshilfe und Beratung, Insbesondere der Krisenberatung. Durch die Aufnahme verschiedener Therapieformen wie der tiefenpsychologischen (z.B. F. Riemann, R. Riess), der klientenbezogenen Gesprächstherapie (C. Rogers), der Gestalttherapie (F. Perls) oder der klinischen Verhaltenstherapie (G. Besler), von verschiedenen Formen der Gruppenberatung und des Gruppengesprächs (Stollberg, Seelsorge durch die Gruppe; Themenzentrierte Interaktion nach Ruth Cohn) oder individueller Beratungstechniken [(Transaktionsanalyse nach E. Berne) oder nouthetische Seelsorge (J.E. Adams, Befreiende Seelsorge)] in die Seelsorgeausbildung und -praxis, wurde die Beichte weitgehend aus dem Gesichtsfeld der Seelsorgetheorie gedrängt. Die vielfältigen und kaum mehr überschaubaren verschiedenen Methoden und Techniken für das seelsorgerliche Handeln, die in unterschiedlicher Intensität ihre Spuren in der kirchlichen Seelsorgeausbildung, besonders bei der Analyse und der Gesprächsmethodik, hinterlassen haben, sie alle haben gemeinsam, dass sie ohne die Beichte auskommen. Aber nicht nur das: Sie stehen in der Regel auf einem ganz ähnlichen (säkularisierten) Fundament, von dem auch die oben geschilderte Kritik an der Beichte ausgeht. Wenn beispielsweise die Bereitschaft und Offenheit, sich wirklich und echt auf den Ratsuchenden einzulassen, den Seelsorger »zum wirkungsvollen heilenden Gegenüber macht« und allein aus der Haltung des Seelsorgers »Heilung aus der Begegnung«[44] geschieht, dann wird Beichte überflüssig.

Es scheint, als ob die oben dargestellte Kritik an der Beichte zu einem Freibrief für Praktische Theologen geführt hat, die Beichte aus den Überlegungen zu ihren Seelsorgekonzeptionen auszublenden.

Wo die Beichte bei Vertretern einer humanwissenschaftlich geprägten Seelsorge dennoch vorkommt, da wird zwar das Bekenntnis der Schuld eindeutig abgelegt, dem steht aber nur die Andeutung der Vergebungsmöglichkeit durch den Seelsorger gegenüber, nicht das Zusprechen der Vergebung.[45]

Die Beichte ist bei dem größten Teil der heutigen Seelsorgetheorien so weit aus dem Gesichtsfeld, dass sie noch nicht einmal mehr der Kritik wert scheint. Es scheint hier völlig illusorisch zu sein, dass die Beichte ein solches

---

[44] Wunibald Müller, Heilung aus der Begegnung: ders., Psychotherapie in der Seelsorge. Düsseldorf 1992 (=Freiburger Akademieschriften 4), 17.

[45] Vgl. Hans van der Geest, Unter vier Augen. Beispiele gelungener Seelsorge, Zürich 1981, 116ff., und Lemke, Helga, Seelsorgerliche Gesprächsführung. Gespräche über Glauben, Schuld und Leiden, Stuttgart u.a. 1992, 117ff.

Gewicht bekommen könnte, wie sie es auf dem Papier unserer kirchlichen Lebensordnung hat.

2.2.2 *Die Nebenströmung: Beichte als Herzstück der Seelsorge*

Gleichsam neben dem Hauptstrom in der Seelsorgelandschaft dahinfließend, finden wir nach wie vor eine breite Literatur, und zwar in den letzten Jahren wieder verstärkt, welche die Beichte als Herzstück der Seelsorge preist[46]. Selten in eine Seelsorgelehre eingebunden, die auch andere Formen von Seelsorge behandelt[47], wird hier nach wie vor die Beichte als die genuine Ausdrucksform evangelischer Seelsorge gesehen.

Zieht man einen Vergleich mit der Beichtbewegung in den 50er-Jahren, so finden wir *analog* nach wie vor die Begründung der Beichte aus der Heiligen Schrift und den Bekenntnisschriften, praktische Anleitungen für das Beichtgespräch, und zwar sowohl für den Seelsorger wie für die Beichtwilligen,[48] sowie Gebete für die Beichte, Beichtspiegel und ritualisierte Hilfen für den Beichtvollzug.

Im *Unterschied* zur Beichtbewegung der 1950er-Jahre werden aber auch gesellschaftliche Entwicklungen im Umgang mit der Schuld als Argument für die Notwendigkeit einer Beichtpraxis herangezogen[49], also neben dem individuellen und ekklesiologischen Bezug der gesellschaftliche Aspekt des Beichtgeschehens stärker betonend. Zudem werden nun verstärkt Methoden der seelsorgerlichen Gesprächsführung für das Beichtgespräch aufgenommen[50]. *Umgekehrt* hat sich auch das Verhältnis zwischen der nach einer vorgegebenen Ordnung und der mit freien Worten vollzogenen Beichte. Hier finden die freien Formen eine Vorordnung, auch wenn die rituell vollzogene ihr Recht behält. Dabei zielen die meisten Veröffentlichungen auf eine regelmäßige Beichte als festen Bestandteil der praxis pietatis, ohne deshalb die spontane Beichte nicht ebenfalls hochzuschätzen. Sehr großes Augenmerk wird auch auf die äußeren Bedingungen für das Beichtgespräch gelegt. Dazu gehören die Ankündigungen fester Beichtzeiten und die Ausgestaltung des Beichtzimmers.

---

46 Peter Zimmerling, (Hrsg.), Beichte – Ermutigung zum Neuanfang, Moers 1988; Jay E. Adams, 70*7. Das Einmaleins der Vergebung, Gießen u.a. 1992; Ernst Henze (Hrsg.), Die Beichte, Göttingen 1991 (= DAW 55); Friedhardt Gutsche, Aufatmen und neu anfangen. Vom Angebot der Beichte, Wuppertal 1993 (= R.Brockhaus Taschenbuch 486).

47 Wie z.B. bei Helmut Tacke, Mit den Müden zur rechten Zeit zu reden, Beiträge zu einer bibelorientierten Seelsorge, Neukirchen-Vluyn 1989, 246ff; vgl. auch Ilse Hilzinger, Zu zweit sind wir stärker. Eine Anleitung zum seelsorgerlichen und beratenden Gespräch, Stuttgart 1986, 37ff.

48 Gerhard Ruhbach, Wie soll ich beichten? Ein Brief: Henze (s. Anm. 45), 99ff.; Manfred Seitz, Die Freude der Beichte, Erlangen 1983.

49 Vgl. Henze (s. Anm. 46), 12ff.

50 Vgl. z.B. Werner Jentsch, Beichte im Vollzug – Überlegungen aus der Sicht der Jugendseelsorge: Zimmerling (s. Anm. 46), 71.

Sehr viel stärker als in den 1950er-Jahren wird auch die Möglichkeit betont, dass eine nicht ordinierte Person das Sündenbekenntnis hört und die Vergebung zuspricht. Ein nicht unerhebliches Problem stellt der Bereich der evangelikalen Jugendseelsorge dar, in dem die Beichte eine bedeutende Rolle spielt. Sie wird dort zum Teil allerdings mit einer Gesetzlichkeit eingeklagt, die nahezu an einen Beichtzwang heranreicht,[51] der ansonsten von den Vertretern der Beichtneuerschließung scharf abgelehnt wird.

2.3 Die Integration der Beichte in die heutige Seelsorge als Aufgabe

Die Seelsorge ist in Theorie und Praxis aus der alleinigen Fixierung auf die Beichte ausgebrochen, wie sie sich in der Seelsorgetheorie der 1950er-Jahre und den ihr folgenden kirchlichen Ordnungen wie etwa der Handreichung für den seelsorgerlichen Dienst von 1958 niedergeschlagen hat. Dies ist berechtigt und notwendig gewesen, wenn Seelsorge im Spannungsfeld von Bezeugen und Beraten, Glaubenshilfe und Lebenshilfe, von christlicher Vergewisserung und Krisenbegleitung ihre Ausformung findet. In dem sensiblen Feld der Seelsorge kann nicht alles konzentrisch auf die Beichte zulaufen. Beispielsweise wird es oft nötig sein, nur richtig zuzuhören. Zur Einzelbeichte kommt es im Rahmen einer seelsorgerlichen Begegnung vielleicht nie, und das können und sollen wir getrost akzeptieren, zumal es, auch was die Vergegenwärtigung der Vergebung Gottes betrifft, eine Reihe von anderen Möglichkeiten gibt, von denen ich bereits einige angeführt habe.

Auf der anderen Seite kann christliche Seelsorge auf die Beichte nicht verzichten. Die theologischen Gründe habe ich einleitend dargelegt. Sie ist eine befreiende Form bibelzentrierter Seelsorge, die jeder Christ in Anspruch zu nehmen das Recht hat. Dem hat die Kirche sowohl in ihrem Angebot in den Gemeinden wie auch in der Seelsorgeausbildung Rechnung zu tragen. Zudem stellt die Beichte eine Anfrage und oft auch Infragestellung so mancher Seelsorgekonzeption dar, die auf die Verkündigung der Vergebung verzichtet und den Boden einer biblischen Anthropologie verlassen hat. Es ist eine künftige Aufgabe der Poimenik, die Beichte wieder als einen wesentlichen Bestandteil in die Seelsorgelehre und Seelsorgeausbildung zu integrieren, und zwar sowohl in den freien wie in den ritualisierten Formen.

Im Blick auf diese Neueinordnung erscheint mir allerdings die Einführung einer Differenzierung nötig. Beichte kann sich in zwei völlig verschiedenen Bezugssystemen vollziehen. Zum einen kann es sich bei einer Beichthandlung um einen regelmäßigen, meist ritualisierten Vorgang handeln, der eine Überzeugung widerspiegelt, aus der immer wieder neu ein Bedürfnis nach Beichte erwächst. Diese Handlung ist deshalb überzeugungs- und frömmigkeitsstabilisierend. Hier setzt sich der seiner selbst als Sünder bewusste Mensch dem

---

[51] Vgl. Reinhold Ruthe, Praxis Jugendseelsorge, Wuppertal 1990; Ernst Rudin/Ruedi Schüpbach (Hrsg.), Arbeitshilfe für Seelsorger. Texte und Materialien zur Seelsorge, Moers 1992.

vorausgeglaubten Vergebungszuspruch aus. Diesem Typus galten die Angriffe der 1960er-Jahre. Ich würde ihn aber auch für die Seelsorgepraxis nicht zu gering einschätzen, selbst wenn er seine breitere Ausdrucksform im gottesdienstlichen Geschehen findet.

Anders ist eine Beichte einzuordnen, wenn ein in einem tiefen Gewissenskonflikt stehender Mensch einen »institutionalisierten« Beichtiger aufsucht. Hier setzt sich ein sich selbst verurteilender Mensch dem Widerspruch Gottes aus. Diesen Typus finden wir auch in einer Reihe von Gesprächsprotokollen heutiger Seelsorgebücher, allerdings mit den bereits erwähnten Defiziten auf Seiten der Seelsorger.

Diese beiden verschiedenen Beicht-Vorgänge dürfen trotz individuell möglicher Überschneidungsformen nicht länger vermischt werden. Denn für das jeweilige Geschehen müssen bei dem Versuch der Neugewinnung ganz unterschiedliche Ziele verfolgt werden.

Als Mittel zur Wiedergewinnung der Beichte wurde in den letzten zwanzig Jahren in der Regel die Mitteilung der eigenen freudigen Erfahrungen eingesetzt. Auch der alte Löhe'sche Gedanke von der Hinführung zur Einzelbeichte über die allgemeine Beichte ist – allerdings in ganz anderer Form – wieder aufgetaucht. In diesem Konzept, in dem auch partiell Formen der Gruppenbeichte integriert sind, geht es allerdings auch um eine Erneuerung der Beichtgottesdienste.

Nur vereinzelt stoßen wir auf die Forderung nach einer Hinführung zur Beichte durch Predigt, Gemeindeseminare, Freizeiten und Konfirmandenunterricht.[52] Gerade hier aber wird es gezielter Anstrengungen in der gesamten kirchlichen Verkündigung und Bildung im weitesten Sinn bedürfen, um die Beichte als gnädiges Angebot, als Möglichkeit allgemein bekannt und bewußt zu machen. Denn »was in Verkündigung und Unterweisung nicht thematisiert wird, wird isoliert und stirbt ab«[53].

3. Katechetische Aspekte zur Wiedergewinnung der Beichte

Ziehen wir in Betracht, dass eine Weitergabe der Beichtpraxis den wenigsten Kindern und Jugendlichen in ihrem familiären Umfeld zuteil wird, so wird deutlich, dass wir vor der Aufgabe eines »generationenübergreifenden Lernens« (Nipkow) stehen. Nach der oben getroffenen Unterscheidung der beiden Beichtsituationen entspricht der ersten das Ziel, an die Beichte heranzuführen. Hier stehen wir vor der Aufgabe der Ermöglichung und Förderung einer kirchlichen Sozialisation in die gottesdienstlichen Formen der Beichte und

[52] Vgl. Christian Schmidt, Einzelbeichte, in: Versöhnung feiern. Praktisch-liturgische Hilfen der MfG 1, Nürnberg 1991; 13f.
[53] Manfred Metzger, Beichte V, in: TRE 5 (1980), 429.

eine regelmäßige Beichtpraxis hinein. Bei der zweiten Beichtsituation ist das Ziel, kulturell bedingte, anerzogene Unfähigkeit zur Offenlegung von Schuld abzubauen bzw. zu »bearbeiten«. Um es plakativ zu sagen: Die Hemmschwelle zur Beichte muss abgebaut werden, damit der sich selbst verurteilende Mensch sich nicht auch noch selbst richtet, sondern dem gnädigen Urteil Gottes aussetzt.

3.1 Die Beichte im Religionsunterricht

Für den Religionsunterricht kann eine ganz ähnliche Entwicklung gezeichnet werden wie bei der Seelsorge, von einer schon in der Gestaltung des Katechismus greifbaren Hochschätzung der Beichte Ende der 1950er-Jahre[54] bis zu den curricularen Lehrplänen und ihren Nachfolgern, in der die Beichte entweder gar nicht mehr vorkommt oder nur noch eine ganz periphäre Rolle spielt.[55]

In einem Religionsunterricht, in dem Vergebung, Sünde und Schuld unter verschiedensten Aspekten und in den unterschiedlichen Jahrgangsstufen und Schulformen als zentrales Themen verhandelt werden, darf m.E. das Beichtgeschehen als eine wichtige kirchliche Lebensform, in der brennpunktartig der Inhalt des Evangeliums Gestalt gewinnt, nicht verschwiegen werden und unbehandelt bleiben. Eine Aufrechterhaltung der Trennung, wonach die Beichte zu den Themen gehört, die nahezu ausschließlich im außerschulischen kirchlichen Unterricht behandelt werden sollen, erscheint mir nicht sinnvoll.

Die vorhandenen Ansätze in der 7. Klasse Hauptschule und 10. Klasse Realschule,[56] wo es um die Vermittlung der seelsorgerlichen Praxis der Kirche geht, gilt es auszubauen, mit dem Ziel, die Schwellenängste der Jugendlichen abzubauen. Aber auch die Aufgabe der religiösen Sozialisation im Blick auf die Beichte sollte aus der Schule nicht ausgeblendet werden. Wenn beispiels-

[54] Während in der Mehrzahl der Katechismen vor dem 2. Weltkrieg und auch in den meisten Entwürfen des Kleinen Katechismus nach dem Krieg das Stück »Vom Amt der Schlüssel und der Beichte« nicht abgedruckt worden war, kam es seit Anfang der 1960er-Jahre wieder hinein und wurde zu einem »neuen« schulischen Lehrinhalt bzw. Lernstoff (vgl. Hartmut Jetter, Erneuerung des Katechismus-Unterrichts, Heidelberg 1965, 48). Zudem wurde dieses Stück mit einer ganzen Reihe von Bibelsprüchen und Erläuterungen angereichert (vgl. Der kleine Katechismus Dr. Martin Luthers in der gemeinsamen Fassung der Evangelisch-Lutherischen Kirche Deutschlands und der Evangelischen Kirche der Union mit erläuternden Sprüchen und mit einem Anhang, München [23]1960, 120-124). Die ebenfalls beigegebenen agendarischen Beichtfragen sollten fester Lernstoff werden (vgl. a.a.O., 144), die Confessio Augustana mit den die Beichte betreffenden Artikeln war ebenfalls enthalten (vgl. a.a.O., 133-143, bes. 137).

[55] Auch in den neueren Lehrplänen hat sich hier nichts geändert (vgl. z.B. Lehrplan für bayerische Gymnasien. Fachlehrplan für Evangelische Religionslehre, hg. v. der Gymnasialpädagogischen Materialstelle der Evangelisch-Lutherischen Kirche in Bayern, Erlangen 1992).

[56] Vgl. Curricularer Rahmenplan für den evangelischen Religionsunterricht an der Hauptschule in Bayern, [4]1977, 160; Curricularer Rahmenplan für den evangelischen Religionsunterricht an der Realschule in Bayern, 1972, 220.

weise in der 3. Klasse, in der die katholischen Mitschüler zur Vorbereitung auf die Erstkommunion Beichtunterricht haben und der evangelische Lehrplan das Lernziel »Erfahren, daß Gott uns wieder annimmt, wenn wir schuldig geworden sind«[57] vorsieht, dann ist hier auch der Ort, die Schüler mit dem evangelischen Beichtverständnis vertraut zu machen.

Eine Thematisierung der Beichte im Religionsunterricht könnte zudem verhindern, dass bei der Behandlung von Schuld und Vergebung die Aufarbeitung der Schuld allein im zwischenmenschlichen Bereich bleibt, wie das bei einer ganzen Reihe von Lernzielen zu befürchten ist,[58] sondern in die Dimension des Bedenkens coram deo vorstößt. In der Beichte definiert sich das Selbstverständnis des Menschen aus seiner Beziehung zu Gott. Von daher geschieht auch eine Infragestellung des Selbstverständnisses des Menschen, das sich aus seiner Rolle und Befindlichkeit definiert. So kann das Kind beispielsweise anhand der Beichte lernen, sich neu anzunehmen.

3.2 Die Beichte als Aufgabe der Gemeindepädagogik

Anders als beim Religionsunterricht hat die Beichte nicht in sämtlichen Bereichen der Gemelndepädagogik diesen prinzipiellen Traditionsabbruch erfahren. Das liegt daran, dass hier der Katechismus eine wenn auch abgeschwächte, so doch immer noch bedeutende Rolle spielt. Über den Kinderkatechismus[59] und über den Jugendkatechismus[60] hin zum Gemeinde-[61] und Erwachsenenkatechismus[62]: hier und in den gemeindepädagogischen Begleitbüchern dazu finden wir jeweils eine anschauliche und bis auf die von mir gewünschte Differenzierung sachgerechte Darstellung der Beichte.

---

[57] Curricularer Rahmenplan für den evangelischen Religionsunterricht an der Grundschule in Bayern, München 1972, 148.

[58] »Selbsterkenntnis als Mittel der Selbstannahme« (Lehrplan Realschule [s. Anm. 561, 108); »Beeindruckt werden davon, daß Vergeben frei macht und Nichtvergeben das Zusammenleben zerstören kann« (Lehrplan Hauptschule [s. Anm. 561], 160).

[59] In dem Kinderkatechismus: Erzähl mir vom Glauben. Ein Katechismus für Kinder, im Auftrag der Vereinigten Evangelisch-Lutherischen Kirche Deutschlands herausgegeben von der Arbeitsgruppe Kinderkatechismus, Gütersloh 1988, ist die Beichte nicht eigens thematisiert, die Vergebung aber an mehreren Stellen angesprochen. Das begleitende Vorlesebuch: Erzähl mir vom Glauben, hg. v. Karl Foitzik u.a., Gütersloh [2]1991, führt mit mehreren Geschichten auf die Beichte hin (vgl. 169ff. und 195ff.).

[60] Leben entdecken. Ein Buch für Konfirmanden, im Auftrag der Bischofskonferenz der Vereinigten Evangelisch-Lutherischen Kirche Deutschlands für die Arbeitsgruppe Konfirmandenbuch hg. v. Hans Reimer/Horst Reller, Gütersloh 1981.

[61] Evangelischer Gemeindekatechismus. Im Auftrag der Katechismuskommission der Vereinigten Evangelisch-Lutherischen Kirche Deutschlands hg. v. Horst Reller u.a., Gütersloh 1979, 382-385.

[62] Evangelischer Erwachsenenkatechismus. Kursbuch des Glaubens, im Auftrag der Katechismuskommission der Vereinigten Evangelisch-Lutherischen Kirche Deutschlands hg. v. Werner Jentsch u. a., Gütersloh 1975, 1192-1203; 1989, 1081-1094.

Wenn wir allerdings bedenken, dass mit den verschiedenen Katechismen nur ein geringer Prozentsatz der Gemeindeglieder erreicht wird, so stehen wir vor einer schon allein von der kognitiven Vermittlung her defizitären Situation. Selbst im Konfirmandenunterricht wird nach einer empirischen Untersuchung von 1984 nur etwa von einem Drittel der Pfarrerschaft die Beichte behandelt.[63] Für den größeren Teil der evangelischen Christen bleibt die Beichte also völlig fremd. Hier kann die genannte Untersuchung insofern weiterführen, als sie verdeutlicht, dass die Behandlung der Beichte beinahe ausschließlich dort stattfindet, wo der kleine Katechismus als Unterrichtsmittel eingesetzt wird.[64] Hier, in einem lebendigen Katechismusunterricht, der sich der Möglichkeiten und Erkenntnisse heutiger Pädagogik bedient und der die biblische Botschaft, die im Beichtgeschehen Gestalt gewinnt, systematisch ordnen und einprägen hilft, liegt der Ansatzpunkt für eine Neuerschließung der Beichte. Versuche einer zeit- und sachgerechten Vermittlung wie in dem neuen Kleinen Katechismus der EKU für die Jugend von 1989: »Denk mal nach mit Luther«, sind zu begrüßen. Dieser folgt dem Dreischritt: a. »Wann beichten wir?«, b. »Wie geschieht die Beichte?« und c. »Was bedeutet die Beichte für unser tägliches Leben?«, und beinhaltet gleichermaßen motivierendes, anschauliches und informierendes Material jugendgemäß aufbereitet.[65] Beim Einsatz der Katechismen und der darin enthaltenen Bibeltexte, Bilder und sonstigen Materialien ist jedoch stets darauf zu achten, in welchem Kontext man sie benutzt. Wenn ein Katechismus im Blick auf den bevorstehenden Beichtgottesdienst eingesetzt wird, so sind ganz andere Materialien und auch biblische Texte auszuwählen als wenn darauf hingearbeitet wird, die Hemmschwelle zur Einzelbeichte herabzusetzen.[66]

---

[63] Vgl. auch zum folgenden; Weert Flemmig, Zur Aufgabe des Konfirmandenunterrichts – Ziele und Inhalte: Handbuch für Konfirmandenarbeit, hg. vom Comenius-Institut in Verbindung mit dem Verein KU-Praxis, Gütersloh 1984, 280f. Die Vermittlung der Möglichkeit einer Beichtpraxis gehört allerdings offiziell nach wie vor zu den zentralen Aufgaben des Konfirmandenunterrichts. So heißt es z.B. im Amtsblatt für die Evangelisch-Lutherische Kirche in Bayern vom 30. Januar 1978, 18: »Die Konfirmanden sollen ... Möglichkeiten der Beichte kennen lernen«.

[64] Nur wenige der Konfirmandenbücher bzw. -mappen behandeln die Beichte (z.B. Ursula Früchtel, Auf dem Weg, Vollständiger Kurs für zwei Jahre Konfirmandenunterricht, Göttingen 1985, 179ff.).

[65] Denk mal nach ... mit Luther. Der Kleine Katechismus – heute gesagt, hg. v. der Kirchenkanzlei der EKU, Gütersloh 1989, 219-229.

[66] Man sollte beispielsweise das sogenannte Gleichnis vom verlorenen Sohn nicht als Hinführung zur allgemeinen Beichte wählen. In dieser wendet sich ein sich selbst verurteilender Mensch in tiefer existentieller Not in der Hoffnung auf Vergebung an den gnädigen Vater. Anders dagegen bei der allgemeinen Beichte: dort bittet in der Regel der sich seiner alltäglichen Sünde bewußte Mensch in seinem Glauben Gott um Vergebung. Um zur allgemeinen Beichte zu führen, wäre beispielsweise die Geschichte vom Pharisäer und Zöllner sachgemäßer (vgl. Leben entdecken [s. Anm. 601], 130).

So sehe ich im Blick auf eine Neuerschließung der Beichte die genannten verschiedenen Katechismen und die dazugehörigen gemeindepädagogischen Begleitmaterialien als geeignete Ausgangsbasis an. Differenzierte neue, zielgruppenspezifische und pädagogische Anstrengungen sowie kybernetische Strategien werden dabei für die Vermittlung der Beichte zusätzlich nötig sein, von der religiösen Erziehung in der Familie an über die Kindergarten-, Kinder- und Jugendarbeit,[67] den Konfirmandenunterricht, die Eltern-Kind-Arbeit, die Erwachsenenbildung bis hin zur Seniorenarbeit.

4. Homiletische Aspekte zur Wiedergewinnung der Beichte

Eine Randerscheinung stellt die Beichtpredigt oder die Predigt über die Beichte sowohl in der heutigen Predigtlehre als auch bei den Predigthilfen dar. Wir finden auf der einen Seite in beiden Feldern ein Bemühen um sachgerechtes Reden von Vergebung, Sünde und Schuld, in der auch das Beichtgeschehen in vielfältiger Form zur Sprache kommt. Dem steht allerdings in großer Breite eine Konzentration auf diejenigen biblischen Inhalte entgegen, mit denen der moderne Mensch vermeintlich mehr anfangen kann. Ein Reden von Sünde und Schuld kommt dort gar nicht mehr oder in verzerrter Weise vor. Wir werden uns deshalb hier mit einem Grundproblem beschäftigen müssen: dem angemessenen Sprechen von Vergebung, Sünde und Schuld.

4.1 Die Beichtpredigt

Entgegen der geringen Beachtung in der Homiletik werden in unserer Kirche nach wie vor eine erhebliche Anzahl von Beichtgottesdiensten gefeiert. Meist finden sie in zeitlicher Nähe zu einem später stattfindenden Abendmahlsgottesdienst statt, etwa bei der Konfirmandenbeichte, am Gründonnerstag und am Altjahresabend. Besonders im Blick auf offene Gottesdienstformen werden aber immer häufiger eigenständige Beichtgottesdienste propagiert und auch durchgeführt. Die Beichtpredigt, die noch In den 1960er-Jahren weitgehend als Beichtermahnung die Funktion zur Hilfe der Gewissenserforschung hatte,[68] hat sich für die verschiedensten Predigtformen geöffnet, besonders im Bereich der Konfirmandenbeichte. Erstaunliche Feststellungen müssen wir allerdings machen, wenn wir die Inhalte der Beichtpredigten in den letzten Jahren betrachten. Lesen wir beispielsweise die unter dem Thema »Vorbereitung. Ermunterung zur Beichte« abgedruckten Predigten in Dienst am Wort Nr. 37 von

---

[67] Vgl. Gerhard Ruhbach, Das ganze Leben eine Buße? Sünde und Sündenvergebung im Alltag: Wolfgang Böhme (Hrsg.), Sündigen wir noch? Über Schuld, Buße und Vergebung, Karlsruhe 1986 (= Herrenalber Texte 65), 45f.

[68] Vgl. Erwin Brandes (Hrsg.), Beicht- und Abendmahlsreden, Teil I, Stuttgart 1954 (= Kasualien IV, 1), 49ff. und 64ff sowie Teil II, 31ff.

1980, so stellen wir fest, dass auf den ersten zwanzig Seiten keines der Worte und auch keiner der Sinnzusammenhänge von Beichte, Vergebung, Sünde und Schuld genannt wird. Stattdessen finden wir die Stichworte: Gemeinschaft, Barmherzigkeit, Rolf Biermanns Lied »Ermutigung«, Liebe und Krankheit ausgeführt[69]. Der innere Zusammenhang zur Beichte fehlt. Und um es noch zuzuspitzen: In der Reihe Gottesdienst Praxis Serie B: Konfirmation von 1990, finden wir in einer Predigt anläßlich der Konfirmandenbeichte gegen Ende die Aufforderung, die Schuld zu bekennen, die dann vergeben werden soll. Der Prediger sagt aber dort, wo er den symbolischen Akt des Aufschreibens auf Blätter einführt: »werden Sie los, was sie belastet ... schreiben Sie nieder, was Sie bedrückt, bringen Sie vor Gott, was Sie krank macht«[70]. Er öffnet das Schuldbekenntnis in eine Form der Klage hinein, die mit Sünde überhaupt nichts mehr zu tun haben muss. Jemand kann beispielsweise bedrückt sein, weil er wegen der bevorstehenden Firmenschließung vor einer ungewissen Zukunft steht. Hier wäre der Zuspruch der Vergebung unsinnig. Dies ist nur ein Beispiel für die unzähligen Unschärfen und Verzerrungen, wie sie beim Reden von Schuld und Sünde in den Predigten seit den 1960er-Jahren wahrgenommen werden können. Der Predigthörer kann oft gar nicht wissen, wofür ihm Vergebung zugesprochen wird. Wir stehen vor einer ungeheuren Bandbreite des Redens von der Schuld: von dem Entschuldigen und Wegreden – etwa indem sie auf die Umstände zurückgeführt wird, was die Verdrängungsprozesse fördert und der Schuld jeden Ernst nimmt – bis hin zur gesetzlichen Schuldanklage, welche die Schuld der ganzen Welt auf die Schultern des Predigthörers legt.

Die Predigt muss aber die Situation rückbeziehen auf die Wirklichkeit des dreieinigen Gottes, so dass von daher das Thema von Schuld und Vergebung sachnotwendig aufleuchtet. Aus der individuellen, vermeintlich schuldfreien Idylle oder dem innerweltlichen, schuldüberladenen Gerichtsszenario hat die Predigt hinauszuführen und auf Gott als den letztlich Urteilenden hin zuweisen. Sünden, die Gott strafen wird, sind zu benennen. Schuld, die wir in der Predigt festzumachen haben, erweist sich allein coram deo und im Licht des Evangeliums und wird von daher qualifiziert. Von hier werden sowohl die Verharmlosungen wie die Übertreibungen unseres säkularen Redens von Schuld und unsere Vorstellungen korrigiert. Sünden und Schuld müssen zur Wahrnehmung gebracht werden, ansonsten wird jede Aussage über ihr Vergangensein irreal. So soll die Beichtpredigt dem Hörer einen Spiegel vorhalten und ihn zu einem neuen Selbstverständnis führen, in dem für die Wahrnehmung und Artikulation von Schuld und für die Annahme des Evangeliums Raum geschaffen wird.

---

[69] Vgl. Hans-Rudolf Müller-Schwefe, Das Wort zum Abendmahl. Predigten – Reden – Liturgische Entwürfe, Göttingen 1980 (= DaW 37), 80-98.

[70] Erhard Domay (Hrsg.), Konfirmation. Gottesdienste – Liturgische Texte – Predigten. Entwürfe häuslicher Feiern, Gütersloh 1990 (= Gottesdienst Praxis Serie B), 28.

4.2 Die Beichte in der Predigt

Eine ganze Reihe von Predigttexten legt es nahe, am entsprechenden Sonntag über die Beichte zu predigen,[71] besonders häufig haben wir eine Thematisierung der Beichte zudem am Buß- und Bettag.[72] Neben der perikopengebundenen Predigt finden wir noch die Themenpredigt zur Beichte,[73] Predigten über Bußpsalmen mit Bezugnahme auf die Beichte,[74] sowie Predigten über entsprechende Stücke des Bekenntnisses.[75] In den Katechismuspredigten der letzten Jahre habe ich keine Predigten zur Beichte mehr gefunden.

Grundsätzlich trägt die Predigt dann am meisten zu einer Wiedergewinnung der Beichte bei, wenn sie die Rede von Gott und die Erfahrung der Wirklichkeit sachgemäß miteinander verbindet und in dieser Verknüpfung evangeliumsgemäß von Vergebung, Sünde und Schuld spricht. Erst dadurch überhaupt gewinnt die Predigt über die Beichte schwellenabbauende bzw. sozialisierende Funktion.

Zentrum der Predigt wird dann die Absolution; um es mit Luther zu sagen: »Absolutio nihil aliud est quam praedicacio euangelii« (WA 34,I,308). Im Zuspruch der Vergebung »konzentriert sich das Evangelium für den Hörer, in ihm zeigt sich das ganze Evangelium in seiner Verbindlichkeit. Die Absolution zeigt in einem Satz das Wesen des Evangeliums, wie denn auch das Evangelium sich in der Absolution zeigt.«[76] Die Gegenwart der Absolution bestimmt das Sein der Gemeinde, sie sagt ihr die Zeit an, sie konfrontiert den Sünder mit sich, mit dem Kreuz und der Versöhnung durch das Sterben Christi. »Also gibt es jetzt keine Verurteilung mehr für die, welche in Jesus Christus sind« (Röm 8,1). Die Predigt offenbart durch Evangelium und Gesetz, in der oben aufgezeigten deutlichen Benennung von Schuld und Verurteilung der Sünde, dem Ruf zur Umkehr und dem Zuspruch der Gnade, die zur Freude führt, dem Christen, wo er steht.

So kommt in der Predigt über die Beichte das zur Sprache, was im Beichtgeschehen vollzogen wird, nämlich *zum ersten* die Offenlegung, das zur Sprache bringen von Sünden und Schuld, *zum zweiten* der Empfang der Gnade ohne Verdienst um Christi willen und *zum dritten* das Hineinnehmen in die Lebensgemeinschaft Kirche, welche die empfangene Vergebung widerspiegelt

---

[71] Bes. Lk 5,1-11; Lk 18,9-14; Lk 15,1-3.11b-32.

[72] Z.B. über Röm 2,1-11.

[73] Vgl. z.B. THEODOR GLASER, Vom Himmel auf Erden. Fromme Bilder für das Leben, Rosenheim 1987, 130-133; HELMUT BREIT, Beichten, was nützt das?: Kirche im Rundfunk. Evangelische Ansprachen im Bayerischen Rundfunk 32 (1983), 77-82.

[74] Vgl. z.B. FRIEDRICH WILHELM SCHLUCKEBIER, Psalm 32: Vergebung, in: Schmidt, Ludwig (Hrsg.), Umkehr zu Gott. Themagottesdienste zu Passion, Karfreitag, Bußtag und zu den Bußpsalmen, Göttingen 1982 (= DaW 43), 142-146.

[75] Vgl. z.B. GEORG HECKEL, Trost für geängstigte Gewissen (CA 11 + 25), in: DERS., Orientierung für den Glauben. Das Augsburger Bekenntnis in Predigten ausgelegt, München 1979, 75-81.

[76] RUDOLF BOHREN, Predigtlehre, München 1974, 302.

und weitergibt. Dieser Aufriss mag auch ein Grundmuster für eine Predigt über die Beichte sein.

In solcher Predigt geschieht eine innere Ausrichtung auf das Geschehen der Vergebung. Sie hilft, die Sensibilität für das Beichtgeschehen zu verstärken und die Distanz zur Beichte zu mindern und weist auf eine Beichtpraxis in der Seelsorge und im Gottesdienst.

Solchermaßen in ganz unterschiedlicher Weise in die Freude der Vergebung hineinnehmend, kann die Predigt einen jeden Hörer zu einem illusionslosen, aber um der Sache des Evangeliums willen energischen Bemühen um eine Wiedergewinnung bzw. Neuerschließung der Beichte im Leben der Kirche reizen.

5. Liturgische Aspekte zur Wiedergewinnung der Beichte

Das Evangelium zielt auf Umkehr der den Gottesdienst Feiernden, auf das Aufgeben ihrer Autonomie. Es »intendiert so etwas wie ein *Beichtgeschehen*«, das sich nicht nur im Akt der Buße des Einzelnen vollzieht, sondern auch »Im Wachsen der christlichen Gemeinschaft, die aus [Sünden-]Bekenntnis und Vergebung heraus eine Neuorientierung«[77] vornimmt. Der Wunsch nach Beichte – auch der allgemeinen Beichte – ist ein sachgemäßer Ausdruck dieser Bewegung.

Im gottesdienstlichen Geschehen steht der von mir beschriebene Typus 1 des Beichtvorganges deutlich im Vordergrund.[78] Der sich seiner selbst als Sünder bewusste Mensch setzt sich dem vorausgeglaubten Vergebungszuspruch aus. Diesem Vorgang entspricht eine ritualisierte gottesdienstliche Form, die wiedererkennbar und stabilisierend ist. Auch die neue Beichtagende, die zur Zeit gedruckt wird und im wesentlichen die Agende III von 1964 fortschreibt, trägt diesem Sachverhalt Rechnung.[79]

Dabei geht die neue Beichtagende offensichtlich von einer gegenüber 1964 nur geringfügig veränderten Situation und einer kontinuierlichen

---

[77] Konrad Müller, Beichte und Sonntagsgottesdienst, in: Versöhnung feiern (s. Anm. 52), 24.

[78] Vgl. oben 27.

[79] Für die Allgemeine Beichte werden nun zwei unterschiedliche gottesdienstliche Formen vorgeschlagen. Die erste entspricht im Wesentlichen der bisherigen agendarischen Form, die hervorstechendste Änderung besteht in der Addition von zusätzlichen Texten dort, wo ohnedies eine Auswahlmöglichkeit bestand. Für die zweite nun in der neuen Agende vorgeschlagene Form gab es bisher keine Entsprechung. Auffallend ist das Bemühen um eine Hinführung zum Sündenbekenntnis und zur Beichtfrage. Insgesamt entfernt sich aber der Entwurf, der im Wesentlichen in die Agende aufgenommen wird, nicht weit von der ersten Form (vgl. Die Beichte. Entwurf der Agende für evangelisch-lutherische Kirchen und Gemeinden, Bd. III, Teil: Beichte, Hannover 1987, 7-30).

Beichtpraxis aus, da sie für den Gebrauch in traditionell geprägten Gottesdienstgemeinden ausgerichtet ist. Demgegenüber ist aber die allgemeine Beichte in der Mehrzahl der Gemeinden in eine tiefe Krise geraten. Insbesondere der kirchliche Beichtritus kann von den meisten Gemeindegliedern mit Ausnahme einer kleinen Minderheit immer weniger mit der eigenen existentiellen Situation zusammengebracht werden. Die neue Beichtagende kann deshalb den heutigen Erfordernissen nur bedingt entsprechen. Es ist von daher nötig, der Entwicklung der Praxis der allgemeinen Beichte kurz nachzugehen, um dann zu fragen, wie die Beichte heute angemessen im Gottesdienst gefeiert werden kann.

5.1 Die Marginalisierung und Ersetzung der allgemeinen Beichte

Bis zur Agendenreform in den 1950er-Jahren war die allgemeine Beichte in den lutherischen Gemeinden zumeist mit dem Heiligen Abendmahl verbunden und diesem vorgeschaltet.[80] Dies geschah entweder in der Form eigenständiger Beichtgottesdienste, in der Regel am Abend vor dem Abendmahlsgottesdienst, oder durch einen (meist knappen) Beichtakt vor dem Abendmahl innerhalb desselben Gottesdienstes. Mit der Einführung der VELKD-Agende war das Konzept der Entschränkung von Beichte und Abendmahl und der möglichst allsonntäglichen Feier des Abendmahls verbunden.[81] Die 1964 erschienene Agende III war in ihrer Ordnung für die allgemeine Beichte[82] als eigenständiger Beichtgottesdienst konzipiert, dessen Verlauf auf die Beichtfragen und die Absolution zielte. Eine Verknüpfung mit einem Abendmahlsgottesdienst sollte die Ausnahme bilden.[83] Da dies jedoch den Nerv einer geprägten Abendmahlsfrömmigkeit traf, wurde entweder die Verknüpfung von Beichte und Abendmahl beibehalten, meist indem man einfach an der alten bayerischen Ordnung festhielt, oder aber das Confiteor bzw. die offene Schuld wurden als Beichte verstanden und bildeten gleichsam einen Ersatz für sie. Die Folge war, dass die Zahl der Beichtgottesdienste weiter abnahm.

So hatte die Agendenreform einen teilweisen Traditionsabbruch hinsichtlich der allgemeinen Beichte verstärkt, ohne dass eine neue Tradition eigenständiger Beichtgottesdienste entstanden wäre. Dazu kam noch, dass die allgemeine Kritik an der Beichte in den 1970er-Jahren in besonderem Maße die liturgische Form der allgemeinen Beichte traf. Das in vorgegebenen Worten gesprochene Sündenbekenntnis und die folgende Absolution wurden als sinn-

---

[80] Vgl. Agende für die Evangelisch-Lutherische Kirche in Bayern. Neu bearbeitete und ergänzte Auflage, Bd. 1, München 1932, 53-62.

[81] Vgl. Agende für evangelisch-lutherische Kirchen und Gemeinden, Band 1, Ausgabe Bayern, Berlin 1957, 197ff.

[82] Agende für Evangelisch-Lutherische Kirchen und Gemeinden, Band III: Die Amtshandlungen. Ausgabe Bayern, Berlin und Hamburg 1964, 121-130.

[83] Eine Verknüpfung mit dem folgenden Abendmahl wird jedoch als Konzession an die Praxis in den Gemeinden eröffnet (vgl. ebd., Anm. auf 130).

entleerte »bloße liturgische Formel[n]«[84] empfunden. Die Unverträglichkeit des Ritus mit der »Lebenswirklichkeit« war das Postulat der Stunde. Auch das Unverständnis für geprägte liturgische Formen, und damit verbunden die fehlende Einsicht In die Notwendigkeit der Hinführung und Einübung, sowie das Einleben in die gottesdienstliche Praxis, trugen wesentlich zur Marginalisierung der allgemeinen Beichte im gottesdienstlichen Leben bei.

Gleichzeitig ist jedoch festzustellen, dass sich Änderungen im Gottesdienstbereich ergeben haben, mit denen man den Verlust der allgemeinen Beichte zu kompensieren versuchte.

5.1.1 Gottesdienstliche Elemente der Buße

Besonders stark wurden – durchaus lutherischer und gesamtkirchlicher Tradition entsprechend[85] – das Confiteor bzw. die offene Schuld als Beichte umgedeutet und partiell umformuliert. Das »Wir« des Sündenbekenntnisses und des Gnadenzuspruchs unterscheiden beide jedoch signifikant von der Beichte. Auch die optativische Form der Zusage: »Das verleihe Gott uns allen« ist beichtfremd. Bei der Verwendung des Confiteors bzw. der offenen Schuld sollte deren ausgeprägter Eigencharakter respektiert werden, da diese liturgischen Formen weder Beichte sein wollen, noch sein können.[86]

Bei Gottesdiensten in freierer Gestalt wird sehr oft ein entfaltetes Kyrie als Kurz-Beichte verstanden; besonders wenn Teams Gottesdienste vorbereiten, erfolgen hier wirklichkeitsbezogene Sündenbekenntnisse, zum Teil auch sehr individuell. Die gegenüber diesen Schuldbenennungen Hoffnung und Zukunft schenkende Zusage der Vergebung Gottes fehlt jedoch.[87]

---

[84] Gerlitz (s. Anm. 29), 85.

[85] Vgl. Friedemann Merkel, Buße und Herrenmahl: Ders., Sagen – Hören – Loben. Studien zu Gottesdienst und Predigt, Göttingen 1992, 114.

[86] Es ist bezeichnend, dass in der Kritik am Confiteor oder an der Verwendung der liturgisch gebundenen Form der offenen Schuld gerade mit dem Mißverständnis dieser Elemente als Beichte argumentiert wird. Z.B. führt Georg Kugler einen jungen Menschen für die Nicht-Nachvollziehbarkeit des Confiteors an: »So schnell kriege ich meine Sünden nicht zusammen, wie sie mir da wieder vergeben werden« (Georg Kugler, Läßt sich die Beichte wiedergewinnen: ZGP 5 [1987], 24).

[87] Besonders in Bußgottesdiensten, auf die hier nicht ausführlich eingegangen werden soll, wird die Schuld oft in Verbindung mit dem Kyrie ausführlich vorgebracht. Im Unterschied zum Beichtgottesdienst wird nach dem öffentlichen Schuldbekenntnis, das in der Regel nicht in der Form »ich bekenne« abgelegt wird, die Vergebung nicht zugesprochen, sondern erbeten (Absolutionswunsch, Vergebungsbitte). Im Bereich der ökumenischen Gottesdienste und im Rahmen des konziliaren Prozesses für Frieden, Gerechtigkeit und Bewahrung der Schöpfung haben die Bußgottesdienste einen Neuaufbruch erfahren (vgl. z.B. Klaus Schmidt u.a., Gemeinden lernen einander kennen. Beispiel Formen der Buße und Vergebung, Frankfurt 1981, 71ff.: Konrad Baumgartner, Aus der Versöhnung leben. Theologische Reflexionen – Impulse für die Praxis, München 1990, 119ff.), während der Besuch der klassischen und meist in traditionellen Bahnen gefeierten Bußgottesdienste am Buß- und Bettag und am Karfreitag

Auch die oft mit dem Kyrie verbundene Form der Klage ist in diesem Zusammenhang zu bedenken. Sie wird teilweise als Anknüpfungspunkt für eine neue gottesdienstliche Beichtpraxis gesehen.[88] Da jedoch in der Klage vor allem das Leiden an der Schuld und der Not artikuliert wird, kann ihr nicht wie dem Schuldbekenntnis der Vergebungszuspruch folgen. Der Klage entspricht das Bekenntnis, auf Gott dennoch zu vertrauen.

So finden wir in den genannten gottesdienstlichen Stücken und darüber hinaus auch in Gebet und Predigt Elemente der Vergegenwärtigung und des Annehmens von Gottes versöhnendem Heilshandeln. Es ist aber wichtig festzuhalten, dass sie sämtlich keine Beichte darstellen, geschweige denn sie ersetzen können. Das Spezifikum der Beichte darf nicht durch vermeintliche Ersatzformen in die Diffussion und Unerkennbarkeit geführt werden. Es sollte sehr darauf geachtet werden, dass das, was wir theologisch unter Beichte verstehen, eine sachgerechte Form und einen unverwechselbaren Klang im Konzert der verschiedenen gottesdienstlichen Formen der Buße und Versöhnung behält bzw. gewinnt.

5.1.2 Beichte in Hauptgottesdiensten

Meist in Verbindung mit der Feier des Heiligen Abendmahls findet auch in Hauptgottesdiensten eine allgemeine Beichte statt. Während eine Abfolge von Beichte und Abendmahl nicht grundsätzlich abzulehnen ist,[89] so sollte doch der sonntägliche Hauptgottesdienst keine Beichte enthalten, da er für die gesamte Gemeinde offen sein muss. Eine Beichte setzt stets voraus, dass ein Mensch seine Sünden bekennen und die Absolution empfangen will. Andere, die zwar Gottesdienst feiern, aber nicht beichten möchten, dürfen nicht in einer Art gottesdienstlichen Zwangshandlung einbezogen oder aus dem gottesdienstlichen Geschehen ausgegrenzt werden. Eine allgemeine Beichte ist deshalb aus dem Hauptgottesdienst herauszuhalten und dem Beichtgottesdienst, als der für diesen Kasus eigens vorgesehen und als solche angekündigte gottesdienstliche Feier, vorbehalten.

5.2 Die Erneuerung und Bewahrung der Beichtgottesdienste

Bei dem Versuch der Gewinnung einer breiteren Wahrnehmung und eines größeren Angebotes an Gottesdienstformen ist zu bedenken, dass der alleinige Weg über die Veränderung liturgischer Formulare ein Scheitern vorprogrammiert. Allerdings können die für den »geübten« Beichtgottesdienstbesucher hilfreichen traditionellen Formulare, so wie sie jetzt leicht verändert in der neuen Beichtagende wiedererscheinen, dem der gottesdienstlichen Beichtpra-

---

rückläufig ist. Gerade die Zunahme der Bußgottesdienste anläßlich einer besonderen Schuldsituation der Gemeinde oder einer Gemeindegruppe läßt allerdings fragen, ob hier nicht eine neue Entwicklung auf Beichtgottesdienste hin stattfindet.

[88] Vgl. ebd.

[89] Vgl. Merkel (s. Anm. 85), 108ff.

xis entfremdeten und dennoch Beichtwilligen für den Mitvollzug eher hinderlich sein. Von daher wird man nicht umhin können, auch hier nach neuen Formen zu suchen und Raum für das Wachsen neuer Traditionen zu geben.

Ein Zeichen der tiefen Krise des Beichtgottesdienstes ist es, dass die neuen Gottesdienstentwicklungen und Reformbemühungen ihn umgangen haben. Es dürfte sich aber lohnen, einige Elemente je nach Anlass für den Beichtgottesdienst – allem voran die Beteiligung der Gemeinde bei der Vorbereitung – fruchtbar zu machen. Einige wenige Punkte sollen hier hervorgehoben werden:

1. In manchen Fällen kann ein hinführendes Wort zu Beginn sehr hilfreich sein. Hier ist der Ort, den Kasus, den lebensgeschichtlichen oder gemeindlichen Bezug zu benennen und diszipliniert knapp einzustimmen. Auch eine kurze (biblische) Erzählung nach der Begrüßung kann einer Hinführung dienen.
2. Die gelegentliche Unterstützung der Verkündigung und der inhaltlichen Veranschaulichung und Verdeutlichung des Beichtgeschehens durch Symbole und sinnhafte Gesten ist sehr zu empfehlen. Wichtig ist hier, dass nicht nur der Bußakt mit einem Symbol begleitet wird[90], sondern vor allem auch die Vergebung und Versöhnungszusage symbolisch verstärkt werden.[91]
3. Beim Sündenbekenntnis sollte Raum für das eigene stille Gebet und Bekenntnis gegeben werden. Bei Gruppen und kleinen Teilnehmerzahlen kann in entsprechenden Situationen auch ein persönliches Bekenntnis abgelegt werden. Hier ist allerdings streng darauf zu achten, dass keinerlei Zwang auf die Beteiligten ausgeübt wird. Es empfiehlt sich oft, ein Sündenbekenntnis neu zu formulieren. Dabei muss allerdings streng beachtet werden, dass niemand genötigt wird, etwas zu bekennen, was er sich nicht hat zu Schulden kommen lassen.
4. Der Zuspruch der Vergebung sollte in der Regel unter Handauflegung des Liturgen/der Liturgin geschehen. Jeder Einzelne soll auch sinnen-

[90] Es spricht für sich, wenn wir beispielsweise einen schweren Stein als Symbol für die uns bedrückende Last zum Altar oder zum Kreuz bringen (vgl. z.B. Rudolf Ammann u. a., Laßt euch versöhnen mit Gott, Kevelaer 1990, 24ff.); oder wir betrachten einen Scherbenhaufen (z.B. ausgeführt bei Kurt Bucher, Bußfeier mit Kindern und Jugendlichen, Luzern/Stuttgart 1990, 34-40 bzw. Willi Hoffsümmer, 2*11 Bußfeiern mit Gegenständen aus dem Alltag, Mainz [2]1985, 15–20).

[91] Wenn beispielsweise bis zur Vergebung der Sünden einmal nicht gesungen wird und die Orgel bzw. andere Instrumente nur Disharmonien von sich geben, wird die Harmonie der Musik und der freudige Gesang nach dem Zuspruch der Vergebung diesen sinnenfällig unterstreichen (Interessante Beispiele für die Verwendung von Symbolen. welche die Vergebung verdeutlichen, finden sich z. B. bei Ammann [s. Anm. 90] oder bei Hoffsümmer, Willi, 3*7 Bußfeiern mit Gegenständen aus dem Alltag, Mainz 1991).

haft erfahren können: Diese Vergebung gilt mir! Dazu kommen die Beichtenden (bei größeren Gemeinden in Gruppen) zum Altar.

5. Auf das Lob und den Dank nach der Sündenvergebung ist in besonderer Weise das Augenmerk zu richten. Hier sind als Antwort auf Gottes gnädiges Handeln vielfältige Ausdrucksformen möglich, über das Dankgebet und das Loblied hinaus. Neben freien Gebeten und Interaktionen kann an dieser Stelle gelegentlich auch an Darstellungen durch Pantomime[92], an liturgischen Tanz[93] oder an Symbolhandlungen gedacht werden, wenn in der Gemeinde die entsprechenden Gaben in den Gottesdienst einbeziehbar sind.
6. Der sogenannte Sendungsteil erinnert noch einmal an die Versöhnung, aus der heraus wir leben. Es wird vergegenwärtigt, dass der Vergebung durch Gott konkrete Schritte mit Menschen und gegebenenfalls auch die Wiedergutmachung des angerichteten Schadens folgen. Absolution als Zeugnis des kommenden Reiches Gottes löst nicht nur von einer belasteten Vergangenheit, sondern eröffnet Zukunft in Versöhnung. So empfiehlt sich ein entsprechendes Segenswort vor dem Segen.

Mit diesen Gestaltungsformen kann auch in besonderer Weise den Notwendigkeiten von kleinen Gottesdienstgemeinden Rechnung getragen werden, mit denen wir es bei Beichtgottesdiensten meistens zu tun haben. Über diese öffnenden und verdeutlichenden gottesdienstlichen Gestaltungselemente hinaus, die auch belastete und belastende Situationen innerhalb der Gemeinde und damit den Gemeinschaftsaspekt mit in den Beichtgottesdienst einbeziehen, muss aber vor allem die Frage nach der Hinführung zum Beichtgottesdienst gestellt werden.

Neben den bereits skizzierten katechetischen und homiletischen Überlegungen ist hier vor allem ins Bewusstsein zu rücken, dass die Beichte ein vergessenes, aber notwendiges Thema des Gemeindeaufbaus ist. Bestehende Gemeindegruppen sollten hier gemeinsam zur Beichte geführt werden.[94] Der alte Löhe'sche Weg von der Hinführung zur gottesdienstlichen allgemeinen Beichte über die Einzelbeichte reicht nicht aus. Gerade die Auswanderung der Beichte in Sondergottesdienste legt es nahe, das Augenmerk auf Gemeindegruppen zu richten. Die Erfahrungen mit der Beichte in Gruppen und kleinen Gottesdienstformen aus den USA sollten unter diesem Aspekt analysiert und für unsere Situation auf ihre Übertragbarkelt hin überprüft werden.[95]

---

[92] S. z.B. Ammann (s. Anm. 90), 10.

[93] S. z.B. Hilda-Maria Lander, Tanzen will ich, München 1983, 176ff.; Waltraud Schneider, Getanztes Gebet, Freiburg 1986, 29ff.; dies., Lobt ihn mit Tanz, Freiburg 1990, 93ff.

[94] Vgl. Kugler (s. Anm. 86), 26f.

[95] Vgl. Anne Nitschke, The Third Sacrament?, Ann Arbor 1988, 279ff.

Neben dem Herabsetzen der Hemmschwelle zur Beichte für die Kerngemeinde gibt es aber auch Ansätze, dem gottesdienstlichen und gemeindlichen Leben Fernerstehenden eine Beichte leicht zu machen. Eine Möglichkeit dafür bilden besondere Gottesdienste und Anlässe. Über die langjährigen Kirchentagserfahrungen hinaus ist vor allem auf die Thomasmesse aus Finnland zu verweisen. Diese von einer großen Gruppe vorbereiteten, stark von Taizé beeinflussten Gottesdienste haben als einen wesentlichen Bestandteil gleich nach Votum, Lied, Eingangsteil und Schuldbekenntnis der Mitgestalter eine (Einzel-) Beichte vorgesehen.[96] Zwar ist die Beichte nur für knapp vierzig Prozent der Gottesdienstteilnehmer wichtig bzw. sehr wichtig,[97] für eine sehr oft kirchlichem Leben entfremdete Teilnehmerschar aber ist dieses doch ein erstaunliches Ergebnis. Hieran ist zu sehen, wie bedeutsam neben der Hinführung und den liturgischen Veränderungen auch die phantasievolle Herabsetzung der Hemmschwelle zur Beichte durch die Schaffung eines entsprechenden gottesdienstlichen Rahmens ist.

---

[96] Bei mehreren Pfarrerinnen und Pfarrern können hier an verschiedenen Orten im Kirchenraum die Sünden bekannt werden; die Absolution erfolgt mit Handauflegung.

[97] Juha Kauppinen, The St. Thomas Mess. Case Study of an Urban Church Service, 1992 (=Publication No. 43 of the Research Institute of the Lutheran Church in Finland), 33.

Nachweis der Erstveröffentlichung

Auch Agenden wandeln sich. Voraussetzungen und Grundentscheidungen bei der neuen Agendenbearbeitung in Bayern, in: MLLKB 1 (2012), 5-22.

Dem Gottesdienst Gestalt geben – eine kleine Kompositionslehre des evangelischen Gottesdienstes, in: MLLKB 1 (2008), 6-27.

Der Ruf nach dem Neuen oder die Sehnsucht nach Vertrautem, in: Ders. (Hrsg.): Aufbrüche. Gottesdienst im Wandel, Leipzig 2010, 7-15.

Die Erneuerung des Gottesdienstes. Gottesdienst als Gestaltungsaufgabe, in: Hans-Christoph Schmidt-Lauber/Kar-Heinrich Bieritz (Hrsg.): Handbuch der Liturgik. Liturgiewissenschaft in Theologie und Praxis der Kirche, Leipzig 1995, 971-984.

Die Gestalt liturgischer Texte aus reformatorischer Sicht, in: Andreas Odenthal/Albert Urban (Hrsg.): Liturgie und Sprache, Trier 2014, 54-68.

Die Kirchenmusik. Wahrnehmungen aus einer neuen empirischen Untersuchung unter evangelisch Getauften in Bayern, Nürnberg 2008.

Die Suche nach Gott und die Gestalt unseres Gottesdienstes – zur Zeitgemäßheit gottesdienstlicher Musik, Sprache und Gestaltung, in: MLLKB 1 (2002), 4-21.

Die Wiedergewinnung der Beichte im kirchlichen Leben, in: Ders. u.a.: Versöhnung feiern, Nürnberg ^{2}1993, 7-49.

Gemeinsam segnen im säkularen Raum. Ökumenische Benediktionen, in: LJ 52 (2002), 73-

Gottesdienst und Kultur. Zukunftsperspektiven – eine Einführung, in: Ders. (Hrsg.): Gottesdienst und Kultur. Zukunftsperspektiven, Leipzig 2004, 7-15.

Gottesdienstliche Spiritualität, in: Michael Herbst (Hrsg.): Spirituelle Aufbrüche. Perspektiven evangelischer Glaubenspraxis. Festschrift für Manfred Seitz zum 75. Geburtstag, Göttingen 2003, 46-62.

Lebensraum Kirchenraum. Wahrnehmungen aus einer neuen empirischen Untersuchung unter evangelisch Getauften, in: Ders. (Hrsg.): Lebensraum Kirchenraum. Das Heilige und das Profane, Leipzig 2008, 7-15.

Ökumene und Gottesdienstgestaltung. Die Weichenstellungen für ökumenische Gottesdienste auf der ersten Weltkirchenkonferenz in Stockholm 1925, in: Lebendige Vergangenheit – geprägte Gegenwart. Dona Historica Ecclesiae. Festgabe für Herrn Landesbischof Prof. Dr. Gerhard Müller, Nürnberg 1989, 75-91.

Praxis der Kindertaufe in der evangelischen Kirche. Theologische, liturgische und katechetische Aspekte, in: Jürgen Bärsch/Andreas Poschmann (Hrsg.): Liturgie der Kindertaufe, Trier 2009, 90-104.

Predigt in einer polyphonen Kultur. Wahrnehmungen aus einer neuen empirischen Untersuchung unter evangelisch Getauften, in: Ders. (Hrsg.): Predigt in einer polyphonen Kultur, Leipzig 2006, 7-27.

Wie viel Ordnung braucht der Sonntagsgottesdienst? Ergebnisse zweier empirischer Untersuchungen, in: Ders. (Hrsg.): Zwischen Heiligem Drama und Event. Auf dem Weg zu einer zukunftsfähigen Agende, Leipzig 2008, 7-21.

Zeit- und ewigkeitstauglich – Musikkultur(en) im Gottesdienst. Eine Einführung, in: Ders. (Hrsg.): Musikkultur im Gottesdienst. Herausforderungen und Perspektiven, Leipzig 2005, 7-20.

Zwischen Lust und Frust. Ökumenische Feiern aus der Sicht von Teilnehmenden, in: Hermann M. Probst/Norbert Baumert (Hrsg.): Den Glauben gemeinsam feiern. Liturgische Modelle und Reflexionen für eine gelingende Ökumene, Paderborn/Leipzig 2014, 92-108.

ABKÜRZUNGSVERZEICHNIS

ALW = Archiv für Liturgiewissenschaft

EG = Evangelisches Gesangbuch

EGb = Evangelisches Gottesdienstbuch

GuK = Gottesdienst und Kirchenmusik

HlD = Heiliger Dienst

JLH = Jahrbuch für Liturgik und Hymnologie

LJ = Liturgisches Jahrbuch

LThK = Lexikon für Theologie und Kirche

LuJ = Luther-Jahrbuch

MLLKB = Mitteilungsblatt der Lutherisch-Liturgischen Konferenz in Bayern

MPTh = Monatsschrift für Pastoraltheologie

MuK = Musik und Kirche

PTh = Pastoraltheologie

ThPr = Theologia Practica

TRE = Theologische Realenzyklopädie

WA = Weimarana. Weimaer Lutherausgabe

ZGP = Zeitschrift für Gottesdienst und Predigt

Hanns Kerner (Hrsg.)
Predigt konkret
Grundlinien homiletischer Ansätze

152 Seiten | Paperback | 14,5 x 21,5 cm
ISBN 978-3-374-03008-8
EUR 18,80 [D]

Die Fragestellungen »wie« und »was« gepredigt wird, gehören eng zusammen. In jüngster Zeit drängt sich aber in den homiletischen Diskussionen die Frage nach dem Inhalt der Predigt in den Vordergrund.

Der Band bietet grundlegende Anregungen aus Geschichte und Gegenwart zu diesem breiten Feld. Der Blick für eine an den Inhalten orientierte Predigtpraxis und homiletische Theoriebildung wird durch renommierte Homiletiker geweitet. Dabei bereichern auch Beiträge aus der Philosophie, aus der römisch-katholischen Kirche, aus Ungarn, dem französischsprachigen Raum und den USA den deutschen evangelischen homiletischen Diskurs.

Mit Beiträgen von Karóly Hafenscher, Axel Hutter, Ludwig Mödl, Félix Moser, Konrad Müller, Klaus Raschzok, Ursula Roth, Daniel Schmidt und Helmut Schwier.

EVANGELISCHE VERLAGSANSTALT
Leipzig www.eva-leipzig.de

Tel +49 (0) 341/ 7 11 41 -16 vertrieb@eva-leipzig.de